U0613933

中華古籍保護計劃

ZHONG HUA GU JI BAO HU JI HUA CHENG GUO

·成果·

紹興市上虞區圖書館等八家收藏單位古籍普查登記目録

編

全國古籍普查登記目録・浙江紹興

國家圖書館出版社
National Library of China Publishing House

圖書在版編目(CIP)數據

紹興市上虞區圖書館等八家收藏單位古籍普查登記目録/《紹興市上虞區圖書館等八家收藏單位古籍普查登記目録》編委會編. --北京:國家圖書館出版社,2019.4
(全國古籍普查登記目録)
ISBN 978-7-5013-6606-4

Ⅰ.①紹… Ⅱ.①紹… Ⅲ.①公共圖書館—古籍—圖書館目録—紹興 Ⅳ.①Z838

中國版本圖書館 CIP 數據核字(2018)第 244946 號

書　　名	紹興市上虞區圖書館等八家收藏單位古籍普查登記目録
著　　者	《紹興市上虞區圖書館等八家收藏單位古籍普查登記目録》編委會　編
責任編輯	趙　嫄
出　　版	國家圖書館出版社(100034　北京市西城區文津街 7 號) (原書目文獻出版社　北京圖書館出版社)
發　　行	010-66114536　66126153　66151313　66175620 66121706(傳真)　66126156(門市部)
E-mail	nlcpress@ nlc. cn(郵購)
Website	www. nlcpress. com→投稿中心
經　　銷	新華書店
印　　裝	河北三河弘翰印務有限公司
版　　次	2019 年 4 月第 1 版　2019 年 4 月第 1 次印刷
開　　本	787×1092(毫米)　1/16
印　　張	30
字　　數	580 千字
書　　號	ISBN 978-7-5013-6606-4
定　　價	300.00 圓

《全國古籍普查登記目録》

工作委員會

主　任：周和平

副主任：張永新　詹福瑞　劉小琴　李致忠　張志清

委　員（按姓氏筆畫排序）：

于立仁　王水喬　王　沛　王紅蕾　王筱雯
方自今　尹壽松　包菊香　任　競　全　勤
李西寧　李　彤　李忠昊　李春來　李　培
李曉秋　吴建中　宋志英　努　木　林世田
易向軍　周建文　洪　琰　倪曉建　徐欣禄
徐　蜀　高文華　郭向東　陳荔京　陳紅彦
張　勇　湯旭岩　楊　揚　賈貴榮　趙　嫄
鄭智明　劉洪輝　歷　力　鮑盛華　韓　彬
魏存慶　鍾海珍　謝冬榮　謝　林　應長興

《全國古籍普查登記目録》

序　言

全國古籍普查登記工作是“中華古籍保護計劃”的首要任務，是全面開展古籍搶救、保護和利用工作的基礎，也是有史以來第一次由政府組織、參加收藏單位最多的全國性古籍普查登記工作。

2007年國務院辦公廳發布《關於進一步加强古籍保護工作的意見》(國辦發[2007]6號)，明確了古籍保護工作的首要任務是對全國公共圖書館、博物館和教育、宗教、民族、文物等系統的古籍收藏和保護狀况進行全面普查，建立中華古籍聯合目録和古籍數字資源庫。2011年12月，文化部下發《文化部辦公廳關於加快推進全國古籍普查登記工作的通知》(文辦發[2011]518號)，進一步落實了全國古籍普查登記工作。根據文化部2011年518號文件精神，國家古籍保護中心擬訂了《全國古籍普查登記工作方案》，進一步規範了古籍普查登記工作的範圍、内容、原則、步驟、辦法、成果和經費。目前進行的全國古籍普查登記工作的中心任務是通過每部古籍的身份證——“古籍普查登記編號”和相關信息，建立古籍總臺賬，全面瞭解全國古籍存藏情况，開展全國古籍保護的基礎性工作，加强各級政府對古籍的管理、保護和利用。

《全國古籍普查登記工作方案》規定了全國古籍普查登記工作的三個主要步驟：一、開展古籍普查登記工作；二、在古籍普查登記基礎上，編纂出版館藏古籍普查登記目録，形成《全國古籍普查登記目録》；三、在古籍普查登記工作基本完成的前提下，由省級古籍保護中心負責編纂出版本省古籍分類聯合目録《中華古籍總目》分省卷，由國家古籍保護中心負責編纂出版《中華古籍總目》統編卷。

在黨和政府領導下，在各地區、各有關部門和全社會共同努力下，古籍普查登記工作得以扎實推進。古籍普查已在除臺、港、澳之外的全國各省級行政區域開展，普查内容除漢文古籍外，還包括各少數民族文字古籍，特别是於2010年分别啓動了新疆古籍保護和西藏古籍保護專項，因地制宜，開展古籍普查登記工作；國家古籍保護中心研製的“全國古籍普查登記平臺”已覆蓋到全國各省級古籍保護中心，并進一步研發了“中華古籍索引庫”，爲及時展現古籍普查成果提供有力支持；截至目前，已有11375部古籍進入《國家珍貴古籍名録》，浙江、江蘇、山東、河北等省公布了省級《珍貴古籍名録》,古籍分級保護機制初步形成。

《全國古籍普查登記目録》是古籍普查工作的階段性成果,旨在摸清家底,揭示館藏,反映古籍的基本信息。原則上每申報單位獨立成册,館藏量少不能獨立成册者,則在本省範圍内幾個館目合并成册。無論獨立成册還是合并成册,均編製獨立的書名筆畫索引附於書後。著録的必填基本項目有:古籍普查登記編號、索書號、題名卷數、著者(含著作方式)、版本、册數及存缺卷數。其他擴展項目有:分類、批校題跋、版式、裝幀形式、叢書子目、書影、破損狀况等。有條件的收藏單位多著録的一些擴展項目,也反映在《全國古籍普查登記目録》上。目録編排按古籍普查登記編號排序,内在順序給予各古籍收藏單位較大自由度,可按分類排列古籍普查登記編號,也可按排架號、按同書名等排列古籍普查登記編號,以反映各館特色。

此次全國古籍普查登記工作,克服了古籍數量多、普查人員少、普查難度大等各種困難,也得到了全國古籍保護工作者的極大支持。在古籍普查登記過程中,國家古籍保護中心、各省古籍保護中心爲此舉辦了多期古籍普查、古籍鑒定、古籍普查目録審校等培訓班,全國共1600餘家單位參加了培訓,爲古籍普查登記工作培養了大量人才。同時在古籍普查登記工作中,也鍛煉了普查員的實踐能力,爲將來古籍保護事業發展奠定了良好的基礎。

《全國古籍普查登記目録》的出版,將摸清我國古籍家底,爲古籍保護和利用工作提供依據,也將是古籍保護長期工作的一個里程碑。

國家古籍保護中心
2013年10月

《全國古籍普查登記目録》

編纂凡例

一、收録範圍爲我國境内各收藏機構或個人所藏,産生於 1912 年以前,具有文物價值、學術價值和藝術價值的文獻典籍,包括漢文古籍和少數民族文字古籍以及甲骨、簡帛、敦煌遺書、碑帖拓本、古地圖等文獻。其中,部分文獻的收録年限適當延伸。

二、以各收藏機構爲分册依據,篇幅較小者,適當合并出版。

三、一部古籍一條款目,複本亦單獨著録。

四、著録基本要求爲客觀登記、規範描述。

五、著録款目包括古籍普查登記編號、索書號、題名卷數、著者、版本、册數、存缺卷等。古籍普查登記編號的組成方式是:省級行政區劃代碼—單位代碼—古籍普查登記順序號。

六、以古籍普查登記編號順序排序。

《浙江省古籍普查登記目録》

工作委員會

主　任： 金興盛

副主任： 葉　菁

委　員： 倪　巍　徐曉軍　賈曉東　雷祥雄　劉曉清
徐　潔　李儉英　孫雍容　張愛琴　張純芳
樓　婷　金琴龍　陳泉標　鍾世杰　應　雄
陸深海　吕振興　徐兼明

《浙江省古籍普查登記目録》

編纂委員會

主　編： 徐曉軍

副主編： 童聖江　曹海花　褚樹青　莊立臻　徐益波

胡海榮　劉　偉　沈紅梅　王以儉　孫旭霞

占　劍　孫國茂　毛　旭　季彤曦

統校和編纂工作小組組長： 曹海花（浙江圖書館）

統校和編纂工作小組成員： 秦華英（浙江圖書館）

呂　芳（浙江圖書館）

干亦鈴（寧波市圖書館）

劉　雲（寧波市天一閣博物館）

周慧惠（寧波市天一閣博物館）

馬曉紅（餘姚市文物保護管理所）

陳瑾淵（温州市圖書館）

王　昉（温州市圖書館）

沈秋燕（嘉興市圖書館）

丁嫻明（嘉興市圖書館）

唐　微（紹興圖書館）

丁　瑛（紹興圖書館）

毛　慧（衢州市博物館）

《浙江省古籍普查登記目録》

序　言

浙江文化底藴深厚，書籍刻印歷史悠久，前賢留下的著述浩如烟海，藏書雅閣及私人藏書爲數衆多，古籍資源十分豐富，幾乎縣縣有古籍，是全國古籍藏量較多的省份之一，是中華文化中具有獨特地域特色的重要一脉。保護好這些珍貴的古籍，對促進文化傳承、弘揚民族精神、維護國家統一及社會穩定具有重要作用。同時，加强古籍保護工作，也是加快建設文化大省、文化强省，努力推動文化浙江建設和社會主義文化大發展大繁榮的必然要求。

（一）

爲搶救、保護我國的珍貴古籍，繼承和弘揚優秀傳統文化，國務院辦公廳印發了《關於進一步加强古籍保護工作的意見》（國辦發［2007］6 號），全國古籍普查登記工作是瞭解全國古籍存藏情况、建立古籍總臺賬、開展全國古籍保護的基礎性工作。爲認真貫徹落實"國辦發［2007］6 號"文件精神，切實加强全省古籍的搶救、保護，浙江省人民政府辦公廳印發《關於進一步加强古籍保護工作的意見》（浙政辦發［2009］54 號），提出 2009 年起要在全省範圍内開展古籍普查登記工作。2012 年，浙江省古籍保護工作聯席會議下發《關於印發〈浙江省"中華古籍保護計劃"實施方案〉的通知》（浙文社［2012］30 號），提出在"十二五"末基本完成全省古籍普查工作的目標。

試點先行、摸底調查、制定方案，建立制度、統籌指揮，引進人員、有效培訓、壯大隊伍，配置設備、補助經費、保障到位，編製手册、明確款目、統一規則，著録完整、審核到位、保證質量，設立項目、表揚先進，在省委省政府的高度重視及其各部門的大力支持下，在國家古籍保護中心的積極指導和省文化廳的正確領導下，通過以上種種措施，"秉持浙江精神，幹在實處、走在前列、勇立潮頭"，全省公共圖書館、文物、教育、檔案、衛生五大系統共計 95 家公藏單位通力合作，到 2017 年 4 月底基本完成了全省的古籍普查登記工作。

通過普查，摸清了全省古籍文化遺産家底，揭示了全省各地區文化脉絡，形成了統一的古籍信息數據庫，建立了一支遍布全省的古籍保護隊伍，爲下一步有針對性地開展古籍保護工作奠定堅實的基礎。鑒於全省在古籍普查和其他古籍保護工作中的突出表現，2014 年，浙江圖書館、嘉興市圖書館、雲和縣圖書館獲得"全國古籍保護工作先進單位"稱號，浙江圖書館徐曉軍和曹海花、温州市圖書館王妍、紹興圖書館唐微、平湖市圖書館馬慧、衢州市博物館程勤等6人獲得“全國古籍保護工作先進個人”稱號。

(二)

全國古籍普查登記範圍爲1912年以前産生的文獻典籍。由於近代以來浙江私人藏書相當發達,民國期間也刻印了大量典籍,民國文獻在各藏書單位(尤其是基層單位)所藏歷史文獻中占據了相當大的比重。這些文獻形成了浙江文獻典藏的重要特色,是浙江傳統文化的重要組成部分。爲更加全面地掌握本省歷史文獻文化遺産現狀,浙江省將民國時期傳統裝幀書籍也納入普查範圍。

按照《全國古籍普查登記手册》要求,登記每部古籍的基本項目,必登項目有索書號、題名卷數、著者、版本、册數、存缺卷數,選登項目有分類、批校題跋、版式、裝幀形式、叢書子目、書影、破損狀況等内容。浙江省的古籍普查工作一直高標準、嚴要求,自始至終堅持全國古籍普查登記平臺(以下簡稱“古籍普查平臺”)項目全著録,堅持文字信息和書影信息雙著録,登記每部書的索書號、分類、題名卷數、著者、卷數統計、版本、版式、裝幀、裝具、序跋、刻工、批校題跋、鈐印、叢書子目、定級及書影、定損及書影等16大項74小項的信息。

普查統計顯示,截至2017年4月30日,全省95家單位共藏有傳統裝幀書籍337405部2506633册,其中不分卷者計31737部96822册,分卷者計305668部2409811册11433371卷(實存8223803卷):古籍(含域外本)219862部1754943册,不分卷者15777部54901册,分卷者204085部1700042册7934703卷;民國時期傳統裝幀書籍117543部751690册,不分卷者15960部41921册,分卷者101583部709769册3498668卷。

從版本定級來看,全省四級文獻最多,部數、册數數量占比分别爲84.75%、78.69%。三級次之,部數、册數數量占比13.12%、15.96%。一級、二級文獻共計5689部111722册,量雖不多,極爲珍貴,其破損程度較輕,基本都配置了裝具且裝具狀況良好,這是古籍分級保護體系的有力體現。

從文獻類型來看,古籍普查平臺采用六部分類,在傳統的經、史、子、集四部外加上類叢部、新學。從册數來看,全省文獻類叢部數量最多,占比29.40%,這其中很大一部分原因在於民國時期刊印了不少大型叢書。史部、集部、子部、經部分居第二至五位,數量占比分别爲28.98%、18.00%、13.49%、9.24%。新學數量最少,還不到1%。

從版本類型來看,全省古籍版本類型豐富,數量最多的是刻本,部數占比51.01%、册數占比55.03%。部數排在第二至四位的是鉛印本、石印本、抄本,分别占比17.71%、16.58%、5.19%。册數排在第二至四位的是鉛印本、石印本、影印本,分别占比14.27%、12.40%、11.38%,這與將民國時期傳統裝幀書籍納入古籍普查範圍有極大關係。稿、抄本部數占比6.9%、册數占比4.04%,總體占比不是很高,但在一、二級文獻中稿、抄本的比例比較高,一級中部數占比20.49%、册數占比

70.25%，二級中部數占比13.16%、册數占比6.57%。

從版本年代來看，全省藏書從南北朝以迄民國，并有部分日本、朝鮮、越南本。其中，元及元以前共計244部3357册。明、清、民國共計2486788册，數量占比99.21%：明代占比5.95%、清代占比63.27%、民國占比29.99%。日本、朝鮮、越南三國本共計1877部14522册，部數、册數占比分别爲0.56%、0.58%。

從批校題跋來看，337405部文獻中有姓名可考的批校題跋共計15374部，其中集部批校題跋最多，占全部批校題跋的38.73%、占集部文獻的6.16%。稿本的批校題跋在相對應的版本類型中比例最高，爲16.18%。且稿本中有多人批校題跋的量最多，多者一部稿本中的批校題跋者達25人，如浙江圖書館藏沈蕉青稿本《燈青茶嫩草》三卷中有孫麟趾等25人的批校題跋。從各館藏書的批校題跋者來看，有鮮明的館域特色，從一個側面體現了各館的文獻來源。

從鈐印來看，337405部文獻中有51509部有收藏鈐印，各級文獻鈐印比例隨級别的增高而加大，一至四級文獻的鈐印占比分别爲50.67%、49.38%、26.00%、12.90%。收藏鈐印從一個方面體現了某書的遞藏源流，鈐印多於1方者有24840部，鈐印多者達54方，如寧波市天一閣博物館藏清初毛氏汲古閣影宋抄本《集韻》十卷上鈐毛晋、毛扆、段玉裁、朱鼎煦四人共計54方印。

在普查的過程中，我們還利用普查成果積極申報《國家珍貴古籍名録》、評選《浙江省珍貴古籍名録》，建立珍貴古籍分級保護體系。截至目前，全省共有871部珍貴古籍入選第一至五批《國家珍貴古籍名録》，有609部古籍入選第一至三批《浙江省珍貴古籍名録》。

（三）

普查登記著録工作結束後，省古籍保護中心於2016年6月成立由浙江圖書館、寧波市圖書館、寧波市天一閣博物館、餘姚市文物保護管理所、温州市圖書館、嘉興市圖書館、紹興圖書館、衢州市博物館8家單位的14名普查業務骨幹組成的浙江省古籍普查登記目録統校和編纂工作小組，開始全省普查數據的統校和古籍普查登記目録的編纂工作。

浙江省的普查登記目録是將古籍和民國書籍分開的，全省統一規劃，分别出版《浙江省古籍普查登記目録》和《浙江省民國時期傳統裝幀書籍普查登記目録》。根據《全國古籍普查登記目録審校要求》《古籍普查登記表格整理規範》的要求，省古籍保護中心制定《浙江省古籍普查登記目録編纂工作方案》《浙江省古籍普查數據統校細則》，用於指導全省的數據統校和登記目録的編纂。統校和編纂工作程序如下：導出古籍普查平臺上的數據，切分爲古籍、民國兩張表，按照設定的普查編號、索書號、分類、題名卷數、著者、版本、批校題跋、册數、存缺卷這幾項登記目録的出版款目對表格進行整理，整理後按照題名進行排列分給各統校員進行統校，統校結束後的數據按行政區域進行彙總交由分區負責人進行覆核，覆核結束後由省古籍保護中心一一寄給各館進行修改確認，經各館確認後由分區負責人進行最後審定。

在統校的過程中，爲了保證全省數據著録的一致，我們積極利用我國古籍整理研究的重大成果《中國古籍總目》（以下簡稱《總目》），每條書目一一對核《總目》，《總目》收者即標注《總目》頁碼，《總目》未收某版本者標注“無此版本”，《總目》未收者標注“無”，《總目》所收即浙江某館所藏者特殊標注，《總目》著録與普查信息有差异或一時無法判斷者標注“存疑”。拿浙江圖書館的近 7 萬條古籍數據來看，據不完全統計，除去複本，《總目》所收即浙江圖書館所藏者有 1100 多種，《總目》未收某一明確版本者有 3200 多種，《總目》未收者有 8300 多種。

全省 95 家單位中有 93 家單位有古籍數據，總條數計 22 萬條左右。根據分區域出版和達到一定條數可以單獨成書的原則，全省的古籍普查登記目録大致分爲以下 26 種：浙江圖書館，浙江大學圖書館，浙江省博物館，浙江省中醫藥研究院等四家收藏單位，杭州圖書館，西泠印社社務委員會等十家收藏單位、浙江省瑞安中學等八家收藏單位，寧波市圖書館，寧波市天一閣博物館，寧波市奉化區文物保護管理所等六家收藏單位、舟山市圖書館等二家收藏單位，温州市圖書館，瑞安市博物館（玉海樓），嘉興市圖書館，平湖市圖書館，嘉善縣圖書館，海寧市圖書館等六家收藏單位，湖州市圖書館等七家收藏單位、常山縣圖書館等二家收藏單位，紹興圖書館，嵊州市圖書館，紹興市上虞區圖書館等八家收藏單位，東陽市博物館，金華市博物館等九家收藏單位，衢州市博物館，台州市黄岩區圖書館，臨海市圖書館，臨海市博物館等六家收藏單位，麗水市圖書館等八家收藏單位。目前全省的古籍普查登記目録有多種已進入出版流程（爲保障普查編號的唯一性、終身有效性，各館數據以原普查編號從低到高的順序進行排列，由於浙江省古籍普查範圍包括古籍、民國時期傳統裝幀書籍、域外漢文古籍，著録時幾種文獻交替進行，而出版時是分開的，加之古籍普查平臺系統出現的跳號情况，所以會出現普查編號不連貫的情况，特此説明），民國時期傳統裝幀書籍普查登記目録的編纂亦接近尾聲。普查登記工作和普查登記目録的編纂爲接下來《中華古籍總目・浙江卷》的編纂打下了良好的基礎。

浙江省古籍普查工作得到了各方的關心和支持。感謝各兄弟省份古籍同行的熱情幫助，感謝李致忠、張志清、吴格、陳先行、陳紅彦、陳荔京、羅琳、王清原、唱春蓮、李德生、石洪運、賈秀麗、范邦瑾等專家學者的悉心指導，藉力於此，普查工作纔得以順利完成。

條數多，分布廣，又出於衆手，儘管工作中我們一直争取做到最好，但無論是已經著録的古籍普查平臺數據還是即將付梓的登記目録，都難免存在紕漏，希望業界同仁不吝賜教，俾臻完善。

浙江省古籍保護中心
2018 年4 月

目　録

紹興市文物管理局
古籍普查登記目録

全國古籍普查登記目録・浙江紹興

國家圖書館出版社
National Library of China Publishing House

330000－1793－0000009　024/00009　史部/地理類/方志之屬/郡縣志

[嘉定]剡錄十卷　(宋)史安之修　(宋)高似孫纂　清同治九年(1870)刻本　二册

330000－1793－0000010　035/00010　史部/地理類/方志之屬/郡縣志

[嘉慶]山陰縣志三十卷首一卷　(清)徐元梅修　(清)朱文翰等纂　清嘉慶八年(1803)刻本　十二册

330000－1793－0000011　044/00011　史部/地理類/專志之屬/祠墓

兩浙防護陵寢祠墓錄不分卷　(清)阮元輯　清光緒會稽董氏取斯家塾木活字印本　四册

330000－1793－0000014　023/00014　史部/地理類/方志之屬/郡縣志

[光緒]上虞縣志校續五十卷首一卷末一卷　(清)儲家藻修　(清)徐致靖纂　清光緒二十四年至二十五年(1898－1899)刻本　二十册

330000－1793－0000015　034/00015　史部/地理類/方志之屬/郡縣志

[乾隆]蕭山縣志四十卷　(清)黄鈺纂修　清乾隆十六年(1751)刻本　十八册

330000－1793－0000016　030/00016　史部/地理類/方志之屬/郡縣志

[同治]嵊縣志二十六卷首一卷末一卷　(清)嚴思忠　(清)陳仲麟修　(清)蔡以瑺等纂　清同治九年(1870)刻本　十二册

330000－1793－0000018　041/00018　類叢部/叢書類/郡邑之屬

武林掌故叢編一百九十種　(清)丁丙編　清光緒三年至二十六年(1877－1900)錢塘丁氏嘉惠堂刻本([乾道]臨安志卷四至十五、南宋館閣錄卷一原缺)　六册　存一種

330000－1793－0000019　031/00019　類叢部/叢書類/郡邑之屬

武林掌故叢編一百九十種　(清)丁丙編　清光緒三年至二十六年(1877－1900)錢塘丁氏嘉惠堂刻本([乾道]臨安志卷四至十五、南宋館閣錄卷一原缺)　六册　存一種

330000－1793－0000021　042/00021　史部/地理類/專志之屬/古跡

會稽名勝賦一卷　(清)葉簡裁輯　清乾隆五十三年(1788)菑耕堂刻本　二册

330000－1793－0000022　042/00022　史部/地理類/雜志之屬

會稽三賦四卷　(宋)王十朋撰　(明)南逢吉注　(明)尹壇補注　明刻本　二册

330000－1793－0000023　046/00023　經部/小學類/訓詁之屬/方言

越諺三卷附越諺賸語二卷　(清)范寅撰　清光緒八年(1882)谷應山房刻本　三册

330000－1793－0000024　040/00024　史部/地理類/雜志之屬

浙江全省輿圖並水陸道里記不分卷　(清)宗源瀚等纂　清光緒二十年(1894)石印本　二十册

330000－1793－0000034　049/00034　經部/小學類/訓詁之屬/方言

越言釋二卷　(清)茹敦和撰　清道光二十九年(1849)仁和葛氏嘯園刻本　二册

330000－1793－0000035　047/00035　集部/別集類/清別集

紹興人謠一卷　(清)周子炎撰　清光緒二十八年(1902)刻本　博陵旨丞題簽　一册

330000－1793－0000036　080/00036　史部/傳記類/總傳之屬/家乘

[浙江紹興]姒氏世譜不分卷　(清)姒佐清纂修　清光緒木活字印本　一册

330000－1793－0000037　073/00037　史部/傳記類/總傳之屬/家乘

[浙江紹興]姒氏世譜不分卷　(清)姒佐清纂修　清末抄本　一册

330000－1793－0000038　002/00038　史部/地理類/方志之屬/郡縣志

[乾隆]紹興府志八十卷首一卷　(清)李亨特

修　(清)平恕　(清)徐嵩纂　清乾隆五十七年(1792)刻本　四十六册

330000－1793－0000058　021/00058　史部/地理類/方志之屬/郡縣志
[光緒]諸暨縣志六十一卷　陳遹聲修　(清)蔣鴻藻纂　清宣統二年(1910)刻本　十八册

330000－1793－0000061　古 14:15/00061　子部/藝術類/篆刻之屬/印譜
二金蝶堂印譜不分卷　(清)趙之謙篆刻　(清)徐士愷輯　清光緒鈐拓本　八册

330000－1793－0000062　古 14:04/00062　集部/别集類/明别集
拜環堂文集六卷　(明)陶崇道撰　明末刻本　八册　存四卷(二至五)

330000－1793－0000063　古 14:05/00063　集部/别集類/唐五代别集
唐李長吉詩集四卷外詩集一卷　(唐)李賀撰　(明)徐渭　(明)董懋策批注　明萬曆四十一年(1613)刻本　一册

330000－1793－0000064　古 14:21/00064　集部/别集類/唐五代别集
杜詩詳注三十一卷首一卷　(唐)杜甫撰　(清)仇兆鰲輯注　清大文堂刻本(卷二十六至三十一嗣刻)　二十一册

330000－1793－0000065　古 14:03－1/00065　集部/别集類/明别集
徐文長逸稿二十四卷自著畸譜一卷　(明)徐渭撰　(明)張維城輯　明天啓三年(1623)張維城刻本　清陳木田、徐崙題記　八册

330000－1793－0000066　古 14:03－2/00066　集部/别集類/明别集
徐文長逸稿二十四卷自著畸譜一卷　(明)徐渭撰　(明)張維城輯　明天啓三年(1623)張維城刻本　二册　存六卷(二至七)

330000－1793－0000068　古 14:02/00068　集部/别集類/明别集
徐文長文集三十卷　(明)徐渭撰　(明)袁宏道評點　**四聲猿一卷**　(明)徐渭編　明萬曆四十二年(1614)鍾人傑刻本　清西溪批　十二册　缺一卷(四聲猿)

330000－1793－0000069　古 14:06/00069　集部/戲劇類/雜劇之屬
四聲猿四卷　(明)徐渭撰　明延閣刻本　一册

330000－1793－0000070　古 14:10/00070　史部/地理類/雜志之屬
會稽三賦一卷　(宋)王十朋撰　清刻本　一册

330000－1793－0000071　古 14:24/00071　史部/傳記類/總傳之屬
棠蔭録四卷首一卷　(清)唐模編　清道光二十七年(1847)刻本　二册

330000－1793－0000072　古 14:08/00072　集部/别集類/宋别集
渭南文集五十二卷　(宋)陸游撰　明初刻本　一册　存三卷(三十二、四十七至四十八)

330000－1793－0000074　古 14:27－1/00074　類叢部/叢書類/自著之屬
章氏遺書二種　(清)章學誠撰　清道光十二年至十三年(1832－1833)章華紱刻浙江書局補刻本　三册　存一種

330000－1793－0000075　古 14:23/00075　史部/政書類/邦計之屬
賑紀八卷　(清)方觀承輯　清乾隆十九年(1754)刻本　六册　存六卷(一至五、八)

330000－1793－0000076　古 14:18/00076　集部/别集類/明别集
徐文長逸稿二十四卷自著畸譜一卷　(明)徐渭撰　(明)張維城輯　明天啓三年(1623)張維城刻本　四册

330000－1793－0000077　古 14:14/00077　子部/藝術類/書畫之屬
賞奇軒四種合編　清文德堂刻本　唐風跋　一册　存一種

330000－1793－0000078　古 14:19/00078

集部/詞類/類編之屬

宋名家詞六十一種九十卷 （明）毛晉編 明崇禎虞山毛氏汲古閣刻本 一冊 存一種

330000－1793－0000079 古 14：09/00079

經部/小學類/文字之屬/字書/字體

隸辨八卷 （清）顧藹吉撰 清乾隆八年（1743）天都黄晟刻本 十六冊

330000－1793－0000080 古 14：01－1/00080

集部/别集類/明别集

徐文長文集二十九卷 （明）徐渭撰 （明）袁宏道評點 **四聲猿一卷** （明）徐渭編 明萬曆四十二年（1614）鍾人傑刻本 六冊 缺一卷（四聲猿）

330000－1793－0000081 古 14：01－2/00081

集部/别集類/明别集

徐文長文集三十卷 （明）徐渭撰 （明）袁宏道評點 **四聲猿一卷** （明）徐渭編 明萬曆四十二年（1614）鍾人傑刻本 八冊 缺一卷（四聲猿）

330000－1793－0000085 古 14：11/00085

子部/儒家類/儒學之屬

劉向新序十卷説苑二十卷 （漢）劉向撰 明刻本 明劉宗周批校 清蔡瀕、清蔡名衡、清王紹蘭批校並跋 清董春庭過録蔡氏父子題跋 清湯金釗、清吳修題簽 六冊

330000－1793－0000086 古 14：12/00086

集部/小説類/長篇之屬

紅樓夢一百二十回 （清）曹霑 （清）高鶚撰 清乾隆五十七年（1792）萃文書屋木活字印本 二十四冊

330000－1793－0000087 古 14：20/00087

類叢部/叢書類/彙編之屬

知不足齋叢書一百九十六種 （清）鮑廷博編 （清）鮑士恭續編 清乾隆三十七年至道光三年（1772－1823）長塘鮑氏刻彙印本 一冊 存一種

330000－1793－0000088 古 14：17/00088

集部/别集類/明别集

徐文長文集三十卷 （明）徐渭撰 （明）袁宏道評點 明讀書坊刻本 十冊

紹興魯迅紀念館古籍普查登記目録

全國古籍普查登記目録·浙江紹興

國家圖書館出版社
National Library of China Publishing House

《紹興魯迅紀念館古籍普查登記目録》

編委會

主　編： 徐曉光

副主編： 謝永興

編　委： 駱　婷　趙國華　孫　藍　顔丹瓊　曹聖燕

《紹興魯迅紀念館古籍普查登記目録》

前　言

紹興魯迅紀念館是中華人民共和國成立後浙江省最早成立的人物類博物館，也是紹興地區第一個建立藏品室的博物館。六十多年來，我館一直致力於魯迅在紹興時期的文物和近現代紹興地方文獻的收藏與研究，并取得了豐碩的成果。我館所藏古籍占館藏文物的三分之一。這些古籍是魯迅青少年時期成長軌迹的記録，是魯迅文化的真實見證，是我館的靈魂與精華所在，也是紹興近現代文化底蘊的重要組成部分，更是傳播地方歷史文化的重要載體。

2011年始，我館古籍保護工作在省、市古籍保護中心的支持和指導下正式啓動。根據省古籍保護中心的統一部署，我館將館藏傳統古籍和1912年至1949年9月的傳統裝幀書籍都納入普查範圍。2013年底，我館向省古籍保護中心申報了“紹興魯迅紀念館古籍普查項目”。在館領導的大力支持下，普查項目小組經過五年的整理、編目和書影拍攝，於2015年底完成了全部館藏古籍的普查著録工作。

我館的古籍收藏範圍主要是近現代紹興名人著作及地方文獻資料，具有較大的研究、考據及史料價值。此次普查館藏古籍共計780部5286册，其中傳統古籍539部2470册。就古籍分類而言，館藏古籍主要分經、史、子、集、類叢和新學。因我館古籍收藏範圍多爲近現代文獻，故有許多新學類古籍，如《金石識别》十二卷、《運規約指》三卷、《生理講義》二卷等。

魯迅家三箱藏書中揀選、社會私人捐贈（古越藏書樓、三味書屋、王貺甫、陶冶公、許欽文、周豐一等）和古舊書店收購是我館古籍的主要來源。前兩者保存狀況良好，古籍的破損程度較小，其中不乏紹興地方名人的手稿，如魯迅、蔡元培、許壽裳、陶濬宣、陶在寬、陶方琦等抄稿本，是我館古籍之一大特色。我館現有三部珍貴古籍入選第一批《浙江省珍貴古籍名録》，分别是周樹人（魯迅）批校清康熙刻本《秘傳花鏡》六卷、周樹人批校清同治十一年（1872）江南製造局刻本《金石識别》十二卷、清光緒二十三年（1897）周樹人抄本《二樹山人寫梅歌》不分卷。前兩部書是魯迅青少年時期的藏書，經魯迅多次親筆批閲、標點、校注。第三部是魯迅在三味書屋讀書期間手抄的清童鈺的咏梅詩集，整册抄本字迹工整、秀氣，是目前發現最早的魯迅手迹，具有較高的史料研究價值。

在我館開展古籍普查項目的過程中,省古籍保護中心的童聖江老師、陳誼老師、曹海花老師給予了悉心的指導和幫助;紹興圖書館古籍部唐微老師不厭其煩地爲我們釋疑解惑;我館陳斌館長和徐東波副館長在經費緊缺、人員緊張的情况下,大力支持普查項目小組的設備購置、人員借調等工作,使普查項目小組工作能够順利完成;更要感謝我館古籍普查項目小組的全體成員謝永興、徐曉光、趙國華、駱婷、孫藍、曹聖燕、顔丹瓊等,他們克服種種困難,夜以繼日地進行古籍整理和著録。在此,一并表示衷心的感謝!

由於我們水平有限,書中難免有疏漏之處,懇請方家批評匡正。

紹興魯迅紀念館
2017 年 11 月

330000－4794－0000001　sl0002　集部/別集類/清別集
二樹山人寫梅歌不分卷　(清)童鈺撰　(清)蘇如溱評點　清光緒二十三年(1897)周樹人抄本　一册

330000－4794－0000002　sl0001　子部/農家農學類/園藝之屬/花卉
秘傳花鏡六卷　(清)陳淏子撰　清康熙刻本　清周福清題簽　周樹人批　三册

330000－4794－0000003　sl0003　新學/地學/地理學
金石識别十二卷　(美國)代那撰　(美國)瑪高溫口譯　(清)華蘅芳筆述　清同治十一年(1872)江南製造局刻本　周樹人批校並題簽　六册

330000－4794－0000005　sl1736　子部/小説家類/雜事之屬
世説新語六卷　(南朝宋)劉義慶撰　(南朝梁)劉孝標注　清光緒二十二年(1896)上海掃葉山房石印本　四册

330000－4794－0000006　sl1738　類叢部/類書類/專類之屬
策學淵萃四十六卷目録二卷　清光緒四年(1878)藤花小舫刻本　十七册　缺九卷(四、三十九至四十六)

330000－4794－0000007　sl1746　子部/農家農學類
農學叢刻　(清)農學會輯　清光緒二十三年(1897)農學會鉛印本　四册

330000－4794－0000008　sl1739　史部/金石類/錢幣之屬
錢録十六卷　(清)梁詩正等輯　清光緒二十年(1894)上海積山書局石印本　四册

330000－4794－0000010　sl1741　新學/兵制/陸軍
陸操新義四卷　(德國)康貝撰　(清)李鳳苞譯　清光緒十年(1884)上海同文書局石印本　二册

330000－4794－0000011　sl1742　子部/農家農學類/蠶桑之屬
蠶學叢刻初集□□種　(清)杭州蠶學館輯　清光緒二十四年(1898)上海務農會石印本　一册　存一種

330000－4794－0000012　sl1743　子部/農家農學類/蠶桑之屬
蠶外紀二卷首一卷末一卷　(清)陳壽彭譯輯　清光緒二十三年(1897)上海務農會石印本　一册

330000－4794－0000013　sl1744　子部/農家農學類/蠶桑之屬
意大利蠶書一卷　(意大利)丹吐魯撰　(英國)傅蘭雅　(英國)傅紹蘭口譯　汪振聲筆述　清末上海務農會石印本　一册

330000－4794－0000014　sl1745　集部/詞類/別集之屬
問月樓詞鈔一卷　(清)王韻梅填詞　清嘉慶二十五年(1820)刻本　一册

330000－4794－0000015　sl1748　史部/地理類/專志之屬/祠墓
[安徽休寧]榆村程氏墓譜不分卷　(清)程執三輯　清刻本　一册

330000－4794－0000016　sl1747　集部/别集類/清别集
香屑集十八卷首一卷末一卷　(清)黄之雋撰　(清)陳邦直注　清宣統二年(1910)上海掃葉山房石印本　四册

330000－4794－0000022　sl0285　集部/小説類/長篇之屬
東周列國全志二十七卷一百八回　(清)蔡奡評點　清光緒二十五年(1899)上海久敬齋石印本　一册　存一卷(一)

330000－4794－0000041　sl1257　集部/總集類/課藝之屬
紹興府學堂課藝不分卷　(清)徐錫麟選　清光緒三十一年(1905)紹興府學堂石印本　一册

330000－4794－0000042　sl1258　集部/總集類/課藝之屬
紹興府學堂課藝不分卷　（清）徐錫麟選　清光緒二十八年（1902）越郡特别書局石印本　一册

330000－4794－0000043　sl1260　集部/總集類/課藝之屬
紹興府學堂課藝不分卷　（清）徐錫麟選　清光緒三十一年（1905）紹興府學堂石印本　一册

330000－4794－0000044　sl1261　史部/政書類/公牘檔册之屬
紹興府學堂徵信録一卷　（清）紹興府學堂編　清光緒二十七年（1901）紹興府學堂刻本　一册

330000－4794－0000045　sl1262　史部/政書類/公牘檔册之屬
紹興府中學堂工程徵信録一卷　（清）杜子楙編　清宣統元年（1909）鉛印本　一册

330000－4794－0000048　sl1270　史部/傳記類/總傳之屬
山會初級師範學堂同學録一卷　李士銘撰　清宣統三年（1911）鉛印本　一册

330000－4794－0000049　sl1271　史部/傳記類/總傳之屬
山會初級師範學堂同學録一卷　李士銘撰　清宣統三年（1911）鉛印本　何益新題記　一册

330000－4794－0000050　sl1272　史部/傳記類/總傳之屬
紹興府中學堂同學録一卷　（清）紹興府中學堂編　清宣統刻本　一册

330000－4794－0000051　sl1752　經部/易類/傳説之屬
周易本義四卷附圖説一卷卦歌一卷筮儀一卷　（宋）朱熹撰　清刻本　二册

330000－4794－0000054　sl1287　新學/學校
生理講義二卷　周樹人編　清宣統紹興府中學堂油印本　二册

330000－4794－0000055　sl1283、sl1288　新學/學校
生理講義二卷生理目録一卷　周樹人編　清宣統油印本　蔣謙批　三册

330000－4794－0000056　sl1289　新學/學校
生理講義一卷　周樹人編　清宣統紹興府中學堂油印本　蔡欽銘跋　一册

330000－4794－0000061　sl1749　集部/别集類/清别集
九曲山房詩鈔十六卷　（清）宗聖垣撰　清嘉慶五年（1800）刻本　三册　存十三卷（一至十三）

330000－4794－0000062　sl1750　子部/醫家類/綜合之屬/通論
石室秘籙六卷　（清）陳士鐸撰　清校經山房刻本　六册

330000－4794－0000063　sl1751　史部/政書類
國朝右文掌録一卷　（清）宗源瀚撰　清光緒十四年（1888）刻本　一册

330000－4794－0000064　sl1753　子部/醫家類/婦科之屬
竹林女科證治四卷　（清）竹林寺僧撰　清光緒十七年（1891）皖江節署刻本　二册　存二卷（三至四）

330000－4794－0000065　sl1754　經部/四書類/孟子之屬/傳説
閑道集四卷首一卷　（清）孟經國輯　清道光十二年（1832）孟氏木活字印本　一册

330000－4794－0000066　sl1756　集部/總集類/選集之屬/斷代
唐人應試賦選八卷　（清）劉文蔚　（清）姚亢宗箋輯　清乾隆二十五年（1760）劉文蔚探珠樓刻本　四册

330000－4794－0000067　sl1755　子部/儒家類/儒學之屬/勸學

為學大指一卷　(清)倭仁輯　清同治九年(1870)龍文齋刻本　一册

330000－4794－0000068　sl1757　史部/目録類/通論之屬/藏書約
古越藏書樓章程一卷　(清)徐樹蘭撰　清光緒徐氏古越藏書樓刻本　一册

330000－4794－0000069　sl1758　新學/兵制/槍炮
魚雷圖說問答不分卷　(清)黎晉賢撰　清光緒十六年(1890)天津石印本　二册

330000－4794－0000071　sl1760　集部/别集類/清别集
二知軒詩鈔十四卷　(清)方濬頤撰　清同治五年(1866)廣州刻本　八册

330000－4794－0000072　sl1761　集部/别集類/清别集
二知軒詩續鈔十卷　(清)方濬頤撰　清同治八年(1869)刻本　四册

330000－4794－0000073　sl1762　子部/宗教類/佛教之屬/經疏
心經註解一卷　(清)朱珪撰　清同治十三年(1874)禾郡吳文錦齋刻本　一册

330000－4794－0000074　sl1763　史部/傳記類/總傳之屬/姓名
内閣漢票簽中書舍人題名一卷續編一卷補遺一卷續補遺一卷　(清)鮑康等輯　清咸豐至光緒刻本　二册　存二卷(題名、續編)

330000－4794－0000075　sl1764　集部/戲劇類
時事新戲黑龍江一卷　湖南游學譯編社撰　華人夢批注　清光緒鉛印本　赤曼題記　天嘻居士(周作人)題簽並記　一册

330000－4794－0000077　sl1766　史部/傳記類/别傳之屬/年譜
皇清誥授光禄大夫太子少傅晉贈太子太保經筵講官南書房供奉軍機大臣東閣大學士兼戶部尚書賜謚文定公豐山府君自訂年譜　(清)梁治國自述　(清)梁承綸等增補　清乾隆上虞梁氏抄本　一册

330000－4794－0000078　sl1767　集部/别集類/清别集
自得草堂詩存一卷　(清)唐廷綸撰　清同治九年(1870)刻本　一册

330000－4794－0000079　sl1768　子部/農家農學類/園藝之屬/花卉
秘傳花鏡六卷　(清)陳淏子撰　清康熙刻本　三册

330000－4794－0000080　sl1769　子部/雜著類/雜纂之屬
聽松隨札四卷　(清)何彤文撰　清道光二十一年(1841)叢桂山莊刻本(卷四配清刻本)　一册

330000－4794－0000081　sl1770　新學/兵制/陸軍
洋務用軍必讀三卷各國旗圖一卷　(清)朱克敬撰　清光緒十年(1884)五湖草廬刻本　清周伯宜題簽　二册

330000－4794－0000082　sl1771　史部/政書類/律令之屬/法驗
洗冤錄詳義四卷首一卷　(清)許槤輯　**洗冤錄摭遺二卷**　(清)葛元煦輯　清光緒二年(1876)泉唐葛氏嘯園刻本　五册

330000－4794－0000083　sl1772　經部/四書類/總義之屬/傳說
四書體註合講十九卷附圖考一卷　(清)翁復編　清學源堂刻本　六册

330000－4794－0000084　sl1773　史部/傳記類/科舉録之屬/歷科登科録
歷科殿試策不分卷　清光緒刻本　二册

330000－4794－0000085　sl1774　經部/詩類/傳說之屬
詩經集傳八卷　(宋)朱熹撰　清刻本　二册　缺四卷(一至四)

330000－4794－0000086　sl1775　史部/地理類/專志之屬/祠墓

漂母祠志七卷首一卷 (清)胡鳳丹輯 清光緒三年(1877)胡氏退補齋刻本 二冊

330000－4794－0000088 sl1785 史部/地理類/專志之屬/祠墓
兩浙防護陵寢祠墓錄一卷 (清)阮元輯 清光緒十五年(1889)浙江書局刻本 二冊

330000－4794－0000089 sl1787 新學/礦務/礦學
鍊金新語十章圖一章 (英國)奧斯吞撰 舒高第 (清)鄭昌棪譯 清光緒江南製造局鉛印本 三冊

330000－4794－0000090 sl1788 子部/農家農學類/鳥獸蟲之屬
百獸圖說一卷論一卷百鳥圖說一卷 (清)韋門道氏撰 清光緒八年(1882)上海益智書會刻本 二冊

330000－4794－0000091 sl1789 新學/電學
通物電光四卷附圖一卷 (美國)莫耳登撰 (英國)傅蘭雅口譯 王季烈筆述 清光緒二十五年(1899)江南製造局刻本 一冊

330000－4794－0000092 sl1853 史部/職官類/官箴之屬
通本簽式不分卷 (清)□□輯 清抄本 三冊

330000－4794－0000093 sl1854 集部/總集類/彙編之屬
故友詩錄十四種附一種 (清)蔡壽祺編 清同治八年(1869)、九年(1870)京師鄉嬛別館刻本 七冊 存十種

330000－4794－0000094 sl1855 集部/別集類/清別集
夢綠草堂詩鈔十二卷附鳳簫集二卷首一卷末一卷 (清)蔡壽祺撰 清咸豐七年(1857)京師刻本 六冊

330000－4794－0000095 sl1856 史部/史抄類
韻史二卷 (清)許遯翁撰 **補一卷** (清)朱玉岑撰 清光緒十五年(1889)上海廣百宋齋鉛印本 一冊

330000－4794－0000096 sl1857 新學/雜著/小說
新譯包探案一卷 (英國)解佳撰 (清)曾廣銓譯 **長生術一卷** 清光緒二十五年(1899)素隱書屋鉛印本 一冊

330000－4794－0000097 sl1858 史部/目録類/專録之屬
東西學書錄總敘二卷 沈桐生撰 清光緒二十三年(1897)讀有用書齋刻本 二冊

330000－4794－0000098 sl1860 類叢部/類書類/通類之屬
三才畧三卷 蔣德鈞輯 **讀史論略一卷** (清)杜詔撰 清刻本 一冊

330000－4794－0000099 sl1859 新學/雜著/小說
夢遊二十一世紀一卷 (荷蘭)達愛斯克洛提斯撰 (清)楊德森譯 清光緒商務印書館鉛印本 周作人題簽 一冊

330000－4794－0000100 sl1861 史部/職官類/官制之屬/專志
內閣小識不分卷 (清)葉鳳毛撰 清光緒刻本 一冊

330000－4794－0000101 sl1863 新學/雜著/小說
日本維新英雄兒女奇遇記一卷 (日本)長田偶得著 (清)逸人後裔譯 清光緒二十七年(1901)鉛印本 一冊

330000－4794－0000102 sl1864 新學/政治法律/政治
社會黨前篇一卷後篇一卷 (日本)西川光次郎撰 (清)周子高譯 清光緒二十八年(1902)上海廣智書局鉛印本 一冊

330000－4794－0000103 sl1865 新學/議論/通論
飲冰室自由書二卷 梁啓超撰 清末鉛印本 一冊

330000－4794－0000105　sl1867　集部/小說類/長篇之屬
雙線記六卷　(清)秀玉撰　清光緒二十九年(1903)鉛印本　三冊

330000－4794－0000107　sl1871　新學/圖學/圖算
運規約指三卷　(英國)白起德輯　(英國)傅蘭雅口譯　(清)徐建寅筆述　清光緒二十六年(1900)香港文運書局石印本　周樹人批注　一冊

330000－4794－0000108　sl1872　史部/史評類/史論之屬
重刊讀史論略一卷　(清)杜詔撰　清道光二十三年(1843)旌德朱德蕃清妙園刻本　一冊

330000－4794－0000109　sl1873　新學/游記
環瀛志險一卷　(奧地利)愛孫孟撰　(清)商務印書館編譯所繙譯　清光緒三十一年(1905)商務印書館鉛印本　一冊

330000－4794－0000110　sl1874－sl1875　史部/編年類/通代之屬
御批歷代通鑑輯覽一百二十卷　(清)傅恒等撰　清光緒二十八年(1902)萃文齋石印本　二十冊

330000－4794－0000111　sl1876－sl1878　子部/叢編
徐氏三種　(清)徐士業編　清立言堂刻本　三冊

330000－4794－0000112　sl1879－sl1880　經部/小學類/文字之屬/字書
臨文便覽二種　(清)張仰山輯　清同治十三年(1874)松竹齋刻本　二冊

330000－4794－0000113　sl1881　集部/總集類/課藝之屬
分陰課卷不分卷　清光緒抄本　清詹嗣賢評點　一冊

330000－4794－0000114　sl1882　集部/總集類/課藝之屬
道光科考課卷一卷　清抄本　一冊

330000－4794－0000115　sl1883　集部/總集類/選集之屬/斷代
東嵒草堂評訂唐詩鼓吹十卷　(金)元好問輯　(元)郝天挺注　(明)廖文炳解　(清)朱三錫評　清康熙刻本　五冊　缺一卷(一)

330000－4794－0000116　sl1884　集部/總集類/選集之屬/通代
友益齋古文觀止十二卷　(清)吳乘權　(清)吳大職輯　清乾隆五十年(1785)友益齋刻本　六冊

330000－4794－0000117　sl1885　經部/小學類/文字之屬/字書/字典
康熙字典十二集三十六卷總目一卷檢字一卷辨似一卷等韻一卷補遺一卷備考一卷　(清)張玉書等纂修　清道光七年(1827)刻本　三十八冊　缺四卷(子集下、卯集下,檢字,辨似)

330000－4794－0000118　sl1886　經部/小學類/文字之屬/字書/字典
康熙字典十二集三十六卷總目一卷檢字一卷辨似一卷等韻一卷補遺一卷備考一卷　(清)張玉書等纂修　清刻本　三十九冊　缺三卷(總目、檢字、辨似)

330000－4794－0000119　sl1887　史部/政書類/律令之屬/律例
大清律例增修統纂集成四十卷附督捕則例附纂二卷　(清)姚潤輯　(清)陶駿　(清)陶念霖增輯　清光緒二十年(1894)武林清來堂刻本　二十四冊

330000－4794－0000120　sl1888　史部/地理類/方志之屬/郡縣志
[同治]金谿縣志三十六卷首一卷末一卷　(清)程芳修　(清)鄭浴修等纂　清同治九年(1870)刻十年(1871)重校本　十六冊

330000－4794－0000121　sl1889、sl1892－sl1893　類叢部/叢書類/自著之屬
悔餘庵集三種　(清)何栻撰　清同治四年(1865)鳩江戎幄刻本　八冊　存二十五卷(悔餘庵詩稿一至十二、悔餘庵文稿一至九、

悔餘庵樂府一至四）

330000－4794－0000122　sl1890　集部/别集類/明别集
梅花草堂集十四卷　（明）張大復撰　清順治刻本　四册　存九卷（一至九）

330000－4794－0000123　sl1891　集部/别集類/明别集
王文成公全書三十八卷　（明）王守仁撰　明隆慶六年（1572）謝廷傑刻本　二十一册　存三十三卷（一至十二、十五至三十一、三十五至三十八）

330000－4794－0000126　sl1947　子部/術數類/占候之屬
集名山鉗記一卷　（宋）賴文俊輯　清末抄本　一册

330000－4794－0000127　sl2678　子部/農家農學類/園藝之屬/花卉
秘傳花鏡六卷　（清）陳淏子撰　清刻本　三册

330000－4794－0000129　sl1983　史部/傳記類/總傳之屬
熙朝宰輔錄一卷　（清）潘世恩等輯　清道光二十年（1840）木活字印本　清周介孚題記　一册

330000－4794－0000130　sl1966－sl1982　子部/宗教類/佛教之屬/大藏
釋藏　明刻本　十七册　存十七種

330000－4794－0000131　sl2515　新學/理學/理學
天演論二卷　（英國）赫胥黎撰　嚴復譯　清光緒二十七年（1901）富文書局石印本　清章卿氏題簽並記　一册

330000－4794－0000140　sl2523　史部/傳記類/日記之屬
虎口日記一卷（清咸豐十一年九月二十九日至十二月十九日）　（清）魯叔容撰　清光緒二十二年（1896）福州刻本　一册

330000－4794－0000141　sl2524　史部/傳記類/日記之屬
虎口日記一卷（清咸豐十一年九月二十九日至十二月十九日）　（清）魯叔容撰　清光緒二十二年（1896）福州刻本　一册

330000－4794－0000142　sl2525　類叢部/叢書類/彙編之屬
萬園叢書十二種存目一種　（清）平步青編　清同治至光緒山陰平氏安越堂刻本　一册　存一種

330000－4794－0000143　sl2527　新學/醫學/衛生學
化學衛生論四卷　（英國）真司騰撰　（英國）傅蘭雅口譯　清光緒十六年（1890）上海格致書室刻本　一册　存一卷（三）

330000－4794－0000144　sl2528　新學/礦務/礦學
求礦指南十卷附錄一卷　（英國）安德孫撰　（英國）傅蘭雅　（清）潘松譯　清光緒二十五年（1899）江南機器製造總局刻本　一册　存六卷（六至十、附錄）

330000－4794－0000145　sl2529　新學/雜著/叢編
江南製造局譯書一百五十四種　（清）江南製造局編　清光緒江南製造局刻本暨鉛印本　一册　存一種

330000－4794－0000146　sl2530　新學/地學/地理學
金石識别十二卷　（美國）代那撰　（美國）瑪高溫口譯　（清）華蘅芳筆述　清末刻本　一册　存一卷（七）

330000－4794－0000151　sl2586、sl2588－sl2589、sl2591－sl2592、sl2594－sl2597、sl2599－sl2602、sl2604－sl2607　集部/總集類
南社叢刻□□種　南社編輯　清宣統至民國鉛印本　十七册　存十七種

330000－4794－0000159　sl2661　新學/學校
紹興明道女學堂改訂章程一卷　（清）紹興明

道女學堂撰　清光緒三十年(1904)鉛印本　一冊

330000－4794－0000160　sl2662　新學/學校
紹興明道女學堂改訂章程一卷　(清)紹興明道女學堂撰　清光緒三十年(1904)鉛印本　一冊

330000－4794－0000161　sl2667　史部/目録類/總録之屬/私撰
古越藏書樓書目二十卷首一卷　(清)徐樹蘭撰　清光緒三十年(1904)崇實書局石印本　八冊

330000－4794－0000170　sl2700　史部/傳記類/别傳之屬/事狀
新出繪圖皖案徐錫麟不分卷　清光緒三十三年(1907)上海裕記書莊石印本　一冊

330000－4794－0000171　sl2701　史部/傳記類/别傳之屬/事狀
新出繪圖皖案徐錫麟不分卷　清光緒三十三年(1907)上海裕記書莊石印本　一冊

330000－4794－0000174　sl2794、sl4806　類叢部/叢書類/彙編之屬
趙氏藏書十六種　(清)趙承恩編　清同治至光緒金溪趙氏紅杏山房補刻重印本　十冊　存一種

330000－4794－0000175　sl3822　新學/學校
國文講義一卷國文典一卷説文部首教授法一卷　(清)吳敖編　清宣統石印本　一冊

330000－4794－0000176　sl3823　新學/學校
日本文法教科書一卷文典講議一卷　(清)□□編　清宣統石印本　一冊

330000－4794－0000177　sl3824　新學/學校
中國文學史六卷中國文字學講誼録六卷　朱希祖編　清宣統石印本　一冊　缺五卷(中國文學史二至六)

330000－4794－0000178　sl3825、sl3836、sl3840　新學/學校
中國史講義四編　章嶔編　清宣統石印本　三冊　存三編(二至四)

330000－4794－0000179　sl3826　新學/學校
中國文學講義一卷書體變遷説略一卷　馬敘倫編　清宣統石印本　一冊

330000－4794－0000180　sl3827　新學/學校
國粹一卷國文講義一卷　(清)吳敖編輯　清宣統石印本　一冊

330000－4794－0000181　sl3828　新學/學校
徒手連續體操一卷　清宣統石印本　一冊

330000－4794－0000182　sl3829　新學/學校
數學一卷樂典一卷體育一卷手工一卷　清宣統油印本　一冊

330000－4794－0000183　sl3830　新學/學校
運動會誌一卷　清宣統石印本　一冊

330000－4794－0000184　sl3831　新學/學校
物理學講義一卷補遺一卷　朱宗呂編　清宣統石印本　一冊

330000－4794－0000185　sl3832　新學/學校
物理學講義一卷　清宣統石印本　一冊

330000－4794－0000186　sl3833　新學/學校
教育之心理的基礎一卷學校管理法一卷各科教授法一卷　(日本)小泉又一原撰　清宣統石印本　一冊

330000－4794－0000187　sl3834　新學/化學/化學
化學參考書廿一章　(日本)近藤清次郎撰　清宣統石印本　一冊　存五章(一至五)

330000－4794－0000188　sl3835　新學/學校
中國文學史六卷中國文字學講誼録六卷　朱希祖編　清宣統石印本　一冊

330000－4794－0000190　sl3837　新學/算學/形學
幾何學三卷　清宣統石印本　一冊

330000－4794－0000191　sl3838　新學/學校
國文一卷　(清)王□編　清宣統石印本　一冊

330000－4794－0000192　sl3839　新學/學校

中國文學講義説文一卷文章一卷人倫道德講義一卷　馬敘倫編　清宣統石印本　一册

330000－4794－0000193　sl8575　集部/總集類/郡邑之屬

娱園詩存四卷　(清)秦樹敏撰　清光緒十二年(1886)刻本　二册

330000－4794－0000194　sl3841　新學/學校

教育要義講義一卷　(日本)中桐確太郎講述　清宣統石印本　一册

330000－4794－0000195　sl3842　新學/地學/地理學

中國地理圖一卷　清宣統石印本　一册

330000－4794－0000196　sl3843　新學/學校

外國歷史講義三卷附西洋歷史索隱一卷　邱古雲撰　清宣統石印本　一册

330000－4794－0000197　sl3844　新學/地學/地理學

地理一卷　清宣統石印本　一册

330000－4794－0000198　sl3845　新學/學校

國文講義一卷　清宣統石印本　一册

330000－4794－0000199　sl3846　新學/學校

亞洲地理教科一卷　清宣統石印本　一册

330000－4794－0000200　sl3848　新學/學校

全浙兩級師範學堂暫定現行章程一卷附動物學講義一卷　(清)浙江兩級師範學堂編　楊乃康編稿　清宣統元年(1909)石印本　一册

330000－4794－0000201　sl3847　新學/學校

雜誌一卷　(清)吳敖編　清宣統石印本　一册

330000－4794－0000202　sl3849　新學/學校

雜誌一卷　(清)吳敖編　清宣統石印本　一册

330000－4794－0000203　sl3850　新學/理學/理學

論理學一卷　(日本)大西祝撰　(清)胡茂如譯　清光緒石印本　一册

330000－4794－0000204　sl3851　新學/學校

生理講義一卷　周樹人編　清宣統石印本　一册

330000－4794－0000206　sl4733　類叢部/叢書類/自著之屬

黄梨洲遺書十種　(清)黄宗羲撰　清光緒三十一年(1905)杭州羣學社石印本　十二册

330000－4794－0000207　sl2710　新學/報章

新民叢報選編(壬寅)　梁啓超等編　清光緒石印本　二十二册

330000－4794－0000208　sl2717－sl2719　新學/報章

新民叢報彙編(癸卯正月至五月)　梁啓超等編　清光緒鉛印本　三册

330000－4794－0000210　sl4713　經部/叢編

重刊宋本十三經注疏四百十六卷　附十三經注疏校勘記四百十六卷　(清)阮元撰　(清)盧宣旬摘錄　**校勘記識語四卷**　(清)汪文臺撰　清光緒十三年(1887)上海脈望仙館石印本　三十一册

330000－4794－0000211　sl4714　經部/叢編

皇清經解一百九十卷　(清)阮元輯　清光緒十一年(1885)上海點石齋石印本　二十四册

330000－4794－0000212　sl4715　史部/紀傳類/正史之屬

四史　清光緒十四年(1888)上海蜚英館石印本　十六册　存一種

330000－4794－0000213　sl4716　子部/農家農學類/園藝之屬/總志

佩文齋廣羣芳譜一百卷目錄二卷　(清)汪灝等撰　清刻本　四十七册

330000－4794－0000217　sl4718　史部/地理類/外紀之屬

日本國志四十卷首一卷　(清)黄遵憲輯　清光緒二十四年(1898)上海圖書集成印書局鉛印本　十册

330000－4794－0000220　sl4724　史部/詔令

奏議類/奏議之屬
左文襄公奏稿初編三十八卷續編七十六卷三編六卷 （清）左宗棠撰　清光緒二十八年(1902)上海古香閣石印本　十冊　缺十二卷(續編七十一至七十六、三編一至六)

330000－4794－0000221　sl4725　史部/雜史類/通代之屬
支那通史七卷 （日本）那珂通世編　清光緒二十五年(1899)上海東文學社石印本　五冊　存四卷(一至四)

330000－4794－0000222　sl4726　史部/地理類/外紀之屬
中外輿地通考不分卷 （清）龔柴　（清）許彬撰　清光緒石印本　一冊

330000－4794－0000225　sl4729、sl4766、sl4787　類叢部/叢書類/自著之屬
梨洲遺著彙刊二十七種首一卷 （清）黄宗羲撰　薛鳳昌編次　清宣統二年(1910)上海時中書局鉛印本　二十冊

330000－4794－0000226　sl4732　子部/天文曆算類/算書之屬
四元玉鑑細草三卷四象細草假令之圖一卷附補增一卷 （清）羅士琳撰　**四元釋例一卷** （清）易之瀚撰　清光緒二十二年(1896)鴻寶齋書局石印本　五冊　存四卷(四元玉鑑細草一至三、假令之圖)

330000－4794－0000227　sl4730、sl4735　史部/紀事本末類
歷朝紀事本末九種 （清）陳如升　（清）朱記榮輯　（清）慎記主人增輯　清光緒二十五年(1899)上海書局石印本　七冊　存二種

330000－4794－0000230　sl4765　新學/雜著/叢編
西學啓蒙十六種 （英國）赫德編　（英國）艾約瑟譯　清光緒二十四年(1898)上海圖書集成印書局石印本　一冊　存一種

330000－4794－0000232　sl4767－sl4774　新學/報章
時務報不分卷坿書八種 梁啓超等撰　清光緒二十二年至二十四年(1896－1898)上海時務報館石印本　二十四冊　存二十四冊(七至三十)

330000－4794－0000233　sl4781　集部/小説類/長篇之屬
增像全圖東周列國志二十七卷一百八回首一卷 （清）蔡奡評點　清末中新書局鉛印本　十六冊

330000－4794－0000235　sl4776　子部/藝術類/書畫之屬/畫譜
芥子園畫傳四集四卷 （清）丁臯等撰輯　**芥子園圖章彙纂一卷** （清）李漁撰　清光緒九年(1883)石印本　二冊　存四卷(芥子園畫傳四集一至四)

330000－4794－0000238　sl4778　集部/别集類/漢魏六朝别集
陶淵明文集十卷 （晉）陶潛撰　清宣統元年(1909)上海著易堂書局石印本　四冊

330000－4794－0000239　sl4777　史部/地理類/遊記之屬/紀勝
徐霞客遊記十卷 （明）徐弘祖撰　**外編一卷** （清）徐鎮輯　**補編一卷** （清）葉廷甲輯　清光緒三十四年(1908)集成圖書公司鉛印本　八冊

330000－4794－0000241　sl4784　子部/宗教類/道教之屬
太上寶筏圖説八卷 （清）黄正元纂　清光緒十八年(1892)上海鴻文書局石印本　八冊

330000－4794－0000243　sl4785　史部/雜史類/通代之屬
支那全史七卷 （日本）藤田久道編次　清光緒二十七年(1901)教育世界社石印本　六冊

330000－4794－0000245　sl4788－sl4801　子部/叢編
二十五子彙函(子書二十五種) （清）鴻文書局編　清光緒十九年(1893)上海鴻文書局石印本　十四冊

330000－4794－0000248　sl4803　集部/總集類/選集之屬/通代
古唐詩合解古詩四卷唐詩十二卷　(清)王堯衢注　清光緒南京李光明莊刻本　六冊

330000－4794－0000249　sl4805　經部/叢編
五經四書　(清)□□輯　明俞意刻本　二十冊

330000－4794－0000250　sl4807　經部/四書類/總義之屬/傳說
四書集注十九卷　(宋)朱熹撰　清光緒五年(1879)山西濬文書局刻本　六冊

330000－4794－0000251　sl4808　集部/別集類/清別集
雪門詩草十四卷　(清)許瑤光撰　清同治十三年(1874)刻本　六冊

330000－4794－0000253　sl4809　集部/戲劇類/傳奇之屬
桃花扇傳奇二卷　(清)孔尚任撰　清刻本　四冊

330000－4794－0000254　sl4811　子部/農家農學類/園藝之屬/總志
佩文齋廣羣芳譜一百卷目錄二卷　(清)汪灝等撰　清康熙刻本　三十六冊　存一百卷(佩文齋廣羣芳譜一至一百)

330000－4794－0000255　sl4812　集部/總集類/選集之屬/通代
古唐詩合解古詩四卷唐詩十二卷　(清)王堯衢注　清郁文堂刻本　六冊

330000－4794－0000256　sl4813　子部/醫家類/類編之屬
陳修園醫書四十八種　(清)陳念祖等撰　清光緒三十二年(1906)吳閩醫學書會石印本　十冊　存十六種

330000－4794－0000260　sl4818　史部/雜史類/斷代之屬
明季稗史彙編十六種　(清)留雲居士輯　清都城琉璃廠刻本　五冊　存六種

330000－4794－0000261　sl4817　經部/四書類/總義之屬/傳說
新訂四書補註備旨十卷　(明)鄧林撰　(清)杜定基增訂　清光緒七年(1881)壽春棣萼堂刻本　六冊

330000－4794－0000262　sl4820　經部/禮記類/傳說之屬
禮記集說十卷　(元)陳澔撰　清光緒二十一年(1895)玉山姜文奎堂刻本　十冊

330000－4794－0000263　sl4819　經部/禮記類/傳說之屬
全本禮記體註十卷　(清)徐瑄撰　清經國堂刻本　十冊

330000－4794－0000264　sl4822　史部/地理類/防務之屬/海防
防海輯要十八卷首一卷　(清)俞昌會撰　清刻本　九冊　存十六卷(三至十八)

330000－4794－0000265　sl4821　類叢部/叢書類/彙編之屬
藝苑捃華四十八種　(清)顧之逵編　清同治七年(1868)刻本　二十四冊

330000－4794－0000266　sl4823－sl4831　集部/總集類/選集之屬/通代
古文分編集評初集五卷二集五卷三集八卷四集四卷　(清)于光華輯　清務本堂刻本　九冊　存九卷(一,二集一至五,四集一至二、四)

330000－4794－0000267　sl4832　經部/春秋左傳類/傳說之屬
左繡三十卷首一卷　(清)馮李驊　(清)陸浩評輯　清康熙五十九年(1720)大文堂刻本　十四冊

330000－4794－0000268　sl4833　集部/總集類/選集之屬/通代
古詩源十四卷　(清)沈德潛輯　清務本堂刻本　四冊

330000－4794－0000269　sl4834－sl4837、sl4906、sl4944　子部/儒家類/儒學之屬/禮教

五種遺規輯要　(清)陳弘謀輯並撰　(清)楊恩澍等輯　清同治九年(1870)龍山書院刻光緒二十年(1894)會稽徐氏補刻本　六冊

330000－4794－0000270　sl4838　史部/傳記類/科舉録之屬/歷科鄉試録
[同治丁卯科並補行甲子科]浙江鄉試同年齒錄不分卷　(清)□□編　清刻本　四冊

330000－4794－0000277　sl4854　史部/地理類/雜志之屬
桂海虞衡志一卷　(宋)范成大撰　清刻本　二冊

330000－4794－0000279　sl4856　史部/地理類/專志之屬/寺觀
天童寺志十卷首一卷　(清)釋德介　(清)聞性道撰　清康熙刻嘉慶增補本　四冊

330000－4794－0000281　sl4858　史部/政書類/公牘檔冊之屬
常勝軍案畧一卷　(清)謝元壽輯　清光緒成德堂木活字印本　一冊

330000－4794－0000282　sl4859　史部/地理類/山川之屬/水志
曹娥江志八卷首一卷　(清)胡鳳丹輯　清光緒三年(1877)永康胡氏退補齋刻本　二冊

330000－4794－0000288　sl4865　史部/金石類/郡邑之屬/文字
越中金石記十卷越中金石目二卷　(清)杜春生撰　清道光十年(1830)山陰杜春生詹波館刻本　七冊　缺一卷(一)

330000－4794－0000297　sl4904　史部/傳記類/總傳之屬/家乘
[浙江富春]慎餘堂孫氏家譜不分卷　(清)孫鳳書編輯　(清)孫咸禧參訂　稿本　一冊

330000－4794－0000301　sl4878　類叢部/類書類/專類之屬
居家必備八編一百一種　清刻本　六冊　存二十一種

330000－4794－0000302　sl4879　子部/藝術類/書畫之屬/畫譜
芥子園畫傳初集六卷二集九卷三集四卷續集二卷　(清)王槩　(清)王蓍　(清)王臬輯　清光緒十三年至十四年(1887－1888)鴻文書局石印本　四冊

330000－4794－0000303　sl4880　子部/藝術類/書畫之屬/畫譜
芥子園畫傳初集六卷二集九卷三集六卷　(清)王槩　(清)王蓍　(清)王臬輯　清光緒十六年(1890)上海鴻寶齋石印本　四冊　存六卷(初集一至六)

330000－4794－0000305　sl4890　經部/小學類/訓詁之屬/方言
越諺三卷附越諺賸語二卷　(清)范寅撰　清光緒八年(1882)谷應山房刻本　三冊

330000－4794－0000306　sl4894　史部/地理類/專志之屬/祠墓
曹江孝女廟誌八卷首一卷末一卷補遺一卷　(清)金廷棟輯　(清)唐煦春增輯　清光緒八年(1882)五社公所刻本　二冊

330000－4794－0000308　sl4893　類叢部/叢書類/彙編之屬
槐廬叢書四十六種　(清)朱記榮編　清光緒三年至十五年(1877－1889)吳縣朱氏槐廬家塾刻本　二冊　存一種

330000－4794－0000309　sl4881　子部/藝術類/書畫之屬/畫譜
芥子園四集續畫傳六卷　(清)巢勳輯　清光緒二十三年(1897)石印本　四冊

330000－4794－0000310　sl4889　經部/小學類/訓詁之屬/方言
越諺三卷附越諺賸語二卷　(清)范寅撰　清光緒八年(1882)谷應山房刻本　三冊

330000－4794－0000314　sl4952－sl4953　子部/儒家類/儒學之屬/蒙學
小學韻語一卷　(清)羅澤南撰　清光緒二十八年(1902)浙紹永思堂刻本(卷下配清抄本)　二冊

330000－4794－0000315　sl4899－sl4900　子部/醫家類/類編之屬

校正圖注八十一難經四卷　(明)張世賢注　**校正圖注脈訣四卷**　(晉)王叔和撰　(明)張世賢注　**校正瀕湖脈學一卷奇經八脈考一卷**　(明)李時珍撰輯　清光緒三十一年(1905)上海鴻寶齋石印本　五冊

330000－4794－0000319　sl4908　經部/周禮類/傳說之屬

周禮政要二卷　(清)孫詒讓撰　清光緒二十八年(1902)瑞安普通學堂刻本　二冊

330000－4794－0000322　sl4909　史部/紀傳類/正史之屬

二十四史　清同治至光緒五省官書局據汲古閣本等合刻光緒五年(1879)湖北書局彙印本　一冊　存一種

330000－4794－0000323　sl4910－sl4913　子部/儒家類/儒學之屬/蒙學

童蒙必讀書十四種　(清)涂宗瀛輯　清光緒九年(1883)武昌書局刻本　四冊

330000－4794－0000325　sl4914　經部/四書類/總義之屬/傳說

四書義精華錄一卷五經義精華錄一卷　(清)述史居士輯　清光緒二十七年(1901)浙紹墨潤堂石印本　一冊

330000－4794－0000326　sl4915　子部/儒家類/儒學之屬/蒙學

翰苑分楷十三經集字不分卷　(清)李鴻藻編　清光緒二十一年(1895)寶善局石印本　一冊

330000－4794－0000330　sl4917　子部/法家類

管子二十四卷　(唐)房玄齡注　清光緒二十九年(1903)六藝書局石印本　四冊

330000－4794－0000331　sl4918　史部/地理類/方志之屬/郡縣志

[嘉定]剡錄十卷　(宋)高似孫撰　清同治九年(1870)刻本　二冊

330000－4794－0000332　sl4919　史部/地理類/方志之屬/郡縣志

[乾隆]紹興府志八十卷首一卷　(清)李亨特修　(清)平恕　(清)徐嵩纂　清乾隆五十七年(1792)刻本　一冊　存二卷(七十五至七十六)

330000－4794－0000342　sl4935、sl5078　子部/藝術類/書畫之屬/畫譜

點石齋畫報大全四十四集　(清)尊聞閣主人輯　清宣統二年(1910)上海集成圖書公司石印本　四十二冊　缺二集(午、未)

330000－4794－0000343　sl4936　子部/藝術類/書畫之屬/畫譜

鏡花緣繡像一卷列國志遺像一卷補紅樓夢繡像一卷增廣繪像十美圖傳一卷　(清)王新摹　(清)謝葉梅畫像　(清)麥大鵬書贊　清道光十二年(1832)稿本　一冊

330000－4794－0000345　sl4939　類叢部/叢書類/彙編之屬

葛園叢書十二種存目一種　(清)平步青編　清同治至光緒山陰平氏安越堂刻本　一冊　存一種

330000－4794－0000346　sl4938　集部/戲劇類/總集之屬/雜劇

觀劇指南甲編第一集不分卷　(清)孟颶輯並繪　清宣統三年(1911)石印本　一冊

330000－4794－0000347　sl4940　類叢部/叢書類/郡邑之屬

武林掌故叢編一百九十種　(清)丁丙編　清光緒三年至二十六年(1877－1900)錢塘丁氏嘉惠堂刻本　二冊　存一種

330000－4794－0000348　sl4941、sl4950　子部/儒家類/儒學之屬/俗訓

人譜一卷人譜類記二卷　(明)劉宗周撰　清同治七年(1868)蕺山書院刻本　二冊

330000－4794－0000349　sl4942　集部/别集類/清别集

瑤華集一卷　(清)張邁撰　清光緒二十八年

(1902)始豐傳是樓木活字印本　一册

330000－4794－0000350　sl4943　經部/四書類/總義之屬/傳說
四書改錯二十二卷　(清)毛奇齡撰　清嘉慶十六年(1811)金孝柏學圃刻本　三册

330000－4794－0000354　sl4949　史部/紀事本末類/斷代之屬
聖武記十四卷　(清)魏源撰　清道光二十六年(1846)古微堂刻本　十二册

330000－4794－0000356　sl4954　史部/傳記類/别傳之屬/年譜
孟子編年四卷　(清)狄子奇撰　清光緒十三年(1887)浙江書局刻本　一册

330000－4794－0000357　sl4955　史部/地理類/雜志之屬
越詠二卷　(清)周調梅撰　清光緒二十一年(1895)刻本　二册

330000－4794－0000358　sl4951　子部/儒家類/儒學之屬/蒙學
小學集注六卷　(明)陳選集注　清同治六年(1867)金陵書局刻本　二册

330000－4794－0000359　sl4956　類叢部/叢書類/彙編之屬
會稽徐氏鑄學齋叢書(鑄學齋叢書)十三種　(清)徐維則編　清咸豐至光緒會稽徐氏刻光緒二十六年(1900)彙印本　一册　存一種

330000－4794－0000362　sl4960　子部/藝術類/書畫之屬/畫譜
踈園鞠譜不分卷　(清)沈履言繪　清光緒十年(1884)石印本　一册

330000－4794－0000363　sl4961　類叢部/叢書類/彙編之屬
申報館叢書正集五十七種附錄三種　(清)尊聞閣主編　**續集一百四十二種**　蔡爾康編　清同治至光緒申報館鉛印本　十册　存一種

330000－4794－0000364　sl4962　子部/雜著類/雜考之屬
雲谷雜紀四卷首一卷末一卷　(宋)張淏撰　清刻本　三册

330000－4794－0000365　sl4963　史部/雜史類/斷代之屬
明季稗史彙編十六種　(清)留雲居士輯　清光緒十三年(1887)上海圖書集成印書局鉛印本　六册

330000－4794－0000366　sl4965　子部/雜著類/雜考之屬
癸巳類稿十五卷　(清)俞正燮撰　清道光十三年(1833)刻本　六册

330000－4794－0000367　sl4964　集部/别集類/清别集
洗齋病學草擬存詩一卷附存詩一卷　(清)胡壽頤撰　(清)昨非居士輯　清光緒十年(1884)山陰胡氏刻本　二册

330000－4794－0000368　sl4967　經部/四書類/總義之屬/傳說
四書集注十九卷　(宋)朱熹撰　清刻本　七册

330000－4794－0000369　sl4966　子部/農家農學類/總論之屬
農政全書六十卷　(明)徐光啓撰　清道光二十三年(1843)王壽康曙海樓刻本　二十三册　存五十九卷(二至六十)

330000－4794－0000370　sl4969－sl4970　經部/四書類/總義之屬/傳說
重校四子書　(宋)朱熹撰　清光緒十一年(1885)會稽徐氏八杉齋融經館刻本　二册　存三種

330000－4794－0000371　sl4968　經部/四書類/總義之屬/傳說
四書集注十九卷　(宋)朱熹撰　清刻本　一册　存三卷(孟子一至三)

330000－4794－0000372　sl4971　經部/詩類/傳說之屬
詩經集傳八卷　(宋)朱熹撰　清光緒十九年(1893)墨潤堂刻本　四册　存二卷(四至五)

330000－4794－0000373　sl4972　經部/易類/傳說之屬

周易本義四卷附圖說一卷卦歌一卷筮儀一卷　（宋）朱熹撰　清刻本　一冊　存三卷（二至四）

330000－4794－0000374　sl4978　史部/政書類/公牘檔冊之屬

光緒二十七年紹興府學堂徵信錄不分卷　清光緒二十七年（1901）紹興府學堂刻本　一冊

330000－4794－0000375　sl4979　新學/學校

全浙兩級師範學堂學約不分卷　清鉛印本　一冊

330000－4794－0000376　sl4980　子部/藝術類/書畫之屬/題跋

似昇長生册三卷　周嵩堯撰　清宣統三年（1911）刻本　二冊

330000－4794－0000377　sl4982　集部/別集類/清別集

湖唐林館駢體文二卷　（清）李慈銘撰　清光緒十年（1884）刻本　二冊

330000－4794－0000378　sl4975　史部/地理類/專志之屬/祠墓

越中先賢祠目一卷　（清）李慈銘撰　清光緒十一年（1885）都門越祠刻本　一冊

330000－4794－0000379　sl4983　集部/別集類/清別集

芸香館遺詩二卷　（清）那遜蘭保撰　清同治十三年（1874）盛昱刻本　一冊

330000－4794－0000380　sl4981　史部/地理類/專志之屬/祠墓

越中先賢祠目一卷　（清）李慈銘撰　清光緒十一年（1885）都門越祠刻本　一冊

330000－4794－0000383　sl4984　集部/別集類/清別集

恥白集一卷附一卷　（清）周光祖撰　清光緒五年（1879）古虞連氏刻本　一冊

330000－4794－0000384　sl4987　史部/政書類/公牘檔冊之屬

紹郡平糶徵信錄不分卷　（清）徐樹蘭撰　清光緒二十四年（1898）刻本　一冊

330000－4794－0000387　sl4991　史部/傳記類/總傳之屬/列女

越女表微錄五卷　（清）汪輝祖纂　清光緒十八年（1892）刻本　一冊

330000－4794－0000388　sl4990　集部/總集類/彙編之屬

越中贈別集二卷　（清）覺羅百善編　清嘉慶十六年（1811）刻本　二冊

330000－4794－0000390　sl4976　類叢部/叢書類/郡邑之屬

紹興先正遺書十五種　（清）徐友蘭輯　清光緒會稽徐氏鑄學齋刻本　十二冊　存四種

330000－4794－0000391　sl5012　新學/議論/通論

羣學肄言不分卷　（英國）斯賓塞爾撰　嚴復譯　清光緒二十九年（1903）鉛印本　四冊

330000－4794－0000392　sl4973　集部/別集類/清別集

二樹詩畧五卷　（清）童鈺撰　（清）盧世昌批點　（清）團昇　（清）許燦參評　清嘉慶鎮雅堂刻本　一冊　缺四卷（二至五）

330000－4794－0000393　sl4995　史部/傳記類/科舉録之屬

兩浙校士錄不分卷　（清）潘衍桐輯　清光緒十七年（1891）刻本　四冊

330000－4794－0000394　sl4994　史部/傳記類/科舉録之屬

兩浙校士錄不分卷　（清）潘衍桐輯　清光緒十七年（1891）刻本　四冊

330000－4794－0000397　sl4998　集部/別集類/清別集

籀書内篇二卷外篇二卷　（清）曹金籀簒　（清）曹匡斗　（清）曹樞斗斠　清同治九年（1870）刻本　二冊

330000－4794－0000398　sl4999　集部/別集類/清別集
白華絳跗閣詩初集(越縵堂詩初集)十卷　(清)李慈銘撰　清光緒十六年(1890)王繼香刻本　二冊

330000－4794－0000399　sl4974　集部/別集類/清別集
借庵詩一卷　(清)童鈺撰　清乾隆刻本　童谷榦題記　一冊

330000－4794－0000400　sl5009　新學/地學/地理學
金石識別十二卷　(美國)代那撰　(美國)瑪高溫口譯　(清)華蘅芳筆述　清同治十一年(1872)江南製造局刻本　六冊

330000－4794－0000401　sl5011　新學/醫學/衛生學
化學衛生論四卷　(英國)真司騰撰　(英國)傅蘭雅口譯　清光緒十六年(1890)上海格致書室刻本　四冊

330000－4794－0000402　sl5013　集部/詩文評類/制藝之屬
制義叢話二十四卷題名一卷　(清)梁章鉅撰　清咸豐九年(1859)知足知不足齋刻本　八冊

330000－4794－0000403　sl5010　新學/醫學/衛生學
化學衛生論四卷　(英國)真司騰撰　(英國)傅蘭雅口譯　清光緒十六年(1890)上海格致書室刻本　四冊

330000－4794－0000404　sl5036/2－1　子部/藝術類/書畫之屬/畫譜
海上名人畫稿不分卷　(清)張熊等繪　清光緒十一年(1885)上海同文書局石印本　一冊

330000－4794－0000405　sl5014－sl5019、sl5025　史部/雜史類/斷代之屬
明季稗史彙編十六種　(清)留雲居士輯　清都城琉璃廠刻本　七冊　存十一種

330000－4794－0000406　sl5020　集部/別集類/唐五代別集
溫飛卿詩集七卷別集一卷集外詩一卷附錄諸家詩評一卷　(唐)溫庭筠撰　(明)曾益注　(清)顧予咸補注　(清)顧嗣立續注　清康熙三十六年(1697)長洲顧氏秀野草堂刻本　二冊　缺一卷(諸家詩評)

330000－4794－0000407　sl5021　史部/地理類/山川之屬/水志
水經注四十卷　(北魏)酈道元撰　(明)鍾惺　(明)朱之臣　(明)譚元春評點　明崇禎二年(1629)刻本　十冊

330000－4794－0000408　sl5022　經部/春秋左傳類/傳說之屬
東萊博議四卷首一卷　(宋)呂祖謙撰　**增補虛字註釋一卷**　(清)馮泰松點定　清光緒七年(1881)鳳城官舍刻本　四冊

330000－4794－0000409　sl5023　集部/總集類/選集之屬/通代
魁順堂古文十二卷　(清)吳留村鑒定　(清)吳乘權　(清)吳大職手錄　清光緒五年(1879)刻本　六冊

330000－4794－0000410　sl5026　史部/傳記類/總傳之屬/忠孝
增訂繪像日記故事不分卷　清浙紹墨潤堂刻本　一冊

330000－4794－0000413　sl5034　史部/雜史類/斷代之屬
淮軍平捻記十二卷　(清)周世澄撰　清同治刻本　六冊

330000－4794－0000414　sl5027　集部/別集類/宋別集
林和靖詩集四卷拾遺一卷　(宋)林逋撰　清同治十二年(1873)長洲朱氏抱經堂刻本　二冊

330000－4794－0000415　sl5035　子部/藝術類/書畫之屬/畫譜
詩中畫不分卷　(清)馬濤繪　清光緒十一年(1885)石印本　二冊

330000－4794－0000416　sl5041－sl5052　經部/春秋左傳類/傳説之屬

春秋左傳二十卷　(晉)杜預　(宋)林堯叟注釋　(唐)陸德明音義　(明)鍾惺　(明)孫鑛　(明)韓范評點　清道光二十二年(1842)刻本　十二冊

330000－4794－0000417　sl5037、sl5039/3－2　經部/易類/傳説之屬

周易本義四卷附圖説一卷卦歌一卷筮儀一卷　(宋)朱熹撰　清姜文奎堂刻本　二冊

330000－4794－0000418　sl5040、sl5197　類叢部/叢書類/彙編之屬

增訂漢魏叢書八十六種　(清)王謨編　清光緒二十年(1894)湖南藝文書局刻本　五十冊　存三十六種

330000－4794－0000419　sl5039/3－1、sl5039/3－3　經部/易類/傳説之屬

周易本義四卷首一卷　(宋)朱熹撰　清裕文堂刻本　二冊

330000－4794－0000420　sl5054－sl5056　經部/四書類/總義之屬/傳説

增訂批點四書讀本十九卷　(宋)朱熹集注　(清)裘紹箕增訂　清同治四年(1865)廣豐至誠堂刻本　六冊

330000－4794－0000421　sl5038、sl5173　經部/易類/傳説之屬

周易本義四卷附圖説一卷卦歌一卷筮儀一卷　(宋)朱熹撰　清嘉慶元年(1796)刻本　二冊

330000－4794－0000422　sl5057　史部/紀傳類/正史之屬

二十一史　清光緒十八年(1892)武林竹簡齋據乾隆四年(1739)武英殿刻本影印本　八冊　存一種

330000－4794－0000423　sl5053　經部/春秋左傳類/傳説之屬

評點春秋綱目左傳句解彙雋六卷　(清)韓菼重訂　清光緒二十九年(1903)寶慶勸學書舍刻本　六冊

330000－4794－0000424　sl5058　史部/地理類/方志之屬/郡縣志

[嘉定]剡錄十卷　(宋)高似孫撰　清道光八年(1828)嵊署刻本　二冊

330000－4794－0000426　sl5059　史部/目録類/總録之屬/官修

欽定四庫全書簡明目錄二十卷首一卷　(清)紀昀等撰　清乾隆刻本　十二冊

330000－4794－0000427　sl5064－sl5065　子部/小説家類/雜事之屬

世説新語八卷　(南朝宋)劉義慶撰　(南朝梁)劉孝標注　(明)張懋辰訂補　**世説新語補四卷**　(明)何良俊撰　(明)王世貞刪定　清光緒十一年(1885)蓬觀樓書室刻本　六冊

330000－4794－0000428　sl5066　史部/金石類/郡邑之屬/目録

淮陰金石僅存錄一卷補遺一卷　羅振玉撰　清光緒十年(1884)鉛印本　二冊

330000－4794－0000429　sl5069－sl5071　子部/藝術類/書畫之屬/畫譜

點石齋叢畫十卷　(清)尊聞閣主人輯　清光緒十一年(1885)上海點石齋石印本　三冊　存四卷(一至二、七至八)

330000－4794－0000430　sl5074　集部/小説類/長篇之屬

增評補圖石頭記一百二十卷一百二十回首一卷　(清)曹霑　(清)高鶚撰　(清)王希廉　(清)姚燮評　清末鉛印本　十六冊

330000－4794－0000432　sl5072－sl5073　集部/小説類/長篇之屬

增評補圖石頭記一百二十卷一百二十回首一卷　(清)曹霑　(清)高鶚撰　(清)王希廉　(清)姚燮評　清末鉛印本　十六冊

330000－4794－0000433　sl5079　集部/總集類/選集之屬/斷代

中晚唐詩叩彈集十二卷續集三卷　(清)杜詔　(清)杜庭珠輯　清寶仁堂刻本　四冊

330000－4794－0000434　sl5081　集部/小說類/長篇之屬

水滸後傳十卷四十回首一卷　(明)陳忱撰　清刻本　十冊

330000－4794－0000435　sl5075－sl5077　新學/商務/商學

原富八卷　(英國)斯密亞丹撰　嚴復譯　清光緒二十八年(1902)上海南洋公學譯書院鉛印本　八冊

330000－4794－0000436　sl5082　集部/總集類/選集之屬/斷代

唐人萬首絕句選七卷　(清)王士禛輯　清永康胡氏退補齋刻本　二冊

330000－4794－0000437　sl5080　類叢部/叢書類/自著之屬

章氏遺書二種　(清)章學誠撰　清光緒三年(1877)貴陽章氏刻十九年(1893)補刻本　五冊

330000－4794－0000438　sl5083、sl5087　集部/別集類/唐五代別集

重訂李義山詩集箋注三卷集外詩箋注一卷　(唐)李商隱撰　(清)朱鶴齡箋注　(清)程夢星刪補　**附年譜一卷詩話一卷**　(清)程夢星輯　清乾隆八年(1743)東柯草堂刻十一年(1746)重校印本　四冊

330000－4794－0000439　sl5085　史部/雜史類/通代之屬

華陽國志十二卷　(晉)常璩撰　**補三州郡縣目錄一卷**　(清)廖寅撰　清嘉慶十九年(1814)廖寅題襟館刻光緒十六年(1890)李氏悔過齋重修本　四冊

330000－4794－0000440　sl5084、sl5088、sl5090－sl5092　類叢部/叢書類/彙編之屬

廣漢魏叢書九十六種　(明)何允中編　明刻本　六冊　存十二種

330000－4794－0000441　sl5095　集部/別集類/唐五代別集

李義山詩集三卷　(唐)李商隱撰　(清)朱鶴齡箋注　(清)沈厚塽輯評　**李義山詩譜一卷附錄諸家詩評一卷**　清同治九年(1870)廣州倅署刻三色套印本　三冊

330000－4794－0000442　sl5086　類叢部/叢書類/彙編之屬

二酉堂叢書(張氏叢書)二十一種　(清)張澍輯　清道光元年(1821)二酉堂刻本　十二冊

330000－4794－0000443　sl5094　經部/詩類/傳說之屬

毛詩草木鳥獸蟲魚疏二卷　(三國吳)陸璣撰　(清)丁晏校正　清光緒十二年(1886)會稽陶闇刻寒梅館印本　二冊

330000－4794－0000444　sl5096　子部/小說家類/異聞之屬

酉陽雜俎二十卷續集十卷　(唐)段成式撰　清道光二十九年(1849)小嫏嬛山館刻本　六冊

330000－4794－0000445　sl5093　子部/農家農學類/鳥獸蟲之屬

百獸圖說一卷論一卷百鳥圖說一卷　(清)韋門道氏撰　清光緒八年(1882)上海益智書會刻本　一冊

330000－4794－0000446　sl5098　子部/儒家類/儒學之屬/蒙學

寄傲山房塾課新增幼學故事瓊林四卷首一卷　(清)程登吉撰　(清)鄒聖脈增補　清光緒八年(1882)寧波羣玉山房刻本　四冊

330000－4794－0000448　sl5097　史部/地理類/雜志之屬

越郡闡幽錄十一種　(清)孫澤　(清)杜榮壽輯　清同治至宣統刻本　一冊　存一種

330000－4794－0000449　sl5101　史部/傳記類/總傳之屬/忠孝

增訂繪像日記故事不分卷　清刻本　一冊

330000－4794－0000451　sl5105　集部/小說類/長篇之屬

繪圖增像第五才子書水滸全傳七十回　(元)施耐庵撰　(清)金人瑞評　清末鉛印本

十冊

330000－4794－0000452　sl5106　子部/醫家類/溫病之屬

感症寶筏四卷　(清)吳坤安撰　(清)邵仙根評　清宣統三年(1911)鉛印本　八冊

330000－4794－0000453　sl5107/4－1　子部/儒家類/儒學之屬/蒙學

啟蒙鑑略註解一卷　(清)王仕雲編　清光緒十年(1884)紹興墨潤堂刻本　一冊

330000－4794－0000454　sl5107/4－2　子部/儒家類/儒學之屬/蒙學

啟蒙鑑略註解一卷　(清)王仕雲編　清光緒十年(1884)紹興墨潤堂刻本　一冊

330000－4794－0000455　sl5107/4－3　子部/儒家類/儒學之屬/蒙學

啟蒙鑑略註解一卷　(清)王仕雲編　清光緒十年(1884)紹興墨潤堂刻本　一冊

330000－4794－0000456　sl5107/4－4　子部/儒家類/儒學之屬/蒙學

啟蒙鑑略註解一卷　(清)王仕雲編　清光緒十年(1884)紹興墨潤堂刻本　一冊

330000－4794－0000457　sl5108/2－1　子部/儒家類/儒學之屬/蒙學

啟蒙鑑略註解一卷　(清)王仕雲編　清光緒十一年(1885)紹興奎照樓刻本　一冊

330000－4794－0000458　sl5110－sl5128　集部/小說類/長篇之屬

紅樓夢一百二十回　(清)曹霑　(清)高鶚撰　清三讓堂刻本　十九冊　缺四回(一至四)

330000－4794－0000459　sl5108/2－2　子部/儒家類/儒學之屬/蒙學

啟蒙鑑略註解一卷　(清)王仕雲編　清光緒十一年(1885)紹興奎照樓刻本　一冊

330000－4794－0000460　sl5130－sl5131　集部/總集類/尺牘之屬

國朝名人書札二卷　吳曾祺輯　清宣統三年(1911)上海商務印書館鉛印本　三冊

330000－4794－0000461　sl5109　子部/儒家類/儒學之屬/蒙學

啟蒙鑑略註解一卷　(清)王仕雲編　清光緒十一年(1885)紹興奎照樓刻本　一冊

330000－4794－0000462　sl5134　集部/總集類/郡邑之屬

娛園詩存四卷　(清)秦樹敏撰　清光緒十二年(1886)刻本　二冊

330000－4794－0000463　sl5133/8－1—sl5133/8－4　子部/儒家類/儒學之屬/蒙學

寄傲山房塾課新增幼學故事瓊林四卷首一卷　(清)程登吉撰　(清)鄒聖脈增補　清尊德堂刻本　四冊

330000－4794－0000464　sl5135－sl5137　集部/楚辭類

楚辭集註八卷辯證二卷後語六卷　(宋)朱熹撰　清光緒八年(1882)江蘇書局刻本　四冊

330000－4794－0000465　sl5138　史部/雜史類/斷代之屬

蜀碧四卷附記一卷　(清)彭遵泗撰　清刻本　二冊

330000－4794－0000466　sl5139　集部/總集類/選集之屬/通代

蔚文堂古文觀止十二卷　(清)吳乘權　(清)吳大職輯　清嘉慶五年(1800)刻本　四冊

330000－4794－0000467　sl5133/8－5—sl5133/8－8　子部/儒家類/儒學之屬/蒙學

寄傲山房塾課新增幼學故事瓊林四卷首一卷　(清)程登吉撰　(清)鄒聖脈增補　清光緒二十年(1894)四明茹古齋鉛印本　四冊

330000－4794－0000468　sl5141－sl5142　子部/小說家類/異聞之屬

山海經箋疏十八卷圖讚一卷訂譌一卷敘錄一卷　(清)郝懿行撰　清光緒二十一年(1895)上海書局石印本　六冊

330000－4794－0000469　sl5140　史部/地理類/遊記之屬/紀勝

徐霞客遊記十卷　(明)徐弘祖撰　**外編一卷**

（清）徐鎮輯　**補編一卷**　（清）葉廷甲輯　清乾隆四十一年（1776）徐鎮刻嘉慶十三年（1808）葉廷甲水心齋增刻本　十冊

330000－4794－0000470　sl5147/10－1—sl5147/10－3、sl5147/10－6—sl5147/10－7、sl5147/10－10　集部/總集類/選集之屬/通代
續古文苑二十卷　（清）孫星衍輯　清光緒九年（1883）江蘇書局刻本　六冊

330000－4794－0000471　sl5146/2－1　子部/小說家類/異聞之屬
山海經十八卷　（晉）郭璞傳　（明）吳中珩校　清刻本　一冊　缺四卷（一至四）

330000－4794－0000472　sl5147/10－4—sl5147/10－5、sl5147/10－8—sl5147/10－9　集部/總集類/選集之屬/通代
古文苑二十一卷　（宋）章樵注　清光緒十二年（1886）江蘇書局刻本　四冊

330000－4794－0000474　sl5143、sl5146/2－2　子部/小說家類/異聞之屬
山海經十八卷　（晉）郭璞傳　（明）吳中珩校　清刻本　二冊

330000－4794－0000475　sl5149　子部/藝術類/書畫之屬
詩畫舫六卷　（清）點石齋輯　清光緒上海點石齋石印本　四冊　缺二卷（四至五）

330000－4794－0000476　sl5144－sl5145　子部/小說家類/異聞之屬
山海經十八卷雜述一卷圖五卷　（晉）郭璞傳　（宋）舒雅繪　（清）梁忠漢校　（清）吳志伊注　清經綸堂刻本　二冊　存六卷（雜述、圖一至五）

330000－4794－0000477　sl5151　子部/藝術類/書畫之屬
詩畫舫六卷　（清）點石齋輯　清光緒上海點石齋石印本　六冊

330000－4794－0000478　sl5036/2－2　子部/藝術類/書畫之屬/畫譜
海上名人畫稿不分卷　（清）張熊等繪　清光緒十一年（1885）上海同文書局石印本　一冊

330000－4794－0000479　sl5171　經部/書類/傳說之屬
書經集傳六卷圖一卷　（宋）蔡沈撰　清光緒五年（1879）紫文閣刻本　三冊　缺二卷（五至六）

330000－4794－0000480　sl5153　經部/小學類/訓詁之屬/爾雅
爾雅音圖三卷　（晉）郭璞注　（清）姚之麟摹圖　清光緒十年（1884）上海同文書局石印本　二冊

330000－4794－0000481　sl5154　經部/小學類/訓詁之屬/爾雅
爾雅音圖三卷　（晉）郭璞注　（清）姚之麟摹圖　清刻本　二冊

330000－4794－0000483　sl5156　經部/詩類/專著之屬
毛詩品物圖考七卷　（日本）岡元鳳纂輯　（日本）橘國雄繪圖　清光緒十二年（1886）上海積山書局石印本　一冊

330000－4794－0000484　sl5152　經部/小學類/訓詁之屬/爾雅
爾雅音圖三卷　（晉）郭璞注　（清）姚之麟摹圖　清刻本　一冊　存一卷（三）

330000－4794－0000485　sl5148　經部/書類/傳說之屬
書經集傳六卷　（宋）蔡沈撰　清光緒三年（1877）永康胡氏退補齋刻本　四冊

330000－4794－0000486　sl5157　經部/詩類/專著之屬
毛詩品物圖考七卷　（日本）岡元鳳纂輯　（日本）橘國雄繪圖　清光緒十二年（1886）上海積山書局石印本　一冊　存三卷（一至三）

330000－4794－0000487　sl5158　經部/詩類/專著之屬
毛詩品物圖考七卷　（日本）岡元鳳纂輯　（日本）橘國雄繪圖　清刻本　二冊

330000－4794－0000488　sl5159/2－1　集部/總集類/題詠之屬
蘭蕙同心録不分卷　(清)許鼒龢撰　清光緒十七年(1891)石印本　一冊

330000－4794－0000489　sl5160　集部/别集類/清别集
曲園課孫草一卷續刻一卷　(清)俞樾撰　清光緒八年(1882)金陵刻本　二冊

330000－4794－0000490　sl5161　集部/别集類/清别集
曲園課孫草一卷續刻一卷　(清)俞樾撰　清光緒八年(1882)金陵刻本　一冊　存一卷(課孫草)

330000－4794－0000491　sl5159/2－2　集部/總集類/題詠之屬
蘭蕙同心録不分卷　(清)許鼒龢撰　清光緒十七年(1891)石印本　一冊

330000－4794－0000492　sl5162　集部/别集類/清别集
曲園課孫草一卷續刻一卷　(清)俞樾撰　清刻本　一冊　存一卷(課孫草)

330000－4794－0000493　sl5163　史部/編年類/通代之屬
重訂王鳳洲先生綱鑑會纂四十六卷續宋元紀二十三卷　(明)王世貞撰　(明)陳仁錫訂
御撰資治通鑑綱目三編四卷　(清)張廷玉等撰　清光緒二十五年(1899)上海富文書局石印本　八冊

330000－4794－0000494　sl5164　經部/小學類/文字之屬/説文
説文新附攷六卷　(清)鄭珍撰　清刻本　二冊

330000－4794－0000495　sl5165　經部/小學類/文字之屬/説文
説文新附攷六卷續攷一卷　(清)鈕樹玉撰　清嘉慶六年(1801)非石居刻同治七年(1868)碧螺山館補刻本　二冊

330000－4794－0000496　sl5166　集部/别集類/清别集
瘦唫廬詩鈔四卷　(清)沈焯撰　清沈氏刻本　二冊

330000－4794－0000497　sl5167　子部/藝術類/書畫之屬/畫譜
椒石畫冊二卷　(清)潘嵐繪　清光緒影印本　一冊

330000－4794－0000498　sl5168　子部/藝術類/書畫之屬/畫譜
古今名人畫稿不分卷　(清)王翬等繪　清光緒十五年(1889)點石齋石印本　四冊

330000－4794－0000499　sl5169　子部/藝術類/書畫之屬/畫譜
古今名人畫稿初集不分卷二集不分卷三集不分卷　(清)陳伯子輯　清光緒十七年至二十一年(1891－1895)上海鴻寶齋、積山書局石印本　三冊　存二集、三集

330000－4794－0000500　sl5172　經部/小學類/訓詁之屬/爾雅
爾雅直音二卷　(清)孫偘輯　清光緒十八年(1892)上海簡玉山房刻本　二冊

330000－4794－0000501　sl5174　子部/雜著類/雜説之屬
池北偶談二十六卷　(清)王士禛撰　清宣統二年(1910)上海震東學社石印本　六冊

330000－4794－0000503　sl5177　子部/儒家類/儒學之屬/性理
荆園小語一卷　(清)申涵光撰　清光緒十八年(1892)刻本　一冊

330000－4794－0000505　sl5182　子部/儒家類/儒學之屬/蒙學
尺木堂日記故事四卷　清刻本　清壽鏡吾題簽　一冊

330000－4794－0000506　sl5183　新學/學校
最新高等小學國文教科書不分卷　(清)高鳳謙　張元濟　蔣維喬編輯　清光緒三十四年(1908)商務印書館鉛印本　一冊

330000－4794－0000507　sl5188　新學/理學/理學
天演論二卷　(英國)赫胥黎撰　嚴復譯　清光緒二十七年(1901)富文書局石印本　一册

330000－4794－0000508　sl5189　新學/理學/理學
天演論二卷　(英國)赫胥黎撰　嚴復譯　清光緒二十七年(1901)富文書局石印本　一册

330000－4794－0000509　sl5190　新學/理學/理學
天演論二卷　(英國)赫胥黎撰　嚴復譯　清光緒二十四年(1898)沔陽盧氏慎始基齋刻本　一册

330000－4794－0000510　sl5191　新學/礦務/礦學
礦石圖説不分卷　(英國)傅蘭雅撰　清光緒十年(1884)刻本　一册

330000－4794－0000511　sl5178　新學/兵制/槍炮
查閲沿江炮臺壹稟一卷揚子江籌防芻議一卷　(德國)駱博凱　(德國)來春石泰撰　(清)鄭宗蔭譯述　**揚子江籌防芻議一卷**　(德國)雷諾撰　(清)張永熞譯述　清時務報館鉛印本　一册

330000－4794－0000512　sl5179　新學/工藝/工學
奥斯馬加國商辦鐵路條例一卷法國印花税章程一卷　(清)黄致堯譯　**倫敦鐵路公司章程一卷**　(清)鄧廷鏗繙譯　(清)楊葆寅纂輯　清光緒石印本　一册

330000－4794－0000513　sl5180　新學/議論/通論
盛世元音一卷　(清)吴沈學撰　**重譯富國策一卷**　(清)通正齋生譯述　清時務報館石印本　一册

330000－4794－0000514　sl5181　新學/報章
時務報館文編一卷　(清)時務報館編　清時務報館石印本　一册

330000－4794－0000517　sl5194　子部/雜著類/雜説之屬
中國魂二卷　梁啓超編　清光緒二十八年(1902)上海廣智書局刻本　二册

330000－4794－0000518　sl5196　類叢部/叢書類/彙編之屬
增訂漢魏叢書九十六種　(清)王謨編　清宣統三年(1911)上海育文書局石印本　三十二册

330000－4794－0000519　sl5195　類叢部/叢書類/彙編之屬
武英殿聚珍版書一百三十八種　清乾隆武英殿木活字印本　一册　存一種

330000－4794－0000521　sl5200　子部/儒家類/儒學之屬/勸學
教育學問答一卷　(日本)日下部三之介撰　(清)馮霈譯　清光緒二十九年(1903)上海廣智書局鉛印本　一册

330000－4794－0000522　sl5204　經部/書類/分篇之屬
禹貢撮要一卷　(清)玉堂手錄　清抄本　一册

330000－4794－0000525　sl5311　子部/醫家類/外科之屬/外科方
新刊外科正宗四卷　(明)陳實功撰　清刻本　四册

330000－4794－0000527　sl5205　類叢部/類書類/通類之屬
小瑯嬛山館彙刊類書十二種　(清)小瑯嬛山館編　清咸豐元年(1851)刻本　十四册

330000－4794－0000528　sl5206　經部/四書類/總義之屬/傳説
四書集注十九卷　(宋)朱熹撰　清會稽徐氏八杉齋刻本　一册　存三卷(孟子一至三)

330000－4794－0000529　sl5207　經部/詩類/傳説之屬
詩經集傳八卷　(宋)朱熹撰　清慎詒堂刻本　四册

330000－4794－0000530　sl5208　經部/詩類/傳說之屬
詩經集傳八卷　(宋)朱熹撰　清慎詒堂刻本　四册

330000－4794－0000531　sl5215　史部/目録類/總録之屬/官修
官書印售所書目一卷　(清)官書印售所編　清宣統元年(1909)刻本　一册

330000－4794－0000532　sl5216　經部/小學類/文字之屬/說文
說文部首歌括不分卷　徐道政編　清光緒三十四年(1908)上海會文學社石印本　一册

330000－4794－0000533　sl5220　新學/學校
最新高等小學理科教科書四卷　謝洪賚輯　清光緒三十一年(1905)上海商務印書館鉛印本　一册　存一卷(一)

330000－4794－0000534　sl5221　新學/學校
最新中國歷史教科書四卷　姚祖義編　清宣統二年(1910)上海商務印書館鉛印本　三册　缺一卷(三)

330000－4794－0000535　sl5222　新學/學校
最新高等小學筆算教科書四卷　王兆相　杜亞泉編纂　清宣統二年(1910)上海商務印書館鉛印本　一册　存一卷(一)

330000－4794－0000537　sl5223　新學/學校
最新地理教科書四卷　謝洪賚編纂　清宣統二年(1910)上海商務印書館鉛印本　二册　存二卷(三至四)

330000－4794－0000538　sl5104　類叢部/叢書類/自著之屬
郝氏遺書三十三種　(清)郝懿行撰　清嘉慶至光緒刻彙印本　八册　存一種

330000－4794－0000539　sl5224　類叢部/類書類/專類之屬
皇朝駢文類苑十四卷首一卷　(清)姚燮選　清光緒七年(1881)刻本　二十四册

330000－4794－0000540　sl5225　史部/目録類/總録之屬/官修
欽定四庫全書簡明目錄二十卷　(清)紀昀等撰　清刻本　十六册

330000－4794－0000541　sl5227　經部/周禮類/傳說之屬
周官經疏備要六卷首一卷　(清)顧大治編　清嘉慶十年(1805)刻本　二册

330000－4794－0000542　sl5226　集部/別集類/清別集
有正味齋集十六卷　(清)吳錫麒撰　清刻本　二册

330000－4794－0000543　sl5228－sl5229　集部/別集類/唐五代別集
杜詩鏡銓二十卷附錄一卷年譜一卷　(清)楊倫撰　**讀書堂杜工部文集註解二卷**　(清)張溍撰　清刻本　五册　缺十二卷(五至十六)

330000－4794－0000544　sl5231　集部/總集類/選集之屬/斷代
唐詩三百首六卷　(清)孫洙編　清光緒十五年(1889)常熟陸氏飛鴻閣刻本　三册

330000－4794－0000545　sl5230　集部/別集類/清別集
鷗堂遺稾三卷　(清)馬賡良撰　清光緒十五年(1889)會稽馬氏刻本　一册

330000－4794－0000546　sl5232　集部/別集類
湘綺樓全集　王闓運撰　清光緒三十三年(1907)墨莊劉氏長沙刻本　十九册

330000－4794－0000547　sl5233－sl5239、sl5280、sl5289－sl5295、sl5300　史部/紀傳類/正史之屬
二十四史附考證　清光緒二十八年(1902)武林竹簡齋據乾隆四年(1739)武英殿刻本影印本　一百二十二册　存十六種

330000－4794－0000548　sl5240　子部/醫家類/類編之屬
南雅堂醫書全集十六種　(清)陳念祖撰　清同治五年(1866)南雅堂刻本　三册　存一種

330000－4794－0000549　sl5410　經部/詩類/正文之屬
雙佗綺語二卷　（清）陶方琦撰　清光緒稿本　一冊

330000－4794－0000550　sl5241　子部/醫家類/傷寒金匱之屬/金匱要略
金匱方歌括六卷　（清）陳念祖撰　清道光十六年(1836)南雅堂刻本　三冊

330000－4794－0000551　sl5242－sl5243　子部/醫家類/傷寒金匱之屬/傷寒論
張仲景傷寒論原文淺注六卷附長沙方歌括六卷　（清）陳念祖集注　清緯文堂刻本　八冊

330000－4794－0000552　sl5245　集部/別集類/清別集
曼志堂遺稿二卷　（清）曹壽銘撰　清同治九年(1870)甬上鐵耕齋刻本　一冊

330000－4794－0000553　sl5244　集部/詞類/別集之屬
笙月詞五卷　（清）王詒壽撰　清同治十一年(1872)刻本　一冊　存四卷(一至四)

330000－4794－0000554　sl5248　集部/別集類/清別集
小滄洲詩草不分卷　（清）朱澇撰　清刻本　一冊

330000－4794－0000555　sl5247　集部/別集類/清別集
西嵬山居殘草一卷補編一卷　（清）王星諴撰　清同治十年(1871)刻本　一冊

330000－4794－0000556　sl5249　史部/地理類/方志之屬/郡縣志
[正德]武功縣志三卷首一卷　（明）康海纂　（清）孫景烈評注　清同治十二年(1873)湖北崇文書局刻本　一冊

330000－4794－0000557　sl5250　集部/別集類/清別集
桐蔭堂詩鈔八卷補輯一卷詩餘一卷別集一卷　（清）駱復旦撰　清康熙刻本　一冊　缺一卷(別集)

330000－4794－0000558　sl5251　集部/總集類/選集之屬/通代
新注得月樓甲編不分卷乙編不分卷丙編不分卷丁編不分卷　（清）張元灝選評　（清）耿覲文　（清）茅謙箋注　清刻本　一冊　存一編(丙)

330000－4794－0000559　sl5253－sl5254　經部/小學類/音韻之屬/韻書
詩韻全璧五卷　（清）湯祥瑟輯　**初學檢韻袖珍一卷**　（清）姚文登撰　**虛字韻藪一卷**　（清）潘維城輯　清光緒十九年(1893)上海鴻寶齋石印本　四冊　缺三卷(四至五、虛字韻藪)

330000－4794－0000560　sl5252　史部/編年類/斷代之屬
東華錄三十二卷(乾隆朝)　（清）蔣良騏撰　清乾隆三十年(1765)刻本　二冊　存八卷(一至八)

330000－4794－0000561　sl5246　集部/別集類/清別集
湖唐林館駢體文二卷　（清）李慈銘撰　清光緒十年(1884)刻本　一冊

330000－4794－0000562　sl5257　史部/史評類/考訂之屬
廿二史劄記三十六卷補遺一卷　（清）趙翼撰　清光緒二十四年(1898)石印本　三冊　存十九卷(一至六、十三至十八、三十一至三十六,補遺)

330000－4794－0000563　sl5256　類叢部/類書類/通類之屬
古事比五十二卷　（清）方中德輯　清刻本　一冊　存十一卷(七至十七)

330000－4794－0000564　sl5255　子部/雜著類/雜纂之屬
經餘必讀八卷二編八卷三編四卷　（清）雷琳等輯　清光緒二年(1876)汲綆齋刻本　清壽潤鄰句讀　一冊　存二卷(一至二)

330000－4794－0000565　sl5258　子部/醫家

類/婦科之屬/通論

女科輯要二卷 (清)沈又彭撰 清抄本 一冊 存一卷(二)

330000－4794－0000567 sl5259 子部/醫家類/綜合之屬/雜著

肆應錄三卷 清咸豐十年(1860)抄本 三冊

330000－4794－0000568 sl5261 集部/別集類/清別集

梅村詩集箋注十八卷 (清)吳偉業撰 (清)吳翌鳳箋注 **吳梅村先生行狀一卷** (清)顧湄撰 **吳梅村先生墓表一卷** (清)陳廷敬撰 清末中國書畫會社石印本 八冊

330000－4794－0000570 sl5263 集部/別集類/清別集

音註小倉山房尺牘八卷補遺一卷 (清)袁枚撰 (清)胡光斗箋釋 清光緒十四年(1888)古越奎照樓刻朱墨套印本 四冊

330000－4794－0000571 sl5264 集部/別集類/清別集

有正味齋尺牘二卷 (清)吳錫麒撰 清光緒三十四年(1908)上海掃葉山房石印本 二冊

330000－4794－0000572 sl5265 子部/小說家類/異聞之屬

閱微草堂筆記二十四卷 (清)紀昀撰 清光緒上海圖書集成局鉛印本 四冊

330000－4794－0000573 sl5266、sl5281 史部/雜史類/斷代之屬

明季南略十八卷北略二十四卷 (清)計六奇撰 清光緒十三年(1887)上海圖書集成印書局鉛印本 八冊 缺十卷(北略五至十二、十八至十九)

330000－4794－0000576 sl5271 集部/別集類/清別集

甌北詩鈔二十卷 (清)趙翼撰 清嘉慶二十一年(1816)大西山房刻本 一冊 存九卷(五言古一至四、五言律一至三、七言古一至二)

330000－4794－0000577 sl5270 子部/雜著類/雜說之屬

類次書肆說鈴二卷 (明)葉秉敬撰 清刻本 一冊 存一卷(二)

330000－4794－0000578 sl5269 集部/別集類/清別集

小倉山房詩集三十一卷補遺一卷附錄一卷 (清)袁枚撰 清刻本 五冊 缺七卷(一至七)

330000－4794－0000579 sl5272 子部/醫家類/醫案之屬

臨證指南醫案十卷種福堂續選臨證指南四卷 (清)葉桂撰 (清)徐大椿評 清光緒二十二年(1896)滙海書局石印本 三冊 缺六卷(五至十)

330000－4794－0000580 sl5274 子部/醫家類/醫話醫論之屬

重慶堂隨筆二卷 (清)王學權撰 (清)王國祥注 清末石印本 一冊 存一卷(二)

330000－4794－0000581 sl5273 集部/總集類/選集之屬/通代

忠雅堂評選四六法海八卷 (清)蔣士銓評選 清刻本 三冊 存三卷(二、四、六)

330000－4794－0000582 sl5275 子部/醫家類/溫病之屬/瘟疫

瘟疫論二卷 (明)吳有性撰 清刻本 一冊

330000－4794－0000583 sl5279 子部/藝術類/遊藝之屬/聯語

西湖楹聯四卷 清刻本 一冊 存一卷(四)

330000－4794－0000584 sl5282 新學/算學/代數

代數備旨不分卷總答一卷 (清)徐錫麟編 清光緒三十二年(1906)上海玉麟書局石印本 四冊

330000－4794－0000585 sl5276 集部/別集類/清別集

定山堂詩集四十三卷詩餘四卷 (清)龔鼎孳撰 清刻本 五冊 存十九卷(一至三、八至二十三)

330000－4794－0000586　sl5278　史部/傳記類/職官録之屬/總録

大清搢紳全書四卷　清榮錄堂刻本　三冊　存三卷（二至四）

330000－4794－0000587　sl5277　集部/總集類/選集之屬/通代

文選六十卷　（南朝梁）蕭統輯　（唐）李善注　清刻本　十冊　缺六卷（五十五至六十）

330000－4794－0000589　sl5284　集部/别集類/清别集

寄龕詩質十二卷　（清）孫德祖撰　清光緒二十五年（1899）會稽孫氏刻本　一冊　存四卷（九至十二）

330000－4794－0000590　sl5283　經部/群經總義類/傳說之屬

十三經客難五十八卷　（清）龔元玠撰　清刻本　一冊　存二卷（春秋客難、周禮客難）

330000－4794－0000591　sl5285－sl5287　集部/别集類/清别集

有正味齋全集五十三卷　（清）吳錫麒撰　清刻本　三冊　存二十三卷（詩集七至十六、詞集一至七、駢體文十三至十八）

330000－4794－0000592　sl5288　經部/四書類/總義之屬/傳說

四書翼注論文三十八卷　（清）張甄陶撰　清乾隆五十二年（1787）浙湖竹下書堂刻本　六冊　存二十九卷（一至五、十一至三十四）

330000－4794－0000593　sl5296　子部/雜著類/雜說之屬

危言四卷　湯壽潛撰　清光緒二十一年（1895）石印本　一冊

330000－4794－0000594　sl5297　子部/醫家類/傷寒金匱之屬/傷寒論

陶節菴傷寒全生集四卷　（明）陶華撰　清光緒二十三年（1897）抄本　四冊

330000－4794－0000595　sl5299　集部/總集類/尺牘之屬

曹李尺牘合選二卷　（清）曹溶　（清）李良年撰　（清）茅復輯　清刻本　一冊

330000－4794－0000596　sl5301　子部/醫家類/醫案之屬

葉氏醫案存真三卷　（清）葉桂撰　**馬氏醫案并附祁案王案一卷**　（清）馬俶等撰　清光緒十二年（1886）常熟抱芳閣刻本　四冊

330000－4794－0000597　sl5298　類叢部/叢書類/彙編之屬

荔牆叢刻十三種　（清）汪曰楨編　清同治至光緒烏程汪氏刻本　二冊　存二種

330000－4794－0000598　sl5302　子部/醫家類/類編之屬

六醴齋醫書十種　（清）程永培編　清光緒十七年（1891）廣州儒雅堂刻本　二十四冊

330000－4794－0000599　sl5303－sl5305　集部/别集類/清别集

庸庵全集三種　（清）薛福成撰　清光緒二十七年（1901）上海書局石印本　十一冊　存二種

330000－4794－0000600　sl5307　子部/醫家類/類編之屬

喻氏醫書三種　（清）喻昌撰　清光緒二十五年（1899）上海老掃葉山房機器造書處石印本　六冊

330000－4794－0000602　sl5308　子部/醫家類

吳醫彙講十一卷　（清）唐大烈輯　清宣統二年（1910）上海埽葉山房石印本　二冊

330000－4794－0000603　sl5306　史部/傳記類/職官録之屬/總録

大清中樞備覽二卷（清宣統三年春季）　清宣統三年（1911）榮錄堂刻本　二冊

330000－4794－0000604　sl5310　子部/醫家類

士材三書　（明）李中梓等撰　（清）尤乘編　清嘉慶九年（1804）金閶書業堂刻本　三冊

330000－4794－0000605　sl5312　子部/醫家

類/本草之屬/歷代綜合本草

本草從新六卷 (清)吳儀洛輯 清富春堂刻本 四冊

330000－4794－0000606 sl5309 子部/醫家類/綜合之屬/通論

御纂醫宗金鑑九十卷首一卷 (清)吳謙等撰 清光緒二十五年(1899)上海文瀾書局石印本 二十冊

330000－4794－0000607 sl5313 子部/醫家類/溫病之屬/其他溫疫病證

溫熱經緯五卷 (清)王士雄撰 清光緒三年(1877)刻本 四冊

330000－4794－0000608 sl5314 子部/醫家類/傷寒金匱之屬/傷寒論

張仲景傷寒論貫珠集八卷 (清)尤怡輯注 清蘇州綠潤堂刻本 四冊

330000－4794－0000609 sl5315 子部/醫家類/類編之屬

當歸草堂醫學叢書初編十種 (清)丁丙編 清光緒四年(1878)錢塘丁氏當歸草堂刻本 十二冊 存十種

330000－4794－0000610 sl5316 子部/醫家類/本草之屬/神農本草經

本經疏證十二卷續疏六卷本經序疏要八卷 (清)鄒澍撰 清道光二十九年(1849)常州長年醫局刻本 十二冊

330000－4794－0000611 sl5317/16－1—sl5317/16－14 子部/醫家類/類編之屬

醫書八種 (清)徐大椿撰 清光緒二十年(1894)江左書林昌記刻本 十四冊

330000－4794－0000615 sl5407－1 史部/傳記類/日記之屬

湘麋館日記不分卷(壬午、癸未、甲申) (清)陶方琦撰 清光緒八年至十年(1882－1884)稿本 一冊

330000－4794－0000616 sl5408 集部/別集類/清別集

憩雲山館詩存一卷 (清)陶聞遠撰 稿本 杜子彬題簽 清吳紫述觀款 一冊

330000－4794－0000617 sl5411 集部/別集類/清別集

憩雲山館詩存三卷附禊文一卷 (清)陶聞遠撰 (清)李凝一評 清光緒三十一年(1905)稿本 四冊

330000－4794－0000618 sl5409 史部/傳記類/科舉録之屬/歷科鄉試録

[光緒辛卯科]浙江鄉試硃卷一卷 (清)陶聞遠撰 清光緒刻本 一冊

330000－4794－0000619 sl5407－2 史部/傳記類/日記之屬

湘麋館日記不分卷(丁丑、戊寅) (清)陶方琦撰 清光緒三年至四年(1877－1878)稿本 二冊

330000－4794－0000620 sl5433、sl5449 集部/別集類/漢魏六朝別集

陶淵明文集十卷 (晉)陶潛撰 清光緒十四年(1888)會稽陶濬宣稷山樓影宋刻本 二冊

330000－4794－0000621 sl5434 集部/別集類/清別集

稷山詩鈔不分卷 (清)陶濬宣撰 清抄本 一冊

330000－4794－0000622 sl5435 集部/別集類/清別集

稷山詩稿十二卷 (清)陶濬宣撰 稿本 清潘鴻、清王詒壽、清張王熙、清屠寄、清史□咸、清陶方琦、王秉恩、王繼香、樊增祥觀款 二冊 存二卷(五、七)

330000－4794－0000623 sl5437 集部/別集類/清別集

稷山詩稿一卷 (清)陶濬宣撰 (清)李慈銘評 清光緒十年至十二年(1884－1886)稿本 清李慈銘觀款 一冊

330000－4794－0000624 sl5436 集部/別集類/清別集

稷山最初稿三卷 (清)陶濬宣撰 稿本 清陶濬宣題簽並記 清孫垓、清秦樹銛、清王詒

壽、清譚獻、清馬賡良、清孫星華、清陶方琦觀款　一册

330000－4794－0000625　sl5454　集部/別集類/清別集

稷山文□□卷　(清)陶濬宣撰　清刻本　一册　存一卷(二)

330000－4794－0000626　sl5438　集部/別集類/清別集

稷山文□□卷　(清)陶濬宣撰　清刻朱印本　一册　存一卷(二)

330000－4794－0000627　sl5439、sl5445　類叢部/叢書類/郡邑之屬

紹興先正遺書十五種　(清)徐友蘭輯　清光緒會稽徐氏鑄學齋刻本　二册　存一種

330000－4794－0000632　sl5443　子部/宗教類/道教之屬/戒律

功過格凡例纂要二卷新增惜字功過格凡例一卷附錄一卷同善堂惜字局條規一卷　清同治元年(1862)刻本　清陶椒卿觀款　一册

330000－4794－0000633　sl5446　子部/雜著類/雜説之屬

漢孳室箸書本□□種　(清)陶方琦撰　清光緒刻本　二册　存一種

330000－4794－0000634　sl5444　集部/詞類/別集之屬

桐花閣詞一卷　(清)吳蘭修撰　清刻本　清陶芷畛、清蘭沱生題簽　清陶重光、清陶方琦、清蘭雲館主觀款　一册

330000－4794－0000636　sl5453　子部/雜著類/雜説之屬

漢孳室箸書本□□種　(清)陶方琦撰　清光緒刻本　二册　存一種

330000－4794－0000637　sl5452/3－1　集部/別集類/清別集

湘麋閣遺詩四卷蘭當詞二卷　(清)陶方琦撰　清刻朱印本　一册　存二卷(蘭當詞一至二)

330000－4794－0000638　sl5452/3－(2－3)　集部/別集類/清別集

湘麋閣遺詩四卷蘭當詞二卷　(清)陶方琦撰　清光緒十六年(1890)鄂局刻本　陶馨遠題簽　二册

330000－4794－0000639　sl5451　史部/傳記類/別傳之屬

陶公匱記不分卷　(清)張榮澤等撰　清光緒刻本　三册

330000－4794－0000640　sl5455　集部/別集類/清別集

子珍手札不分卷　(清)陶方琦撰　稿本　一册

330000－4794－0000641　sl5457　子部/雜著類/雜説之屬

通藝堂勸學卮言十篇　(清)陶濬宣撰　(清)譚廷獻批注　清光緒十八年(1892)稿本　陶冶公題記　一册　存七篇(一至七)

330000－4794－0000642　sl5458　集部/別集類/清別集

通藝堂詩錄□□卷　(清)陶濬宣撰　清光緒二十七年(1901)抄本　一册　存二卷(感事篇、述懷篇)

330000－4794－0000643　sl8574　經部/春秋左傳類/傳説之屬

春秋左傳類纂六卷首一卷末一卷　(清)桂含章輯　清光緒七年(1881)敦厚堂刻本　二册

330000－4794－0000644　sl5462　史部/傳記類/科舉録之屬/歷科登科録

會試硃卷二卷　(清)陶方琦　(清)陶濬宣撰　清刻本　一册

330000－4794－0000645　sl5461　史部/傳記類/總傳之屬/家乘

舊聞述畧二卷存疑一卷　稿本　五册

330000－4794－0000646　sl5463　史部/傳記類/科舉録之屬/歷科登科録

朝考卷一卷　(清)陶方琦撰　清光緒刻本　清陶少麋題記　一册

330000－4794－0000647　sl5465　集部/别集類/清别集
稷山詩文不分卷　(清)陶濬宣撰　清刻本　一册

330000－4794－0000648　sl5464　史部/目録類/專録之屬
漢孳室著書目不分卷附家傳事略跋　(清)陶濬宣撰　清抄本　一册

330000－4794－0000649　sl5466　史部/政書類/律令之屬
秋審條欵不分卷　(清)法部會編　清抄本　一册

330000－4794－0000650　sl5467　史部/政書類
奏請圖姦拒捕殺人罪名酌定專條例册不分卷　清光緒七年(1881)刻本　一册

330000－4794－0000651　sl5479　子部/藝術類/書畫之屬/書法書品
陶君綽先生手臨曹娥孝女碑不分卷　陶在寬書　清光緒八年至九年(1882－1883)抄本　清崇一、清幻人題記　二册

330000－4794－0000652　sl5468－sl5469　集部/别集類/清别集
通藝堂詩録六卷稷山文二卷　(清)陶濬宣撰　清抄本　二册　存四卷(一至四)

330000－4794－0000653　sl5470　集部/别集類/清别集
表忠篇□□卷　(清)陶濬宣撰　**許袁二公疏□□卷**　稿本　一册　存一卷(一)

330000－4794－0000655　sl5480　史部/傳記類/日記之屬
陶濬宣日記不分卷(清光緒十二年至二十三年)　(清)陶濬宣撰　稿本　十一册

330000－4794－0000656　sl5481　史部/政書類/律令之屬/治獄
福唐偶錄不分卷　清光緒三年(1877)抄本　一册

330000－4794－0000657　sl5482　史部/政書類/律令之屬/判牘
龍津拾遺不分卷　清抄本　一册

330000－4794－0000658　sl5483　史部/政書類/律令之屬/治獄
花様不分卷　清抄本　一册

330000－4794－0000660　sl5484　史部/政書類/律令之屬/治獄
劍浦集存一卷　(清)陶在慎錄　清光緒五年(1879)抄本　一册

330000－4794－0000661　sl5486　集部/别集類/清别集
摘錄不分卷　清抄本　一册

330000－4794－0000662　sl5487　史部/政書類/律令之屬/治獄
静觀自得一卷　清光緒三年(1877)陶在慎抄本　一册

330000－4794－0000663　sl5489　集部/别集類/清别集
雜錄不分卷　(清)鷺江撰　清抄本　一册

330000－4794－0000664　sl5488　史部/政書類/律令之屬/刑制
隨手錄不分卷　清抄本　一册

330000－4794－0000665　sl5491　史部/政書類/律令之屬/刑制
通行不分卷　清抄本　二册

330000－4794－0000666　sl5490　史部/政書類/律令之屬/治獄
奏案一卷　(清)黎陽氏錄　清抄本　一册

330000－4794－0000667　sl5498　集部/别集類/清别集
春明曇影錄一卷　(清)陶方琦纂　稿本　一册

330000－4794－0000668　sl5497　子部/藝術類/書畫之屬/書法書品
稷山論書詩不分卷　(清)陶濬宣撰　清光緒十八年(1892)稿本　一册

330000－4794－0000669　sl5499－sl5500　集部/別集類/清別集
憩雲山館文外一卷文存一卷　（清）陶聞遠撰　清抄本　二冊

330000－4794－0000670　sl5386　集部/別集類/清別集
焚餘詩草二卷　（清）陶春撰　清陶濬宣抄本　清陶濬宣題記　清陶在新觀款　二冊

330000－4794－0000671　sl5504　集部/總集類/郡邑之屬
娱園詩存四卷　（清）秦樹敏撰　清刻本　二冊

330000－4794－0000672　sl5506　子部/儒家類/儒學之屬/禮教
齊家寶要二卷　（清）張文嘉撰　清光緒七年（1881）山陰朱氏刻本　二冊

330000－4794－0000674　sl5507　類叢部/叢書類/彙編之屬
香雪崦叢書　（清）平步青撰　清光緒二年（1876）刻本　二冊　存一種

330000－4794－0000675　sl5508　集部/別集類/清別集
通雅堂詩鈔十卷續集二卷　（清）施山撰　清光緒元年（1875）荊州刻本　二冊

330000－4794－0000678　sl5509　集部/總集類/郡邑之屬
越風三十卷　（清）商盤輯　清乾隆三十七年（1772）山陰王大治刻嘉慶十六年（1811）徐兆補修本　九冊　存二十六卷（一至二十六）

330000－4794－0000679　sl5523　類叢部/叢書類/彙編之屬
拜經樓叢書二十三種　（清）吳騫編　清乾隆至嘉慶海昌吳氏刻彙印本　一冊

330000－4794－0000684　sl5528　類叢部/叢書類/彙編之屬
刻鵠齋叢書十六種　（清）胡念修編　清光緒二十三年至二十七年（1897－1901）刻本　六冊　存一種

330000－4794－0000685　sl5526　史部/地理類/雜志之屬
越中百詠一卷　（清）周晉鑅撰　清抄本　一冊

330000－4794－0000686　sl5530　集部/別集類/清別集
謙齋詩集八卷首一卷遺集十二卷首一卷　（清）蔡仲光撰　清咸豐三年（1853）蕭山蔡氏篤慶堂刻本　四冊　存九卷（首、詩集一至八）

330000－4794－0000688　sl5529　子部/宗教類/道教之屬
道貫真源　（清）董德寧輯　清乾隆至嘉慶古越集陽樓刻本　九冊　存七種

330000－4794－0000690　sl5534　集部/詩文評類/詩評之屬
帶經堂詩話三十卷　（清）王士禛撰　清同治十二年（1873）廣州藏修堂刻本　清謝均題記　八冊

330000－4794－0000695　sl5539　類叢部/叢書類/彙編之屬
湖海樓叢書十二種　（清）陳春編　清嘉慶蕭山陳氏刻二十四年（1819）彙印本　一冊　存一種

330000－4794－0000697　sl5553　集部/別集類/清別集
越中紀遊詩一卷　（清）俞樾撰　（清）宋文蔚錄　清光緒十三年（1887）刻本　一冊

330000－4794－0000699　sl5554　集部/總集類/酬唱之屬
放翁生日設祀詩二卷　（清）呂屐山等撰　清嘉慶八年（1803）借樹山房刻本　一冊

330000－4794－0000703　sl5559　集部/別集類/清別集
自怡吟初稿四卷　（清）謝元壽撰　清宣統三年（1911）石印本　二冊

330000－4794－0000704　sl5561　集部/別集類/清別集

曼志堂遺稿二卷 （清）曹壽銘撰 清刻本 陶在寬觀款並跋 一冊

330000－4794－0000705 sl5566 集部/總集類/選集之屬/通代

文選六十卷 （南朝梁）蕭統輯 （唐）李善注 清同治八年（1869）金陵書局刻本 十冊

330000－4794－0000706 sl5568 經部/春秋左傳類/傳說之屬

左繡三十卷首一卷 （清）馮李驊 （清）陸浩評輯 清光緒十四年（1888）上海文瑞樓刻本 十六冊

330000－4794－0000708 sl5567 集部/小說類/長篇之屬

東周列國全志二十二卷 （清）蔡奡評點 清咸豐四年（1854）書成山房刻本 二十二冊

330000－4794－0000709 sl6413 史部/傳記類/別傳之屬/年譜

王陽明先生[守仁]年譜一卷 （清）周兆藍錄 清同治八年（1869）抄本 一冊

330000－4794－0000713 sl6548 史部/傳記類/別傳之屬/年譜

徐文長自著畸譜一卷 （明）徐渭撰 清王子澄抄本 一冊

330000－4794－0000715 sl6560 史部/傳記類/總傳之屬/家乘

[山西晉陽]唐氏家譜不分卷 （清）□□纂修 清抄本 一冊

330000－4794－0000716 sl6562 史部/地理類/方志之屬/郡縣志

會稽縣志□□卷 清抄本 一冊 存四卷（三至六）

330000－4794－0000717 sl6564 史部/地理類/輿圖之屬/園林

越中園亭記六卷 （明）祁彪佳撰 清抄本 一冊

330000－4794－0000721 sl6567 史部/地理類/專志之屬/祠墓

越中先賢祠目一卷 （清）李慈銘撰 清光緒十一年（1885）都門越祠刻本 一冊

330000－4794－0000723 sl6607 史部/傳記類/總傳之屬/家乘

徐氏分書一卷 （清）徐桐軒撰 清同治十三年（1874）稿本 一冊

330000－4794－0000724 sl6629 史部/雜史類/斷代之屬

湘軍志十六卷 王闓運撰 清光緒十二年（1886）成都墨香書屋刻本 四冊

330000－4794－0000725 sl6568 史部/地理類/專志之屬/書院

蕺山書院經費總冊不分卷 清同治八年（1869）刻本 一冊

330000－4794－0000726 sl6594 史部/傳記類/總傳之屬/家乘

利字分書一卷 稿本 一冊

330000－4794－0000729 sl6570 史部/傳記類/別傳之屬/年譜

吳太夫人年譜三卷續一卷 （清）董金鑑編 清光緒三十三年（1907）董氏取斯家塾刻本 一冊

330000－4794－0000730 sl8107 類叢部/叢書類/彙編之屬

湖海樓叢書十二種 （清）陳春編 清嘉慶蕭山陳氏刻二十四年（1819）彙印本 一冊 存一種

330000－4794－0000731 sl6637 史部/地理類/專志之屬/祠墓

曹江孝女廟誌八卷首一卷末一卷補遺一卷 （清）金廷棟輯 （清）唐煦春增輯 清光緒八年（1882）五社公所刻本 二冊

330000－4794－0000734 sl8111 史部/目録類/書志之屬/題跋

花近樓叢書序跋記二卷 （清）管庭芬撰 清宣統三年（1911）上海國學扶輪社鉛印本 一冊

330000－4794－0000735　sl8112　集部/別集類/清別集
越縵堂駢體文四卷散體文一卷　(清)李慈銘撰　清光緒二十三年(1897)常熟曾氏虛霩居刻本　四册

330000－4794－0000739　sl8115　史部/目録類/總録之屬/私撰
百宋一廛賦一卷　(清)顧廣圻撰　(清)黄丕烈注　清光緒三年(1877)刻潘氏五種本　貴忱批並跋　一册

330000－4794－0000740　sl8117　類叢部/類書類/通類之屬
硯雲甲編八種乙編八種　(清)金忠淳編　清鉛印本　四册　存四種

330000－4794－0000744　sl8400　類叢部/叢書類/郡邑之屬
金華叢書(退補齋金華叢書)七十種　(清)胡鳳丹編　清同治七年至光緒八年(1868－1882)永康胡氏退補齋刻本　一册　存一種

330000－4794－0000745　sl8401　類叢部/叢書類/郡邑之屬
金華叢書(退補齋金華叢書)七十種　(清)胡鳳丹編　清同治七年至光緒八年(1868－1882)永康胡氏退補齋刻本　一册　存一種

330000－4794－0000746　sl19351　經部/小學類/文字之屬/字書/字典
康熙字典十二集三十六卷總目一卷檢字一卷辨似一卷等韻一卷補遺一卷備考一卷　(清)張玉書等纂修　清光緒十一年(1885)上海同文書局石印本　六册

330000－4794－0000751　sl19353　集部/總集類/選集之屬/通代
古文辭類纂七十四卷　(清)姚鼐輯　**續古文辭類纂三十四卷**　王先謙輯　清光緒三十三年(1907)上海商務印書館鉛印本　十二册

330000－4794－0000753　sl19356　類叢部/叢書類/自著之屬
隨園三十六種　(清)袁枚撰　清光緒十八年(1892)上海圖書集成印書局鉛印本　四十九册

330000－4794－0000756　sl5319－sl5321　經部/四書類/總義之屬/傳説
四書集注十九卷　(宋)朱熹撰　清光緒浙江書局刻本　五册

330000－4794－0000757　sl19739　集部/總集類/選集之屬/通代
古文觀止十二卷　(清)吴乘權　(清)吴大職輯　清刻本　六册

330000－4794－0000760　sl19741　集部/别集類/唐五代别集
御選妙覺普度和聖寒山大士詩不分卷　(唐)釋寒山子撰　清刻本　一册

330000－4794－0000761　sl5580　經部/小學類/訓詁之屬/方言
新增攷正俗言智燈難字二卷雅語巧對錄一卷　(清)范寅撰　清末石印本　一册　存一卷(一)

330000－4794－0000765　sl5583　經部/小學類/文字之屬/字書
字學舉隅不分卷　(清)黄本驥　(清)龍啓瑞撰　清光緒十三年(1887)上海鴻文書局石印本　一册

330000－4794－0000766　sl5584　類叢部/叢書類/彙編之屬
香雪崦叢書　(清)平步青撰　清光緒八年(1882)安越堂刻本　王子餘題記　一册　存一種

330000－4794－0000773　sl5590　集部/總集類/尺牘之屬
賴古堂名賢尺牘新鈔十二卷　(清)高阜　(清)羅燿選　清宣統元年(1909)賴古堂鉛印本　六册　存十卷(一至六、九至十二)

330000－4794－0000778　sl5595　新學/化學/化學
化學新書一卷　(清)徐有成釋　清光緒三十二年(1906)鉛印本　一册

330000－4794－0000780　sl5597　子部/宗教類/道教之屬/經文

三聖經靈驗圖注一卷　清光緒二十四年(1898)鴻寶齋石印本　一册

330000－4794－0000781　sl5598　史部/傳記類/總傳之屬/仕宦

歷代名臣言行錄二十四卷　(清)朱桓輯　清光緒二十年(1894)上海宏文閣石印本　八册

330000－4794－0000783　sl5600　經部/群經總義類/文字音義之屬

重校十三經不貳字一卷　(清)李鴻藻輯　清光緒元年(1875)三義堂刻本　一册

330000－4794－0000784　sl8562　經部/四書類/總義之屬

四書正事括略七卷附錄一卷　(清)毛奇齡撰　清道光十九年(1839)蕭山沈豫刻本　二册

330000－4794－0000785　sl8563　新學/全體學

全體新論一卷　(英國)合信氏　(清)陳修堂撰　清咸豐元年(1851)江蘇上海墨海書館刻本　一册

330000－4794－0000787　sl8565　子部/雜著類

新舉業利器不分卷　壽鵬飛著　清光緒二十八年(1902)潛廬刻本　一册

330000－4794－0000789　sl8567　集部/别集類/清别集

四明王女史函稿不分卷　(清)王慕蘭撰　清光緒三十三年(1907)石印本　魯瑞觀款　一册

330000－4794－0000792　sl8570　史部/地理類/遊記之屬/紀勝

西湖夢尋五卷　(明)張岱撰　清康熙五十六年(1717)張禮鳳嬉堂刻本　一册　存二卷(一至二)

330000－4794－0000793　sl5317/16－15—sl5317/16－16　類叢部/叢書類/自著之屬

徐靈胎先生雜著五種　(清)徐大椿撰　清光緒十四年(1888)江左書林刻本　二册　存四種

紹興文理學院圖書館古籍普查登記目録

全國古籍普查登記目録・浙江紹興

國家圖書館出版社
National Library of China Publishing House

《紹興文理學院圖書館古籍普查登記目録》

編委會

主　編：舒炎祥

副主編：許經緯

編　委：錢　斌　駱　楠　賈超艷

《紹興文理學院圖書館古籍普查登記目録》

前　言

我館的古籍保護工作於2012年1月啓動。2012年5月，我館向浙江省古籍保護中心申報了“紹興文理學院圖書館古籍普查項目”，經過四年的整理、編目和書影拍攝，於2015年底完成了全部館藏古籍的普查著録工作。

本次普查館藏1912年以前古籍共173部1842册。在館藏文獻中，家譜爲其中亮點，現有越地家譜60餘種。在館藏的家譜中有記録了南宋愛國詩人陸游及其家族的《重校陸氏宗譜》，有記録了理學家、蕺山學派創始人劉宗周及其家族的《水澄劉氏家譜》，有中國現代農學的開拓者、近代考古學的奠基人、古文字學家羅振玉纂修的《上虞羅氏枝分譜》等，都是極爲難得的、具有極高研究價值的紹興地方家譜。

通過普查，首先，我館對館藏古籍進行了全面的梳理，建立了編目詳細的館藏古籍目録，摸清了家底；其次，在普查中采集的數據和書影，爲今後對古籍進行數字化管理和開發利用奠定了基礎；第三，對古籍存在的破損情況有了全面的瞭解，爲下一步開展古籍基礎維護提供了相關信息。目前，我館將古籍修復保護作爲今後的重點工作，逐步完成館藏破損古籍的修復，改善書庫保存條件，使古籍能够得到更好的保護。

在我館開展古籍普查項目的過程中，浙江省古籍保護中心的童聖江老師、陳誼老師、曹海花老師給予了悉心的指導和幫助；我館舒炎祥館長在經費短缺、人員緊張的情況下，大力支持普查項目小組的設備購置、人員借調等工作，使普查工作得以順利完成；特别是古籍普查項目小組的全體成員許經緯、錢斌、駱楠、賈超艷等，他們克服種種困難，夜以繼日地進行古籍整理和著録。在此，一并表示衷心的感謝！

由於我們水平有限，書中難免有疏漏之處，懇請專家批評匡正。

紹興文理學院圖書館

2017年11月

330000－1753－0000001　B222/98　類叢部/叢書類/彙編之屬

會稽徐氏鑄學齋叢書(鑄學齋叢書)十三種　(清)徐維則編　清咸豐至光緒會稽徐氏刻光緒二十六年(1900)彙印本　四冊　存一種

330000－1753－0000002　B226.5/10　子部/叢編

二十二子(二十二子彙函)　(清)浙江書局編　清光緒元年至三年(1875－1877)浙江書局刻本　六冊　存一種

330000－1753－0000003　Z126.1/20　經部/叢編

重刊宋本十三經注疏四百十六卷　附十三經注疏校勘記四百十六卷　(清)阮元撰　(清)盧宣旬摘錄　**校勘記識語四卷**　(清)汪文臺撰　清光緒十八年(1892)湖南寶慶務本書局刻本　一百六十冊

330000－1753－0000005　B95/11　集部/曲類/寶卷之屬

孚佑帝君純陽祖師三世因果說一卷　清光緒三十三年(1907)朱氏刻本　一冊

330000－1753－0000006　B249.1/7－1　子部/雜著類/雜考之屬

日知錄三十二卷日知錄之餘四卷　(清)顧炎武撰　清乾隆六十年(1795)刻本　二十冊

330000－1753－0000007　B992/19　子部/術數類/命書相書之屬

三命通會十二卷　(明)萬民英撰　清雍正十三年(1735)金陵李氏刻本　二十四冊

330000－1753－0000009　B22/62　子部/叢編

二十五子彙函(子書二十五種)　(清)鴻文書局編　清育文書局石印本　三十二冊

330000－1753－0000010　B221/84/C　經部/易類/傳說之屬

周易精義四卷首一卷續編一卷　(清)黃淦撰　清嘉慶十二年(1807)刻本　二冊

330000－1753－0000020　K892.9/37　類叢部/叢書類/彙編之屬

崇文書局彙刻書三十一種　(清)崇文書局編　清光緒元年至三年(1875－1877)湖北崇文書局刻本　四冊　存一種

330000－1753－0000023　H161/35－3　經部/小學類/文字之屬/說文

說文通訓定聲十八卷分部柬韻一卷說雅一卷古今韻準一卷　(清)朱駿聲撰　(清)朱鏡蓉參訂　**行述一卷**　朱孔彰撰　清道光二十九年(1849)刻咸豐元年(1851)朱孔彰臨嘯閣補刻本　二十八冊

330000－1753－0000026　H163/22－1　經部/小學類/文字之屬/字書/字典

御定康熙字典十二集三十六卷總目一卷檢字一卷辨似一卷等韻一卷補遺一卷備考一卷　(清)張玉書等纂修　清光緒二十年(1894)上海鴻寶書局石印本　六冊

330000－1753－0000027　H173/31　經部/小學類/訓詁之屬/方言

越諺三卷附越諺賸語二卷　(清)范寅撰　清光緒八年(1882)谷應山房刻本　三冊

330000－1753－0000029　I207.2/184　經部/小學類/音韻之屬/韻書

詩韻含英十八卷　(清)劉文蔚輯　清刻本　一冊　存十卷(九至十八)

330000－1753－0000034　I207.22/676　集部/總集類/選集之屬/斷代

古唐詩選七卷　(明)李攀龍選　(清)吳人注　清刻本　四冊

330000－1753－0000035　I207.412/26　集部/小說類/長篇之屬

評論出像水滸傳二十卷七十回　(元)施耐庵撰　(清)金人瑞評　清刻本　二十冊

330000－1753－0000036　I21/39－2　集部/總集類/選集之屬/通代

文選六十卷　(南朝梁)蕭統輯　(唐)李善注　**文選考異十卷**　(清)胡克家撰　清光緒十八年(1892)上海古香閣石印本　六冊

330000 - 1753 - 0000037　I211/39　集部/總集類/選集之屬/通代

文選五卷首一卷　（南朝梁）蕭統輯　（唐）李善注　**文選考異一卷**　（清）胡克家撰　清光緒二十一年（1895）寶文書局石印本　六册

330000 - 1753 - 0000040　I214.2/8 - 1　史部/地理類/遊記之屬/紀行

凝香室鴻雪因緣圖記一集二卷二集二卷三集二卷　（清）麟慶（完顔麟慶）撰　清光緒十年（1884）上海點石齋石印本　六册

330000 - 1753 - 0000042　I214.42/42　集部/别集類/宋别集

陶山集十六卷　（宋）陸佃撰　清刻本　四册

330000 - 1753 - 0000043　I214.82/22　集部/别集類/明别集

青藤書屋文集三十卷　（明）徐渭撰　（明）袁宏道編　**徐文長傳一卷**　（明）陶望齡撰　清宣統三年（1911）石印本　八册

330000 - 1753 - 0000044　I214.72/7　類叢部/叢書類/彙編之屬

宜稼堂叢書七種　（清）郁松年編　清道光二十年至二十二年（1840 - 1842）上海郁氏刻本　六册　存一種

330000 - 1753 - 0000048　I214.82/27　集部/别集類/明别集

楊忠愍公集五卷首一卷末一卷　（明）楊繼盛撰　清同治五年（1866）符離張景賢刻本　四册

330000 - 1753 - 0000049　I214.82/28　類叢部/叢書類/郡邑之屬

武林往哲遺箸五十六種後編十種　（清）丁丙編　清光緒二十年至二十六年（1894 - 1900）錢唐丁氏嘉惠堂刻本（錢塘韋先生文集卷一至二原缺）　三册　存一種

330000 - 1753 - 0000050　I214.91/6　集部/總集類/選集之屬/斷代

八家四六文注八卷首一卷　（清）吴鼒輯　（清）許貞幹注　**補注一卷**　陳衍撰　清光緒十八年（1892）上海圖書集成印書局鉛印本　八册

330000 - 1753 - 0000051　I214.92/28　集部/總集類/選集之屬/斷代

耐菴文集約選一卷寒香館集約選一卷　（清）賀長齡　（清）賀熙齡撰　（清）劉璈選　清同治五年（1866）台州府署木活字印本　一册

330000 - 1753 - 0000052　I214.92/25 - 1　集部/别集類/清别集

壯悔堂文集十卷遺稿一卷四憶堂詩集六卷遺稿一卷　（清）侯方域撰　清宣統元年（1909）上海中國圖書公司鉛印本　四册

330000 - 1753 - 0000054　I214.92/32　集部/别集類/清别集

玉笥山房要集四卷附文一卷　（清）顧廷綸撰　清光緒十二年（1886）顧家相刻本　一册

330000 - 1753 - 0000056　I214.92/35　集部/别集類/清别集

鮚埼亭集三十八卷首一卷全謝山先生經史問答十卷外編五十卷　（清）全祖望撰　**全氏世譜一卷年譜一卷**　（清）董秉純撰　清嘉慶九年（1804）餘姚史夢蛟借樹山房刻同治十一年（1872）印本（經史問答配清乾隆三十年董秉純刻本）　清光緒二十年移莽仲子跋並過録清嚴元照批校並跋、清趙彦偁跋、章鈺批校　三十二册

330000 - 1753 - 0000057　I214.92/33　集部/别集類/清别集

石笥山房集二十四卷　（清）胡天游撰　清咸豐二年（1852）山陰胡鳴泰刻本　十册

330000 - 1753 - 0000058　I214.92/39　集部/别集類/清别集

有真意齋文集不分卷　（清）潘世恩撰　清同治十二年（1873）刻本　二册

330000 - 1753 - 0000060　I214.92/36　類叢部/叢書類/自著之屬

梨洲遺著彙刊二十七種首一卷　（清）黄宗羲撰　薛鳳昌編次　清宣統二年（1910）上海時中書局鉛印本　十一册　存四種

330000－1753－0000062　I214.92/46　集部/别集類/清别集
板橋集五種　(清)鄭燮撰　清乾隆清暉書屋刻本　四册

330000－1753－0000063　I215.2/8　類叢部/叢書類/彙編之屬
滂喜齋叢書五十種　(清)潘祖蔭編　清同治至光緒吳縣潘氏京師刻本　一册　存一種

330000－1753－0000065　I214.92/49　集部/别集類/清别集
象洞山房文稿一卷詩稿一卷　(清)徐迪惠撰　清宣統元年(1909)上虞徐氏留餘堂刻本　三册

330000－1753－0000066　I215.22/15　集部/别集類/清别集
曼志堂遺稿二卷　(清)曹壽銘撰　清同治九年(1870)甬上鐵耕齋刻本　一册

330000－1753－0000069　I214.92/50　集部/别集類/清别集
全謝山文鈔十六卷　(清)全祖望撰　清宣統二年(1910)上海國學扶輪社鉛印本　八册

330000－1753－0000074　I22/31　集部/總集類/郡邑之屬
越中三子詩三卷　(清)郭毓輯　清乾隆二十一年(1756)刻本　一册　存一卷(梅芝館詩)

330000－1753－0000075　I222/136　子部/儒家類/儒學之屬/蒙學
小學弦歌八卷　(清)李元度輯　清光緒五年(1879)平江李氏刻本　四册

330000－1753－0000076　I222.5/6　類叢部/叢書類/彙編之屬
榆園叢刻十五種附一種　(清)許增編　清同治至光緒刻本　二册　存一種

330000－1753－0000077　I222.5/8　集部/總集類/選集之屬/斷代
國朝駢體正宗十二卷　(清)曾燠輯　清光緒十三年(1887)上海蜚英館石印本　六册

330000－1753－0000079　I222.5/6－1　類叢部/叢書類/彙編之屬
榆園叢刻十五種附一種　(清)許增編　清同治至光緒刻本　八册　存一種

330000－1753－0000083　I222.7/176　類叢部/叢書類/家集之屬
劉氏叢刻七種　(清)劉瀚編　清光緒海天旭日齋刻本　一册　存一種

330000－1753－0000088　I222.7/181　集部/總集類/郡邑之屬
越風三十卷　(清)商盤輯　清乾隆三十七年(1772)山陰王大治刻嘉慶十六年(1811)徐兆補修本　七册　存二十七卷(一至十五、十九至三十)

330000－1753－0000090　I222.7/185　集部/總集類/彙編之屬
增廣詩句題解彙編四卷姓氏考一卷　(清)同文書局編　清光緒石印本　四册　存四卷(增廣詩句題解彙編一至四)

330000－1753－0000091　I222.7/187　集部/總集類/郡邑之屬
褉湖詩拾八卷首一卷　(清)徐達源輯　清嘉慶十年(1805)刻民國九年(1920)補刻本　一册

330000－1753－0000092　I222.7/186　集部/總集類/選集之屬/通代
古唐詩合解古詩四卷唐詩十二卷　(清)王堯衢注　清刻本　六册

330000－1753－0000094　I222.742/172　集部/别集類/唐五代别集
杜工部集十八卷　(唐)杜甫撰　清同治十三年(1874)刻本　十八册

330000－1753－0000100　I222.74/94(13)　集部/别集類/清别集
躬恥齋詩鈔十四卷首一卷詩後編七卷　(清)宗稷辰撰　清咸豐九年(1859)越峴山館刻本　六册

330000－1753－0000103　I222.747/1　史

部/傳記類/總傳之屬/郡邑
傳芳錄一卷 (元)曹文晦撰 **友竹稿一卷** (元)曹一介撰 **橘坡稿一卷** (明)曹宜約撰 清宣統元年(1909)木活字印本 一冊

330000 - 1753 - 0000106 I222.749/20 集部/別集類/清別集
石笥山房集二十四卷 (清)胡天游撰 清鉛印本 六冊 存十六卷(詩集一至十二、補遺一至二、續補遺一至二)

330000 - 1753 - 0000107 I222.749/23 集部/別集類/清別集
續谿雜感詩一卷附錄一卷 (清)高孝本撰 (清)汪澤注釋 清同治九年(1870)刻本 一冊

330000 - 1753 - 0000113 I222.749/28 集部/總集類/郡邑之屬
兩浙輶軒錄四十卷補遺十卷姓氏韻編二卷 (清)阮元輯 清光緒十六年(1890)浙江書局刻本 三十二冊

330000 - 1753 - 0000114 I222.749/36 集部/別集類/清別集
漁洋山人精華錄箋注十二卷補一卷附年譜一卷 (清)王士禛撰 (清)金榮箋注 清康熙五十一年(1712)鳳翽堂刻本 六冊

330000 - 1753 - 0000117 I222.749/31 集部/別集類/清別集
洗齋病學草擬存詩一卷附存詩一卷 (清)胡壽頤撰 (清)昨非居士輯 清光緒十年(1884)山陰胡氏刻本 二冊

330000 - 1753 - 0000119 I222.749/37 史部/地理類/雜志之屬
鸚鵡湖櫂歌一卷 (清)陸增撰 清道光十六年(1836)刻本 一冊

330000 - 1753 - 0000120 I222.752/9 類叢部/叢書類/彙編之屬
滂喜齋叢書五十種 (清)潘祖蔭編 清同治至光緒吳縣潘氏京師刻本 一冊 存二種

330000 - 1753 - 0000121 I276.2/15 史部/地理類/雜志之屬
城南樵唱一卷 (清)顧福仁撰 清光緒十七年(1891)養心光室刻本 一冊

330000 - 1753 - 0000122 I222.749/32 集部/別集類/清別集
賜書堂詩鈔八卷 (清)周長發撰 清乾隆五十二年(1787)刻本 八冊

330000 - 1753 - 0000123 I239.15/4 集部/曲類/彈詞之屬
繡像雙珠鳳全傳十二卷八十回 (清)一葉主人撰 清末石印本 六冊

330000 - 1753 - 0000125 J212/196 子部/藝術類/書畫之屬/總論
庚子銷夏記八卷 (清)孫承澤撰 清宣統三年(1911)掃葉山房石印本 八冊

330000 - 1753 - 0000126 I239.9/8 集部/曲類/彈詞之屬
新鐫繪圖描金鳳八卷四十六回 (清)馬如飛譜調 清光緒三十二年(1906)上洋海左書局石印本 四冊

330000 - 1753 - 0000128 I239.9/5 集部/曲類/彈詞之屬
增像西湖緣真蹟圖詠四卷 (清)陳遇乾撰 清光緒十九年(1893)上海書局石印本 四冊

330000 - 1753 - 0000129 I239.17/35 集部/曲類/彈詞之屬
綉像雲外飄香四卷十一回 清光緒二十年(1894)上海書局石印本 四冊

330000 - 1753 - 0000131 J292/60、C.16.6 子部/藝術類/書畫之屬/總論
湘管齋寓賞編六卷 (清)陳焯撰 清乾隆四十七年(1782)刻本 六冊

330000 - 1753 - 0000132 J292/60、C.26.6 子部/藝術類/書畫之屬/總論
湘管齋寓賞續編六卷 (清)陳焯撰 清嘉慶六年(1801)刻本 六冊

330000 - 1753 - 0000135 I239.1/12 集部/

曲類/彈詞之屬

東調雙剪髮前傳八卷新調鐵胎弓後傳八卷 題(清)月湖居士撰 清道光文苑堂刻本 二冊

330000－1753－0000136 I239.15/6 集部/曲類/彈詞之屬

新增全圖蜻蜓奇緣四卷四十回 (清)陳遇乾撰 清光緒十九年(1893)香港書局石印本 四冊

330000－1753－0000137 I239.9/2－1 集部/小說類/長篇之屬

繪圖天雨花二十卷六十回 (清)陶貞懷撰 清光緒三十二年(1906)上海書局石印本 十七冊

330000－1753－0000140 I239.15/7 集部/曲類/彈詞之屬

新編盤龍鐲全傳二十四卷 清刻本 四冊

330000－1753－0000141 I239.15/5 集部/曲類/彈詞之屬

繡像碧玉環十二卷七十三回 (清)俞正峯撰 清道光二十三年(1843)吟餘閣刻本 十二冊

330000－1753－0000142 I239.15/3 集部/曲類/彈詞之屬

繡像十美圖四十卷四十回 (清)松筠氏撰 清咸豐八年(1858)刻本 六冊

330000－1753－0000145 I239.15/1－1 集部/曲類/彈詞之屬

新刻玉釧緣全傳三十二卷 (清)西湖居士撰 清道光二十二年(1842)學庫山房刻本 三十二冊

330000－1753－0000146 I242.1/33－1 子部/雜著類/雜說之屬

老學庵筆記二卷 (宋)陸游撰 清宣統三年(1911)掃葉山房石印本 二冊

330000－1753－0000149 I242.1/33－2 類叢部/叢書類/彙編之屬

崇文書局彙刻書三十一種 (清)崇文書局編 清光緒元年至三年(1875－1877)湖北崇文書局刻本 一冊 存一種

330000－1753－0000151 I242.1/120－1 子部/雜著類/雜說之屬

郁離子一卷空同子一卷海沂子五卷 (明)劉基 (明)李夢陽 (明)王文祿撰 清光緒元年(1875)湖北崇文書局刻本 一冊

330000－1753－0000152 I242.4/305－1 集部/小說類/長篇之屬

東周列國全志八卷一百八回 (清)蔡奡評點 清末錦章圖書局石印本 四冊

330000－1753－0000153 I242.3/44 集部/曲類/彈詞之屬

安邦志八卷定國志八卷 清宣統二年(1910)上海章福記書局石印本 八冊 存八卷(定國志一至八)

330000－1753－0000154 I242.3/93 集部/曲類/彈詞之屬

新編玉鴛鴦五集二十卷二十回 清同盛堂刻本 五冊

330000－1753－0000155 I264.4/730 子部/雜著類/雜說之屬

老學庵筆記二卷 (宋)陸游撰 清宣統三年(1911)掃葉山房石印本 一冊

330000－1753－0000157 I242.7/56 集部/小說類/短篇之屬

批點聊齋誌異十六卷 (清)蒲松齡撰 (清)王士禛評 (清)何守奇批點 清道光三年(1823)經國堂刻本 十六冊

330000－1753－0000158 I262/12－1 類叢部/叢書類/自著之屬

曾文正公全集十六種 (清)曾國藩撰 清同治至光緒傳忠書局刻本 二十冊 存一種

330000－1753－0000159 I264/36 子部/雜家類

古今注三卷 (晉)崔豹撰 **中華古今注三卷** (五代)馬縞撰 清影印本 一冊

330000－1753－0000160　I262.49/3－1　子部/雜著類/雜說之屬

香祖筆記十二卷　(清)王士禛撰　清宣統二年(1910)上海掃葉山房石印本　四冊

330000－1753－0000162　S279.255/1　史部/地理類/水利之屬

上虞縣五鄉水利本末二卷　(元)陳恬撰　清光緒九年(1883)枕湖樓刻本　二冊

330000－1753－0000165　K204.2/30－1　史部/紀傳類/正史之屬

史記一百三十卷　(漢)司馬遷撰　(明)鍾惺評　明天啓五年(1625)沈國元大來堂刻本　十六冊

330000－1753－0000166　K204.1/29　類叢部/叢書類/自著之屬

章氏遺書二種　(清)章學誠撰　清道光十二年至十三年(1832－1833)章華紱刻本　四冊　存一種

330000－1753－0000167　K206.5/4　史部/詔令奏議類/奏議之屬

唐陸宣公奏議讀本四卷首一卷　(唐)陸贄撰　(清)汪銘謙輯　(清)馬傳庚評點　清光緒二十六年(1900)會稽馬家鼎石印本　二冊

330000－1753－0000168　K206.5/6　史部/詔令奏議類/詔令之屬

雍正上諭不分卷(清雍正三年五月至十三年)　(清)世宗胤禛撰　(清)允祿等編　清雍正至乾隆刻本　二十三冊

330000－1753－0000171　K225.04/44　史部/雜史類/斷代之屬

國語韋解補正二十一卷　吳曾祺補正　朱元善校訂　清宣統三年(1911)上海商務印書館石印本　四冊

330000－1753－0000172　K225.04/38　經部/春秋左傳類/傳說之屬

評點春秋綱目左傳句解彙雋六卷　(清)韓菼重訂　清光緒二十九年(1903)上海石印書局石印本　六冊

330000－1753－0000173　K225.04/46　史部/雜史類/斷代之屬

吳越春秋六卷　(漢)趙曄撰　(宋)徐天祜音注　清刻本　一冊

330000－1753－0000175　K225.04/47　史部/雜史類/斷代之屬

吳越春秋六卷　(漢)趙曄撰　(宋)徐天祜音注　清刻本　一冊

330000－1753－0000176　K204.3/48　史部/編年類/通代之屬

御批歷代通鑑輯覽一百二十卷　(清)傅恒等撰　清光緒二十八年(1902)上海仁記書局石印本　二十四冊

330000－1753－0000177　K231.04/13　史部/雜史類/斷代之屬

戰國策補注三十三卷　吳曾祺撰　清宣統三年(1911)上海商務印書館鉛印本　四冊

330000－1753－0000181　K234/23　史部/紀傳類/正史之屬

四史　清光緒二十八年(1902)竢實齋石印本　八冊　存一種

330000－1753－0000182　K234.204/24　史部/紀傳類/正史之屬

四史　清光緒二十八年(1902)竢實齋石印本　五冊　存一種

330000－1753－0000183　K250.6/68－1　集部/總集類/選集之屬/斷代

皇朝經世文編一百二十卷姓名總目二卷　(清)賀長齡輯　清光緒十五年(1889)上海廣百宋齋鉛印本　二十四冊

330000－1753－0000184　K239.2/6－2　史部/紀傳類/正史之屬

二十四史　清同治至光緒五省官書局據汲古閣本等合刻光緒五年(1879)湖北書局彙印本　二十冊

330000－1753－0000185　K250.6/68－2　集部/總集類/選集之屬/斷代

皇朝經世文編一百二十卷姓名總目二卷

(清)賀長齡輯　清光緒十二年(1886)思補樓石印本　六十冊

330000－1753－0000186　K239.1/11　史部/紀傳類/正史之屬
二十四史附考證　清光緒二十八年(1902)竢實齋石印本　六冊　存一種

330000－1753－0000187　K239.2/10　史部/紀傳類/正史之屬
二十四史附考證　清光緒二十八年(1902)竢實齋石印本　二冊　存一種

330000－1753－0000188　K239.1/5　史部/紀傳類/正史之屬
二十四史附考證　清光緒二十八年(1902)竢實齋石印本　六冊　存一種

330000－1753－0000189　K239.2/5－1　史部/紀傳類/正史之屬
二十四史附考證　清光緒二十八年(1902)竢實齋石印本　二冊　存一種

330000－1753－0000190　K239.13/7－1　史部/紀傳類/正史之屬
二十四史附考證　清光緒二十八年(1902)竢實齋石印本　二冊　存一種

330000－1753－0000191　K243.1/13　史部/紀傳類/正史之屬
二十四史附考證　清光緒二十八年(1902)竢實齋石印本　六冊　存一種

330000－1753－0000193　K239.1/4－1　史部/紀傳類/正史之屬
二十四史附考證　清光緒二十八年(1902)竢實齋石印本　六冊　存一種

330000－1753－0000194　K246/3－1　史部/紀傳類/正史之屬
遼史一百十六卷　(元)脱脱等撰　清光緒二十八年(1902)竢實齋石印本　三冊

330000－1753－0000195　K295.33/3　史部/地理類/方志之屬/郡縣志
[元豐]吳郡圖經續記三卷　(宋)朱長文纂修　清同治十二年(1873)江蘇書局刻本　一冊

330000－1753－0000196　K246.4/4－1　史部/紀傳類/正史之屬
二十四史附考證　清光緒二十八年(1902)竢實齋石印本　五冊　存一種

330000－1753－0000197　K295.5/143－1　史部/地理類/雜志之屬
王梅溪先生會稽三賦四卷　(宋)王十朋撰　(明)南逢吉註　(清)周炳曾增註　清刻本　一冊

330000－1753－0000198　K295.5/146－1　類叢部/叢書類/彙編之屬
湖海樓叢書十二種　(清)陳春編　清嘉慶蕭山陳氏刻二十四年(1819)彙印本　一冊　存一種

330000－1753－0000199　K295.5/146　史部/地理類/雜志之屬
會稽三賦四卷　(宋)王十朋撰　(明)南逢吉注　(明)尹壇補注　清同治十二年(1873)會稽章氏刻本　二冊

330000－1753－0000201　K239.2/7－1　史部/紀傳類/正史之屬
二十四史附考證　清光緒二十八年(1902)竢實齋石印本　八冊　存一種

330000－1753－0000202　K250.6/68－1　集部/總集類/選集之屬/斷代
皇朝經世文新增續編一百二十卷　(清)葛士濬輯　**皇朝經世文新增時務續編四十卷洋務續編八卷**　(清)甘韓輯　清光緒二十三年(1897)上海掃葉山房鉛印本　二十四冊　存一百二十卷(新增續編一至一百二十)

330000－1753－0000204　K281.2/6　史部/地理類/雜志之屬
蒙古游牧記十六卷　(清)張穆撰　清同治六年(1867)壽陽祁氏刻本　四冊

330000－1753－0000206　K295.5/38　史部/地理類/方志之屬/郡縣志
[光緒]上虞縣志四十八卷首一卷末一卷

（清）唐煦春修　（清）朱士黻纂　清光緒十七年（1891）刻本　二十冊

330000－1753－0000208　K295.5/172　史部/地理類/山川之屬/水志
西湖志四十八卷　（清）李衛　（清）程元章修　（清）傅王露撰　清雍正十三年（1735）兩浙鹽驛道庫刻本　二十冊

330000－1753－0000217　K295.5/166　史部/地理類/方志之屬/郡縣志
［光緒］諸暨縣志六十一卷　陳遹聲修　（清）蔣鴻藻纂　清宣統二年（1910）刻本　十八冊

330000－1753－0000219　K295.5/177　史部/地理類/方志之屬/郡縣志
［咸豐］南潯鎮志四十卷首一卷　（清）汪曰楨纂　清咸豐九年至同治二年（1859－1863）刻本　十冊

330000－1753－0000220　K295.5/173　史部/地理類/方志之屬/郡縣志
［光緒］餘姚縣志二十七卷首一卷末一卷　（清）周炳麟修　（清）邵友濂　（清）孫德祖纂　清光緒二十五年（1899）刻本　十六冊

330000－1753－0000225　K297/4　史部/雜史類/通代之屬
華陽國志十二卷　（晉）常璩撰　**補三州郡縣目錄一卷**　（清）廖寅撰　清嘉慶十九年（1814）廖氏題襟館刻本　四冊

330000－1753－0000228　K295.5/181　史部/地理類/方志之屬/郡縣志
［光緒］定海廳志三十卷首一卷　（清）史致馴修　（清）陳僑　（清）黃以周纂　清光緒十年至十一年（1884－1885）黃樹藩刻本　十一冊

330000－1753－0000235　K820.49/1－1　史部/傳記類/總傳之屬/斷代
國朝先正事略六十卷首一卷　（清）李元度撰　清光緒十二年（1886）鉛印本　十冊

330000－1753－0000236　K828/21　子部/儒家類/儒學之屬/俗訓
蕺山先生人譜一卷人譜類記二卷　（明）劉宗周撰　清光緒三十年（1904）鐵嶺銀岡學堂刻本　二冊

330000－1753－0000238　K828/22　史部/地理類/專志之屬/祠墓
曹江孝女廟誌八卷首一卷末一卷補遺一卷　（清）金廷棟輯　（清）唐煦春增輯　清光緒八年（1882）五社公所刻本　四冊

330000－1753－0000240　K877.2/5－1　史部/金石類/總志之屬
金石萃編一百六十卷　（清）王昶撰　清嘉慶十年（1805）青浦王氏經訓堂刻本　六十四冊

330000－1753－0000241　K892.9/21　經部/禮記類/傳說之屬
黃氏讀禮記日抄十六卷　（宋）黃震撰　清光緒三十四年（1908）問經精舍刻本　八冊

330000－1753－0000242　K892/109　子部/叢編
子書百家（崇文書局彙刻百子、彙刻百子、百子全書）　（清）崇文書局編　清光緒元年（1875）湖北崇文書局刻本　二冊　存一種

330000－1753－0000243　K928/16　史部/地理類/總志之屬/通代
天下郡國利病書一百二十卷　（清）顧炎武撰　清光緒慎記書莊石印本　二十四冊

330000－1753－0000244　K877.2/18－1　史部/金石類/郡邑之屬/文字
兩浙金石志十八卷補遺一卷　（清）阮元撰　清光緒十六年（1890）浙江書局刻本　十二冊

330000－1753－0000246　K892.9/32　經部/儀禮類/圖說之屬
儀禮圖六卷　（清）張惠言撰　清同治九年（1870）崇文書局刻本　三冊

330000－1753－0000248　K90－09/7　史部/地理類/總志之屬/通代
讀史方輿紀要一百三十卷輿圖要覽四卷　（清）顧祖禹撰　清光緒二十五年（1899）慎記書莊石印本　三十二冊

330000－1753－0000249　R289.5/111　子部/醫家類/方書之屬/單方驗方

四科簡效方四卷　(清)王士雄撰　清光緒十一年(1885)越州徐氏刻本　一册　存一卷(一)

330000－1753－0000250　K928/15　史部/地理類/總志之屬/斷代

方輿紀要簡覽三十四卷　(清)顧祖禹撰　(清)潘鐸輯　清咸豐八年(1858)紅杏書屋刻本　十册

330000－1753－0000251　K928/13　史部/地理類/雜志之屬

浙江全省輿圖並水陸道里記不分卷　(清)宗源瀚等纂　清光緒二十年(1894)石印本　二十册

330000－1753－0000252　K928.4/16　史部/地理類/水利之屬

水道提綱二十八卷天度刊誤一卷　(清)齊召南撰　清光緒二十四年(1898)新化三味書室刻本　六册

330000－1753－0000254　Z425.2/6　集部/別集類

飲冰室全集四十八卷　梁啓超撰　清宣統元年(1909)普新瑞記書局石印本　二十册

330000－1753－0000255　Z424.9/6　類叢部/叢書類/自著之屬

張楊園先生集十五種　(清)張履祥撰　清同治九年(1870)山東尚志堂刻本　六册　存十三種

330000－1753－0000258　Z121.6/7　類叢部/叢書類/彙編之屬

峭帆樓叢書(峭帆樓叢)十八種　趙詒琛編　清宣統三年至民國八年(1911－1919)新陽趙氏峭帆樓刻本　十二册　存七種

330000－1753－0000259　Z429.52/2　類叢部/叢書類/彙編之屬

融經館叢書十一種　(清)徐友蘭編　清光緒六年至十一年(1880－1885)會稽徐氏八杉齋刻本　四册　存一種

330000－1753－0000260　Z429.49/19　子部/雜著類/雜考之屬

癸巳存稿十五卷　(清)俞正燮撰　清光緒刻本　八册

330000－1753－0000262　Z812.49/2　史部/目録類/總録之屬/官修

欽定四庫全書總目二百卷首一卷　(清)紀昀等撰　清刻本　一百二十册

330000－1753－0000263　Z832/3　史部/目録類/總録之屬/地方

楚寶目錄不分卷　(清)劉人熙編　清光緒十四年(1888)刻本　一册

330000－1753－0000264　Z833/16　史部/目録類/總録之屬/官修

欽定四庫全書總目二百卷首四卷　(清)紀昀等撰　清宣統二年(1910)存古齋石印本　三十二册

330000－1753－0000265　S092/10　子部/農家農學類/園藝之屬/總志

佩文齋廣羣芳譜一百卷目錄二卷　(清)汪灝等撰　清同治七年(1868)姑蘇亦西齋刻本　四十八册

330000－1753－0000266　K820.952/114　史部/傳記類/總傳之屬/家乘

[浙江紹興]中南王氏四修宗譜十二卷首一卷　(清)王承煊等纂修　清光緒二十年(1894)三槐堂木活字印本　十六册

330000－1753－0000267　K820.9/282　史部/傳記類/總傳之屬/家乘

[浙江上虞、平湖]虞平葉氏合譜二卷　(清)葉存養纂修　清宣統三年(1911)樹德堂鉛印本　二册

330000－1753－0000268　K820.952/132　史部/傳記類/總傳之屬/家乘

[浙江黃巖]南隅花廳王氏宗譜十卷首一卷　(清)王笠舟修　(清)王鶯橋纂　清光緒十六年(1890)敦睦堂木活字印本　十册

330000－1753－0000273　P19/3　子部/天文曆算類/曆法之屬

新鐫曆法便覽象吉備要通書大全二十九卷（清）魏鑑撰　清康熙刻本　十二册

330000－1753－0000275　K820.952/429　史部/傳記類/總傳之屬/家乘

[江蘇江陰]劉氏宗譜二十卷首一卷末一卷（清）劉宣鐸等纂修　清光緒三十四年(1908)樹德堂木活字印本　十二册　存十一卷(一至十一)

330000－1753－0000277　K820.949/412　史部/傳記類/總傳之屬/家乘

[浙江紹興]山陰李氏家譜八卷首一卷　(清)李世法等纂修　清光緒元年(1875)永思堂木活字印本　四册

330000－1753－0000279　K820.952/783　史部/傳記類/總傳之屬/家乘

桃源吳氏重修家譜二卷　(清)陳竹溪修　清光緒二十九年(1903)刻本　一册

330000－1753－0000280　K820.952/787　史部/傳記類/總傳之屬/家乘

[浙江紹興]越城江橋陳氏家譜不分卷　(清)陳錫朋纂修　清光緒九年(1883)德星堂木活字印本　四册

330000－1753－0000285　K820.952/790　史部/傳記類/總傳之屬/家乘

[浙江紹興]山陰湖塘陳氏宗譜五卷　(清)陳蓉江等編纂　清同治十三年(1874)心一堂木活字印本　五册

330000－1753－0000293　K820.952/738　史部/傳記類/總傳之屬/家乘

[浙江紹興]會稽陳氏宗譜六卷首一卷　(清)陳家鑑纂修　清宣統三年(1911)德星堂木活字印本　二册

330000－1753－0000295　K820.952/235　史部/傳記類/總傳之屬/家乘

[浙江紹興]山陰安昌徐氏宗譜六卷　(清)徐澍咸等纂修　清光緒十年(1884)持敬堂木活字印本　六册

330000－1753－0000298　K820.952/774　史部/傳記類/總傳之屬/家乘

[浙江上虞]上虞西華顧氏九修宗譜三十二卷（清）顧乃眷纂修　清宣統三年(1911)上虞西華顧氏格思堂木活字印本　三十二册

330000－1753－0000299　K850.952/737　史部/傳記類/總傳之屬/家乘

[安徽績溪]梁安城西周氏宗譜二十卷首一卷（清）周之屏等纂修　清光緒三十一年(1905)敬愛堂木活字印本　二十一册

330000－1753－0000300　K820.949/441　史部/傳記類/總傳之屬/家乘

[浙江諸暨]齊候黃氏宗譜三卷　(清)黃義瑞纂修　清乾隆五桂堂木活字印本　一册

330000－1753－0000301　K820.952/641　史部/傳記類/總傳之屬/家乘

[浙江上虞]上虞桂林夏氏宗譜十卷　(清)夏憲曾主修　(清)夏僖編纂　清光緒三十三年(1907)明德堂木活字印本　十二册

330000－1753－0000302　K820.9　史部/傳記類/總傳之屬/家乘

[浙江上虞]上虞夏家埠夏氏宗譜十卷　(清)夏琳　(清)夏毓垠等纂　清明德堂木活字印本　九册

330000－1753－0000303　K820.952/304　史部/傳記類/總傳之屬/家乘

[浙江景寧]洪氏家譜三卷　(清)洪乃傳纂修　清光緒二十三年(1897)木活字印本　四册

330000－1753－0000311　K820.952/433　史部/傳記類/總傳之屬/家乘

[浙江紹興]山陰裘氏宗譜十八卷　(清)裘宗漢纂修　清宣統元年(1909)思雲堂刻本　四册

330000－1753－0000313　K820.952/821　史部/傳記類/總傳之屬/家乘

[浙江上虞]續輯上虞通明錢氏衍慶譜八卷首一卷　(清)錢良猷等纂　(清)錢岷元等重訂

清宣統元年(1909)木活字印本　六冊

330000-1753-0000314　K820.952/118　史部/傳記類/總傳之屬/家乘

[浙江上虞]上虞崧鎮嚴氏家乘八卷　(清)嚴丙善主修　(清)嚴賡颺等纂修　清宣統元年(1909)綏成堂木活字印本　八冊

330000-1753-0000315　K820.9/281　史部/傳記類/總傳之屬/家乘

[江蘇無錫]梁溪下圻丁氏宗譜二十五卷　(清)丁永法纂修　清光緒二十七年(1901)敦倫堂木活字印本　二十五冊

330000-1753-0000316　K820.9/283　史部/傳記類/總傳之屬/家乘

[浙江上虞]古虞王氏宗譜十二卷　(清)王學純纂修　清光緒八年(1882)三槐堂木活字印本　十二冊

330000-1753-0000323　I214.92/35(72)　集部/別集類/清別集

鮚埼亭集三十八卷首一卷全謝山先生經史問答十卷　(清)全祖望撰　清嘉慶遞刻同治十一年(1872)印本　十二冊

330000-1753-0000324　K295.5/158　史部/地理類/方志之屬/郡縣志

[光緒]上虞縣志校續五十卷首一卷末一卷　(清)儲家藻修　(清)徐致靖纂　清光緒二十四年至二十五年(1898-1899)刻本　二十冊

330000-1753-0000325　K239.2/6-1　史部/紀傳類/正史之屬

魏書一百十四卷　(北齊)魏收撰　清末石印本　七冊　存一百二卷(十三至一百十四)

330000-1753-0000326　K247/6-1　史部/紀傳類/正史之屬

元史二百十卷　(明)宋濂等修　清末石印本　十冊　存一百五十一卷(四十八至八十、九十三至二百十)

330000-1753-0000327　K237.04/2-1　史部/紀傳類/正史之屬

二十四史附考證　清末石印本　七冊　存一種

330000-1753-0000331　Z838/27　史部/目録類/總録之屬/私撰

書目答問五卷別錄一卷國朝著述諸家姓名略一卷輶軒語一卷　(清)張之洞撰　清光緒刻本　二冊

紹興市第一中學古籍普查登記目録

全國古籍普查登記目録·浙江紹興

國家圖書館出版社
National Library of China Publishing House

《紹興市第一中學古籍普查登記目録》

編委會

主　編：朱　雯

副主編：張　蕾　費　艷

編　委：陳銀偉　盧燎亞　陳柏良　俞建種　蔣　明

朱水軍　謝　澮　張　叠

《紹興市第一中學古籍普查登記目録》

前　言

紹興市第一中學始建於清光緒二十三年(1897),前身爲維新人士徐樹蘭捐銀籌款創辦的"紹郡中西學堂"。光緒二十五年(1899)初,時任校長的蔡元培先生在校董徐樹蘭的支持下,創建了學堂圖書館,取名"養新書藏",綿延發展至今已近120年的歷史。現有藏書來源主要有建館初期學堂出資購置,學堂自刻書籍,社會(官、私)捐贈,各時期學校合并、重組校産之移交等。

2006年至2007年,我校圖書館對古籍進行全面整理,完成古籍目録的編著。2014年5月至2016年4月,我校配合"中華古籍保護計劃",全面實施古籍普查項目。在學校領導的關心支持和普查工作人員的共同努力下,圓滿完成我館古籍普查任務,共完成著録傳統古籍251部5548册(收入本目録),民國時期傳統裝幀書籍115部892册。對學校來説,尤爲珍貴的是,古籍中留存了學校創建以來各個時期的藏書章、捐贈章,共計32種之多,如清末的"紹郡中西學堂圖記""養新書藏圖籍""紹興府學堂之圖記""紹興府中學堂藏書",民國初期的"浙江省第五中學校中學部圖書館""浙江省立第五中學圖書館""浙江省立紹興初級中學藏書""浙江省立紹興中學圖書館",抗日流亡時期的"省立紹中崇仁分部圖書室",以及"古越藏書樓圖記""會稽徐樹蘭捐""會稽徐氏鑄學齋藏書印"等等。

2017年7月,我校遷至鏡湖新區。新建圖書館重以"養新書藏"命名,按《圖書館古籍特藏書庫基本要求》(WH/T 24－2006)設計了古籍書庫,配置安防、消防、温濕度調控等專業設備,加强古籍保護。

由於經驗不足,本目録難免有錯漏之處,懇請方家指正。

紹興市第一中學
2017年11月

330000－1755－0000001　0001　類叢部/叢書類/彙編之屬

粵雅堂叢書一百八十四種　（清）伍崇曜編　清道光二十九年至光緒十一年（1849－1885）南海伍氏刻彙印本　三百三十二冊　存一百五十三種

330000－1755－0000013　0029　經部/書類/傳說之屬

書經增訂旁訓四卷　（清）徐立綱旁訓　（清）□□增訂　清匠門書屋刻紹興墨潤堂印本　二冊

330000－1755－0000014　0005　史部/地理類/方志之屬/郡縣志

［康熙］紹興府志六十卷　（清）俞卿修　（清）周徐彩纂　清康熙五十八年（1719）刻本　二十冊

330000－1755－0000015　0030　子部/天文曆算類/算書之屬

元代合參三卷附元代釋號一卷　（清）胡豫　（清）沈光烈撰　清光緒二十七年（1901）紹興墨潤堂石印本　一冊

330000－1755－0000016　0027　子部/天文曆算類/算書之屬

八線詳草八卷　（清）劉鵬振撰　清光緒三十二年（1906）紹興墨潤堂石印本　四冊

330000－1755－0000022　0034　經部/春秋左傳類/傳說之屬

春秋左傳二十卷　（晉）杜預　（宋）林堯叟註釋　（唐）陸德明音義　（明）鍾惺　（明）孫鑛　（明）韓范評點　清末刻本　十一冊　缺二卷（一至二）

330000－1755－0000023　0035　經部/春秋左傳類/傳說之屬

評點春秋綱目左傳句解彙雋六卷　（清）韓菼重訂　清宣統元年（1909）石印本　六冊

330000－1755－0000025　0028　經部/四書類/總義之屬/傳說

四書集注十九卷　（宋）朱熹撰　清墨潤堂刻本　二冊　存十卷（論語一至十）

330000－1755－0000028　0036　史部/政書類/通制之屬

文獻通考詳節二十四卷　（元）馬端臨撰　（清）嚴虞惇輯　清光緒二十四年（1898）紹興墨潤堂書莊石印本　二冊　存八卷（七至十一、十四至十六）

330000－1755－0000029　0039　史部/政書類/邦交之屬

使俄草八卷　（清）王之春撰　清光緒石印本　四冊　存六卷（二至七）

330000－1755－0000030　0038　新學/格致總

強學彙編十九卷　（清）馬冠群輯　清末蘇州文瑞樓石印本　一冊　存二卷（九至十）

330000－1755－0000031　0040　子部/天文曆算類/天文之屬

御製曆象考成上編十六卷下編十卷　（清）允祿撰　**後編十卷**　（清）顧琮等輯　清光緒二十四年（1898）富強齋影印本　二十二冊　缺四卷（一至二、下編一至二）

330000－1755－0000032　0042　新學/雜著/叢編

西學啓蒙十六種　（英國）赫德編　（英國）艾約瑟譯　清光緒二十二年（1896）上海著易堂書局鉛印本　八冊　存八種

330000－1755－0000036　0047　史部/紀事本末類

歷朝紀事本末九種　（清）陳如升　（清）朱記榮輯　（清）捷記主人增輯　清光緒二十八年（1902）上海捷記書局石印本　三十六冊　存五種

330000－1755－0000037　0037　史部/政書類/通制之屬

文獻通考詳節二十四卷　（元）馬端臨撰　（清）嚴虞惇輯　清光緒二十四年（1898）紹興墨潤堂書莊石印本　一冊　存五卷（七至十一）

330000－1755－0000038　0043　子部/天文曆算類/算書之屬

行素軒算稿九種　(清)華蘅芳撰　清光緒八年(1882)梁谿華氏刻本　六冊　存五種

330000－1755－0000043　0041　經部/小學類/文字之屬/說文

說文解字注十五卷附六書音韻表五卷　(清)段玉裁撰　**說文部目分韻一卷**　(清)陳煥編　清乾隆至嘉慶段氏經韻樓刻同治六年至十一年(1867－1872)蘇州保息局補刻本　十五冊　缺一卷(十五)

330000－1755－0000045　0049　類叢部/叢書類/彙編之屬

微波榭叢書十一種　(清)孔繼涵編　清孔氏刻彙印本　二十二冊　存三種

330000－1755－0000046　0053　子部/叢編

子書二十三種　(清)浙江書局編　清光緒二十三年(1897)上海圖書集成局鉛印本　三十七冊　存二十一種

330000－1755－0000049　0050　新學/格致總

格致須知二十八種　(英國)傅蘭雅編　清光緒八年至二十四年(1882－1898)刻本　十三冊　存十三種

330000－1755－0000050　0054　子部/宗教類/佛教之屬/諸宗

修習止觀坐禪法要二卷六妙法門一卷　(隋)釋智顗撰　清光緒十八年(1892)、二十九年(1903)金陵刻經處刻本　一冊

330000－1755－0000053　0051　史部/詔令奏議類/奏議之屬

荊川先生右編四十卷　(明)唐順之輯　(明)劉曰寧補　明萬曆三十三年(1605)南京國子監刻本　二十三冊　缺六卷(一、三、五、二十八、三十一、三十八)

330000－1755－0000054　0060　子部/天文曆算類

兼濟堂纂刻梅勿庵先生曆算全書二十八種　(清)梅文鼎撰　(清)魏荔彤輯　(清)楊作枚訂補　清雍正元年(1723)栢鄉魏荔彤刻乾隆十四年(1749)梅汝培、咸豐九年(1859)梅體萱遞修本　三十二冊

330000－1755－0000055　0062　經部/小學類/音韻之屬/韻書

詩韻集成十卷附詞林典腋一卷　(清)余照輯　清光緒八年(1882)文玉山房刻本　二冊

330000－1755－0000056　0063　新學/議論/論政

文學興國策二卷　(美國)林樂知譯　清光緒二十二年(1896)圖書集成局鉛印本　二冊

330000－1755－0000057　0064　新學/學校

萬國地理課本一卷　(日本)辻武雄撰　清光緒三十年(1904)泰東同文局鉛印本　一冊

330000－1755－0000058　0057　類叢部/叢書類/自著之屬

經韻樓叢書十一種　(清)段玉裁撰　清乾隆至道光金壇段氏刻本　八冊　存二種

330000－1755－0000059　0058　子部/雜著類/雜考之屬

日知錄集釋三十二卷刊誤二卷續刊誤二卷　(清)黃汝成撰　清同治十一年(1872)湖北崇文書局刻本　十六冊

330000－1755－0000060　0059　經部/周禮類/傳說之屬

周官精義十二卷　(清)連斗山輯　清嘉慶十年(1805)刻本　五冊　存十一卷(一至十一)

330000－1755－0000061　0065　子部/天文曆算類/算書之屬

中西算學集要八卷引蒙二卷重學一卷　(清)李炳章編　清光緒二十二年(1896)上海鴻文書局石印本　一冊　存二卷(引蒙一至二)

330000－1755－0000063　0067　子部/天文曆算類/曆法之屬

三統曆算式三卷　(清)方楷撰　清光緒十四年(1888)刻本　一冊

330000－1755－0000064　0068　子部/天文曆算類/算書之屬

康齋游藝四卷　（清）陳其晉撰　清光緒刻本　四冊

330000－1755－0000066　0070　史部/雜史類

十六國春秋一百卷　（北魏）崔鴻撰　清會稽徐氏述史樓刻本　十六冊

330000－1755－0000067　0071　經部/周禮類/傳說之屬

周禮節訓六卷　（清）黄叔琳輯　（清）姚培謙重訂　清光緒十九年（1893）上海熙記書莊刻本　二冊

330000－1755－0000068　0072　子部/天文曆算類/算書之屬

御製數理精蘊上編五卷下編四十卷表八卷　（清）聖祖玄燁撰　清宣統三年（1911）上海文瑞樓石印本　二十四冊

330000－1755－0000069　0073　子部/天文曆算類/算書之屬

御製數理精蘊上編五卷下編四十卷表八卷　（清）聖祖玄燁撰　清刻本　十九冊　缺四卷（一至四）

330000－1755－0000070　0074　類叢部/叢書類/彙編之屬

咫進齋叢書三十五種　（清）姚覲元編　清光緒九年（1883）歸安姚氏刻本　二十四冊

330000－1755－0000071　0075　類叢部/叢書類/郡邑之屬

檇李遺書二十六種　（清）孫福清編　清光緒四年（1878）秀水孫氏望雲仙館刻本　十冊　存十一種

330000－1755－0000072　0076　類叢部/類書類/通類之屬

唐類函二百卷目錄二卷　（明）俞安期輯　明萬曆三十一年（1603）東吴俞安期刻本　四十冊

330000－1755－0000073　0078　新學/格致總

形性學要十卷　（比利時）赫師慎輯　（清）李杕譯　清光緒二十五年（1899）徐匯匯報館鉛印本　四冊

330000－1755－0000074　0077　類叢部/類書類/通類之屬

玉海二百四卷附刻十三種　（宋）王應麟撰　**校補玉海瑣記二卷王深寧先生［應麟］年譜一卷**　（清）張大昌撰　清光緒十年（1884）成都志古堂刻本　二百二十冊　缺三卷（玉海瑣記一至二、年譜）

330000－1755－0000075　0170　新學/工藝/汽機總

兵船汽機六卷附一卷　（英國）息尼德撰　（英國）傅蘭雅口譯　（清）華備鈺筆述　清光緒十一年（1885）江南機器製造總局刻本　八冊

330000－1755－0000076　0169　新學/政治法律/律例

英國水師律例四卷　（英國）德麟　（英國）極福德撰　舒高第　（清）鄭昌棪譯　清光緒三年（1877）江南製造總局鉛印本　二冊

330000－1755－0000078　0082　史部/地理類/外紀之屬

海國圖志一百卷　（清）魏源撰　清光緒十三年（1887）巴蜀善成堂刻本　二十四冊

330000－1755－0000079　0083　新學/史志/諸國史

萬國史記二十卷　（日本）岡本監輔撰　清光緒二十三年（1897）上海六先書局鉛印本　八冊

330000－1755－0000081　0086　新學/議論/通論

俄國政俗通考三卷　（美國）林樂知　（清）任廷旭譯　清光緒二十六年（1900）上海廣學會鉛印本　二冊

330000－1755－0000082　0087　史部/地理類/外紀之屬

英法俄德四國志略不分卷　沈敦和輯譯　清光緒二十二年(1896)上海圖書集成印書局鉛印本　一冊

330000－1755－0000083　0088　史部/地理類/山川之屬/水志
歷代黃河變遷圖考四卷　(清)劉鶚撰　清光緒十九年(1893)袖海山房石印本　四冊

330000－1755－0000085　0093　史部/紀傳類/正史之屬
五代史七十四卷　(宋)歐陽修撰　(宋)徐無黨注　清同治十一年(1872)湖北崇文書局刻本　八冊

330000－1755－0000086　0084　史部/地理類/遊記之屬/紀行
出使英法義比四國日記六卷(清光緒十六年正月十一日至十七年二月三十日)　(清)薛福成撰　清光緒二十三年(1897)上海圖書集成局鉛印本　三冊

330000－1755－0000087　0095　史部/詔令奏議類/奏議之屬
林文忠公政書三集三十七卷蒐遺一卷　(清)林則徐撰　清末刻本　六冊　存二十三卷(使粵奏稿一至八、兩廣奏稿一至四、陝甘奏稿一、雲貴奏稿一至十)

330000－1755－0000091　0094　史部/紀傳類/正史之屬
五代史記七十四卷　(宋)歐陽修撰　(宋)徐無黨注　(清)彭元瑞增注　(清)劉鳳誥排次　清嘉慶二十年(1815)萍鄉劉氏雲甡書屋刻道光八年(1828)重修本　三十九冊

330000－1755－0000092　0105　新學/雜著/叢編
西學啓蒙十六種　(英國)赫德編　(英國)艾約瑟譯　清光緒二十四年(1898)石印本　一冊　存一種

330000－1755－0000094　0090　類叢部/叢書類/自著之屬
春在堂全書三十四種　(清)俞樾撰　清光緒二十三年(1897)石印本　三十二冊

330000－1755－0000095　0106　新學/史志/別國史
羅馬志畧十三卷　(英國)艾約瑟譯　清光緒二十四年(1898)石印本　一冊

330000－1755－0000096　0091　類叢部/叢書類/自著之屬
春在堂全書三十四種　(清)俞樾撰　清光緒二十三年(1897)石印本　六冊　存十五種

330000－1755－0000097　0092　史部/傳記類/總傳之屬/儒林
明儒學案六十二卷師說一卷附案一卷　(清)黃宗羲撰　清康熙三十年(1691)萬言、三十二年(1693)賈樸、雍正十三年至乾隆四年(1735－1739)慈溪鄭性二老閣刻本　二十三冊　缺四卷(五十九至六十一、附案)

330000－1755－0000098　0107　類叢部/叢書類/郡邑之屬
永嘉叢書十三種　(清)孫衣言編　清同治至光緒瑞安孫氏詒善祠塾刻本　十三冊　存二種

330000－1755－0000104　0113　史部/政書類/軍政之屬/邊政
朔方備乘六十八卷首十二卷　(清)何秋濤撰　清光緒石印本　八冊

330000－1755－0000106　0099　史部/詔令奏議類/奏議之屬
沈文肅公政書七卷首一卷　(清)沈葆楨撰　清光緒六年(1880)吳門節署刻本　十二冊

330000－1755－0000107　0114　史部/傳記類/總傳之屬/儒林
學案小識十四卷首一卷末一卷　(清)唐鑑撰　清光緒十年(1884)刻本　十二冊

330000－1755－0000108　0121　經部/三禮總義類/通禮雜禮之屬
五禮通考二百六十二卷首四卷總目二卷　(清)秦蕙田撰　清乾隆二十六年(1761)金匱

秦蕙田味經窩刻本　八十三册　缺二十卷(一百八十一至二百)

330000－1755－0000109　0115　集部/别集類/清别集
吴詩集覽二十卷補注二十卷吴詩談藪二卷拾遺一卷　(清)吴偉業撰　(清)靳榮藩注並輯　清乾隆刻本　十五册　缺十四卷(補注七至二十)

330000－1755－0000110　0116　類叢部/叢書類/自著之屬
顧亭林先生遺書十種　(清)顧炎武撰　清蓬瀛閣刻本　八册

330000－1755－0000111　0117　集部/總集類/選集之屬/通代
御選唐宋詩醇四十七卷目録二卷　(清)高宗弘曆選輯　清光緒七年(1881)譚鍾麟刻本　二十册

330000－1755－0000112　0122　經部/三禮總義類/通禮雜禮之屬
讀禮通考一百二十卷　(清)徐乾學撰　清康熙三十五年(1696)徐乾學刻秦蕙田味經窩印本　二十九册　缺六卷(一百二至一百七)

330000－1755－0000113　0118　新學/政治法律/制度
教育叢書初集十一種二集十五種三集十一種　(清)教育世界社編譯　清光緒教育世界出版所刻本暨石印本　三册　存三種

330000－1755－0000114　0123　子部/雜著類/雜考之屬
困學紀聞注二十卷　(清)翁元圻撰　清道光五年(1825)餘姚翁氏守福堂刻本　十二册

330000－1755－0000115　0120　史部/傳記類/總傳之屬/仕宦
歷代名臣言行録二十四卷　(清)朱桓輯　清光緒元年(1875)刻本　三十二册

330000－1755－0000117　0131　類叢部/叢書類/輯佚之屬
漢魏遺書鈔一百四種　(清)王謨輯　清嘉慶三年(1798)金谿王氏刻本　十五册　存一百二種

330000－1755－0000118　0124　類叢部/叢書類/彙編之屬
玉函山房輯佚書六百二十二種附一種　(清)馬國翰輯　清光緒九年(1883)長沙嫏嬛館刻本　一百册

330000－1755－0000120　0133　集部/總集類/選集之屬/通代
古文分編集評初集五卷二集五卷三集八卷四集四卷　(清)于光華輯　清光緒三年(1877)和安堂刻本　十七册

330000－1755－0000121　0135　子部/天文曆算類/算書之屬
白芙堂算學叢書　(清)丁取忠輯　清同治至光緒長沙古荷花池精舍刻本　三十二册　存四十九種

330000－1755－0000122　0134　子部/天文曆算類/算書之屬
白芙堂算學叢書　(清)丁取忠輯　清光緒二十二年(1896)石印本　三册　存四十三種

330000－1755－0000123　0125　類叢部/叢書類/自著之屬
郝氏遺書三十三種　(清)郝懿行撰　清嘉慶至光緒刻彙印本　七十三册　存三十一種

330000－1755－0000124　0136　子部/叢編
子書百家(崇文書局彙刻百子、彙刻百子、百子全書)　(清)崇文書局編　清光緒元年(1875)湖北崇文書局刻本　一百五册　存九十九種

330000－1755－0000125　0126　史部/地理類/遊記之屬/紀行
出使英法義比四國日記六卷(清光緒十六年正月十一日至十七年二月三十日)　(清)薛福成撰　清光緒二十年(1894)孫谿校經堂刻本　四册　缺二卷(四至五)

330000－1755－0000126　0127　史部/地理類/遊記之屬/紀行

出使日記續刻十卷 (清)薛福成撰 清光緒二十四年(1898)傳經樓刻本 十册

330000－1755－0000127 0128 史部/政書類/公牘檔册之屬
出使公牘十卷 (清)薛福成撰 清光緒傳經樓刻本 一册 存一卷(九)

330000－1755－0000128 0129 類叢部/叢書類/自著之屬
庸庵全集七種 (清)薛福成撰 清光緒十年至二十四年(1884－1898)無錫薛氏刻本 四册 存一種

330000－1755－0000129 0162 新學/史志/别國史
俄史輯譯四卷 (英國)闞斐迪譯 (清)徐景羅重譯 清光緒十四年(1888)益智書會刻本 四册

330000－1755－0000130 0163 新學/史志/别國史
節本泰西新史攬要八卷 (英國)李提摩太譯 周慶雲節錄 清光緒二十七年(1901)周慶雲夢坡室刻本 二册

330000－1755－0000131 0130 類叢部/叢書類/自著之屬
庸庵全集七種 (清)薛福成撰 清光緒二十三年(1897)上海醉六堂石印本 二册 存一種

330000－1755－0000132 0141 史部/地理類/遊記之屬/紀行
出使美日祕國日記十六卷(清光緒十五年九月初一至十九年八月初二) (清)崔國因撰 清光緒二十年(1894)鉛印本 十二册

330000－1755－0000133 0142 類叢部/叢書類/郡邑之屬
金華叢書(退補齋金華叢書)七十種 (清)胡鳳丹編 清同治七年至光緒八年(1868－1882)永康胡氏退補齋刻本 六册 存一種

330000－1755－0000134 0143 類叢部/叢書類/自著之屬
章氏遺書二種 (清)章學誠撰 清光緒三年(1877)貴陽章氏刻十九年(1893)補刻本 五册

330000－1755－0000135 0144 類叢部/叢書類/自著之屬
章氏遺書二種 (清)章學誠撰 清光緒三年(1877)貴陽章氏刻十九年(1893)補刻本 四册

330000－1755－0000136 0137 子部/儒家類/儒學之屬/蒙學
小學集解六卷孝經一卷 (清)張伯行輯注 清道光二十七年(1847)求是軒刻本 六册

330000－1755－0000137 0138 集部/别集類/清别集
傳樸堂詩稿四卷補遺一卷竹樊山莊詞一卷 (清)葛金烺撰 **附錄一卷** (清)譚獻 (清)許景澄 沈曾植撰 **弢華館詩稿一卷** (清)葛嗣濚撰 清光緒二十一年(1895)刻三十三年(1907)補刻民國增修本 二册

330000－1755－0000142 0153 經部/小學類/文字之屬/字書/訓蒙
文字蒙求四卷 (清)王筠撰 清光緒十三年(1887)梁谿浦氏刻本 一册

330000－1755－0000143 0145 集部/總集類/選集之屬/通代
全上古三代秦漢三國六朝文七百四十一卷 (清)嚴可均輯 清光緒十三年至十九年(1887－1893)廣雅書局刻本 十四册 存一百二十八卷(全上古三代文一至十六、全秦文一、全漢文一至三十、全晉文八十七至一百六十七)

330000－1755－0000144 0146 新學/算學/形學
形學備旨全草十卷首一卷 (美國)狄考文選譯 (清)壽孝天衍補 清光緒三十一年(1905)上海會文學社石印本 六册

330000－1755－0000145 0147 新學/算學/形學

形學備旨全草十卷首一卷 （美國）狄考文選譯 （清）壽孝天衍補 清光緒三十一年(1905)上海會文學社石印本 六册

330000－1755－0000146 0148 集部/小說類/長篇之屬
東周列國全志二十三卷一百八回 （清）蔡奡評點 清光緒十二年(1886)上海江左書林刻本 十六册 存十五卷(一至十五)

330000－1755－0000147 0149 史部/編年類/通代之屬
資治通鑑綱目五十九卷 （宋）朱熹撰 （明）陳仁錫評 **續編一卷** （明）陳桱撰 **前編二十五卷** （明）南軒撰 （明）陳仁錫評 **續資治通鑑綱目二十七卷** （明）商輅等撰 （明）陳仁錫評 清刻本 七十六册 缺三卷(十四至十六)

330000－1755－0000148 0150 史部/編年類/通代之屬
續資治通鑑二百二十卷 （清）畢沅撰 清乾隆鎮洋畢氏刻嘉慶六年(1801)桐鄉馮氏德裕堂續刻同治六年(1867)永康應氏補刻本 六十册

330000－1755－0000149 0161 新學/史志/别國史
大美國史略八卷附一卷 （美國）蔚利高撰並譯 黃乃裳屬文 清光緒二十五年(1899)福州美華書局鉛印本 二册

330000－1755－0000150 0164 新學/史志/别國史
節本泰西新史攬要八卷 （英國）李提摩太譯 周慶雲節錄 清光緒二十七年(1901)周慶雲夢坡室刻本 二册

330000－1755－0000151 0165 新學/史志/諸國史
歐羅巴通史不分卷 （日本）箕作元八 （日本）峰岸米造撰 （清）胡景伊 （清）徐有成 （清）唐人傑譯 清光緒二十六年(1900)東亞譯書會鉛印本 四册

330000－1755－0000152 0166 新學/史志/諸國史
歐羅巴通史不分卷 （日本）箕作元八 （日本）峰岸米造撰 （清）胡景伊 （清）徐有成 （清）唐人傑譯 清光緒二十六年(1900)東亞譯書會鉛印本 四册

330000－1755－0000153 0154 史部/編年類/通代之屬
資治通鑑綱目五十九卷 （宋）朱熹撰 （明）陳仁錫評 **續編一卷** （明）陳桱撰 **前編二十五卷** （明）南軒撰 （明）陳仁錫評 **續資治通鑑綱目二十七卷** （明）商輅等撰 （明）陳仁錫評 清嘉慶十三年(1808)刻本 九十九册 缺三卷(前編一至三)

330000－1755－0000155 0155 子部/天文曆算類/算書之屬
幾何原本十五卷 （意大利）利瑪竇 （英國）偉烈亞力口譯 （明）徐光啟 （清）李善蘭筆受 清同治四年(1865)金陵刻本 八册

330000－1755－0000156 0156 新學/算學/微積
代微積拾級十八卷 （美國）羅密士撰 （英國）偉烈亞力口譯 （清）李善蘭筆述 清咸豐九年(1859)上海墨海書館刻本 三册

330000－1755－0000157 0157 新學/算學/微積
代微積拾級十八卷 （美國）羅密士撰 （英國）偉烈亞力口譯 （清）李善蘭筆述 清咸豐九年(1859)上海墨海書館刻本 三册

330000－1755－0000159 0159 集部/别集類/清别集
林蕙堂文集十二卷 （清）吳綺撰 清乾隆三十九年(1774)衷白堂刻本 六册

330000－1755－0000160 0160 新學/雜著
全地五大洲女俗通考十集二十一卷首一卷 （美國）林樂知輯 （清）任保羅譯 清光緒二十九年(1903)上海華美書局鉛印本 九册 存十卷(四集下,五集上、下,六集中,七集上、

下，八集上、下，九集下，十集下）

330000－1755－0000162　0080　集部/總集類/選集之屬/通代

古文辭類纂十五卷　（清）姚鼐輯　**續古文辭類纂十卷**　王先謙輯　清光緒十六年（1890）上海文瑞樓鉛印本　十冊

330000－1755－0000163　0171　新學/工藝/工學

考工記要十七卷附圖一卷　（英國）瑪體生撰（英國）傅蘭雅　（清）鍾天緯譯　清光緒七年（1881）江南製造局刻本　八冊

330000－1755－0000164　0172　新學/算學/代數

代數術二十五卷首一卷　（英國）華里司輯（英國）傅蘭雅口譯　（清）華蘅芳筆述　清同治十二年（1873）江南製造局刻本　六冊

330000－1755－0000165　0173　新學/交涉/交涉

歐洲東方交涉記十二卷　（英國）麥高爾撰（美國）林樂知　（清）瞿昂來譯　清光緒江南機器製造總局刻本　二冊

330000－1755－0000166　0174　類叢部/叢書類/彙編之屬

藝海珠塵二百六種　（清）吳省蘭輯　清嘉慶南匯吳氏聽彝堂刻本　四十冊　存一百二種

330000－1755－0000167　0181　子部/宗教類/佛教之屬

法苑珠林一百卷　（唐）釋道世撰　清道光七年（1827）刻本　八冊　存二十五卷（四十八至七十二）

330000－1755－0000168　0182　經部/三禮總義類/通論之屬

禮書通故五十篇一百卷　（清）黃以周撰　清光緒十九年（1893）黃氏試館刻本　三十二冊

330000－1755－0000169　0183　史部/目録類/總録之屬/私撰

古越藏書樓書目二十卷首一卷　（清）徐樹蘭撰　清光緒三十年（1904）崇實書局石印本　八冊

330000－1755－0000170　0184　史部/政書類

九通　（清）□□輯　清光緒二十八年（1902）上海鴻寶書局石印本　一百六十九冊　存八種

330000－1755－0000171　0185　子部/儒家類/儒學之屬/性理

淵鑒齋御纂朱子全書六十六卷　（宋）朱熹撰（清）李光地等輯　清康熙刻本　三十一冊　缺二卷（五十一至五十二）

330000－1755－0000172　0186　經部/小學類/文字之屬/字書/字典

康熙字典十二集三十六卷總目一卷檢字一卷辨似一卷等韻一卷補遺一卷備考一卷　（清）張玉書等纂修　清光緒三十三年（1907）上海鴻文書局石印本　五冊

330000－1755－0000173　0187　經部/春秋總義類/傳說之屬

春秋内傳古注輯存三卷　（清）嚴蔚撰　清光緒十五年（1889）味義根齋刻本　三冊

330000－1755－0000175　0189　史部/地理類/雜志之屬

萬國輿地韻編不分卷　（清）蛻學盦主人撰　清光緒二十九年（1903）崇實書局石印本　四冊

330000－1755－0000178　0190　集部/別集類/清別集

鄭板橋全集五種　（清）鄭燮撰　清鑄記書局石印本　三冊　存三種

330000－1755－0000179　0191　新學/史志/別國史

東洋史要二卷　（日本）桑元隲藏撰　樊炳清譯　清光緒二十五年（1899）東文學社石印本　三冊

330000－1755－0000180　0192　史部/目録類/書志之屬/提要

增版東西學書錄四卷附錄三卷　（清）徐維則

輯　顧燮光補輯　清光緒二十八年(1902)石印本　六冊

330000－1755－0000181　0193　新學/算學/代數

代數備旨不分卷總答一卷　(美國)狄考文選譯　(清)鄒立文　(清)生福維筆述　清光緒二十四年(1898)上海美華書館鉛印本　二冊

330000－1755－0000182　0194　類叢部/叢書類/彙編之屬

怡怡軒叢書□□種　清光緒三十年(1904)上海文明書局鉛印本　四冊　存一種

330000－1755－0000183　0195　子部/天文曆算類/算書之屬

則古昔齋算學十三種二十四卷　(清)李善蘭編　**圓錐曲線說三卷**　(英國)艾約瑟口譯　(清)李善蘭筆述　清同治六年(1867)海寧李善蘭金陵刻本　七冊

330000－1755－0000184　0196　經部/禮記類/傳說之屬

禮記集說十卷　(元)陳澔撰　清光緒二十一年(1895)玉山姜文奎堂刻本　十冊

330000－1755－0000185　0197　類叢部/類書類/通類之屬

太平御覽一千卷目錄十五卷　(宋)李昉等輯　清嘉慶十二年至十七年(1807－1812)歙縣鮑崇城刻二十三年(1818)印本　一百十八冊　缺二卷(六十二至六十三)

330000－1755－0000187　0199　類叢部/叢書類/彙編之屬

琳琅祕室叢書三十種　(清)胡珽編　清光緒十四年(1888)會稽董氏取斯家塾木活字印本　十二冊　存十二種

330000－1755－0000188　0200　史部/地理類/總志之屬/斷代

廣輿記二十四卷圖一卷提要一卷　(明)陸應陽輯　(清)蔡方炳增輯　清刻本　十六冊

330000－1755－0000190　0202　子部/雜著類/雜考之屬

東塾讀書記二十五卷　(清)陳澧撰　清光緒二十七年(1901)大泉書局刻本(卷十三至十四、十七至二十、二十二至二十五原缺)　六冊

330000－1755－0000193　0205　類叢部/叢書類/自著之屬

釀齋訓蒙雜編五種　(清)鮑東里撰　清光緒二十八年(1902)雲南官書局刻本　一冊　存一種

330000－1755－0000194　0206　子部/醫家類/傷寒金匱之屬/傷寒論

注解傷寒論十卷圖解運氣圖一卷　(漢)張機撰　(晉)王叔和輯　(金)成無己注　清刻本　二冊　存七卷(四至十)

330000－1755－0000195　0207　經部/孝經類/傳說之屬

孝經一卷附刊誤一卷　(唐)玄宗李隆基注　(唐)陸德明音義　清光緒三年(1877)永康胡氏退補齋刻本　一冊

330000－1755－0000198　0210　子部/叢編

教育叢書初集十一種二集十五種三集十一種　(清)教育世界社編譯　清光緒教育世界出版所刻本暨石印本　一冊　存一種

330000－1755－0000199　0211　新學/地學/地理學

地理初桄不分卷　(美國)卜舫濟譯著　清光緒二十三年(1897)鉛印本　一冊

330000－1755－0000201　0213　史部/傳記類/總傳之屬/儒林

宋元學案一百卷首一卷考畧一卷　(清)黄宗羲撰　(清)全祖望修定　(清)王梓材　(清)馮雲濠校並考　清光緒五年(1879)長沙寄廬刻本　四十八冊

330000－1755－0000202　0214　史部/地理類/外紀之屬

瀛環志略十卷　(清)徐繼畬撰　清道光三十年(1850)刻本　八冊

330000－1755－0000203　0215　經部/春秋

總義類/傳說之屬

春秋三傳通經合纂十二卷 (明)周統撰 (清)周夢齡 (清)周毓齡增輯 清世德堂刻本 十二冊

330000－1755－0000204 0216 經部/春秋總義類/傳說之屬

黃太史訂正春秋大全三十七卷年表序論圖說一卷 (明)胡廣等撰 (明)黃際飛校訂 清康熙五十年(1711)郁郁堂刻本 十一冊 存三十五卷(一至三十四、年表序論圖說)

330000－1755－0000205 0217 新學/兵制

自強軍西法類編十八卷 沈敦和撰 (清)洪恩波參訂 清光緒二十四年(1898)上海順成書局石印本 二十冊

330000－1755－0000207 0219 史部/雜史類/通代之屬

支那通史七卷 (日本)那珂通世編 清光緒二十五年(1899)上海東文學社石印本 五冊 存四卷(一至四)

330000－1755－0000208 0220 史部/雜史類/通代之屬

支那通史七卷 (日本)那珂通世編 清光緒二十五年(1899)上海東文學社石印本 五冊 存四卷(一至四)

330000－1755－0000209 0221 史部/雜史類/通代之屬

支那通史七卷 (日本)那珂通世編 清光緒二十五年(1899)上海東文學社石印本 四冊 存三卷(一、三至四)

330000－1755－0000210 0222 史部/雜史類/通代之屬

支那文明史論一卷 (日本)中西牛郎撰 清光緒二十八年(1902)普通學書室石印本 四冊

330000－1755－0000211 0223 新學/雜著/叢編

富強叢書正集七十七種續集一百二十一種 (清)袁俊德編 清光緒二十五年(1899)、二十七年(1901)小倉山房石印本 六十四冊

330000－1755－0000212 0224 經部/書類/傳說之屬

書集傳六卷 (宋)蔡沈撰 清商務印書館鉛印本 四冊

330000－1755－0000214 0226 經部/詩類/傳說之屬

詩經集傳八卷 (宋)朱熹撰 清商務印書館鉛印本 四冊

330000－1755－0000215 0168 新學/雜著/叢編

江南製造局譯書一百五十四種 (清)江南製造局編 清光緒江南製造局刻本暨鉛印本 一百十四冊 存二十五種

330000－1755－0000216 0228 新學/重學

新編小物理學一卷附錄一卷 (日本)木村駿吉撰 樊炳清譯 清末刻本 一冊

330000－1755－0000217 0229 史部/史抄類

南北史捃華八卷 (清)周嘉猷輯 清光緒二年(1876)永康胡氏退補齋刻本 四冊

330000－1755－0000218 0230 史部/編年類/斷代之屬

十一朝東華錄六百二十五卷(天命朝至同治朝) 王先謙編 清光緒十三年(1887)廣百宋齋鉛印本 七十六冊 缺二百卷(咸豐朝一至一百、同治朝一至一百)

330000－1755－0000219 0231 史部/編年類/斷代之屬

十一朝東華錄五百九十四卷(天命朝至同治朝) 王先謙編 清光緒十八年(1892)上海圖書集成印書局鉛印本 十六冊 存六十九卷(咸豐朝一至六十九)

330000－1755－0000220 0232 史部/編年類/斷代之屬

東華續錄一百卷(同治朝) 王先謙編 清光緒二十四年(1898)文瀾書局石印本 二十四冊

330000－1755－0000221　0233　集部/總集類/選集之屬/通代

古文辭類纂七十四卷　(清)姚鼐輯　**續古文辭類纂三十四卷**　王先謙輯　清光緒三十三年(1907)上海商務印書館鉛印本　十二冊

330000－1755－0000222　0234　集部/總集類/選集之屬/通代

古文辭類纂八卷　(清)姚鼐輯　**續古文辭類纂四卷**　王先謙輯　清光緒上海章福記書局石印本　十二冊

330000－1755－0000223　0235　新學/史志/政記

九九新論二卷　(美國)林樂知著譯　蔡爾康述纂　清光緒二十六年(1900)上海圖書集成局鉛印本　一冊　存一卷(一)

330000－1755－0000232　0244　經部/小學類/訓詁之屬/譯語

東文新法會通二卷　廖宇春編次　清光緒二十八年(1902)東亞善鄰學館石印本　二冊

330000－1755－0000233　0245　經部/小學類/訓詁之屬/譯語

東文新法會通二卷　廖宇春編次　清光緒二十八年(1902)東亞善鄰學館石印本　一冊　存一卷(二)

330000－1755－0000236　0248　史部/雜史類/斷代之屬

戰國策三十三卷　(漢)高誘注　**札記三卷**　(清)黃丕烈撰　清光緒二十七年(1901)上海鴻寶齋石印本　三冊　存二十三卷(一至二十三)

330000－1755－0000237　0249　史部/金石類/總志之屬

金石萃編一百六十卷　(清)王昶撰　**金石續編二十一卷首一卷**　(清)陸耀遹撰　清光緒十九年(1893)上海醉六堂石印本　二十四冊

330000－1755－0000238　0250　集部/總集類/選集之屬/通代

經史百家雜鈔二十六卷　(清)曾國藩輯　清光緒三十二年(1906)上海商務印書館鉛印本　十二冊

330000－1755－0000239　0251　集部/總集類/選集之屬/通代

經史百家雜鈔二十六卷　(清)曾國藩輯　清光緒三十二年(1906)上海商務印書館鉛印本　十二冊

330000－1755－0000243　0255　史部/地理類

李氏五種　(清)李兆洛撰　清光緒二十四年(1898)上海掃葉山房石印本　五冊　存一種

330000－1755－0000244　0256　類叢部/叢書類/自著之屬

隨園三十六種　(清)袁枚撰　清光緒十八年(1892)上海圖書集成印書局鉛印本　三冊　存三種

330000－1755－0000245　0257　史部/地理類/山川之屬/水志

湖山便覽十二卷　(清)翟灝等撰　清刻本　五冊　存十卷(三至十二)

330000－1755－0000246　0258　史部/政書類/通制之屬

石渠餘紀六卷　(清)王慶雲撰　清光緒十四年(1888)寧鄉黃氏刻本　五冊　缺一卷(五)

330000－1755－0000247　0259　史部/地理類

李氏五種　(清)李兆洛撰　清同治九年至十一年(1870－1872)合肥李鴻章刻本　三冊　存一種

330000－1755－0000248　0260　史部/目録類/總録之屬/私撰

開有益齋讀書志六卷續志一卷　(清)朱緒曾撰　清光緒六年(1880)金陵翁氏茹古閣刻本　五冊

330000－1755－0000249　0261　子部/道家類

莊子因六卷　(清)林雲銘撰　清嘉慶二年

(1797)敦化堂刻本　二冊

330000－1755－0000250　0262　經部/三禮總義類/通論之屬
讀禮條考二十卷　(清)王曜南撰　清光緒二十三年(1897)武林尚友齋石印本　六冊

330000－1755－0000251　0263　史部/傳記類/總傳之屬/姓名
史姓韻編六十四卷　(清)汪輝祖撰　清光緒十年(1884)上海中西書局石印本　四冊

330000－1755－0000252　0264　類叢部/類書類/通類之屬
古事比五十二卷　(清)方中德輯　清光緒十三年(1887)上海文盛堂石印本　六冊

330000－1755－0000253　0265　史部/雜史類/斷代之屬
中西紀事二十四卷附錄一卷　(清)夏燮撰　清光緒鉛印本　七冊　缺三卷(十三至十五)

330000－1755－0000255　0267　子部/天文曆算類/算書之屬
平三角和較術解二卷弧三角和較術解二卷　(清)項名達撰　清光緒石印本　一冊　存二卷(弧三角和較術解一至二)

330000－1755－0000256　0268　新學/議論/論政
新學彙編四卷　(美國)林樂知著　蔡爾康編輯　清光緒二十四年(1898)上海廣學會鉛印本　三冊　存三卷(二至四)

330000－1755－0000257　0269　類叢部/叢書類/自著之屬
曾惠敏公遺集四種　(清)曾紀澤撰　清末鉛印本　一冊　存一種

330000－1755－0000258　0270　史部/政書類/邦交之屬
各國約章纂要六卷首一卷附錄一卷　勞乃宣等輯　清光緒十八年(1892)上海圖書集成印書局鉛印本　三冊　缺二卷(首、一)

330000－1755－0000260　0271　史部/地理類/總志之屬/斷代
太平寰宇記二百卷目錄二卷　(宋)樂史撰　清嘉慶八年(1803)刻本(卷四、一百十三至一百十九原缺)　四十六冊

330000－1755－0000262　0273　新學/史志/諸國史
泰西新史攬要二十四卷　(英國)馬懇西撰　(英國)李提摩太譯　清光緒鉛印本　七冊

330000－1755－0000263　0274　子部/醫家類/綜合之屬/通論
古吳童氏重校醫宗必讀十卷　(明)李中梓撰　清末石印本　四冊　缺二卷(一至二)

330000－1755－0000264　0275　新學/理學/理學
天演論二卷　(英國)赫胥黎撰　嚴復譯　清光緒刻本　一冊

330000－1755－0000266　0283　史部/政書類/通制之屬
欽定大清會典一百卷　(清)張廷玉等纂修　清光緒十九年(1893)上海圖書集成印書局鉛印本　八冊

330000－1755－0000267　0285　類叢部/叢書類/彙編之屬
湖海樓叢書十二種　(清)陳春編　清嘉慶蕭山陳氏刻二十四年(1819)彙印本　十二冊　存六種

330000－1755－0000277　0290　史部/政書類/公牘檔冊之屬
新文牘十卷　(清)陸春霖輯　清光緒三十四年(1908)石印本　十冊

330000－1755－0000281　0280　類叢部/叢書類/彙編之屬
新斠平津館叢書十集三十四種　(清)孫星衍編　清光緒十年至十五年(1884－1889)吳縣朱氏槐廬家塾刻本　四十七冊　存三十三種

330000－1755－0000282　0294　經部/叢編

御纂七經二百九十四卷　(清)李光地等撰　清光緒十九年(1893)湖南寶慶漱芳閣刻本　一百四十一册

330000－1755－0000283　0295　經部/叢編
重刊宋本十三經注疏四百十六卷　附十三經注疏校勘記四百十六卷　(清)阮元撰　(清)盧宣旬摘錄　**校勘記識語四卷**　(清)汪文臺撰　清光緒三十年(1904)上海點石齋石印本　三十二册

330000－1755－0000285　0296　史部/紀傳類/正史之屬
二十四史　清同治至光緒五省官書局據汲古閣本等合刻光緒五年(1879)湖北書局彙印本　一百册　存一種

330000－1755－0000286　0302　集部/别集類
飲冰室文集十八卷　梁啓超撰　清光緒二十九年(1903)上海廣智書局鉛印本　八册　存八卷(五、九、十二至十六、十八)

330000－1755－0000287　0297　新學/報章
西國近事彙編□□卷　(美國)金楷理口譯　(清)姚棻　(清)蔡錫齡筆述　清同治刻本　十一册　存十一卷(同治癸酉一、三至四,同治甲戌一至四,同治乙亥一至四)

330000－1755－0000288　0300　新學/報章
西國近事彙編□□卷　(美國)金楷理口譯　(清)姚棻　(清)蔡錫齡筆述　清光緒鉛印本　十五册　存十五卷(光緒丙子一至四、光緒丁丑一至四、光緒戊寅一至三、光緒己卯一至四)

330000－1755－0000290　0298　新學/算學/三角八綫
八線備旨四卷八線學總習問一卷　(美國)羅密士撰　(美國)潘慎文選譯　清光緒三十年(1904)上海美華書館鉛印本　一册

330000－1755－0000291　0311　新學/算學/三角八綫
八線備旨四卷八線學總習問一卷　(美國)羅密士撰　(美國)潘慎文選譯　清光緒二十三年(1897)上海美華書館鉛印本　一册

330000－1755－0000292　0304　集部/總集類/選集之屬/通代
文選六十卷　(南朝梁)蕭統輯　(唐)李善注　**文選考異十卷**　(清)胡克家撰　清上海鴻文書局石印本　六册　缺一卷(二)

330000－1755－0000293　0299　新學/算學/三角八綫
八線備旨四卷八線學總習問一卷　(美國)羅密士撰　(美國)潘慎文選譯　清光緒二十三年(1897)上海美華書館鉛印本　一册

330000－1755－0000294　0305　史部/紀傳類/正史之屬
二十四史　清同治至光緒五省官書局據汲古閣本等合刻光緒五年(1879)湖北書局彙印本　十三册　存一種

330000－1755－0000295　0313　新學/算學/形學
形學備旨十卷開端一卷　(美國)狄考文選譯　(清)鄒立文筆述　清光緒三十一年(1905)上海美華書館鉛印本　二册

330000－1755－0000296　0314　新學/算學/代數
代數備旨不分卷總答一卷　(美國)狄考文選譯　(清)鄒立文　(清)生福維筆述　清光緒二十八年(1902)上海美華書館鉛印本　一册

330000－1755－0000297　0312　新學/算學/數學
代形合參三卷附一卷　(美國)羅密士撰　(美國)潘慎文譯　謝洪賚筆述　清光緒二十九年(1903)上海美華書館鉛印本　一册

330000－1755－0000298　0306　類叢部/類書類/通類之屬
淵鑑類函四百五十卷目錄四卷　(清)張英　(清)王士禛等輯　清刻本　二十册　存六十五卷(七十三至一百十、一百五十至一百七十

六)

330000－1755－0000301　0061　經部/群經總義類/傳說之屬
九經今義二十八卷　成本璞著　清光緒三十一年(1905)鉛印本　一册　存十三卷(一至十三)

330000－1755－0000302　0103　史部/地理類/總志之屬/斷代
大清一統志表不分卷　(清)徐午撰　清嘉慶刻本　十二册

330000－1755－0000303　0175　史部/紀傳類/正史之屬
唐書二百二十五卷　(宋)歐陽修　(宋)宋祁等撰　清同治十二年(1873)浙江書局刻本　四十册

330000－1755－0000304　0176　史部/紀傳類/正史之屬
二十四史　清同治至光緒五省官書局據汲古閣本等合刻光緒五年(1879)湖北書局彙印本　四十册　存一種

330000－1755－0000305　0177　史部/紀傳類/正史之屬
唐書釋音二卷　(宋)董衝撰　清同治十二年(1873)浙江書局刻本　一册

330000－1755－0000306　0309　類叢部/叢書類/彙編之屬
當歸草堂叢書八種　(清)丁丙編　清同治二年至五年(1863－1866)錢塘丁氏刻本　六册

330000－1755－0000307　0307　子部/儒家類/儒學之屬
二程全書八種　(宋)程顥　(宋)程頤撰　清小嫏嬛山館刻本　二十册

330000－1755－0000308　0308　類叢部/類書類/通類之屬
玉海二百四卷附刻十三種　(宋)王應麟撰
校補玉海瑣記二卷王深寧先生[應麟]年譜一卷　(清)張大昌撰　清光緒九年至十六年(1883－1890)浙江書局刻本　二册　存一種

330000－1755－0000309　0310　集部/總集類/選集之屬/通代
古文析義六卷二編八卷　(清)林雲銘輯注　清經國堂刻本　八册　存八卷(二編一至八)

330000－1755－0000312　0180　集部/總集類/選集之屬/通代
唐宋八家文讀本三十卷　(清)沈德潛輯　清光緒十四年(1888)蘇州綠蔭堂補刻本　十二册

330000－1755－0000313　0179　新學/算學/曲綫
圓錐曲線一卷　(美國)求德生譯　(清)劉維師筆述　清光緒二十七年(1901)上海美華書館鉛印本　一册

330000－1755－0000314　0104　史部/編年類/通代之屬
御批歷代通鑑輯覽一百二十卷　(清)傅恒等撰　清同治十年(1871)浙江書局刻朱墨套印本　三十二册　存八十卷(一至八十)

330000－1755－0000315　0315　史部/地理類/總志之屬
地學歌略一卷　葉瀚　葉瀾撰　清光緒刻本　一册

330000－1755－0000316　0316　集部/別集類
居東集二卷　蔣智由撰　清宣統二年(1910)上海文明書局鉛印本　一册

330000－1755－0000318　0320　集部/別集類/清別集
寄廬梅花詩一卷　(清)施洪烈撰　清宣統二年(1910)華雲閣鉛印本　一册

330000－1755－0000320　0322　類叢部/叢書類/彙編之屬
邵武徐氏叢書二十三種　(清)徐榦編　清光緒邵武徐氏刻本　一册　存一種

330000－1755－0000321　0323　史部/地理類/雜志之屬
乍浦紀事詩一卷　(清)盧奕春撰　清宣統二

年(1910)平湖高廷梅華雲閣鉛印本　一册

330000－1755－0000322　0324　集部/别集類/清别集

味琴室詩鈔不分卷　(清)時元熙撰　清宣統三年(1911)華雲閣木活字印本　一册

330000－1755－0000324　0330　子部/儒家類/儒學之屬/俗訓

人譜一卷人譜類記二卷　(明)劉宗周撰　清同治七年(1868)紹興蕺山書院刻本　二册

330000－1755－0000325　0326　新學/議論/通論

現今世界大勢論不分卷　梁啓超譯著　清光緒二十八年(1902)刻本　一册

330000－1755－0000328　0333　子部/儒家類/儒學之屬/勸學

時習編六卷　(清)周炳琦撰　(清)周巖輯　清光緒十六年(1890)山陰周氏詒經堂刻本　一册

330000－1755－0000331　0331　子部/儒家類/儒學之屬/禮教

增訂傳家格言二卷圖説一卷　(清)陳研樓輯　(清)馮芳緝編　清光緒三十年(1904)上海商務印書館鉛印本　一册

330000－1755－0000332　0332　子部/儒家類/儒學之屬/禮教

增訂傳家格言二卷圖説一卷　(清)陳研樓輯　(清)馮芳緝編　清光緒三十年(1904)上海商務印書館鉛印本　一册

330000－1755－0000333　0335　新學/學校

經濟教科書不分卷　(日本)添田壽一撰　(日本)橋本海關譯　清末江楚編譯局石印本　一册

330000－1755－0000335　0337　史部/地理類/總志之屬/通代

坤輿撮要問答五卷　(清)孫文楨撰　清光緒二十八年(1902)上海土山灣印書館鉛印本　一册

330000－1755－0000336　0338　子部/宗教類/其他宗教之屬/其他

天倫詩四章　(英國)璞拍撰　(英國)李提摩太譯　(清)任廷旭筆述　清光緒二十四年(1898)上海美華書館鉛印本　一册

330000－1755－0000337　0340　類叢部/叢書類/彙編之屬

學津討原一百七十三種　(清)張海鵬編　清嘉慶十年(1805)虞山張氏照曠閣刻本　一百五十四册　存一百十種

330000－1755－0000338　0339　類叢部/叢書類/彙編之屬

正誼堂全書六十三種續刻五種　(清)張伯行編　(清)楊浚重編　清同治五年(1866)福州正誼書院刻同治八年至光緒十三年(1869－1887)續刻本　一百五十七册　存六十六種

330000－1755－0000339　0341　史部/目録類/總録之屬/官修

欽定四庫全書總目二百卷首一卷　(清)紀昀等撰　清同治七年(1868)廣東書局刻本　一百八册

330000－1755－0000340　0342　類叢部/叢書類/彙編之屬

武英殿聚珍版書一百三十八種　清乾隆四十二年(1777)福建刻道光至同治遞修光緒二十一年(1895)增刻本　九百九十八册　存一百三十三種

330000－1755－0000343　0344　新學/重學/重學

重學二十卷圜錐曲線説三卷　(英國)艾約瑟口譯　清同治五年(1866)刻本　五册　缺三卷(圜錐曲線説一至三)

330000－1755－0000344　0345　史部/職官類/官制之屬

星軺指掌三卷續一卷　(美國)丁韙良撰　(清)聯芳　(清)慶常譯　清光緒二年(1876)上海同文館鉛印本　四册

330000－1755－0000345　0346　史部/地理

類/外紀之屬
環遊地球新錄四卷 (清)李圭撰 清光緒四年(1878)鉛印本 四册

330000－1755－0000346 0347 經部/周禮類/傳說之屬
周禮精華六卷 (清)陳龍標輯 清嘉慶十六年(1811)刻寧郡汲綆齋印本 五册

330000－1755－0000347 0348 子部/儒家類/儒學之屬/蒙學
六藝綱目二卷 (元)舒天民撰 (元)舒恭注 (明)趙宜中附注 清光緒二十八年(1902)紹興府學堂刻本 二册

330000－1755－0000348 0349 新學/學校
近世化學教科書一卷 (日本)大幸勇吉撰 樊炳清譯 清末刻本 二册

330000－1755－0000349 0350 類叢部/叢書類/彙編之屬
漸西村舍彙刊(漸西村舍叢刻)四十四種 (清)袁昶編 清光緒十六年至二十四年(1890－1898)桐廬袁氏刻本 二册 存二種

330000－1755－0000350 0178 史部/編年類/通代之屬
御批歷代通鑑輯覽一百二十卷 (清)傅恒等撰 清光緒石印本 十六册

330000－1755－0000351 0351 經部/大戴禮記類/傳說之屬
大戴禮記解詁十三卷 (清)王聘珍撰 清光緒十九年(1893)盱江書院刻本 四册

330000－1755－0000352 0352 經部/大戴禮記類/傳說之屬
大戴禮記解詁十三卷 (清)王聘珍撰 清光緒十九年(1893)盱江書院刻本 四册

330000－1755－0000353 0353 史部/史抄類
史記菁華錄六卷 (清)姚祖恩輯 清石印本 一册 存二卷(一至二)

330000－1755－0000354 0354 史部/金石類/金之屬/圖像
泊如齋重修宣和博古圖錄三十卷 (宋)王黼等撰 明萬曆十六年(1588)泊如齋刻本 七册 存七卷(八至十四)

330000－1755－0000355 0355 子部/儒家類/儒學之屬/禮教
五種遺規輯要 (清)陳弘謀輯並撰 (清)楊恩澍等輯 清同治九年(1870)龍山書院刻光緒二十年(1894)會稽徐氏補刻本 五册 存四種

330000－1755－0000356 0356 子部/儒家類/儒學之屬/禮教
五種遺規十七卷 (清)陳弘謀輯並撰 清光緒二十二年(1896)經綸元記刻本 八册 存四種

330000－1755－0000365 0365 類叢部/叢書類/彙編之屬
申報館叢書正集五十七種附錄三種 (清)尊聞閣主編 **續集一百四十二種** 蔡爾康編 清同治至光緒申報館鉛印本 六册 存一種

330000－1755－0000366 0366 子部/雜著類/雜纂之屬
新增智囊補(智囊補、增廣智囊補)二十八卷 (明)馮夢龍輯 清末維經堂刻本 一册 存一卷(八)

330000－1755－0000367 0367 經部/四書類/孟子之屬/正文
孟子不分卷 (戰國)孟軻撰 清刻本 一册

330000－1755－0000368 0368 經部/四書類/孟子之屬/正文
孟子不分卷 (戰國)孟軻撰 清刻本 一册

330000－1755－0000369 0369 新學/格致總
格致彙編不分卷 (英國)傅蘭雅輯 清光緒二年至十八年(1876－1892)上海格致書室鉛印本 十八册

330000－1755－0000370 0370 類叢部/叢書類/彙編之屬

惜陰軒叢書三十四種續編一種　（清）李錫齡編　清光緒二十二年（1896）長沙刻本　一百一册　存三十三種

330000－1755－0000371　0371　類叢部/叢書類/郡邑之屬

武林掌故叢編一百九十種　（清）丁丙編　清光緒三年至二十六年（1877－1900）錢塘丁氏嘉惠堂刻本　三十四册　存四十二種

紹興市柯橋區圖書館古籍普查登記目録

全國古籍普查登記目録・浙江紹興

國家圖書館出版社
National Library of China Publishing House

330000－4740－0000001　001　史部/傳記類/總傳之屬/家乘

[浙江]會稽橫路李氏宗譜四卷　(清)李朝相等纂修　清光緒二十三年(1897)世德堂木活字印本　四冊

紹興市上虞區圖書館古籍普查登記目録

全國古籍普查登記目録・浙江紹興

國家圖書館出版社
National Library of China Publishing House

《紹興市上虞區圖書館古籍普查登記目録》

編委會

主　編： 杜　晋

副主編： 陳芳芳　章雨蕾

編　委： 杜　晋　葛曉燕　陳芳芳　章雨蕾　高曼莉

《紹興市上虞區圖書館古籍普查登記目録》

前　言

上虞區圖書館的前身是1917年成立的上虞縣公立圖書館，1927年，改名爲上虞縣立中山圖書館，館址在豐惠鎮學宫路崇聖祠内。1933年，縣立中山圖書館與縣立中山民衆教育館合作，在縣立中山民衆教育館設閲書室一處。1939年5月，寧紹地區連日遭受日機狂炸，縣立中山圖書館轉移一部分圖書在豐惠西門頭陳氏宗祠設抗戰書報臨時閲覽室。縣城淪陷後，縣立中山圖書館的藏書、設備損失殆盡。1946年，縣立中山圖書館并入縣立中山民衆教育館。1949年，縣立中山民衆教育館由縣文化館接收。1956年5月，在縣文化館圖書室的基礎上成立了上虞縣圖書館。1958年，并入縣文化館。1984年，上虞縣圖書館單獨建制，隸屬於縣文化局。1992年，上虞縣撤縣設市，更名爲上虞市圖書館。2013年，上虞市撤市設區，更名爲上虞區圖書館。

自"中華古籍保護計劃"實施以來，我館組織多人參加國家舉辦的古籍普查培訓班，專門派員赴浙江圖書館古籍部進修培訓，瞭解熟悉全國古籍普查登記平臺，購置設備，配備工具書，爲我館的古籍普查工作做好充分準備。2011年底，我館申報浙江省古籍普查工作項目，正式啓動普查工作，普查人員兢兢業業，埋頭苦幹，歷時四年，按時完成了古籍普查項目。在項目申報時，我館申報傳統裝幀書籍藏量爲28000册，後在普查過程中又對移交的"文革"時期查抄圖書進行了整理，新整理出部分傳統裝幀書籍。直至普查結束，我館館藏1912年以前古籍和民國時期傳統裝幀書籍共3920部31476册。

我館所藏清康熙三十四年(1695)潘耒遂初堂刻本《日知録》三十二卷入選第一批《國家珍貴古籍名録》。此刻本有晚清紹興名士李慈銘的批校及題簽，目次後有李慈銘手記，并有"越縵堂藏書印""李慈銘勘定圖籍之印""李慈銘讀"等鈐印，尤爲珍貴。

本書收録館藏1912年以前古籍2510部25404册，凡1912年以前的刻本、活字本、套印本、鉛印本、石印本、稿抄本等皆在收録之列。著録款目有普查編號、索書號、分類、題名卷數、著者、版本、批校題跋、册數、存卷等内容。

《紹興市上虞區圖書館古籍普查登記目録》和《紹興市上虞區圖書館民國時期傳統裝幀書籍普查登記目録》一起，作爲我館古籍普查成果的全面展示，凝聚了歷代館員的集體智慧,也包含了衆位古籍普查員的辛勤汗水。書目編纂是一項逐步積累、不斷完善的工作,限於水平,謬誤難免,祈請方家批評指正。

紹興市上虞區圖書館
2017年12月

330000－1717－0000002　A0876　史部/紀傳類/正史之屬
十七史一千五百七十四卷　(明)毛晉編　清古吳書業趙氏刻本　二百二十六冊　存十五種

330000－1717－0000003　A1472　史部/紀傳類/正史之屬
二十四史附考證　清刻本　七百十二冊　缺六十卷(史記一百三十至一百三十一,魏書九十八至一百四,北齊書一至六、二十三至三十一、四十五至五十,北史七十一至一百)

330000－1717－0000004　A0560　史部/史評類/考訂之屬
武英殿本二十三史考證不分卷　(清)□□輯　清刻本　二十冊

330000－1717－0000005　A0582　史部/紀傳類/正史之屬
二十四史附考證　清光緒十八年(1892)武林竹簡齋石印本　一百九十九冊　缺十七卷(三國志十四至三十)

330000－1717－0000006　A0581　史部/紀傳類/正史之屬
二十四史附考證　清光緒十八年(1892)武林竹簡齋石印本　一百九十九冊　缺十五卷(北史七十三至八十七)

330000－1717－0000007　A0123　史部/紀傳類/正史之屬
二十四史附考證　清光緒二十八年(1902)竢實齋石印本　一百六十冊　存二十種

330000－1717－0000008　A0122　史部/紀傳類/正史之屬
二十四史附考證　清光緒二十九年(1903)五洲同文局石印本　二百四十七冊　存八種

330000－1717－0000009　A0124－A0127　史部/紀傳類/正史之屬
二十四史附考證　清光緒十八年(1892)武林竹簡齋石印本　三十冊　存四種

330000－1717－0000010　A0921　史部/史評類/史論之屬
史記論文一百三十卷　(清)吳見思撰　清康熙二十六年(1687)刻本　十六冊

330000－1717－0000011　A0678　史部/政書類/通制之屬
三通七百四十八卷　清乾隆十二年至十四年(1747－1749)武英殿刻本　一百二十冊　存一種

330000－1717－0000012　A1475　史部/紀傳類/正史之屬
二十一史二千五百六十七卷　明刻明清遞修本　十六冊　存一種

330000－1717－0000013　A1086　史部/紀傳類/正史之屬
十七史一千五百七十四卷　(明)毛晉編　明崇禎元年至十七年(1628－1644)毛氏汲古閣刻本　十六冊　存一種

330000－1717－0000014　A0852　史部/紀傳類/正史之屬
十七史一千五百七十四卷　(明)毛晉編　明崇禎元年至十七年(1628－1644)毛氏汲古閣刻本　二十四冊　存一種

330000－1717－0000015　A1139　史部/紀傳類/正史之屬
二十四史附考證　清刻本　十二冊　存一種

330000－1717－0000016　A0877　史部/紀傳類/別史之屬
弘簡錄二百五十四卷　(明)邵經邦撰　清康熙刻雍正、乾隆遞修本　六十四冊

330000－1717－0000017　A0834　史部/紀傳類/正史之屬
五代史記七十四卷　(宋)歐陽修撰　(宋)徐無黨注　(清)彭元瑞增注　清道光八年(1828)彭氏刻本　四十冊

330000－1717－0000018　A0711　史部/政書類/通制之屬
九通二千三百二十一卷　(清)□□輯　清刻本　一百八十冊　存一種

330000－1717－0000019　A0130－A0132　史部/紀傳類/正史之屬
二十四史附考證　清光緒三十一年(1905)上海久敬齋石印本　二十二册　存三種

330000－1717－0000021　A0128－A0129　史部/紀傳類/正史之屬
二十四史附考證　清光緒十四年(1888)上海鴻文書局石印本　二十四册　存二種

330000－1717－0000022　A1346－A1347　史部/紀傳類/正史之屬
二十四史附考證　清同治至光緒五省官書局據汲古閣本等合刻光緒五年(1879)湖北書局彙印本　三十二册　存二種

330000－1717－0000027　A0868　史部/史表類/斷代之屬
後漢書年表十卷附錄一卷　(宋)熊方撰　清乾隆四十七年(1782)刻本　二册

330000－1717－0000028　A0867　類叢部/叢書類/彙編之屬
汗筠齋叢書第一集(蘭芬齋叢書初集)四種　(清)秦鑑輯　清嘉慶三年至四年(1798－1799)嘉定秦氏刻本　二册

330000－1717－0000029　A1089　史部/紀傳類/正史之屬
十七史一千五百七十四卷　(明)毛晉編　明崇禎元年至十七年(1628－1644)毛氏汲古閣刻本　十册　存一種

330000－1717－0000030　A1088　史部/紀傳類/正史之屬
十七史一千五百七十四卷　(明)毛晉編　明崇禎元年至十七年(1628－1644)毛氏汲古閣刻本　十二册　存一種

330000－1717－0000033　A0853　史部/紀傳類/正史之屬
晉書一百三十卷　(唐)房玄齡等撰　清古吳書業趙氏刻本(卷三十八至三十九、四十二配清抄本)　二十八册

330000－1717－0000034　A1097　史部/紀傳類/正史之屬
宋史四百九十六卷目錄三卷　(元)脱脱等撰　明成化七年至十六年(1471－1480)朱英刻明清南京國子監遞修本　十册　存三十二卷(二百十至二百四十一)

330000－1717－0000035　A0878　史部/紀傳類/別史之屬
續弘簡錄元史類編四十二卷　(清)邵遠平撰　清康熙三十八年(1699)邵遠平刻本　十六册

330000－1717－0000036　A1317－A1318　史部/紀事本末類/斷代之屬
宋史紀事本末一百九卷　(明)馮琦撰　(明)陳邦瞻補　**元史紀事本末二十七卷**　(明)陳邦瞻撰　(明)臧懋循補　明末張溥刻本　二十册

330000－1717－0000038　A1316　集部/總集類/選集之屬/斷代
金文雅十六卷作者考一卷　(清)莊仲方輯　清道光二十一年(1841)木活字印本　八册

330000－1717－0000039　A1319　史部/政書類/邦計之屬/鹽法
淮北票鹽志略十五卷　(清)童濂等編　清道光刻本　四册

330000－1717－0000040　A1307　子部/儒家類/儒家之屬
顏子二卷　(明)顏欲章輯　明刻本　一册

330000－1717－0000041　A1315　經部/春秋總義類/傳說之屬
御纂春秋直解十二卷　(清)傅恒等撰　清乾隆刻本　八册

330000－1717－0000042　A1311、A1313　類叢部/叢書類/自著之屬
經韻樓叢書九種　(清)段玉裁撰　清乾隆至道光金壇段氏刻本　三册　存二種

330000－1717－0000043　A1535　史部/紀傳類/正史之屬
二十四史附考證　清光緒十八年(1892)武林

竹簡齋石印本　四册　存三種

330000－1717－0000044　A1536　類叢部/類書類/專類之屬

佩文韻府一百六卷　(清)張玉書　(清)蔡升元等輯　**韻府拾遺一百六卷**　(清)汪灝　(清)何焯等輯　清嶺南潘氏海山仙館刻本　十一册　存九卷(九十一至九十九)

330000－1717－0000045　A1106　史部/地理類/方志之屬/郡縣志

[嘉慶]新修江寧府志五十六卷　(清)呂燕昭修　(清)姚鼐纂　清嘉慶十六年(1811)刻本　十一册　缺十六卷(三十五至四十六、四十九至五十二)

330000－1717－0000048　A0003　經部/春秋左傳類/傳說之屬

東萊博議四卷　(宋)呂祖謙撰　清光緒三十年(1904)上海書局石印本　四册

330000－1717－0000051　A0007　集部/詞類/總集之屬

宋六十一家詞選十二卷　馮煦輯　清宣統二年(1910)上海掃葉山房石印本　四册

330000－1717－0000058　A0013－A0014　史部/金石類/總志之屬

金石萃編一百六十卷　(清)王昶撰　**金石續編二十一卷首一卷**　(清)陸耀遹撰　清光緒十九年(1893)上海醉六堂石印本　十二册　存八十五卷(十至十九、二十六至三十五、五十七至八十六、一百十三至一百二十五、一百四十四至一百五十一,首、續編一至十三)

330000－1717－0000060　A0015　子部/醫家類/兒科之屬/通論

幼科三種　清宣統元年(1909)上海文元書莊石印本　六册

330000－1717－0000063　A0018　集部/別集類/清別集

詳注嚶求集二卷　(清)繆艮撰　(清)倪照注　清光緒十六年(1890)上海江左書林石印本　四册

330000－1717－0000068　A0023　集部/別集類/清別集

石笥山房集二十四卷　(清)胡天游撰　清宣統二年(1910)上海國學扶輪社石印本　十册

330000－1717－0000069　A0024　類叢部/類書類/專類之屬

新鐫校正詳註分類百子金丹全書十卷　(明)郭偉選註　(明)郭中吉編次　清光緒二十九年(1903)上海書局石印本　五册

330000－1717－0000073　A0028　子部/術數類/相宅相墓之屬

增補地理直指原真三卷首一卷　(清)釋如玉撰　清光緒十四年(1888)掃葉山房石印本　四册

330000－1717－0000080　A0035　子部/小說家類/異聞之屬

搜神記二十卷　(晉)干寶撰　**搜神後記十卷**　(晉)陶潛撰　清宣統三年(1911)上海幽光社石印本　四册

330000－1717－0000083　A0038　集部/小說類/長篇之屬

繡像東周列國志二十七卷一百八回　(清)蔡奡評點　清光緒三十二年(1906)上海商務印書館鉛印本　十二册

330000－1717－0000092　A0047　集部/總集類/選集之屬/通代

古文辭類纂七十四卷　(清)姚鼐輯　**續古文辭類纂三十四卷**　王先謙輯　清光緒三十三年(1907)上海商務印書館鉛印本　九册　缺三十八卷(五十一至五十四、續古文辭類纂一至三十四)

330000－1717－0000093　A0048　史部/詔令奏議類/奏議之屬

李肅毅伯奏議二十卷　(清)李鴻章撰　(清)章洪鈞　(清)吴汝綸輯　清光緒二十五年(1899)上海鴻文書局石印本　二十册

330000－1717－0000102　A0057　史部/編年類/通代之屬

重訂王鳳洲先生綱鑑會纂四十六卷　(明)王世貞撰　(明)陳仁錫訂　清光緒十三年(1887)上海大同書局石印本　八冊　缺十卷(十二、二十一至二十四、三十八至四十二)

330000 - 1717 - 0000111　A0066　集部/曲類/彈詞之屬
繡像全圖再生緣全傳二十卷　(清)陳端生撰　清末上海錦章圖書局石印本　六冊　缺八卷(三至四、九至十、十五至十六、十九至二十)

330000 - 1717 - 0000117　A0072　子部/醫家類/外科之屬/外科方
外科正宗十二卷附錄一卷　(明)陳實功撰　(清)徐大椿評　清光緒三十一年(1905)上海福記書局石印本　四冊

330000 - 1717 - 0000118　A0073　經部/春秋左傳類/傳說之屬
東萊先生左氏博議二十五卷　(宋)呂祖謙撰　清光緒二十四年(1898)江左書林鉛印本　四冊

330000 - 1717 - 0000120　A0075　類叢部/叢書類/自著之屬
隨園三十六種　(清)袁枚撰　清光緒十八年(1892)上海圖書集成印書局鉛印本　二十九冊　存十五種

330000 - 1717 - 0000121　A0076　史部/編年類/通代之屬
御批歷代通鑑輯覽一百二十卷　(清)傅恒等撰　清光緒二十四年(1898)上海圖書集成局鉛印本　二十四冊

330000 - 1717 - 0000124　A0079　史部/編年類/通代之屬
御批歷代通鑑輯覽一百二十卷　(清)傅恒等撰　清光緒三十年(1904)上海經藝書局石印本　二十四冊

330000 - 1717 - 0000125　A0080　史部/編年類/通代之屬
御批歷代通鑑輯覽一百二十卷　(清)傅恒等撰　清光緒三十年(1904)上海圖書集成局鉛印本　二十三冊　缺五卷(一百九至一百十三)

330000 - 1717 - 0000126　A0081　史部/編年類/通代之屬
御批歷代通鑑輯覽一百二十卷　(清)傅恒等撰　清光緒十三年(1887)上海同文書局石印本　十八冊　缺十二卷(四十一至五十二)

330000 - 1717 - 0000127　A0082　經部/叢編
皇清經解一百九十卷首一卷正訛記一卷　(清)阮元輯　清光緒十一年(1885)上海點石齋石印本　二十一冊　缺二十四卷(一百三十二至一百五十五)

330000 - 1717 - 0000139　A0094　經部/群經總義類/傳說之屬
皇朝五經彙解二百七十卷　(清)朱鏡清輯　清末石印本　十四冊　存一百十一卷(四十一至四十八、九十三至九十八、一百十七至一百二十六、一百三十六至一百五十二、一百七十六至二百一、二百十二至二百四十一、二百五十至二百五十七、二百六十五至二百七十)

330000 - 1717 - 0000142　A0097　集部/小說類/長篇之屬
圖像鏡花緣全傳六卷一百回　(清)李汝珍撰　清光緒三十三年(1907)上海普新端記書局石印本　周夢初題簽并記　一冊

330000 - 1717 - 0000152　A0107　集部/總集類/選集之屬/斷代
皇朝經世文編一百二十卷姓名總目二卷續集一百二十卷　(清)賀長齡輯　(清)葛士濬續輯　清同治十二年(1873)、光緒八年(1882)江右饒氏雙峰書屋刻本　八十冊

330000 - 1717 - 0000154　A0109　史部/編年類/通代之屬
資治通鑑綱目五十九卷　(宋)朱熹撰　(明)陳仁錫評　**續編一卷**　(明)陳桱撰　(明)陳仁錫評　**前編二十五卷**　(明)南軒撰　(明)陳仁錫評　**續資治通鑑綱目二十七卷**　(明)商輅等撰　(明)陳仁錫評　清嘉慶十三年

(1808)同人堂刻本　一百二十冊

330000－1717－0000155　A0110　經部/小學類/文字之屬/字書/字典

康熙字典十二集三十六卷總目一卷檢字一卷辨似一卷等韻一卷補遺一卷備考一卷　(清)張玉書等纂修　清光緒十年(1884)上海同文書局石印本　六冊

330000－1717－0000156　A0111　類叢部/類書類/通類之屬

淵鑑類函四百五十卷　(清)張英　(清)王士禛等纂　清光緒九年(1883)上海點石齋石印本　章幹題跋　九冊　缺六十一卷(五十七至一百十七)

330000－1717－0000159　A0114　史部/政書類/律令之屬/治獄

刑案匯覽六十卷首一卷末一卷拾遺備考一卷續增十六卷　(清)祝慶祺輯　清棠樾文淵堂刻本　六十冊　缺四卷(一至四)

330000－1717－0000160　A0115　史部/政書類/律令之屬/刑制

續增刑案匯覽十六卷　(清)祝慶祺輯　清棠樾慎思堂刻本　十六冊

330000－1717－0000161　A0116　史部/編年類/通代之屬

尺木堂綱鑑易知錄九十二卷明鑑易知錄十五卷　(清)吳乘權　(清)周之炯　(清)周之燦輯　清光緒三十一年(1905)上海商務印書館鉛印本　十六冊

330000－1717－0000162　A0117　史部/政書類/通制之屬

三通考輯要七十六卷　湯壽潛輯　清光緒二十五年(1899)上海圖書集成局鉛印本　三十冊

330000－1717－0000163　A0118　子部/術數類/陰陽五行之屬

奇門遁甲元靈經二十四卷　(清)隱溪居士輯　清光緒九年(1883)甬上朱氏刻本　四冊

330000－1717－0000164　A0119　史部/目録類/總録之屬/彙刻

彙刻書目初編十卷　(清)顧修輯　**續編五卷新編一卷補編一卷**　(清)陳光照輯　清光緒元年(1875)長洲無夢園陳氏刻本　九冊　存九卷(一至八、十)

330000－1717－0000165　A0120　史部/目録類/總録之屬/私撰

行素堂目睹書錄十編　(清)朱記榮編　清光緒十年至十一年(1884－1885)吳縣朱氏槐廬刻本　九冊　缺一編(丁)

330000－1717－0000168　A0134　經部/叢編

重刊宋本十三經注疏四百十六卷　附十三經注疏校勘記四百十六卷　(清)阮元撰　(清)盧宣旬摘録　**校勘記識語四卷**　(清)汪文臺撰　清光緒十三年(1887)上海點石齋石印本　二十六冊　存三種

330000－1717－0000169　A0140－A0142　經部/叢編

重刊宋本十三經注疏四百十六卷　附十三經注疏校勘記四百十六卷　(清)阮元撰　(清)盧宣旬摘録　**校勘記識語四卷**　(清)汪文臺撰　清光緒十三年(1887)上海脈望仙館石印本　七冊　存三種

330000－1717－0000170　A0135－A0139　經部/叢編

重刊宋本十三經注疏四百十六卷　附十三經注疏校勘記四百十六卷　(清)阮元撰　(清)盧宣旬摘録　**校勘記識語四卷**　(清)汪文臺撰　清光緒十三年(1887)上海點石齋石印本　九冊　存五種

330000－1717－0000171　A0143　史部/編年類/通代之屬

御批資治通鑑綱目五十九卷前編十八卷舉要三卷外紀一卷續資治通鑑綱目二十七卷　(清)聖祖玄燁撰　清光緒十三年(1887)上海同文書局石印本　二十四冊

330000－1717－0000172　A0144　集部/總集類/選集之屬/斷代

全唐詩三十二卷　(清)曹寅　(清)彭定求等

輯　清光緒十三年(1887)上海同文書局石印本　二十冊　缺十二卷(七、九至十、十六、十八、二十二至二十五、二十七、三十至三十一)

330000 - 1717 - 0000173　A0145　類叢部/類書類/通類之屬
淵鑑類函四百五十卷目錄四卷　(清)張英　(清)王士禛等纂　清光緒十三年(1887)上海同文書局石印本　三十九冊　存三百六十二卷(一至二十七、三十八至七十二、八十五至二百二十六、二百三十七至二百七十五、二百八十五至二百九十五、三百六至三百二十、三百五十至三百九十、四百三至四百五十,目錄一至四)

330000 - 1717 - 0000174　A0146　經部/小學類/文字之屬/說文
說文解字注十五卷附六書音均表五卷　(清)段玉裁撰　**說文部目分韻一卷**　(清)陳煥編　**說文解字注匡謬八卷**　(清)徐承慶撰　**說文解字通檢十四卷首一卷末一卷**　(清)黎永椿編　清光緒十四年(1888)上海蜚英館石印本　二冊　存二十四卷(說文解字注匡謬一至八,首、說文解字通檢一至十四、末)

330000 - 1717 - 0000176　A0147　經部/小學類/文字之屬/說文
說文解字注十五卷附六書音均表五卷　(清)段玉裁撰　**說文部目分韻一卷**　(清)陳煥編　**說文解字注匡謬八卷**　(清)徐承慶撰　**說文解字通檢十四卷首一卷末一卷**　(清)黎永椿編　清光緒十四年(1888)上海蜚英館石印本　三冊　缺十二卷(五至六、十二至十五,六書音均表一至五,說文部目分韻)

330000 - 1717 - 0000179　A0150　史部/史評類/史論之屬
讀通鑑論三十卷宋論十五卷　(清)王夫之撰　清光緒二十七年(1901)簡青齋書局石印本　六冊　存三十卷(讀通鑑論一至三十)

330000 - 1717 - 0000183　A0154　史部/編年類/斷代之屬
十一朝東華約錄二百三十二卷　(清)王祖顯輯　清光緒二十七年(1901)石印本　十一冊　存二百十五卷(一至一百二十二、一百四十至二百三十二)

330000 - 1717 - 0000189　A0160　子部/醫家類/醫經之屬/内經
補注黄帝内經素問二十四卷靈樞十二卷　(唐)王冰注　(宋)林億等校正　(宋)孫兆改誤　**黄帝内經素問遺編一卷**　(宋)劉溫舒撰　清光緒二十二年(1896)圖書集成局鉛印本　五冊　缺六卷(七至十二)

330000 - 1717 - 0000192　A0163　史部/編年類/斷代之屬
十一朝東華約錄二百三十二卷　(清)王祖顯輯　清光緒二十七年(1901)石印本　十八冊　存一百八十六卷(一至二、十三至五十五、五十九至八十四、九十至一百、一百十二至一百二十二、一百三十三至二百十、二百十三至二百十四、二百二十至二百三十二)

330000 - 1717 - 0000194　A0165　史部/政書類/通制之屬
三通考輯要七十六卷　湯壽潛輯　清光緒二十五年(1899)圖書集成局鉛印本　二十九冊　缺一卷(皇朝文獻通考輯要十九)

330000 - 1717 - 0000195　A0166　集部/總集類/選集之屬/斷代
皇朝經世文編一百二十卷姓名總目二卷　(清)賀長齡輯　清光緒二十二年(1896)上海掃葉山房鉛印本　二十冊　缺二十卷(十一至二十一、六十二至六十六、八十四至八十七)

330000 - 1717 - 0000196　A0167　經部/小學類/文字之屬/說文
說文通訓定聲十八卷補遺十八卷分部檢韻一卷說雅一卷古今韻準一卷　(清)朱駿聲撰　清光緒十三年(1887)上海積山書局石印本　七冊　缺八卷(十五至十八、補遺十五至十八)

330000 - 1717 - 0000200　A0171　史部/編年類/斷代之屬

皇朝政典挈要八卷 （日本）增田貢撰 （清）毛淦補編 清光緒二十八年（1902）五彩公司朱墨石印本 四册

330000－1717－0000202 A0173 集部/戲劇類/雜劇之屬

增像第六才子書五卷首一卷 （元）王德信（元）關漢卿撰 （清）金人瑞評 清光緒二十六年（1900）上海書局石印本 三册 缺一卷（二）

330000－1717－0000203 A0174 集部/總集類/尺牘之屬

八賢手札（名賢手札）八卷 （清）郭慶藩輯 清光緒十九年（1893）上海寶文書局石印本 二册

330000－1717－0000204 A0175 子部/農家農學類/總論之屬

農政全書六十卷 （明）徐光啟撰 清光緒二十六年（1900）上海文海書局石印本 八册

330000－1717－0000205 A0176 子部/醫家類/綜合之屬/通論

醫學十書 （清）陳璞撰 清末石印本 四册

330000－1717－0000206 A0177 子部/雜著類/雜説之屬

論説啟悟集初編二卷二編四卷三編四卷 程宗啟編 清宣統三年（1911）上海彪蒙書室石印本 二册 缺一卷（一）

330000－1717－0000212 A0183－A0184 子部/醫家類/方書之屬/歷代方書

增評童氏醫方集解二十三卷 （清）汪昂撰（清）李保常批點 （清）費伯雄加評 **增評童氏本草備要八卷** （清）汪昂輯 （清）李保常增輯 清光緒二十三年（1897）上海圖書集成印書局鉛印本 六册

330000－1717－0000218 A0193 史部/政書類/公牘檔册之屬

樊山公牘四卷 樊增祥撰 清宣統三年（1911）廣益書局石印本 四册

330000－1717－0000228 A0204 史部/政書類/通制之屬

二十四史九通政典類要合編三百二十卷（清）黄書霖輯 清光緒二十八年（1902）約雅堂石印本 五十五册 缺二十八卷（一至八、一百九十六至二百四、二百十二至二百十六、二百五十一至二百五十六）

330000－1717－0000229 A0205 史部/目録類/總録之屬/官修

欽定四庫全書簡明目錄二十卷 （清）紀昀等撰 清乾隆六十年（1795）浙江刻本 十八册

330000－1717－0000230 A0206 類叢部/類書類/通類之屬

讀書紀數略五十四卷 （清）宫夢仁輯 清康熙刻本 十二册

330000－1717－0000231 A0207 史部/目録類/總録之屬/官修

欽定四庫全書總目二百卷首四卷 （清）紀昀等撰 清刻本 一百十二册

330000－1717－0000232 A0208 史部/目録類/總録之屬/官修

欽定四庫全書總目二百卷首一卷 （清）紀昀等撰 清同治七年（1868）廣東書局刻本 八十四册 存一百五十七卷（首，一至二十二、二十九至四十七、六十一至六十二、六十五至一百四十一、一百四十八至一百七十二、一百九十至二百）

330000－1717－0000233 A0209－A0214 子部/醫家類/類編之屬

南雅堂醫書全集十六種 （清）陳念祖撰 清刻本 二十九册 存六種

330000－1717－0000234 A0215 子部/雜著類/雜説之屬

冷廬雜識八卷 （清）陸以湉撰 清刻光緒十九年（1893）龐元澂重修本 六册 缺二卷（一、四）

330000－1717－0000235 A0216 集部/總集類/選集之屬/通代

文苑英華選六十卷 （清）宫夢仁輯 清康熙

刻本　十九冊　缺九卷(二十至二十二、四十三至四十四、四十八至五十一)

330000－1717－0000236　A0217　子部/醫家類/方書之屬/單方驗方

葉種德堂丹丸全錄一卷　(清)葉種德堂主人編　清同治五年(1866)刻本　一冊

330000－1717－0000237　A0218　類叢部/類書類/專類之屬

應酬彙選新集八卷　(清)陸九如纂補　清嘉慶十八年(1813)刻本　四冊

330000－1717－0000238　A0219　集部/別集類/清別集

咫尺蓬萊館時藝一卷　(清)何炳榮撰　清同治九年(1870)刻本　二冊

330000－1717－0000239　A0221　子部/醫家類/兒科之屬/痘疹

重刻補遺秘傳痘疹玉髓金鏡錄三卷　(明)翁仲仁撰　(明)陸道元補遺　清刻本　一冊

330000－1717－0000240　A0220　集部/總集類/選集之屬/通代

天崇百篇二卷　(清)吴懋政評選　清吴氏家塾刻本　四冊

330000－1717－0000241　A0222　子部/儒家類/儒學之屬/經濟

舉業上乘續刻一卷首一卷補編一卷　清道光三十年(1850)刻本　一冊

330000－1717－0000242　A0223　集部/總集類/課藝之屬

經正書院課藝三集不分卷　清光緒八年(1882)經正書院刻本　四冊

330000－1717－0000243　A0224　集部/總集類/選集之屬/斷代

註釋唐詩三百首六卷　(清)孫洙編　清刻本　一冊

330000－1717－0000244　A0225　經部/小學類/音韻之屬

新鐫彙音妙悟全集一卷　(清)黄謙輯　清道光十一年(1831)刻本　一冊

330000－1717－0000245　A0226　集部/總集類/課藝之屬

聽雨軒讀本前集二卷今集不分卷　(清)陳鍾麟選　清同治七年(1868)緯文堂刻本　六冊

330000－1717－0000246　A0227　集部/總集類/課藝之屬

青雲集分韻試帖詳注四卷　(清)楊逢春　(清)蕭應櫆輯　(清)沈品華等注　清光緒十四年(1888)永康胡氏退補齋刻本　四冊

330000－1717－0000247　A0228　子部/術數類/雜術之屬

新刻萬法歸宗五卷　(唐)李淳風撰　(唐)袁天罡補　清刻本　五冊

330000－1717－0000248　A0229　集部/總集類/彙編之屬

七種古文選　(清)儲欣評　清刻本　十五冊　缺四卷(左傳選十二至十四、唐宋八大家類選一)

330000－1717－0000249　A0230　集部/別集類/明別集

楊忠愍公全書一卷　(明)楊繼盛撰　清光緒四年(1878)粵東廣州府南海縣刻七年(1881)重印本　一冊

330000－1717－0000250　A0231　集部/小説類/長篇之屬

圖像三國志演義第一才子書六十卷一百二十回　(明)羅本撰　(清)金聖歎評　(清)毛宗崗增評　清光緒二十一年(1895)上海文瑞樓鉛印本　十二冊

330000－1717－0000252　A0233　集部/小説類/短篇之屬

聊齋志異新評十六卷　(清)蒲松齡撰　(清)王士禛評　(清)但明倫新評　(清)呂湛恩注　清光緒十年(1884)上海著易堂鉛印本　七冊　缺二卷(九至十)

330000－1717－0000253　A0234　子部/術數類/占卜之屬

靈棋經二卷 （晉）顔幼明 （南朝宋）何承天注 （元）陳師凱 （明）劉基注解 清刻本 二冊

330000－1717－0000255 A0237－A0238 類叢部/叢書類/彙編之屬

續知不足齋叢書(續鮑叢書)十七種 （清）高承勳編 清渤海高氏刻本 一冊 存二種

330000－1717－0000256 A0239 集部/小説類/長篇之屬

繡像封神演義一百回 （明）許仲琳撰 清光緒十六年(1890)珎藝書局鉛印本 六冊 存五十八回(一至十八、五十一至六十、七十一至一百)

330000－1717－0000257 A0240－A0241 類叢部/叢書類/彙編之屬

花雨樓叢鈔十一種續鈔十一種附一種 （清）張壽榮輯 清光緒八年至十四年(1882－1888)蛟川張氏花雨樓刻本 四十四冊 缺五卷(經書算學天文攷一至二、説雅一至二、苔岑經義鈔四)

330000－1717－0000258 A0242 集部/總集類/課藝之屬

墨選十則十卷 （清）陳變編 清刻本 八冊 存八卷(二至九)

330000－1717－0000259 A0243 子部/宗教類/道教之屬/雜著

敬信録四卷附百試百驗神效奇方二卷 （清）徐榮編 清咸豐六年(1856)愘素堂刻同治三年(1864)補刻本 五冊

330000－1717－0000260 A0244 子部/術數類/雜術之屬

大六壬尋原九卷 （清）張純照輯 清同治七年(1868)文奎堂刻本 四冊

330000－1717－0000261 A0245 子部/醫家類/溫病之屬/瘧痢

痢證匯參十卷 （清）吴道源輯 清三讓堂刻本 三冊 缺四卷(五至八)

330000－1717－0000262 A0246 集部/總集類/選集之屬/斷代

瀛海探驪集八卷 （清）朱埏之輯 （清）馮泉 （清）毛寅初 （清）田枘註 清刻本 一冊

330000－1717－0000263 A0247 經部/小學類/文字之屬/説文

説文答問疏證六卷 （清）錢大昕撰 （清）薛傳均疏證 清光緒八年(1882)紫薇山館刻本 二冊

330000－1717－0000264 A0248 經部/小學類/音韻之屬/韻書

詩韻合璧五卷 （清）湯祥瑟輯 **虚字韻藪一卷** （清）潘維城輯 清末鉛印本 五冊

330000－1717－0000265 A0249 類叢部/類書類/專類之屬

詩韻類錦十二卷附録一卷 （清）郭化霖編 清咸豐二年(1852)靈蘭堂刻本 八冊

330000－1717－0000267 A0251 子部/醫家類/方書之屬/單方驗方

葉種德堂丸散膏丹一卷 （清）葉種德堂主人編 清光緒十三年(1887)葉種德堂刻本 一冊

330000－1717－0000268 A0252 集部/小説類/短篇之屬

聊齋志異新評十六卷 （清）蒲松齡撰 （清）王士禛評 （清）但明倫新評 清光緒七年(1881)近文堂刻朱墨套印本 九冊 存九卷(一至二、六、八至十、十三至十五)

330000－1717－0000269 A0253 經部/群經總義類/傳説之屬

皇朝五經彙解二百七十卷 （清）朱鏡清輯 清末石印本 二十四冊 缺六十四卷(一至四十、一百九十八至二百二十一)

330000－1717－0000276 A0261 經部/小學類/文字之屬/字書/字典

康熙字典十二集三十六卷總目一卷檢字一卷辨似一卷等韻一卷補遺一卷備考一卷 （清）張玉書等纂修 清末上海鴻寶書局石印本 六冊

330000－1717－0000277　A0262　經部/小學類/文字之屬/字書/字典

康熙字典十二集三十六卷總目一卷檢字一卷辨似一卷等韻一卷補遺一卷備考一卷　(清)張玉書等纂修　清光緒十六年(1890)上海鴻寶書局石印本　六册

330000－1717－0000281　A0266　子部/醫家類/綜合之屬/通論

簡明中西匯參醫學圖説二卷　(清)王有忠編輯　清光緒三十二年(1906)上海廣益書局石印本　三册

330000－1717－0000289　A0274　子部/儒家類/儒學之屬/性理

呂語集粹四卷首一卷　(清)陳弘謀評輯　清宣統元年(1909)上海文瑞樓石印本　二册

330000－1717－0000290　A0275　子部/醫家類/綜合之屬/通論

儒門事親十五卷　(金)張子和撰　清宣統二年(1910)石印本　六册

330000－1717－0000291　A0276　子部/天文曆算類/算書之屬

四元玉鑑細草三卷四象細草假令之圖一卷附補增一卷　(清)羅士琳撰　**四元釋例一卷**　(清)易之瀚撰　清光緒二十二年(1896)鴻寶齋書局石印本　六册

330000－1717－0000299　A0284　集部/小説類/長篇之屬

增像全圖西漢演義四卷一百回　(明)甄偉撰　清宣統元年(1909)上海久敬齋石印本　二册

330000－1717－0000305　A0291　子部/藝術類/書畫之屬/畫譜

芥子園畫傳初集五卷二集九卷三集六卷　(清)王槩　(清)王蓍　(清)王臬輯　清光緒上海天寶書局石印本　十一册

330000－1717－0000307　A0292－A0294　史部/目録類

葉氏存古叢書四種　葉銘輯　清宣統西泠印社鉛印本　七册　存三種

330000－1717－0000308　A0296　集部/總集類/選集之屬/通代

涵芬樓古今文鈔一百卷　吴曾祺輯　清宣統二年(1910)商務印書館鉛印本　八十四册　缺十六卷(六十七至六十八、八十一至八十二、八十五至九十二、九十四至九十七)

330000－1717－0000311　A0299　集部/小説類/長篇之屬

增像全圖三國志演義第一才子書□□卷一百二十回　(明)羅本撰　(清)毛宗崗評　清宣統元年(1909)上海章福記書局石印本　八册　存八十回(一至八十)

330000－1717－0000313　A0301　新學/史志

五洲事類匯表五十卷　(清)趙士元　(清)孔昭紱編　清光緒二十九年(1903)上海仁記書局石印本　十三册　存二十七卷(一至十、三十二至四十八)

330000－1717－0000318　A0307　集部/總集類/選集之屬/斷代

國朝駢體正宗評本十二卷補編一卷　(清)曾燠輯　清光緒十一年(1885)花雨樓刻朱墨套印本　四册　存八卷(一至八)

330000－1717－0000325　A0314　史部/史評類/考訂之屬

廿二史劄記三十六卷補遺一卷　(清)趙翼撰　清光緒二十六年(1900)上海書局石印本　四册　存十八卷(一至十四、二十五至二十八)

330000－1717－0000326　A0315　集部/小説類/長篇之屬

圖像新撰五劍十八義四卷四十回後集四卷三十二回　清光緒三十三年(1907)上海書局石印本　四册

330000－1717－0000328　A0317　集部/總集類/選集之屬/通代

唐宋八大家讀本十卷　(清)沈德潛輯　清光緒二十四年(1898)上海鴻文書局石印本　六

册　缺二卷(三、五)

330000－1717－0000332　A0321　子部/雜著類/雜纂之屬

九朝野記四卷　(明)祝允明撰　清宣統三年(1911)時中書局鉛印本　二册

330000－1717－0000334　A0323　子部/醫家類/綜合之屬/合刻、合抄

景岳全書六十四卷　(明)張介賓撰　清光緒二十年(1894)上海圖書集成印書局鉛印本　十四册　缺七卷(五十二至五十八)

330000－1717－0000335　A0324　子部/醫家類/溫病之屬/其他溫疫病證

溫病條辨六卷首一卷　(清)吴瑭撰　清光緒十九年(1893)上海圖書集成印書局鉛印本　二册

330000－1717－0000336　A0325　集部/總集類/彙編之屬

七家試帖輯注彙鈔九卷　(清)張熙宇輯評　(清)王植桂輯注　清光緒十八年(1892)上海圖書集成印書局鉛印本　四册

330000－1717－0000339　A0328　子部/醫家類/溫病之屬/其他溫疫病證

溫病條辨六卷首一卷　(清)吴瑭撰　清光緒十九年(1893)上海圖書集成印書局鉛印本　一册

330000－1717－0000345　A0335　子部/醫家類/類編之屬

南雅堂醫書全集五十四種　(清)陳念祖撰　清末至民國上海章福記書局石印本　十一册　存十三種

330000－1717－0000348　A0338　子部/醫家類/溫病之屬/其他溫疫病證

溫病條辨六卷首一卷　(清)吴瑭撰　清光緒三十二年(1906)上海千頃堂石印本　三册　缺一卷(三)

330000－1717－0000351　A0342　子部/醫家類/方書之屬/單方驗方

驗方新編二十四卷　(清)鮑相璈輯　清浙江刻本　十五册　缺一卷(一)

330000－1717－0000353　A0344　子部/醫家類/喉科口齒之屬/白喉

洞主仙師白喉治法忌表抉微一卷　(清)耐修子輯並注　清光緒二十六年(1900)上海文楨堂書坊石印本　一册

330000－1717－0000354　A0345　子部/醫家類/方書之屬/成方藥目

丹桂良方二卷　(清)黄翼升編　清同治十年(1871)刻本　一册

330000－1717－0000355　A0346　子部/醫家類/醫案之屬

古今醫案按選四卷　(清)俞震輯　(清)王士雄選　清光緒三十年(1904)會稽取斯堂董氏刻本　五册

330000－1717－0000356　A0347　子部/醫家類/綜合之屬/通論

御纂醫宗金鑑九十卷首一卷　(清)吴謙等撰　清光緒十八年(1892)上海圖書集成印書局鉛印本　二十四册

330000－1717－0000357　A0348　集部/總集類/選集之屬/斷代

壬寅直省闈墨選瑜三卷　清光緒二十九年(1903)鉛印本　一册

330000－1717－0000362　A0353　史部/政書類/邦交之屬

各國約章纂要六卷首一卷附録一卷　勞乃宣輯　清光緒十八年(1892)上海圖書集成印書局鉛印本　四册

330000－1717－0000363　A0354　史部/政書類/邦計之屬

財政叢書二十一種　(清)昌言報館編輯　清光緒二十九年(1903)上海會文學社石印本　九册　存十二種

330000－1717－0000364　A0355　史部/詔令奏議類/奏議之屬

皇朝道咸同光奏議六十四卷　(清)王延熙　(清)王樹敏輯　清光緒二十八年(1902)上海

久敬齋石印本　二十八册

330000－1717－0000371　A0362　經部/小學類/文字之屬/説文

説文部首歌括不分卷　徐道政編　清光緒三十四年(1908)上海會文學社石印本　一册

330000－1717－0000372　A0363　新學/議論/論政

新政真詮六卷　何啟　胡禮垣撰　清光緒二十七年(1901)格致新報館鉛印本　七册　缺一卷(一)

330000－1717－0000373　A0364　新學/格致總

博物新編圖説一卷　(清)陳修堂撰　(清)華蘅芳鑒定　清光緒二十四年(1898)藏經史館石印本　二册

330000－1717－0000374　A0365　史部/紀傳類/别史之屬

清朝史略十一卷　(日本)佐藤楚材編輯　清光緒二十八年(1902)上海書局石印本　六册

330000－1717－0000379　A0370　集部/總集類/課藝之屬

各省課藝匯海　(清)擷雲腴山館主人編　清光緒十一年(1885)選青書屋銅版印本　四册

330000－1717－0000380　A0371　類叢部/類書類/專類之屬

策海八十卷　(清)鄭子珍編　清光緒八年(1882)刻本　二十三册　存五十六卷(一至四十四、四十八至五十九)

330000－1717－0000383　A0378　子部/醫家類/本草之屬/本草藥性

珍珠囊指掌補遺藥性賦四卷　(金)李杲輯

雷公炮製藥性解六卷　(明)李中梓輯　清宣統三年(1911)上海會文堂書局石印本　一册

330000－1717－0000384　A0380　史部/紀事本末類/斷代之屬

聖武記十四卷　(清)魏源撰　清光緒二十九年(1903)上海六藝書莊石印本　六册

330000－1717－0000385　A0379　子部/醫家類/本草之屬/本草藥性

珍珠囊指掌補遺藥性賦四卷　(金)李杲輯

雷公炮製藥性解六卷　(明)李中梓輯　清光緒二十年(1894)上海文瑞樓鉛印本　譙國竹軒氏題簽并記　二册

330000－1717－0000388　A0383　集部/别集類/清别集

倚翠樓詩草一卷　(清)朱素貞撰　清末抄本　婕仙題記　一册

330000－1717－0000391　A0386　經部/儀禮類/傳説之屬

儀禮節本三卷　(清)汪基撰　清光緒三十四年(1908)寧波汲綆齋石印本　一册

330000－1717－0000396　A0391　子部/醫家類/外科之屬/通論

瘍醫大全四十卷　(清)顧世澄撰　清光緒二十七年(1901)上海圖書集成印書局鉛印本　十六册

330000－1717－0000397　A0392　集部/别集類/清别集

曾文正公書札三十三卷　(清)曾國藩撰　(清)李瀚章編輯　清宣統元年(1909)上海二金壘堂石印本　六册　缺十四卷(五至七、十一至十四、二十至二十三、二十九至三十一)

330000－1717－0000399　A0394　子部/醫家類/兒科之屬/痘疹

痲症集成四卷　(清)朱載揚撰　(清)朱夢裘編　清宣統元年(1909)月山居士鉛印本　一册

330000－1717－0000413　A0409　子部/醫家類/方書之屬/單方驗方

醫方湯頭歌訣一卷附經絡歌訣一卷　(清)汪昂撰　清光緒三十年(1904)上海章福記書局石印本　葉國梁題簽　一册

330000－1717－0000416　A0412　經部/小學類/文字之屬/字書

攷正字彙二卷　(清)陳淏子撰　清光緒三十

一年(1905)上海文新書局石印本　一冊

330000－1717－0000422　A0418　子部/宗教類/佛教之屬

覺世經果報圖證二卷　清光緒二十一年(1895)上海書局石印本　二冊

330000－1717－0000425　A0421　類叢部/叢書類/彙編之屬

武英殿聚珍版書一百三十八種　清浙江刻本　八十九冊　存三十五種

330000－1717－0000426　A0422　經部/小學類/文字之屬/字書/字典

康熙字典十二集三十六卷總目一卷檢字一卷辨似一卷等韻一卷補遺一卷備考一卷　(清)張玉書等纂修　清末刻本　三十二冊

330000－1717－0000427　A0423　經部/小學類/文字之屬/字書/字典

康熙字典十二集三十六卷總目一卷檢字一卷辨似一卷等韻一卷補遺一卷備考一卷　(清)張玉書等纂修　清道光七年(1827)刻本　三十二冊

330000－1717－0000428　A0424　集部/詩文評類/詩評之屬

養一齋詩話十卷李杜詩話三卷　(清)潘德輿撰　清道光十六年(1836)刻本　四冊

330000－1717－0000429　A0425　子部/醫家類/綜合之屬/通論

御纂醫宗金鑑九十卷首一卷　(清)吳謙等撰　清刻本　四十六冊　缺四卷(十八至十九、八十二至八十三)

330000－1717－0000430　A0426　史部/史評類/史論之屬

讀史論略一卷紀年節略一卷歷代國號歌一卷　(清)杜詔撰　清光緒元年(1875)紅杏山房刻本　舜江老人題簽　一冊

330000－1717－0000432　A0428　集部/小說類/長篇之屬

紅樓夢一百二十回　(清)曹霑　(清)高鶚撰　清刻本　十七冊　存八十四回(一至十一、二十九至三十五、四十六至五十五、六十一至一百十六)

330000－1717－0000433　A0429　史部/雜史類/斷代之屬

淮軍平捻記十二卷　(清)周世澄撰　清光緒三年(1877)上海機器印書局鉛印本　二冊

330000－1717－0000434　A0430　集部/戲劇類/傳奇之屬

成裕堂繪像第七才子書六卷四十二齣　(元)高明撰　(清)毛綸評　清大文堂刻本　六冊

330000－1717－0000435　A0431　子部/雜著類/雜纂之屬

勸戒近録初二三編合鈔十六卷四編摘鈔一卷五録六卷六録六卷七録六卷八録六卷九録六卷十録六卷　(清)梁恭辰撰　清光緒六年(1880)許聞山館刻民國十三年(1924)紹城鍾聚珍齋印本　十四冊　缺六卷(五録一至三、八録四至六)

330000－1717－0000436　A0432　類叢部/類書類/通類之屬

角山樓增補類腋六十七卷　(清)姚培謙撰　(清)趙克宜增輯　清咸豐七年(1857)丹徒趙克宜角山樓刻十年(1860)重修本　十冊

330000－1717－0000437　A0433　經部/小學類/文字之屬/字書/字典

康熙字典十二集三十六卷總目一卷檢字一卷辨似一卷等韻一卷補遺一卷備考一卷　(清)張玉書等纂修　清道光七年(1827)謝文聚堂刻本　四十冊

330000－1717－0000438　A0434　子部/雜著類/雜纂之屬

兩般秋雨盦隨筆八卷　(清)梁紹壬撰　清道光十七年(1837)錢塘汪氏振綺堂刻本　八冊

330000－1717－0000439　A0435　經部/小學類/文字之屬/字書/字典

字彙四卷　(明)梅膺祚輯　清刻本　四冊

330000－1717－0000440　A0436　經部/小學類/文字之屬/字書/字典

字彙四卷　(明)梅膺祚輯　清刻本　四册

330000－1717－0000441　A0437　子部/醫家類/類編之屬
中西匯通醫書五種　唐宗海撰　清光緒三十四年(1908)上海千頃堂書局石印本　十册　缺六卷(金匱要略淺註補正七至九、血證論六至八)

330000－1717－0000442　A0438　子部/雜著類/雜説之屬
七修類稿五十一卷續稿七卷　(明)郎瑛撰　清乾隆四十年(1775)耕烟草堂刻本　十二册　缺十四卷(十九至二十二、二十六至二十八,續稿一至七)

330000－1717－0000443　A0439　類叢部/類書類/通類之屬
分類緘腋四卷　(清)涂謙撰　清尚友堂刻本　四册

330000－1717－0000444　A0440　集部/總集類/課藝之屬
青雲集分韻試帖詳注四卷　(清)楊逢春　(清)蕭應櫆輯　(清)沈品華等注　清同治十一年(1872)刻本　四册

330000－1717－0000445　A0441　集部/總集類/課藝之屬
青雲集分韻試帖詳注四卷　(清)楊逢春　(清)蕭應櫆輯　(清)沈品華等注　清同治十一年(1872)務本堂刻本　四册

330000－1717－0000446　A0442　經部/四書類/總義之屬/傳説
四書集注十九卷　(宋)朱熹撰　清刻本　九册　存十二卷(論語一、六至十,孟子一至六)

330000－1717－0000447　A0443　子部/術數類/雜術之屬
六壬眎斯二卷　(清)葉悔亭輯　清刻本　二册

330000－1717－0000448　A0444　集部/小説類/長篇之屬
檮杌閒評五十卷五十回首一卷　清刻本　十五册　缺三卷(首、一至二)

330000－1717－0000449　A0445　集部/總集類/課藝之屬
排律初津四卷　(清)金鳳沼編註　清光緒七年(1881)古越求是齋刻本　四册

330000－1717－0000450　A0446　經部/小學類/音韻之屬/韻書
初學檢韻十二卷總目一卷檢字一卷　(清)姚文登輯　**字學舉隅一卷**　(清)黄本驥編　清光緒元年(1875)刻本　四册

330000－1717－0000451　A0447　子部/術數類/命書相書之屬
新刻合併官板音義評註淵海子平五卷　(宋)徐升編　清大文堂刻本　二册

330000－1717－0000452　A0448　子部/雜著類/雜纂之屬
經餘必讀八卷續編八卷三編四卷　(清)雷琳　(清)錢樹棠　(清)錢樹立輯　清刻本　四册　存八卷(經餘必讀一至八)

330000－1717－0000453　A0449　史部/雜史類/斷代之屬
國語辨體一卷　(清)徐與喬輯評　清刻本　一册

330000－1717－0000454　A0450　類叢部/叢書類/自著之屬
隨園三十六種　(清)袁枚撰　清刻本　二册　存一種

330000－1717－0000455　A0451　子部/醫家類/婦科之屬/產科
胎產心法三卷　(清)閻純璽撰　清同治六年(1867)緯文堂刻本　五册

330000－1717－0000456　A0453　集部/别集類/清别集
玉餘尺牘附編八卷　(清)莊士敏撰　清光緒六年(1880)武林刻本　四册

330000－1717－0000457　A0454　史部/政書類/律令之屬/律例

欽定吏部處分則例五十二卷　清同治八年(1869)金東書行刻本　二十四册

330000－1717－0000458　A0455　經部/四書類/總義之屬/傳説
四書典林三十卷增補四書圖考一卷　(清)江永輯　清崇德書院刻本　九册　缺三卷(十七至十九)

330000－1717－0000459　A0456　經部/四書類/總義之屬/傳説
四書典林三十卷四書古人典林十二卷　(清)江永輯　清掃葉山房刻本　三册　存九卷(四書古人典林一至七、十一至十二)

330000－1717－0000460　A0457　史部/職官類/官制之屬/通志
資治新書十四卷首一卷　(清)李漁輯　清刻本　九册　缺一卷(七)

330000－1717－0000461　A0458　史部/職官類/官箴之屬
宦鄉要則七卷　(清)張鑒瀛編　清光緒五年(1879)張鑒瀛奎映堂刻本　四册

330000－1717－0000462　A0459　史部/編年類/通代之屬
御撰資治通鑑綱目三編二十卷　(清)張廷玉等撰　清刻本　六册

330000－1717－0000463　A0460　史部/金石類/錢幣之屬/雜著
洋銀辨正新編二卷圖像一卷　(清)嚴京周校訂　(清)趙行先同評　清光緒元年(1875)抄本　一册

330000－1717－0000464　A0461　子部/術數類/雜術之屬
六壬經緯六卷　(清)毛志道撰　清裕豐堂刻本　三册

330000－1717－0000465　A0462　集部/小説類/長篇之屬
草木春秋演義五卷三十二回　(清)雲間子(江洪)撰　(清)樂山人編修　清經綸堂刻本　四册

330000－1717－0000466　A0463　類叢部/類書類/專類之屬
四書典制類聯音註十卷　(清)閻其淵輯　清同治七年(1868)維經堂刻本　十二册

330000－1717－0000467　A0464　經部/四書類/總義之屬/傳説
四書味根錄三十九卷　(清)金澂撰　清光緒刻本　十二册　缺十一卷(論語十六至二十，孟子一至四、七至八)

330000－1717－0000468　A0465　子部/小説家類/異聞之屬
新齊諧二十四卷　(清)袁枚撰　清蓮溪書屋刻本　十册　缺四卷(十二至十五)

330000－1717－0000469　A0466　史部/編年類/通代之屬
芸經樓綱鑑易知錄九十二卷明鑑易知錄十五卷　(清)吳乘權　(清)周之炯　(清)周之燦輯　清刻本　三十六册

330000－1717－0000470　A0467　經部/小學類/文字之屬/字書/字典
康熙字典十二集三十六卷總目一卷檢字一卷辨似一卷等韻一卷補遺一卷備考一卷　(清)張玉書等纂修　清刻本　四十册

330000－1717－0000471　A0468　類叢部/叢書類/彙編之屬
國朝名人著述叢編十三種　(清)□□輯　清光緒五年(1879)上海淞隱閣鉛印本　四册　存八種

330000－1717－0000472　A0469　集部/别集類/清别集
管注秋水軒尺牘四卷續刻一卷　(清)許思湄撰　(清)婁世瑞注釋　(清)管斯駿補注　清光緒十二年(1886)吳縣管氏管可壽齋刻朱墨套印本　蘭竹書屋題記　四册　缺一卷(續刻)

330000－1717－0000473　A0470　子部/小説家類/異聞之屬
太平廣記五百卷目錄十卷　(宋)李昉等輯　清嘉慶十一年(1806)姑蘇聚文堂刻本　六十

四冊

330000－1717－0000474　A0472　子部/醫家類/本草之屬/歷代綜合本草

本草綱目五十二卷　(明)李時珍撰　**本草萬方鍼線八卷**　(清)蔡烈先輯　清光緒元年(1875)雙門底緯文堂刻本　二十一冊　存三十八卷(五至七、十三至十六、二十二至二十八、三十一至五十二,本草萬方鍼線一至二)

330000－1717－0000476　A0474　經部/小學類/文字之屬/字書/字體

六書通十卷　(清)閔齊伋撰　(清)畢弘述篆訂　清光緒十九年(1893)上海校經山房石印本　三冊　存七卷(一至七)

330000－1717－0000477　A0475　集部/詩文評類/詩評之屬

隨園詩話十六卷補遺十卷　(清)袁枚撰　清同治八年(1869)經綸堂刻本　十二冊

330000－1717－0000478　A0476　集部/小說類/長篇之屬

鏡花緣二十卷一百回　(清)李汝珍撰　清刻本　舜江老人跋　十七冊　缺三卷(一、三、十一)

330000－1717－0000479　A0477　集部/總集類/選集之屬/通代

御選唐宋詩醇四十七卷目錄二卷　(清)高宗弘曆輯　清乾隆二十五年(1760)聚秀堂刻本　十二冊　存二十二卷(三至四、七至十二、十五至十六、十九至二十四、二十七至二十八、三十七至三十八、四十一,目錄一)

330000－1717－0000480　A0471　史部/編年類/斷代之屬

東華錄三十二卷(乾隆朝)　(清)蔣良騏撰　清刻本　十一冊　存二十九卷(一至二十九)

330000－1717－0000482　A0479　集部/戲劇類/雜劇之屬

雲林別墅繪像妥註第六才子書六卷首一卷　(元)王德信撰　(明)李贄評點　(清)金人瑞評　(清)鄒聖脉妥註　清乾隆五十三年(1788)刻本　六冊

330000－1717－0000483　A0480　子部/醫家類/本草之屬/歷代綜合本草

本草備要八卷　(清)汪昂撰　清光緒十三年(1887)鴻文書局石印本　二冊

330000－1717－0000484　A0481　類叢部/類書類/通類之屬

純是比喻四卷　(清)沈慕䲣輯　清末石印本　二冊

330000－1717－0000485　A0482　子部/醫家類/喉科口齒之屬/白喉

洞主仙師白喉治法忌表抉微一卷附經驗救急諸方一卷　(清)耐修子輯並注　清光緒二十七年(1901)順成書局石印本　一冊

330000－1717－0000487　A0484　子部/醫家類/本草之屬/歷代綜合本草

本草從新十八卷　(清)吳儀洛輯　清光緒十八年(1892)上海書局石印本　四冊

330000－1717－0000488　A0485　子部/醫家類/本草之屬/本草藥性

珍珠囊指掌補遺藥性賦四卷　(金)李杲輯　**雷公炮製藥性解六卷**　(明)李中梓輯　清光緒十九年(1893)上海珍藝書局鉛印本　四冊

330000－1717－0000490　A0487　子部/術數類/占卜之屬

新刻增字邵康節先生梅花觀梅拆字數全集五卷　(宋)邵雍撰　清宣統二年(1910)上海鑄記書局石印本　一冊

330000－1717－0000493　A0490　集部/曲類/彈詞之屬

新編鳳雙飛前傳二十回後傳二十二回　(清)程蕙英撰　清光緒二十四年(1898)怡怡軒主人石印本　十冊　存二十二回(一至六、十一至十四、十七至二十,後傳一至四、十一至十二、十九至二十)

330000－1717－0000495　A0492　集部/總集類/尺牘之屬

尺牘初桄二卷附二卷彙註一卷　(清)子虛氏

輯　清光緒十二年(1886)滬北格致書室鉛印本　二册

330000－1717－0000496　A0493　子部/術數類/占卜之屬
銀河棹二卷　(明)張松源編　清光緒二十四年(1898)漱石山館石印本　一册

330000－1717－0000497　A0494　集部/總集類/尺牘之屬
歷代名賢手札八卷　(清)蕭士珂輯　清光緒二十二年(1896)學古齋石印本　八册

330000－1717－0000498　A0495　經部/春秋左傳類/傳說之屬
東萊博議四卷首一卷　(宋)呂祖謙撰　**增補虛字注釋一卷**　(清)馮泰松點定　清光緒二十年(1894)聚奎堂石印本　二册

330000－1717－0000499　A0496　子部/醫家類/綜合之屬/通論
古吳童氏重校醫宗必讀十卷　(明)李中梓撰　清光緒二十四年(1898)石印本　四册

330000－1717－0000500　A0497　類叢部/類書類/通類之屬
試帖玉芙蓉集四卷　(清)同文書局主人輯　清光緒十年(1884)上海同文書局石印本　四册

330000－1717－0000501　A0498　史部/詔令奏議類/奏議之屬
變法奏議叢鈔不分卷　(清)欣賞齋主人編　清光緒二十七年(1901)上海書局石印本　四册

330000－1717－0000502　A0499　新學/格致總
增訂格物入門七卷首一卷　(美國)丁韙良撰　清光緒十五年(1889)同文館鉛印本　六册　缺一卷(六)

330000－1717－0000503　A0500　集部/小說類/長篇之屬
增訂精忠演義說本全傳二十卷八十回　(清)錢彩撰　(清)金豐增訂　清光緒六年(1880)奎照樓刻本　二十册

330000－1717－0000504　A0501　集部/小說類/長篇之屬
增訂精忠演義說本全傳二十卷八十回　(清)錢彩撰　(清)金豐增訂　清末刻本　十二册　缺八卷(一至二、五至六、十至十一、十三、十九)

330000－1717－0000505　A0502　集部/總集類/課藝之屬
四六策料新編二卷　(清)潘本盛　(清)潘本泰輯　清咸豐元年(1851)刻本　四册

330000－1717－0000506　A0503　子部/醫家類/類編之屬
張氏醫書七種　(清)張璐等撰　清三元堂刻本　十七册

330000－1717－0000507　A0504　子部/醫家類/類編之屬
婦嬰至寶三種六卷　(清)亟齋居士編　清嘉慶元年(1796)刻本　一册

330000－1717－0000508　A0505　子部/醫家類/方書之屬/單方驗方
驗方新編十六卷　(清)鮑相璈輯　**咽喉秘集一卷**　(清)海山仙館編　清同治十年(1871)上海刻本　七册　缺二卷(九至十)

330000－1717－0000509　A0506　經部/四書類/總義之屬/傳說
四書人物類典串珠四十卷　(清)臧志仁輯　清嘉慶六年(1801)刻本　八册

330000－1717－0000510　A0507　子部/醫家類/診法之屬/脈經脈訣
瀕湖脈學一卷奇經八脈攷一卷脈訣攷證一卷　(明)李時珍撰　清同治五年(1866)刻本　一册　缺一卷(脈訣攷證)

330000－1717－0000511　A0508　子部/醫家類/溫病之屬/痧症
吊腳痧方論一卷　(清)徐子默撰　清道光二十年(1840)杭城武林門積墨齋刻本　一册

330000－1717－0000512　A0509　子部/醫家類/綜合之屬/雜著
筆花醫鏡四卷　(清)江涵暾撰　清咸豐六年(1856)刻本　一冊　存二卷(一至二)

330000－1717－0000513　A0510　子部/術數類/相宅相墓之屬
增補地理直指原真十卷　(清)釋如玉撰　清道光十年(1830)品蓮堂刻本　六冊

330000－1717－0000514　A0511　類叢部/叢書類/彙編之屬
古香齋袖珍十種　清同治至光緒南海孔氏刻本　一百二十三冊　存一種

330000－1717－0000516　A0513　集部/別集類/清別集
知味軒啟事四卷稟言四卷　(清)陳毓靈撰　清道光二十六年(1846)文德堂刻本　十冊

330000－1717－0000518　A0515　類叢部/類書類/專類之屬
策學新纂八卷策式一卷策佐一卷拾遺二卷　(清)方懋朝編　(清)李京枚補輯　清刻本　六冊

330000－1717－0000519　A0516　子部/天文曆算類/算書之屬
西算明鏡錄五卷　(清)王韜筆述　(清)算學日新會譯　清光緒二十三年(1897)算學日新會石印本　四冊

330000－1717－0000522　A0519　經部/春秋左傳類/傳說之屬
東萊博議四卷首一卷　(宋)呂祖謙撰　**增補虛字注釋一卷**　(清)馮泰松點定　清光緒十八年(1892)上海古香閣石印本　一冊

330000－1717－0000526　A0523　集部/曲類/彈詞之屬
增廣繪像四香緣傳六卷三十二回　清光緒五年(1879)上海書局石印本　五冊　缺一卷(二)

330000－1717－0000527　A0524　集部/總集類
求是齋墨醇不分卷　(清)杜聯選評　清咸豐九年(1859)求是齋刻本　四冊

330000－1717－0000530　A0527　新學/議論/通論
求闕齋時務彙鈔　清光緒上海石印本　三冊　存一種

330000－1717－0000531　A0528　經部/叢編
五經備旨　(清)鄒聖脉纂輯　清光緒十三年(1887)上海鴻文書局石印本　十二冊

330000－1717－0000532　A0529　史部/史評類/史論之屬
史學論一卷　(清)戴克家編　清光緒二十八年(1902)新型書局石印本　一冊

330000－1717－0000535　A0532　集部/總集類/課藝之屬
鋤經堂搭題文初集一卷　(清)李緗選定　清同治十年(1871)鋤經堂刻本　一冊

330000－1717－0000537　A0534　類叢部/類書類
試帖連珠六卷　(清)楊菘圃編　清咸豐四年(1854)揮毫吟館刻本　十四冊

330000－1717－0000538　A0535　經部/小學類/訓詁之屬/爾雅
爾雅三卷　(晉)郭璞注　(唐)陸德明音釋　清光緒十六年(1890)上海石印本　二冊

330000－1717－0000539　A0536　經部/四書類/總義之屬/傳說
新四書義不分卷　清光緒二十八年(1902)上海書局石印本　三冊

330000－1717－0000541　A0538　集部/總集類/尺牘之屬
新輯尺牘合璧四卷　(清)許思湄　(清)龔萼撰　(清)婁世瑞注　(清)寄虹軒主人輯　清光緒十三年(1887)上海同文書局石印本　二冊

330000－1717－0000542　A0539　集部/小說類/長篇之屬
繪圖續古今奇觀六卷三十回　清光緒三十四

年(1908)上海書局石印本　一冊

330000－1717－0000543　A0540　集部/别集類/清别集

適軒尺牘八卷　(清)徐菊生撰　清光緒三年(1877)刻本　四冊

330000－1717－0000544　A0541　類叢部/類書類/通類之屬

增廣試帖玉芙蓉五卷韻目一卷類目一卷續集二卷韻目一卷類目一卷　(清)鴻寶齋主人編　清光緒十九年(1893)上海鴻寶齋書局石印本　三冊

330000－1717－0000545　A0542　子部/雜著類/雜纂之屬

簡明尺牘易知録四卷　清光緒三十一年(1905)石印本　一冊

330000－1717－0000546　A0543　經部/四書類/總義之屬/傳說

增註四書人物類典串珠四十卷　(清)臧志仁輯　清光緒十一年(1885)上海點石齋石印本　四冊

330000－1717－0000547　A0544　集部/總集類/選集之屬/斷代

小題清新集一卷　(清)顧聽泉　(清)王瘦石編次　清咸豐二年(1852)琉璃廠刻本　二冊

330000－1717－0000548　A0545　經部/小學類/音韻之屬/韻書

詩韻集成十卷　(清)余照輯　清道光二十九年(1849)一正齋刻本　四冊

330000－1717－0000549　A0546　集部/總集類/課藝之屬

墨正不分卷附登科秘訣一卷　(清)陸以藩編　清道光二年(1822)嶺南陸氏臥雲樓刻本　六冊

330000－1717－0000551　A0548　經部/小學類/文字之屬/字書/字典

康熙字典十二集三十六卷總目一卷檢字一卷辨似一卷等韻一卷補遺一卷備考一卷　(清)張玉書等纂修　清光緒元年(1875)湖北崇文書局刻本　四十冊

330000－1717－0000552　A0549　類叢部/叢書類/自著之屬

洪北江全集二十一種　(清)洪亮吉撰　清乾隆至嘉慶刻本　三十四冊　存八種

330000－1717－0000553　A0550　史部/編年類/通代之屬

續資治通鑑二百二十卷　(清)畢沅撰　清乾隆至嘉慶畢氏刻嘉慶六年(1801)馮集梧續刻本　六十四冊

330000－1717－0000554　A0551　史部/史評類/史論之屬

史通削繁四卷　(清)紀昀撰　清光緒元年(1875)湖北崇文書局刻本　四冊

330000－1717－0000555　A0552　經部/書類/傳說之屬

尚書後案三十卷附後辨一卷　(清)王鳴盛撰　清刻本　十冊　存二十六卷(一至二十、二十五、二十七至三十,後辨)

330000－1717－0000556　A0553　類叢部/叢書類/彙編之屬

經訓堂叢書二十一種　(清)畢沅輯　清乾隆至嘉慶鎮洋畢氏刻本　四冊　存一種

330000－1717－0000557　A0554　類叢部/叢書類/自著之屬

真西山全集(西山真文忠公全集、真文忠公全集)七種　(宋)真德秀撰　清康熙真氏家祠刻乾隆至同治三年(1864)遞修本　六十八冊　存四種

330000－1717－0000558　A0555　經部/禮記類/傳說之屬

禮記集說十卷　(元)陳澔撰　清嘉慶十年(1805)刻本　十冊

330000－1717－0000559　A0556　經部/禮記類/傳說之屬

禮記集說十卷　(元)陳澔撰　清同治十年(1871)刻本　十冊

330000－1717－0000560　A0557　集部/别集類/元別集
鐵厓詩集三種首一卷　(元)楊維楨撰　(清)樓卜瀍註　清乾隆三十九年(1774)聯桂堂刻光緒十四年(1888)諸暨樓氏崇德堂重修本　六冊

330000－1717－0000561　A0558　史部/雜史類/斷代之屬
十六國春秋一百卷　(北魏)崔鴻撰　清乾隆四十六年(1781)仁和汪日桂刻本　二十二冊　缺六卷(七十至七十五)

330000－1717－0000562　A0559　經部/四書類/總義之屬/傳說
閩本四子書　(宋)朱熹章句　**四書圖一卷句辨一卷疑字辨一卷**　(清)劉肇紳編　清道光四年(1824)劉氏勉行堂刻本　六冊

330000－1717－0000563　A0561　類叢部/叢書類/彙編之屬
經訓堂叢書二十一種　(清)畢沅輯　清乾隆至嘉慶鎮洋畢氏刻本　三十冊　存十五種

330000－1717－0000564　A0562　集部/總集類/選集之屬/斷代
元文類七十卷目錄三卷　(元)蘇天爵編　清光緒十五年(1889)江蘇書局刻本　九冊

330000－1717－0000565　A0563　經部/叢編
十三經注疏三百三十三卷　(明)□□輯　清嘉慶三年(1798)金閶書業堂刻本　一百四十冊

330000－1717－0000566　A0564　經部/叢編
宋本十三經註疏並經典釋文校勘記　(清)阮元撰　清嘉慶二十一年(1816)揚州阮氏文選樓刻本　四十八冊

330000－1717－0000567　A0565　集部/總集類/選集之屬/通代
玉臺新詠十卷　(南朝陳)徐陵撰　(清)吳兆宜注　(清)程琰刪補　清刻本　六冊

330000－1717－0000568　A0566　集部/總集類/郡邑之屬
會稽掇英總集二十卷　(宋)孔延之輯　**校正會稽掇英總集札記一卷**　(清)杜丙杰撰　清道光元年(1821)山陰杜氏浣花宗塾刻本　四冊

330000－1717－0000569　A0567　集部/總集類/選集之屬/通代
御選唐宋文醇五十八卷　(清)高宗弘曆輯　清光緒三年(1877)浙江書局刻本　二十冊

330000－1717－0000570　A0568　集部/總集類/選集之屬/斷代
國朝文述不分卷　(清)王鎏輯　清道光二十二年(1842)藝海堂刻本　八冊

330000－1717－0000571　A0569　集部/總集類/選集之屬/通代
御選唐宋詩醇四十七卷目錄二卷　(清)高宗弘曆輯　清光緒七年(1881)浙江書局刻本　二十冊

330000－1717－0000572　A0570　集部/總集類/選集之屬/通代
御選唐宋文醇五十八卷　(清)高宗弘曆輯　清光緒三年(1877)浙江書局刻本　十九冊　缺三卷(十一至十三)

330000－1717－0000573　A0571　經部/春秋左傳類/傳說之屬
讀左補義五十卷首一卷　(清)姜炳璋輯　清刻本　十六冊

330000－1717－0000574　A0572　集部/總集類/彙編之屬
漢魏六朝一百三家集(漢魏六朝百三名家集)　(明)張溥編　清刻本　二十四冊　存三十三種

330000－1717－0000575　A0573　子部/雜著類/雜考之屬
通雅五十二卷首三卷　(清)方以智撰　清康熙五年(1666)姚文燮刻本　十六冊

330000－1717－0000576　A0574　類叢部/叢書類/自著之屬
惜抱軒全集十種　(清)姚鼐撰　清同治五年

(1866)省心閣刻本　二十冊

330000－1717－0000577　A0575　經部/三禮總義類/通禮雜禮之屬
朱子家禮八卷首一卷　(宋)朱熹撰　(明)丘濬輯　(明)楊廷筠補　**四禮初稿四卷**　(明)宋纁輯　**四禮約言四卷**　(明)呂維祺撰　清嘉慶六年(1801)寶寧堂刻本　四冊

330000－1717－0000578　A0576　集部/總集類/選集之屬/斷代
御訂全金詩增補中州集七十二卷首二卷　(金)元好問輯　(清)郭元釪補輯　清康熙五十年(1711)內府刻乾隆五十四年(1789)西爽閣重修印本　二十四冊

330000－1717－0000579　A0577　史部/編年類/斷代之屬
南疆繹史勘本三十卷首二卷　(清)溫睿臨撰　(清)李瑤勘定　**繹史摭遺十八卷卹謚考八卷**　(清)李瑤撰　清道光十年(1830)都城琉璃廠半松居士刻本　十六冊

330000－1717－0000580　A0578　史部/雜史類/斷代之屬
十國春秋一百十四卷　(清)吳任臣撰　**拾遺一卷備考一卷拾遺備考補一卷**　(清)周昂輯　清咸豐元年(1851)常熟珍藝堂刻本　十六冊

330000－1717－0000581　A0579　類叢部/叢書類/彙編之屬
平津館叢書八集三十八種　(清)孫星衍輯　清嘉慶蘭陵孫氏刻本　十四冊　存七種

330000－1717－0000582　A0580　史部/編年類/斷代之屬
東華錄十六卷(乾隆朝)　(清)蔣良騏撰　清抄本　八冊

330000－1717－0000583　A0583　類叢部/叢書類/彙編之屬
武英殿聚珍版書一百三十八種　清刻本　八十七冊　存四十五種

330000－1717－0000584　A0584　史部/傳記類/總傳之屬/姓名
古今萬姓統譜一百四十卷歷代帝王姓系統譜六卷氏族博攷十四卷　(明)凌迪知輯　清汲古閣刻本　二十八冊

330000－1717－0000585　A0585　經部/詩類/專著之屬
詩經比義述八卷首一卷　(清)王千仞撰　清刻本　二冊

330000－1717－0000586　A0586　史部/政書類/律令之屬/律例
大清律例三十卷首一卷　(清)刑部輯　清抄本　十冊

330000－1717－0000587　A0587　集部/總集類/郡邑之屬
嶺南三大家詩選二十四卷　(清)王隼選　清刻本　三冊

330000－1717－0000588　A0588　經部/周禮類/傳說之屬
周禮疑義舉要八卷　(清)江永撰　清乾隆五十六年(1791)刻本　二冊

330000－1717－0000589　A0589　經部/禮記類/傳說之屬
禮記訓義擇言八卷　(清)江永撰　清乾隆刻本　二冊

330000－1717－0000590　A0590　經部/四書類/總義之屬/傳說
四書釋地補一卷續補一卷又續補一卷三續補一卷　(清)閻若璩撰　(清)樊廷枚補　清嘉慶二十一年(1816)敬藝堂刻本　四冊

330000－1717－0000591　A0591　類叢部/叢書類/自著之屬
王漁洋遺書三十八種　(清)王士禛撰　清刻本　五冊　存一種

330000－1717－0000592　A0592　集部/總集類/選集之屬/通代
七十家賦鈔六卷　(清)張惠言編　清道光元年(1821)合河康氏刻本　四冊

330000－1717－0000593　A0593　史部/編年類/通代之屬
御撰資治通鑑綱目三編二十卷　（清）張廷玉等撰　清刻本　六冊

330000－1717－0000594　A0594　史部/編年類/通代之屬
御製資治通鑑綱目全書一百二十九卷　（清）宋犖編　清光緒二十八年（1902）上海經香閣石印本　十三冊　缺十二卷（御批資治通鑑綱目十四至十九、御批續資治通鑑綱目八至十三）

330000－1717－0000595　A0595　集部/别集類/明别集
梨雲館類定袁中郎先生全集二十四卷　（明）袁宏道撰　清道光九年（1829）袁憲健刻本　十六冊

330000－1717－0000597　A0597　史部/政書類/通制之屬
皇朝謚法考五卷續編一卷補編一卷　（清）鮑康輯　清光緒三年（1877）永康胡氏退補齋刻本　二冊

330000－1717－0000598　A0598　集部/别集類/清别集
韞山堂文集八卷　（清）管世銘撰　清光緒十七年（1891）周光濂存厚堂刻本　四冊

330000－1717－0000599　A0599　史部/政書類/律令之屬/法驗
重刊補注洗冤錄集證六卷　（清）王又槐輯　（清）李觀瀾補輯　（清）阮其新補注　（清）文晟續輯　清光緒三十年（1904）北直文昌會刻本　六冊

330000－1717－0000600　A0600　類叢部/叢書類/家集之屬
董氏叢書十六種　（清）董金鑑輯　清光緒三十二年（1906）會稽董氏取斯家塾刻本　十四冊

330000－1717－0000601　A0601　集部/别集類/清别集
囊翠樓詩稿二卷　（清）陳鴻逵撰　清光緒二十一年（1895）刻本　一冊

330000－1717－0000602　A0602　集部/别集類/清别集
綠夫容閣詩集四卷　（清）汪存撰　清光緒六年（1880）秀州汪氏刻本　二冊

330000－1717－0000603　A0603　集部/别集類/清别集
曼志堂遺稿二卷　（清）曹壽銘撰　清同治九年（1870）甬上鐵耕齋刻本　一冊

330000－1717－0000604　A0604　子部/儒家類/儒學之屬/禮教/鑑戒
日省錄三卷補遺一卷　（清）梁文科輯　清光緒十七年（1891）強恕齋江南榷署刻本　一冊

330000－1717－0000606　A0606　集部/詞類/别集之屬
佩蘅詞一卷補遺一卷　（清）金泰撰　清光緒十一年（1885）武林空青館刻本　一冊

330000－1717－0000607　A0607　集部/别集類
莫宦文草一卷詩草一卷　黄壽衮撰　清光緒三十四年（1908）山陰黄璟石印本　一冊　存一卷（詩草）

330000－1717－0000608　A0608　集部/詞類/别集之屬
叩拙詞一卷　（清）陶維坦填　清嘉慶二十年（1815）經鋤山堂刻本　一冊

330000－1717－0000610　A0610　子部/醫家類/方書之屬/歷代方書
重訂唐王燾先生外臺秘要方四十卷　（唐）王燾撰　明崇禎經餘居刻本　二十冊　存十九卷（一至二、八、十至十三、十七、二十四、二十七至三十二、三十四至三十六、四十）

330000－1717－0000611　A0611　經部/四書類/總義之屬/傳說
四書味根錄三十九卷　（清）金澂撰　清咸豐十年（1860）綠芸書舍刻本　十六冊

330000－1717－0000614　A0614　集部/别集類/清别集

湖唐林館駢體文二卷　(清)李慈銘撰　清光緒十年(1884)刻本　二册

330000－1717－0000615　A0615　集部/别集類/清别集

寄廬初稿一卷遺稿一卷燼餘稿一卷詞一卷　(清)董葆身撰　清咸豐三年(1853)金氏評花僊館刻本　一册

330000－1717－0000616　A0616　集部/詞類/别集之屬

横經堂詩餘二卷　(清)張泰初撰　清光緒二年(1876)刻本　一册

330000－1717－0000617　A0617　集部/詞類/詞話之屬

周氏止庵詞辨二卷介存齋論詞雜箸一卷　(清)周濟撰　(清)譚獻評　清光緒刻本　一册

330000－1717－0000619　A0619　集部/别集類/清别集

自怡吟初稿四卷附刊一卷　(清)謝元壽撰　清宣統三年(1911)石印本　二册

330000－1717－0000620　A0620　子部/儒家類/儒學之屬/蒙學

浙紹奎照樓書莊精校新增繪圖幼學故事瓊林四卷首一卷　(清)程登吉撰　(清)鄒聖脈增補　(清)石韞玉重校評點　**新增同音字類一卷**　**新增應酬彙選四卷**　(清)陸九如纂輯　(清)王秉楠增補　清光緒三十一年(1905)浙紹奎照樓石印本　五册

330000－1717－0000621　A0621　史部/編年類/通代之屬

資治通鑑綱目五十九卷　(宋)朱熹撰　(明)陳仁錫評　**續編一卷**　(明)陳桱撰　(明)陳仁錫評　**前編二十五卷**　(明)南軒撰　(明)陳仁錫評　**續資治通鑑綱目二十七卷**　(明)商輅等撰　(明)陳仁錫評　清嘉慶八年(1803)敬書堂刻本　一百六册

330000－1717－0000622　A0622　類叢部/類書類/通類之屬

御定駢字類編二百四十卷　(清)吳士玉　(清)沈宗敬等輯　清雍正刻本　一百二十册

330000－1717－0000623　A0623　類叢部/叢書類/自著之屬

春在堂全書三十六種　(清)俞樾撰　清同治十年(1871)刻本　三十四册　存十八種

330000－1717－0000624　A0624　子部/醫家類/綜合之屬/通論

醫方論四卷　(清)費伯雄撰　清光緒三年(1877)刻本　二册

330000－1717－0000625　A0625　集部/别集類/清别集

悔木山房詩槀八卷　(清)趙睿榮撰　清道光元年(1821)見大堂刻本　三册　缺二卷(七至八)

330000－1717－0000626　A0626　集部/别集類/清别集

退宜堂詩集六卷　(清)孫垓撰　清光緒十五年(1889)刻本　二册

330000－1717－0000627　A0627　集部/總集類/選集之屬/通代

增補重訂千家詩注解二卷　(清)任來吉選　(清)王相注　**新鐫五言千家詩會義直解二卷**　(清)王相選注　(清)任福祐重輯　清光緒五年(1879)浙寧簡香齋刻本　一册

330000－1717－0000628　A0628－A0629　類叢部/叢書類/彙編之屬

邵武徐氏叢書初刻十四種　(清)徐榦輯　清光緒邵武徐氏刻本　一册　存二種

330000－1717－0000629　A0630　史部/政書類/律令之屬/治獄

刺字集四卷　沈家本撰　清光緒十二年(1886)刻本　一册

330000－1717－0000630　A0631　經部/詩類/傳說之屬

詩經集傳八卷　(宋)朱熹撰　清光緒十一年

(1885)三義堂刻本　三冊　缺二卷(三至四)

330000－1717－0000631　A0632　經部/詩類/傳說之屬

詩經集傳八卷　(宋)朱熹撰　清光緒二十三年(1897)上海文瑞樓刻本　四冊

330000－1717－0000632　A0633　經部/詩類/傳說之屬

詩經集傳八卷　(宋)朱熹撰　清浙紹奎照樓刻本　四冊

330000－1717－0000633　A0634　子部/雜著類/雜考之屬

十駕齋養新錄二十卷餘錄三卷　(清)錢大昕撰　**錢辛楣先生年譜一卷**　(清)錢慶曾校注　**竹汀居士年譜續編一卷**　(清)錢慶曾撰　清光緒二年(1876)浙江書局刻本　八冊

330000－1717－0000634　A0635　史部/傳記類/別傳之屬/事狀

鄂國金佗稡編二十八卷續編三十卷　(宋)岳珂編　清光緒九年(1883)浙江書局刻本　六冊　缺三十卷(續編一至三十)

330000－1717－0000635　A0636　史部/傳記類/別傳之屬/事狀

鄂國金佗稡編二十八卷續編三十卷　(宋)岳珂編　清光緒九年(1883)浙江書局刻本　十一冊　缺五卷(十九至二十三)

330000－1717－0000636　A0637　史部/目録類/總録之屬/私撰

開有益齋讀書志六卷續志一卷金石文字記一卷　(清)朱緒曾撰　清光緒六年(1880)金陵翁氏茹古閣刻本　六冊

330000－1717－0000637　A0638　集部/別集類/唐五代別集

刻梅太史評釋駱賓王文抄神駒四卷　(唐)駱賓王撰　(明)梅之熉釋　明萬曆三十五年(1607)劉大易閩書林刻本　四冊

330000－1717－0000638　A0639　集部/別集類/清別集

鮚埼亭集外編五十卷　(清)全祖望撰　(清)董秉純編　(清)蔣學鏞審訂　(清)汪繼培重編　清嘉慶十六年(1811)刻本　八冊

330000－1717－0000639　A0640　史部/地理類/水利之屬

水道提綱二十八卷　(清)齊召南撰　清光緒四年(1878)津門徐士鑾霞城精舍刻本　八冊

330000－1717－0000640　A0641　集部/總集類/選集之屬/斷代

明文英華十卷　(清)顧有孝輯　清刻本　七冊

330000－1717－0000641　A0642　史部/政書類/邦計之屬/荒政

欽定康濟錄四卷　(清)陸曾禹撰　(清)倪國璉釐正　清同治三年(1864)浙江撫署刻本　三冊

330000－1717－0000642　A0643　史部/職官類/官箴之屬

實政錄七卷　(明)呂坤撰　清同治十一年(1872)浙江書局刻本　六冊

330000－1717－0000643　A0644　史部/紀事本末類/斷代之屬

明末紀事補遺十卷　(清)南沙三餘氏撰　清刻本　十冊

330000－1717－0000644　A0645　類叢部/叢書類/自著之屬

西堂全集十七種　(清)尤侗撰　清刻本　十六冊

330000－1717－0000645　A0646　集部/別集類/明別集

震川先生集三十卷別集十卷　(明)歸有光撰　(清)歸莊校勘　(清)錢謙益選定　(清)歸玠編輯　清光緒元年(1875)常熟歸氏刻本　十六冊

330000－1717－0000646　A0647　經部/小學類/音韻之屬/韻書

集韻十卷　(宋)丁度等撰　清嘉慶十九年(1814)刻本　十冊

330000－1717－0000647　A0648　經部/小學類/訓詁之屬/爾雅
爾雅正義二十卷　(清)邵晉涵撰集　**爾雅釋文三卷**　(清)陸德明撰　清乾隆五十三年(1788)餘姚邵氏面水層軒刻本　七冊

330000－1717－0000648　A0649　史部/地理類/外紀之屬
地球韻言四卷　(清)張士瀛撰　清光緒二十四年(1898)鄂垣務急書館刻本　二冊

330000－1717－0000649　A0650　集部/總集類/郡邑之屬
聞湖詩三鈔八卷　(清)李道悠輯　清光緒刻本　四冊

330000－1717－0000650　A0651　集部/別集類/清別集
寄盦詩稿一卷　(清)孔汝懌撰　清宣統三年(1911)刻本　一冊

330000－1717－0000651　A0652　史部/雜史類/斷代之屬
平浙紀略十六卷　(清)秦緗業　(清)陳鍾英撰　清同治十二年(1873)浙江書局刻本　四冊

330000－1717－0000652　A0653　子部/儒家類/儒學之屬/性理
呻吟語六卷　(明)呂坤撰　清同治十三年(1874)木犀山房刻本　六冊

330000－1717－0000653　A0654　類叢部/類書類/通類之屬
御定駢字類編二百四十卷　(清)吳士玉　(清)沈宗敬等輯　清雍正刻本　一百二十冊

330000－1717－0000654　A0655　類叢部/類書類/通類之屬
淵鑑類函四百五十卷目錄四卷　(清)張英　(清)王士禛等纂　清刻本　一百四十冊

330000－1717－0000655　A0656　類叢部/類書類/通類之屬
子史精華一百六十卷　(清)吳士玉　(清)吳襄等輯　清光緒五年(1879)刻本　四十八冊

330000－1717－0000656　A0658　史部/紀事本末類/通代之屬
繹史一百六十卷世系圖一卷年表一卷　(清)馬驌撰　清光緒十五年(1889)浦氏刻本　三十八冊　存十五卷(一至十、九十至九十四)

330000－1717－0000657　A0657　集部/總集類/選集之屬/斷代
欽定全唐文一千卷目錄三卷　(清)董誥等輯　清嘉慶十九年(1814)刻本　三百二十冊

330000－1717－0000658　A0659　子部/兵家類/兵法之屬
武備志二百四十卷　(明)茅元儀輯　清刻本　五十五冊　缺七十四卷(一至三、十三至十五、二十六至四十、四十八至五十三、五十七至五十九、六十三至六十六、八十四至八十五、一百十九至一百二十九、一百三十九至一百四十、一百七十四至一百七十五、一百七十九至一百八十一、一百八十九至一百九十三、二百七至二百十、二百十九至二百二十一、二百三十三至二百四十)

330000－1717－0000659　A0660　集部/總集類/選集之屬/斷代
全唐詩九百卷目錄十二卷　(清)曹寅　(清)彭定求等輯　清康熙四十四年至四十六年(1705－1707)揚州詩局刻本(卷二百七十二至二百八十一配清刻本)　一百十八冊　缺十六卷(二百四十六至二百六十一)

330000－1717－0000660　A0661　類叢部/類書類/專類之屬
佩文韻府一百六卷　(清)張玉書　(清)蔡升元等輯　**韻府拾遺一百六卷**　(清)汪灝　(清)何焯等輯　清刻本　一百七十三冊　存一百四卷(一至四十八、五十至五十三、五十五至一百六)

330000－1717－0000661　A0662　子部/農家農學類/園藝之屬/總志
佩文齋廣羣芳譜一百卷目錄二卷　(清)汪灝等撰　清刻本　三十二冊

330000－1717－0000662　A0663　類叢部/類

書類/專類之屬
佩文韻府一百六卷 (清)張玉書 (清)蔡升元等輯 **韻府拾遺一百六卷** (清)汪灝 (清)何焯等輯 清刻本 二十冊 存一百六卷(拾遺一至一百六)

330000－1717－0000663 A0664 子部/雜著類/雜考之屬
義門讀書記五十八卷 (清)何焯撰 (清)蔣維鈞輯 清乾隆三十四年(1769)蔣維鈞刻本 十冊

330000－1717－0000664 A0665 集部/别集類/清别集
梅村集四十卷目錄二卷 (清)吳偉業撰 清康熙八年(1669)顧湄等刻本 八冊

330000－1717－0000665 A0666 史部/史評類/史論之屬
東萊先生音注唐鑑二十四卷 (宋)范祖禹撰 (宋)吕祖謙注 清刻本 六冊

330000－1717－0000666 A0667 子部/術數類/相宅相墓之屬
地理正宗十二卷 (清)蔣國輯 清嘉慶刻本 六冊

330000－1717－0000667 A0668 子部/術數類/相宅相墓之屬
山洋指迷原本四卷 (明)周景一撰 (清)俞歸璞 (清)吳卿瞻注 清光緒九年(1883)刻本 四冊

330000－1717－0000668 A0669 子部/術數類/相宅相墓之屬
地理辨正五卷 (清)蔣平階補傳 (清)姜垚辨正 (清)章仲山增補直解 清道光可久堂刻本 四冊

330000－1717－0000669 A0670 史部/傳記類/職官録之屬/總録
清秘述聞十六卷 (清)法式善編 清嘉慶四年(1799)刻本 四冊

330000－1717－0000670 A0671 史部/政書類/律令之屬
通行章程三卷 清光緒二十八年(1902)京都琉璃廠刻本 三冊

330000－1717－0000671 A0672 史部/詔令奏議類/奏議之屬
林文忠公政書三集三十七卷 (清)林則徐撰 **附事略一卷** (清)李元度撰 清光緒刻本 十二冊

330000－1717－0000672 A0673 經部/小學類/訓詁之屬/爾雅
小爾雅疏八卷 (清)王煦撰集 清嘉慶五年(1800)刻本 二冊

330000－1717－0000673 A0674 子部/醫家類/溫病之屬/其他溫疫病證
時病論八卷 (清)雷豐撰 清光緒十年(1884)雷慎修堂刻本 四冊

330000－1717－0000674 A0675 經部/詩類/傳說之屬
詩經精華十一卷 (清)薛嘉穎輯 清光緒九年(1883)掃葉山房刻本 六冊 缺一卷(十一)

330000－1717－0000675 A0676 子部/農家農學類/園藝之屬/總志
佩文齋廣羣芳譜一百卷目錄二卷 (清)汪灝等撰 清刻本 十八冊 存五十七卷(四至六、十一至十二、二十二至二十八、三十二至四十三、四十八至五十三、六十至七十一、七十六至八十一、八十七至九十五)

330000－1717－0000676 A0677 史部/政書類/通制之屬
三通七百四十八卷 清乾隆十二年至十四年(1747－1749)武英殿刻本 三十二冊 存一種

330000－1717－0000677 A0681 史部/政書類/通制之屬
九通二千三百二十一卷 (清)□□輯 清光緒八年至二十二年(1882－1896)浙江書局刻本 四十冊 存一種

330000－1717－0000678 A0679 史部/政書

類/通制之屬

三通七百四十八卷　清乾隆十二年(1747)武英殿刻本　九十九册

330000－1717－0000679　A0682　史部/政書類/通制之屬

九通二千三百二十一卷　(清)□□輯　清光緒八年至二十二年(1882－1896)浙江書局刻本　四十册　存一種

330000－1717－0000680　A0683　史部/政書類/通制之屬

九通二千三百二十一卷　(清)□□輯　清光緒八年至二十二年(1882－1896)浙江書局刻本　一百五十册　存一種

330000－1717－0000681　A0680　史部/政書類/儀制之屬/典禮

南巡盛典一百二十卷　(清)高晉等纂修　清乾隆三十六年(1771)刻本　三十册　缺三十二卷(一至三十二)

330000－1717－0000682　A0684－A0685　集部/總集類/郡邑之屬

兩浙輶軒錄四十卷補遺十卷姓氏韻編二卷　(清)阮元輯　**兩浙輶軒續錄五十四卷補遺六卷姓氏韻編一卷**　(清)潘衍桐輯　清光緒十六年(1890)浙江書局刻本　七十三册

330000－1717－0000683　A0686　史部/地理類/方志之屬/郡縣志

咸淳臨安志一百卷　(宋)潛説友纂　**校栞咸淳臨安志札記三卷**　(清)黄士珣撰　清道光十年(1830)錢塘汪氏振綺堂刻本(卷九十、九十八至一百原缺)　二十四册

330000－1717－0000684　A0687　經部/叢編

皇清經解一千四百八卷　(清)阮元輯　清道光九年(1829)廣東學海堂刻咸豐十一年(1861)補刻本　三百五十二册　缺三十一卷(四書考異七至三十六、弁服釋例一)

330000－1717－0000685　A0688　類叢部/叢書類/彙編之屬

函海一百六十種　(清)李調元輯　清乾隆四十七年(1782)綿州李氏萬卷堂刻嘉慶十四年(1809)李鼎元、道光五年(1825)李朝夔重校補刻本　茬南題記　二百六十册　存一百四十七種

330000－1717－0000686　A0689　史部/地理類/方志之屬/通志

[雍正]敕修浙江通志二百八十卷首三卷　(清)李衛　(清)嵇曾筠等修　(清)沈翼機　(清)傅王露等纂　清乾隆元年(1736)刻嘉慶十七年(1812)校補刻本　一百册

330000－1717－0000687　A0690　史部/政書類/通制之屬

欽定大清會典一百卷　(清)張廷玉等纂修　清乾隆二十九年(1764)刻本　二十册

330000－1717－0000688　A0691　史部/政書類/通制之屬

欽定大清會典則例一百八十卷　(清)張廷玉等纂修　清乾隆刻本　九十七册　缺十一卷(十四至二十四)

330000－1717－0000689　A0692　經部/春秋左傳類/傳説之屬

左傳經世鈔二十三卷　(清)魏禧點評　(清)彭家屏參訂　清乾隆十三年(1748)夏邑彭家屏刻本　十二册

330000－1717－0000690　A0693　史部/地理類/輿圖之屬/全國

大清中外壹統輿圖(皇朝中外壹統輿圖)十六卷　(清)鄒世詒　(清)晏啟鎮編　(清)李廷簫　(清)汪士鐸增訂　清同治二年(1863)刻本　三十二册

330000－1717－0000691　A0694　史部/紀傳類/正史之屬

明史稿三百十卷目錄三卷　(清)王鴻緒撰　清雍正敬慎堂刻本　五十四册

330000－1717－0000692　A0695　集部/別集類/明別集

青邱高季迪先生詩集十八卷遺詩一卷扣舷集一卷鳧藻集五卷附錄一卷　(明)高啟撰

（清）金檀輯注　**青邱高季迪年譜一卷**　（清）金檀編　清雍正六年至七年（1728－1729）金氏文瑞樓刻本　八册

330000－1717－0000693　A0696　類叢部/類書類/通類之屬
御定駢字類編二百四十卷　（清）吳士玉（清）沈宗敬等輯　清雍正刻本　一百二十册

330000－1717－0000694　A0697　經部/小學類/文字之屬/字書/字典
康熙字典十二集三十六卷總目一卷檢字一卷辨似一卷等韻一卷補遺一卷備考一卷　（清）張玉書等纂修　清刻本　三十五册　缺七卷（午集中、申集下、酉集中，總目，檢字，辨似，等韻）

330000－1717－0000695　A0698　史部/地理類/水利之屬
南河成案五十四卷首二卷　清刻本　八册　存十六卷（七至二十二）

330000－1717－0000696　A0699　經部/小學類/訓詁之屬/爾雅
爾雅三卷　（晉）郭璞注　（唐）陸德明音釋　清光緒十二年（1886）湖北官書處刻本　三册

330000－1717－0000697　A0700　經部/四書類/總義之屬/傳說
四書集注十九卷　（宋）朱熹撰　**疑字辨一卷**　清光緒三年（1877）永康退補齋胡氏刻本　六册

330000－1717－0000698　A0701　集部/詞類/詞譜之屬
白香詞譜箋四卷　（清）舒夢蘭輯　（清）謝朝徵箋　清光緒十一年（1885）刻本　一册　存二卷（一至二）

330000－1717－0000699　A0702　子部/叢編
子書百家（崇文書局彙刻百子、彙刻百子、百子全書）　（清）崇文書局編　清光緒元年（1875）湖北崇文書局刻本　一册　存一種

330000－1717－0000700　A0703　子部/叢編
子書百家（崇文書局彙刻百子、彙刻百子、百子全書）　（清）崇文書局編　清光緒元年（1875）湖北崇文書局刻本　一册　存一種

330000－1717－0000701　A0705　經部/儀禮類/圖說之屬
儀禮圖六卷　（清）張惠言撰　清同治九年（1870）楚北崇文書局刻本　三册

330000－1717－0000702　A0706　子部/儒家類/儒家之屬
荀子二十卷校勘補遺一卷　（唐）楊倞注（清）盧文弨　（清）謝墉輯校並補遺　清乾隆五十一年（1786）嘉善謝氏刻本　四册

330000－1717－0000703　A0707　類叢部/叢書類/彙編之屬
經訓堂叢書二十一種　（清）畢沅輯　清乾隆至嘉慶鎮洋畢氏刻本　二册　存一種

330000－1717－0000704　A0708　類叢部/叢書類/彙編之屬
抱經堂叢書十六種　（清）盧文弨輯　清乾隆至嘉慶刻彙印本　四册　存一種

330000－1717－0000705　A0710　史部/政書類/通制之屬
欽定續通典一百五十卷　（清）永瑢　（清）慶桂　（清）朱珪總理　（清）戴衢亨等總裁（清）嵇璜　（清）曹仁虎纂修　清乾隆四十八年（1783）刻本　六十册

330000－1717－0000706　A0712　史部/政書類/通制之屬
九通二千三百二十一卷　（清）□□輯　清刻本　一百二十册　存一種

330000－1717－0000707　A0713　經部/叢編
皇清經解一千四百八卷　（清）阮元輯　清道光九年（1829）廣東學海堂刻咸豐十一年（1861）補刻本　二百三十四册　存八百六十八卷（二百七十七至二百九十二、二百九十七至四百三十八、四百四十三至五百八、五百二十八至六百七十六、六百七十九至七百三、七百十七至七百五十七、七百六十八至七百七十八、八百三十三至八百七十四、八百七十八

至九百四、九百二十四至九百七十六、九百八十一至一千二十六、一千三十二至一千一百十六、一千一百二十三至一千二百四十八、一千二百五十一至一千二百七十一、一千三百九十一至一千四百八）

330000－1717－0000709　A0714　史部/編年類/通代之屬

御批歷代通鑑輯覽一百二十卷　（清）傅恒等撰　清光緒二十五年（1899）新化三味堂刻本　八十一册

330000－1717－0000710　A0715　經部/叢編

十三經注疏三百三十三卷　（明）□□輯　清嘉慶三年（1798）金閶書業堂刻本　一百十六册　存十一種

330000－1717－0000711　A0716　類叢部/叢書類/彙編之屬

正誼堂叢書六十三種續刻五種　（清）張伯行編　（清）楊浚重編　清同治五年（1866）福州正誼書院刻同治八年至光緒十三年（1869－1887）續刻本　一百五十一册　存六十四種

330000－1717－0000712　A0717　集部/别集類/清别集

道古堂文集四十八卷詩集二十六卷集外文一卷集外詩一卷　（清）杭世駿撰　**軼事一卷**　（清）汪曾唯輯　清乾隆四十一年（1776）刻光緒十四年（1888）錢塘汪氏振綺堂增修本　十八册　缺八卷（二十九至三十六）

330000－1717－0000713　A0718　類叢部/叢書類/彙編之屬

正誼堂叢書五十五種　（清）張伯行編　（清）楊浚重編　清同治五年（1866）福州正誼書院刻八年至九年（1869－1870）續刻本　九十四册　存三十七種

330000－1717－0000714　A0720　子部/雜著類/雜考之屬

困學紀聞注二十卷　（清）翁元圻撰　清道光五年（1825）餘姚翁氏守福堂刻本　十六册

330000－1717－0000715　A0719　集部/别集類/清别集

樊榭山房全集　（清）厲鶚撰　清光緒十年（1884）錢塘汪氏振綺堂刻本　十册　存九種

330000－1717－0000716　A0721　史部/傳記類/總傳之屬/儒林

明儒學案六十二卷師説一卷　（清）黄宗羲撰　清道光元年（1821）莫氏刻本　二十册

330000－1717－0000717　A0722　集部/别集類/宋别集

朱子集一百四卷目録二卷　（宋）朱熹撰　清咸豐十年至同治元年（1860－1862）浙江紫霞洲祠堂刻本　三十五册　缺十三卷（十至十二、十九至二十三、八十二至八十六）

330000－1717－0000718　A0723　史部/傳記類/總傳之屬/儒林

宋元學案一百卷首一卷考略一卷　（清）黄宗羲撰　（清）全祖望修定　（清）王梓材　（清）馮雲濠校並考　清光緒五年（1879）長沙寄廬刻本　三十八册　缺七卷（五十一至五十三、七十六至七十九）

330000－1717－0000719　A0724　類叢部/叢書類/自著之屬

徐位山六種　（清）徐文靖撰　清雍正至乾隆刻志寧堂彙印本　二十四册

330000－1717－0000720　A0725　史部/傳記類/科舉録之屬

詞科掌録十七卷姓氏爵里一卷餘話七卷　（清）杭世駿編輯　清乾隆仁和杭氏道古堂刻本　四册

330000－1717－0000721　A0726　集部/别集類/清别集

帶經堂集九十二卷　（清）王士禛撰　（清）程哲校編　清康熙四十九年至五十年（1710－1711）程氏七略書堂刻乾隆十二年（1747）黄晟重修本　二十七册

330000－1717－0000722　A0727　史部/地理類/雜志之屬

宋東京考二十卷　（清）周城撰　清乾隆二十

七年(1762)六有堂刻本　四冊

330000－1717－0000723　A0728－A0729　經部/群經總義類/傳說之屬
十三經札記二十二卷附十六卷　(清)朱亦棟撰　清雲鶴堂刻本　八冊

330000－1717－0000724　A0730　史部/史評類/史論之屬
史闕十四卷　(明)張岱撰　(清)鄭佶編　清道光七年(1827)刻本　六冊

330000－1717－0000725　A0731　經部/叢編
漢魏二十一家易注三十三卷　(清)孫堂輯　清嘉慶四年(1799)平湖孫氏映雪草堂刻本　八冊

330000－1717－0000726　A0732　集部/別集類/明別集
倪文貞公文集十七卷續編三卷首一卷詩集二卷奏疏十二卷講編四卷　(明)倪元璐撰　(清)倪會鼎訂正　(清)倪安世輯　清乾隆三十六年至三十七年(1771－1772)倪安世刻四十二年(1777)續刻印本　八冊　缺六卷(詩集一至二、講編一至四)

330000－1717－0000727　A0733－A0738　類叢部/叢書類/彙編之屬
新斠平津館叢書十集三十四種　(清)孫星衍輯　清光緒十年至十五年(1884－1889)吳縣朱氏槐廬刻本　十五冊　存六種

330000－1717－0000728　A0739　經部/叢編
通藝録十八種附三種　(清)程瑤田撰　清嘉慶八年(1803)刻本　十冊　存八種

330000－1717－0000729　A0740　集部/別集類/清別集
有正味齋詩集十六卷續集八卷駢體文二十四卷續集八卷詞集八卷續集二卷外集五卷南北曲二卷　(清)吳錫麒撰　清嘉慶十三年(1808)刻本　十八冊

330000－1717－0000730　A0741　史部/目録類/專録之屬
經義考三百卷　(清)朱彝尊撰　**經義考總目二卷**　(清)盧見曾編　清康熙秀水朱氏曝書亭刻乾隆十九年至二十年(1754－1755)德州盧見曾續刻四十二年(1777)汪汝瑮印本(卷二百八十六、二百九十九至三百原缺)　六十冊

330000－1717－0000731　A0742　集部/詩文評類/詩評之屬
宋詩紀事一百卷　(清)厲鶚　(清)馬曰琯輯　清乾隆十一年(1746)厲氏樊榭山房刻本　十七冊　存六十八卷(一、六至三十、三十四至七十五)

330000－1717－0000732　A0743　經部/春秋左傳類/傳說之屬
左繡三十卷首一卷　(清)馮李驊　(清)陸浩評輯　清光緒六年(1880)華川書屋刻本　十四冊

330000－1717－0000733　A0744　子部/儒家類/儒學之屬/禮教
五種遺規十七卷　(清)陳弘謀輯並撰　清乾隆八年(1743)南昌李安民刻愛日堂補刻本　九冊　存四種

330000－1717－0000734　A0745　經部/詩類/傳說之屬
詩經集傳八卷　(宋)朱熹撰　清刻本　三冊　缺二卷(四至五)

330000－1717－0000735　A0746　經部/詩類/傳說之屬
詩經集傳八卷　(宋)朱熹撰　清會稽徐氏八杉齋刻本　四冊

330000－1717－0000736　A0747　經部/詩類/傳說之屬
詩經集傳八卷　(宋)朱熹撰　清慎詒堂刻本　四冊

330000－1717－0000737　A0748　經部/詩類/傳說之屬
詩經集傳八卷　(宋)朱熹撰　清慎詒堂刻本　三冊　缺二卷(四至五)

330000－1717－0000738　A0749　經部/詩

類/傳說之屬

詩經集傳八卷 (宋)朱熹撰 清慎詒堂刻本 三冊 缺二卷(一至二)

330000－1717－0000739 A0750 經部/詩類/傳說之屬

詩經集傳八卷首一卷 (宋)朱熹撰 清永言堂刻本 四冊

330000－1717－0000740 A0751 史部/政書類/邦計之屬/荒政

得一錄十六卷 (清)余治輯 清同治八年(1869)蘇城得見齋刻本 六冊

330000－1717－0000741 A0752 集部/别集類/清别集

曾文正公文鈔四卷補一卷 (清)曾國藩撰 (清)張瑛輯 清同治十一年(1872)蘇郡刻本 四冊

330000－1717－0000742 A0753 史部/詔令奏議類/奏議之屬

曾文正公奏議十卷首一卷末一卷補編四卷 (清)曾國藩撰 (清)薛福成編 清同治十二年(1873)蘇郡刻本 十冊 缺四卷(補編一至四)

330000－1717－0000743 A0754－A0755 史部/詔令奏議類/奏議之屬

曾文正公奏議十卷首一卷末一卷補編四卷 (清)曾國藩撰 (清)薛福成編 清同治十二年(1873)蘇郡刻本 十冊

330000－1717－0000744 A0756 集部/别集類/清别集

天愚山人詩集十二卷文集十六卷 (清)謝泰宗撰 **附錄一卷** (清)吳偉業撰 清光緒六年(1880)謝駿德靈蕤館刻本 六冊 缺七卷(一至四、文集八至十)

330000－1717－0000745 A0757 類叢部/叢書類/彙編之屬

唐宋叢書九十二種 (明)鍾人傑 (明)張遂辰編 明末刻說郛及說郛續重編印本 二十二冊 存六十九種

330000－1717－0000746 A0758 集部/曲類

顧曲錄四卷 (清)謝嘉玉撰 清嘉慶十五年(1810)刻本 一冊

330000－1717－0000747 A0759 史部/雜史類/斷代之屬

國語二十一卷 (三國吳)韋昭注 (宋)宋庠補音 清姑蘇書業堂刻本 四冊

330000－1717－0000748 A0760 史部/政書類/律令之屬/法驗

重刊補注洗冤錄集證六卷 (清)王又槐輯 (清)李觀瀾補輯 (清)阮其新補注 (清)文晟續輯 清道光二十四年(1844)刻四色套印本 五冊

330000－1717－0000749 A0766 經部/書類/傳說之屬

尚書大傳考纂三卷附錄一卷備考一卷源委一卷補遺一卷 (清)董豐垣撰 清乾隆刻本 一冊

330000－1717－0000750 A0761 經部/四書類/總義之屬/傳說

四書朱子本義匯參四十三卷首四卷 (清)王步青輯 清乾隆十年(1745)敦復堂刻本 二十二冊 缺三卷(大學三、中庸一至二)

330000－1717－0000751 A0762 集部/别集類/清别集

舊雨草堂時文不分卷 (清)陳康祺撰 清同治九年(1870)刻本 三冊

330000－1717－0000752 A0763 經部/群經總義類/傳說之屬

十三經札記二十二卷附十六卷 (清)朱亦棟撰 清雲鶴堂刻本 五冊 缺十六卷(附一至十六)

330000－1717－0000753 A0764 類叢部/叢書類/彙編之屬

訓纂堂叢書 (清)楊調元輯 清光緒貴筑楊氏刻本 一冊 存一種

330000－1717－0000754 A0765 類叢部/叢書類/自著之屬

儆居遺書十一種　(清)黄式三撰　清同治至光緒刻本　四册　存一種

330000－1717－0000755　A0767　史部/傳記類/别傳之屬/年譜
孱守齋所編年譜五種　(清)錢大昕編　清嘉慶八年(1803)、十二年(1807)李賡芸稻香吟館刻本　一册

330000－1717－0000756　A0768　集部/别集類/清别集
竹生吟館墨竹詩草二卷　(清)周師濂撰　清光緒十一年(1885)會稽周氏刻本　一册

330000－1717－0000757　A0769　類叢部/叢書類/彙編之屬
增訂漢魏叢書八十六種　(清)王謨輯　清乾隆五十六年(1791)金谿王氏刻本　二十册　存十八種

330000－1717－0000758　A0770　史部/時令類
古今類傳四卷　(清)董穀士　(清)董炳文輯　清末學齋刻本　三册　缺一卷(四)

330000－1717－0000759　A0772　子部/術數類/相宅相墓之屬
仁孝必讀六卷　(清)周梅梁輯　清光緒三年(1877)刻本　四册

330000－1717－0000760　A0771　史部/雜史類/斷代之屬
戰國策十卷　(宋)鮑彪校注　(元)吳師道補正　明萬曆九年(1581)張一鯤刻本　八册

330000－1717－0000761　A0773　集部/别集類/清别集
缾水齋詩集十七卷别集二卷詩話一卷附録一卷　(清)舒位撰　清光緒十二年(1886)邊保樞刻十七年(1891)增修本　七册　缺三卷(十一至十二、附録)

330000－1717－0000762　A0774　類叢部/叢書類/彙編之屬
荔牆叢刻十三種續刊二種　(清)汪曰楨撰　清同治至光緒烏程汪氏刻本　四册　存續刊二種

330000－1717－0000764　A0775　子部/宗教類/道教之屬
道書十二種　(清)劉一明撰　清光緒三年至六年(1877－1880)上海翼化堂刻本　四册　存一種

330000－1717－0000767　A0778　子部/醫家類/綜合之屬/通論
扁鵲心書三卷首一卷神方一卷　(宋)竇材輯　清光緒七年(1881)刻本　二册

330000－1717－0000768　A0779　經部/書類/傳説之屬
書經增訂旁訓四卷　(清)徐立綱旁訓　清匠門書屋刻本　二册

330000－1717－0000769　A0780　經部/群經總義類/傳説之屬
十三經札記二十二卷附十六卷　(清)朱亦棟撰　清光緒四年(1878)武林竹簡齋刻本　六册　存十六卷(附一至十六)

330000－1717－0000770　A0781　經部/群經總義類/傳説之屬
十三經札記二十二卷附十六卷　(清)朱亦棟撰　清光緒四年(1878)武林竹簡齋刻本　六册　存十六卷(附一至十六)

330000－1717－0000771　A0787　集部/總集類/氏族之屬
連二子遺稿　(清)連擷薌編　清光緒十二年(1886)古虞連氏枕湖樓刻本　一册

330000－1717－0000772　A0782　子部/道家類
道貫真源九種　(清)董德寧輯　清宣統二年(1910)古越集陽樓木活字印本　六册　存六種

330000－1717－0000773　A0783　集部/别集類/清别集
曾文正公文鈔四卷附刻一卷　(清)曾國藩撰　(清)張瑛輯　清同治十二年(1873)上海醉六堂刻本　四册

330000－1717－0000774　A0784　史部/詔令奏議類/奏議之屬

曾文正公奏議十卷首一卷末一卷補編四卷　(清)曾國藩撰　(清)薛福成編　清同治十三年(1874)上海醉六堂刻本　十册　缺四卷(補編一至四)

330000－1717－0000775　A0785　集部/別集類/清別集

借菴詩一卷　(清)童鈺撰　清乾隆刻本　一册

330000－1717－0000776　A0786　經部/小學類/文字之屬/說文

說文五翼八卷　(清)王煦撰　清光緒八年(1882)上虞觀海樓刻本　二册

330000－1717－0000777　A0788　集部/總集類/氏族之屬

連二子遺稿　(清)連擷薌編　清光緒十二年(1886)古虞連氏枕湖樓刻本　一册

330000－1717－0000778　A0789　集部/總集類/氏族之屬

連二子遺稿　(清)連擷薌編　清光緒十二年(1886)古虞連氏枕湖樓刻本　一册

330000－1717－0000779　A0790　集部/總集類/氏族之屬

連二子遺稿　(清)連擷薌編　清光緒十二年(1886)古虞連氏枕湖樓刻本　一册

330000－1717－0000780　A0791　集部/總集類/氏族之屬

連二子遺稿　(清)連擷薌編　清光緒十二年(1886)古虞連氏枕湖樓刻本　一册

330000－1717－0000781　A0792　集部/總集類/氏族之屬

連二子遺稿　(清)連擷薌編　清光緒十二年(1886)古虞連氏枕湖樓刻本　一册

330000－1717－0000782　A0793　集部/總集類/氏族之屬

連二子遺稿　(清)連擷薌編　清光緒十二年(1886)古虞連氏枕湖樓刻本　一册

330000－1717－0000783　A0794　集部/總集類/氏族之屬

連二子遺稿　(清)連擷薌編　清光緒十二年(1886)古虞連氏枕湖樓刻本　一册

330000－1717－0000784　A0795　集部/總集類/氏族之屬

連二子遺稿　(清)連擷薌編　清光緒十二年(1886)古虞連氏枕湖樓刻本　一册

330000－1717－0000785　A0796　集部/總集類/氏族之屬

連二子遺稿　(清)連擷薌編　清光緒十二年(1886)古虞連氏枕湖樓刻本　一册

330000－1717－0000786　A0797　集部/總集類/氏族之屬

連二子遺稿　(清)連擷薌編　清光緒十二年(1886)古虞連氏枕湖樓刻本　一册

330000－1717－0000787　A0798　集部/總集類/氏族之屬

連二子遺稿　(清)連擷薌編　清光緒十二年(1886)古虞連氏枕湖樓刻本　一册

330000－1717－0000788　A0799　集部/總集類/氏族之屬

連二子遺稿　(清)連擷薌編　清光緒十二年(1886)古虞連氏枕湖樓刻本　一册

330000－1717－0000789　A0800　集部/總集類/氏族之屬

連二子遺稿　(清)連擷薌編　清光緒十二年(1886)古虞連氏枕湖樓刻本　一册

330000－1717－0000791　A0801　集部/總集類/氏族之屬

連二子遺稿　(清)連擷薌編　清光緒十二年(1886)古虞連氏枕湖樓刻本　一册

330000－1717－0000792　A0802　集部/總集類/氏族之屬

連二子遺稿　(清)連擷薌編　清光緒十二年(1886)古虞連氏枕湖樓刻本　一册

330000－1717－0000793　A0803　集部/總集

類/氏族之屬
連二子遺稿 (清)連揋薌編 清光緒十二年(1886)古虞連氏枕湖樓刻本 一冊

330000－1717－0000794 A0804 集部/總集類/氏族之屬
連二子遺稿 (清)連揋薌編 清光緒十二年(1886)古虞連氏枕湖樓刻本 一冊

330000－1717－0000795 A0805 集部/總集類/氏族之屬
連二子遺稿 (清)連揋薌編 清光緒十二年(1886)古虞連氏枕湖樓刻本 一冊

330000－1717－0000796 A0806 集部/總集類/氏族之屬
連二子遺稿 (清)連揋薌編 清光緒十二年(1886)古虞連氏枕湖樓刻本 一冊

330000－1717－0000797 A0809 史部/地理類/方志之屬/郡縣志
[光緒]上虞縣志四十八卷首一卷末一卷附錄一卷 (清)唐煦春修 (清)朱士黻纂 清光緒十七年(1891)刻本 二十冊

330000－1717－0000798 A0810 史部/地理類/方志之屬/郡縣志
[光緒]上虞縣志四十八卷首一卷末一卷附錄一卷 (清)唐煦春修 (清)朱士黻纂 清光緒十七年(1891)刻本 十八冊 缺五卷(十六至二十)

330000－1717－0000799 A0812 史部/地理類/方志之屬/郡縣志
[光緒]上虞縣志四十八卷首一卷末一卷附錄一卷 (清)唐煦春修 (清)朱士黻纂 清光緒十七年(1891)刻本 二十冊

330000－1717－0000800 A0813 史部/地理類/方志之屬/郡縣志
[光緒]上虞縣志校續五十卷首一卷末一卷 (清)儲家藻修 (清)徐致靖纂 清光緒二十四年至二十五年(1898－1899)刻本 二十冊

330000－1717－0000802 A0815 史部/地理類/方志之屬/郡縣志
[光緒]上虞縣志校續五十卷首一卷末一卷 (清)儲家藻修 (清)徐致靖纂 清光緒二十四年至二十五年(1898－1899)刻本 二十冊

330000－1717－0000803 A0821 子部/工藝類/文房四寶之屬/硯
枕湖樓藏硯銘一卷 (清)醉盦居士撰 清光緒五年(1879)刻本 一冊

330000－1717－0000804 A0816 史部/地理類/方志之屬/郡縣志
[光緒]上虞縣志校續五十卷首一卷末一卷 (清)儲家藻修 (清)徐致靖纂 清光緒二十四年至二十五年(1898－1899)刻本 二十冊

330000－1717－0000805 A0817 史部/地理類/方志之屬/郡縣志
[光緒]上虞縣志校續五十卷首一卷末一卷 (清)儲家藻修 (清)徐致靖纂 清光緒二十四年至二十五年(1898－1899)刻本 二十冊

330000－1717－0000806 A0818 史部/地理類/方志之屬/郡縣志
[光緒]上虞縣志校續五十卷首一卷末一卷 (清)儲家藻修 (清)徐致靖纂 清光緒二十四年至二十五年(1898－1899)刻本 十九冊 缺三卷(首、一至二)

330000－1717－0000807 A0819 史部/地理類/方志之屬/郡縣志
[光緒]上虞縣志校續五十卷首一卷末一卷 (清)儲家藻修 (清)徐致靖纂 清光緒二十四年至二十五年(1898－1899)刻本 十九冊 缺三卷(四十九至五十、末)

330000－1717－0000808 A0820 史部/地理類/方志之屬/郡縣志
[光緒]上虞縣志校續五十卷首一卷末一卷 (清)儲家藻修 (清)徐致靖纂 清光緒二十四年至二十五年(1898－1899)刻本 十七冊 缺七卷(十六至十八、二十至二十三)

330000－1717－0000809 A0822 史部/地理類/方志之屬/郡縣志
上虞縣志稽疑二十卷首一卷 連光樞撰 清

抄本　十一册　缺一卷(儲修虞事稽疑五)

330000－1717－0000810　A0823　史部/地理類/方志之屬/郡縣志

上虞縣志稽疑十六卷首一卷　連光樞撰　稿本　十二册

330000－1717－0000811　A0814　史部/地理類/方志之屬/郡縣志

[光緒]上虞縣志校續五十卷首一卷末一卷　(清)儲家藻修　(清)徐致靖纂　清光緒二十四年至二十五年(1898－1899)刻本　二十册

330000－1717－0000818　A0828　子部/術數類/相宅相墓之屬

楊曾地理元文四種附二種　(清)端木國瑚注　清道光五年(1825)刻本　潘永和題記　二册

330000－1717－0000819　A0829　史部/史評類/史論之屬

論史拾遺殘稿一卷　(清)連仲愚撰　稿本　一册

330000－1717－0000820　A0830　史部/政書類/公牘檔册之屬

[咸豐]元年起捐修柴土堂并石堂各工案不分卷　(清)連仲愚等撰　清抄本　一册

330000－1717－0000821　A0831　史部/地理類/水利之屬

塘工紀略二卷續一卷　(清)連仲愚撰　稿本　二册

330000－1717－0000822　A0832　史部/政書類/律令之屬

訴訟稿録不分卷　清抄本　一册

330000－1717－0000823　A0833　子部/醫家類/本草之屬/歷代綜合本草

本草綱目五十二卷附圖三卷瀕湖脈學一卷奇經八脈攷一卷脈訣攷證一卷　(明)李時珍撰　(明)張鶴翥較訂　(明)張鷟翼等条　清順治十二年(1655)吳毓昌刻太和堂重修本　三十册　存三十八卷(一至三十五上、圖一至三)

330000－1717－0000824　A0835　史部/編年類/通代之屬

資治通鑑九卷　(宋)司馬光撰　清抄本　四册

330000－1717－0000825　A0836　集部/總集類/郡邑之屬

國朝上虞詩集十二卷　(清)謝聘輯　清道光二十二年(1842)刻本　四册

330000－1717－0000826　A0837　類叢部/叢書類/輯佚之屬

十種古逸書三十卷　(清)茆泮林編　清道光十四年(1834)梅瑞軒刻二十二年(1842)重印本　八册

330000－1717－0000827　A0838　集部/總集類/選集之屬/斷代

校正重刊官板宋朝文鑑一百五十卷目録三卷　(宋)吕祖謙編　明天順八年(1464)嚴州府刻弘治十七年(1504)胡韶修補本　二十四册

330000－1717－0000828　A0839　史部/金石類/郡邑之屬/文字

兩浙金石志十八卷補遺一卷　(清)阮元撰　清道光四年(1824)李澐等刻本　十四册　缺五卷(十三至十六、補遺)

330000－1717－0000829　A0840　集部/别集類/明别集

王陽明先生全集二十卷首一卷　(明)王守仁撰　(清)俞嶙輯　清康熙十二年(1673)餘姚俞嶙自公堂刻本　二十册

330000－1717－0000830　A0841　集部/詩文評類

唐人五言排律詩論三卷　(清)蔣鵬翮編釋　清乾隆寒三草堂刻本　一册

330000－1717－0000831　A0842　集部/詞類/别集之屬

綺霞詞三卷　(清)金烺撰　清觀文堂刻本　一册

330000－1717－0000832　A0843　子部/小説家類/瑣語之屬

觚賸八卷續編四卷　(清)鈕琇輯　清康熙三十九年(1700)、四十一年(1702)臨野堂刻本　三冊

330000－1717－0000833　A0844　類叢部/類書類/通類之屬
玉海二百四卷附刻十三種　(宋)王應麟撰　元至元六年(1340)慶元路儒學刻元明清遞修本　十冊　缺二百四十一卷(玉海一至二百、辭學指南一至四、詩攷、詩地理攷一至六、漢藝文志攷證一至十、通鑑地理通釋一至十、小學紺珠一至十)

330000－1717－0000834　A0845　史部/雜史類/斷代之屬
明季北略二十四卷明季南略十八卷　(清)計六奇撰　清都城琉璃廠半松居士刻本　十冊

330000－1717－0000835　A0846　集部/楚辭類
楚辭燈四卷　(清)林雲銘撰　清康熙刻本　一冊　存二卷(一至二)

330000－1717－0000836　A0847　集部/别集類/金别集
元遺山詩集箋注十四卷首一卷末一卷　(金)元好問撰　(元)張德輝類次　(清)施國祁箋注　**元遺山全集年譜一卷**　(清)施國祁撰　**元遺山全集附錄一卷**　(明)儲瓘輯　(清)華希閔增　**元遺山全集補載一卷**　(清)施國祁輯　清道光二年(1822)南潯瑞松堂蔣氏刻本　六冊

330000－1717－0000837　A0848　類叢部/類書類/通類之屬
古事比五十二卷　(清)方中德輯　清康熙四十五年(1706)書種齋刻本　十六冊

330000－1717－0000838　A0849　子部/雜著類/雜說之屬
草木子四卷　(明)葉子奇撰　清光緒四年(1878)葉氏刻本　二冊

330000－1717－0000839　A0851　類叢部/叢書類/彙編之屬
津逮祕書十五集一百四十種　(明)毛晉編　明崇禎虞山毛氏汲古閣刻本　四冊　存一種

330000－1717－0000840　A0850　史部/地理類/專志之屬/宫殿
金鰲退食筆記二卷　(清)高士奇撰　清康熙朗潤堂刻本　一冊

330000－1717－0000841　A0854　史部/地理類/水利之屬
行水金鑑一百七十五卷首一卷　(清)傅澤洪撰　清雍正三年(1725)淮揚官署刻本　三十五冊　缺五卷(一百六十六至一百七十)

330000－1717－0000842　A0855　史部/地理類/水利之屬
續行水金鑑一百五十六卷首一卷　(清)黎世序輯　清道光十二年(1832)河庫道署刻本　四十八冊

330000－1717－0000843　A0856　經部/叢編
省吾堂四種二十五卷　(清)蔣光弼輯　清常熟蔣氏省吾堂刻本　十冊

330000－1717－0000844　A0857　史部/地理類/山川之屬/水志
水經注四十卷　(北魏)酈道元撰　清康熙五十三年至五十四年(1714－1715)歙縣項絪群玉書堂刻本　九冊

330000－1717－0000845　A0858　類叢部/叢書類/彙編之屬
增訂漢魏叢書八十六種　(清)王謨輯　清乾隆五十六年(1791)金谿王氏刻本　四十冊　存六十種

330000－1717－0000846　A0859　子部/儒家類/儒學之屬/禮教
最樂編五卷　(明)魏大中撰　(明)高道淳輯　清康熙四十八年(1709)刻本　五冊

330000－1717－0000847　A0860　集部/總集類/選集之屬/斷代
宋四六選二十四卷　(清)彭元瑞　(清)曹振鏞輯　清乾隆四十一年(1776)曹氏刻本　八冊

330000－1717－0000848　A0861　史部/地理類/外紀之屬

海國圖志五十卷　(清)魏源撰　清道光二十四年(1844)古微堂木活字印本　二十冊

330000－1717－0000849　A0862　集部/别集類/唐五代别集

李義山詩文全集箋註十三卷　(唐)李商隱撰　(清)馮浩編　清乾隆四十五年(1780)德聚堂刻本　八冊

330000－1717－0000850　A0863　史部/傳記類/總傳之屬/仕宦

高安三傳合編三種　(清)朱軾　(清)蔡世遠輯　清光緒二十一年(1895)江蘇書局刻本　二十一冊　缺六卷(名儒傳一至二、名臣傳五至八)

330000－1717－0000851　A0864　經部/小學類/訓詁之屬/群雅

别雅五卷　(清)吴玉搢輯　清抄本　四冊

330000－1717－0000852　A0865　史部/政書類/通制之屬

建炎以來朝野雜記甲集二十卷乙集二十卷　(宋)李心傳輯　清刻本　八冊

330000－1717－0000853　A0866　子部/醫家類/醫案之屬

古今醫案按十卷　(清)俞震輯　清光緒九年(1883)吴江李齡壽刻本　十冊

330000－1717－0000854　A0869　經部/讖緯類/總義之屬

古微書三十六卷　(明)孫瑴輯　清光緒十四年(1888)對山問月樓刻本　六冊

330000－1717－0000855　A0870　集部/總集類/選集之屬/通代

文選六十卷　(南朝梁)蕭統輯　(唐)李善注　清葉氏海録軒刻朱墨套印本　十二冊

330000－1717－0000856　A0871　集部/總集類/選集之屬/通代

文選補遺四十卷　(元)陳仁子輯　(元)譚紹烈纂類　清乾隆二年(1737)陳文煜刻本　十六冊

330000－1717－0000857　A0872　史部/紀事本末類/斷代之屬

明史紀事本末八十卷　(清)谷應泰撰　清同治十二年(1873)江西書局刻本　十二冊　存五十四卷(一至四十一、四十七至五十、五十五至五十九、六十三至六十六)

330000－1717－0000858　A0873　經部/春秋總義類/傳說之屬

春秋三傳十六卷首一卷　清同治十年(1871)刻本　十二冊

330000－1717－0000859　A0874　史部/史抄類

新舊唐書合鈔二百六十卷首一卷　(清)沈炳震輯　**唐書宰相世系表訂譌十二卷**　(清)沈炳震撰　**唐書合鈔補正六卷**　(清)丁子復撰　清嘉慶十八年(1813)海昌查世俊刻本　八十冊

330000－1717－0000860　A0875　史部/史抄類

新舊唐書合鈔二百六十卷首一卷　(清)沈炳震輯　**唐書宰相世系表訂譌十二卷**　(清)沈炳震撰　**唐書合鈔補正六卷**　(清)丁子復撰　清嘉慶十八年(1813)海昌查世俊刻本　七十冊　缺二十五卷(一百二十二至一百二十六、一百三十六至一百四十、二百四十四至二百五十八)

330000－1717－0000861　A0879　類叢部/類書類/通類之屬

冊府元龜一千卷目錄十卷　(宋)王欽若等輯　(明)李嗣京衆閲　(明)文翔鳳訂正　(明)黄國琦較釋　明崇禎十五年(1642)福建建陽黄國琦刻清嘉慶十九年(1814)鮑崇城重修本　二百三十九冊　缺四卷(九百九十七至一千)

330000－1717－0000862　A0880　經部/叢編

五經旁訓　(元)李恕旁訓　明刻本　十四冊

330000－1717－0000863　A0881　經部/叢編

茹氏經學十二種二十二卷　（清）茹敦和撰　清乾隆刻本　十冊

330000－1717－0000864　A0882　經部/儀禮類/傳說之屬
儀禮章句十七卷　（清）吴廷華撰　清嘉慶三年(1798)刻本　六冊

330000－1717－0000865　A0883　子部/天文曆算類/算書之屬
原本直指算法統宗十二卷首一卷　（明）程大位撰　清同治三年(1864)刻本　六冊

330000－1717－0000866　A0884　史部/史抄類
南北史類鈔一百五卷　（清）李興祖輯　清刻本　八冊

330000－1717－0000867　A0885　經部/書類/分篇之屬
禹貢錐指二十卷略例一卷圖一卷　（清）胡渭撰　清康熙四十四年(1705)漱六軒刻本　八冊

330000－1717－0000868　A0886　集部/總集類/選集之屬/斷代
欽定熙朝雅頌集一百六卷首集二十六卷餘集二卷　（清）鐵保輯　清嘉慶九年(1804)刻本　二十四冊

330000－1717－0000869　A0887　子部/兵家類/兵法之屬
登壇必究四十卷　（明）王鳴鶴編輯　清刻本　四十冊

330000－1717－0000870　A0888　集部/別集類/明別集
劉蕺山先生集二十四卷首一卷　（明）劉宗周撰　清乾隆十七年(1752)證人堂刻本　八冊

330000－1717－0000871　A0889　集部/別集類/清別集
紀文達公遺集文十六卷詩十六卷　（清）紀昀撰　（清）紀樹馨編　清嘉慶十七年(1812)刻本　十冊

330000－1717－0000872　A0890－A0892　集部/別集類/明別集
太史升菴全集八十一卷目録二卷遺集二十六卷附年譜一卷　（明）楊慎撰　（明）楊有仁輯　（清）周參元校　**升菴外集一百卷**　（明）楊慎撰　（明）焦竑輯　清乾隆六十年(1795)新都周氏養拙山房刻道光二十四年(1844)桂湖續刻本　四十八冊

330000－1717－0000873　A0893　史部/目録類/專録之屬
經義考三百卷　（清）朱彝尊撰　**經義考總目二卷**　（清）盧見曾編　清康熙秀水朱氏曝書亭刻乾隆十九年至二十年(1754－1755)德州盧見曾續刻四十二年(1777)汪汝瑮印本(卷二百八十六、二百九十九至三百原缺)　四十八冊

330000－1717－0000874　A0894　史部/紀事本末類/通代之屬
繹史一百六十卷世系圖一卷年表一卷　（清）馬驌撰　清康熙刻本　三十六冊

330000－1717－0000875　A0895－A0897　子部/叢編
十子全書　（清）王子興編　清嘉慶九年(1804)姑蘇王氏聚文堂刻本　十九冊　存三種

330000－1717－0000876　A0898　類叢部/叢書類/彙編之屬
抱經堂叢書十六種　（清）盧文弨輯　清乾隆至嘉慶刻彙印本　四冊　存一種

330000－1717－0000877　A0899　史部/編年類/通代之屬
資治通鑑二百九十四卷　（宋）司馬光撰　（元）胡三省音注　**通鑑釋文辯誤十二卷**　（元）胡三省撰　清刻本　二十一冊　存六十三卷(四至六、六十二至七十七、一百八至一百二十二、一百五十五至一百六十九、二百三十八至二百五十一)

330000－1717－0000878　A0900　經部/三禮總義類/圖說之屬

三禮圖二卷　(明)劉績撰　清抄本　二册

330000－1717－0000879　A0901　史部/政書類/儀制之屬/典禮

文廟祀典考五十卷首一卷　(清)龐鍾璐輯　清光緒四年(1878)刻本　八册

330000－1717－0000880　A0902　子部/宗教類/佛教之屬/總録

一切經音義二十五卷　(唐)釋玄應撰　**補訂新譯大方廣佛華嚴經音義二卷**　(唐)釋慧苑撰　**華嚴經音義敘錄一卷**　(清)臧庸輯　**刻華嚴經音義校勘記一卷**　(清)曹籀撰　清同治八年(1869)武林張氏寶晉齋刻本　四册

330000－1717－0000881　A0903　經部/小學類/文字之屬/字書/字體

六書通十卷　(清)閔齊伋撰　(清)畢弘述篆訂　清光緒四年(1878)繡谷留耕堂刻本　五册

330000－1717－0000882　A0904　集部/詞類/類編之屬

詞苑英華八種　(明)毛晉編　明末毛氏汲古閣刻本　二册　存一種

330000－1717－0000883　A0905　集部/別集類/清別集

瀨中集十四卷首一卷　(清)毛甡撰　清刻本　四册

330000－1717－0000884　A0906　集部/總集類/選集之屬/斷代

元文類七十卷目錄三卷　(元)蘇天爵編　明末脩德堂刻本　十二册

330000－1717－0000885　A0907　史部/雜史類/斷代之屬

戰國策三十三卷　(漢)高誘注　**重刻剡川姚氏本戰國策札記三卷**　(清)黄丕烈撰　清光緒三年(1877)永康退補齋刻本　五册

330000－1717－0000886　A0908　集部/別集類/清別集

陳迦陵文集六卷儷體文集十卷迦陵詞全集三十卷　(清)陳維崧撰　清康熙二十八年(1689)陳宗石患立堂刻本　五册　存十六卷(陳迦陵文集一至六、儷體文集一至十)

330000－1717－0000887　A0909　經部/春秋總義類/傳說之屬

春秋三傳十六卷首一卷　清光緒六年(1880)山西濬文書局刻本　七册　缺八卷(九至十六)

330000－1717－0000888　A0910　經部/春秋總義類/傳說之屬

春秋三傳十六卷首一卷　清光緒六年(1880)山西濬文書局刻本　八册　缺七卷(十至十六)

330000－1717－0000889　A0911　經部/三禮總義類/通禮雜禮之屬

五禮通考二百六十二卷首四卷總目二卷　(清)秦蕙田撰　清乾隆金匱秦蕙田味經窩刻本　六十四册

330000－1717－0000890　A0912　史部/編年類/通代之屬

資治通鑑二百九十四卷目錄三十卷　(宋)司馬光撰　(元)胡三省音注　**通鑑釋文辯誤十二卷**　(元)胡三省撰　明陳天禎刻清修本　九十七册　存二百六十一卷(九至三十七、三十九至一百十八、一百二十二至一百三十三、一百三十五至一百四十八、一百九十一至一百九十三、一百九十七至二百、二百四至二百十四、二百十七至二百三十二、二百三十四至二百六十二、二百六十四至二百六十八、二百七十至二百七十一、二百七十四至二百七十五、二百八十至二百八十二、二百八十六至二百九十四,目錄一至三十,辯誤一至十二)

330000－1717－0000891　A0913　經部/春秋左傳類/傳說之屬

春秋經傳集解三十卷　(晉)杜預撰　**春秋名號歸一圖二卷**　(五代)馮繼先撰　**春秋年表一卷**　(宋)岳珂刊補　清光緒三年(1877)永康胡氏退補齋刻本　十二册

330000－1717－0000892　A0914　經部/孝經類/傳說之屬

孝經一卷　（唐）玄宗李隆基注　（唐）陸德明音義　**孝經刊誤一卷**　（宋）朱熹撰　清光緒三年（1877）永康胡氏退補齋刻本　一冊

330000－1717－0000893　A0915　經部/詩類/傳說之屬
詩經集傳八卷　（宋）朱熹撰　清光緒三年（1877）永康退補齋胡氏刻本　四冊

330000－1717－0000894　A0916　經部/易類/傳說之屬
周易本義四卷圖說一卷新增圖說一卷卦歌一卷　（宋）朱熹撰　清光緒十九年（1893）浙江書局刻本　二冊

330000－1717－0000895　A0917　經部/小學類/訓詁之屬/爾雅
爾雅三卷　（晉）郭璞注　（唐）陸德明音釋　清光緒三年（1877）永康胡氏退補齋刻本　三冊

330000－1717－0000896　A0918　經部/小學類/訓詁之屬/爾雅
爾雅三卷　（晉）郭璞注　（唐）陸德明音釋　清光緒三年（1877）永康胡氏退補齋刻本　三冊

330000－1717－0000897　A0919　史部/金石類/石之屬/文字
碑別字五卷　羅振鋆輯　清光緒二十年（1894）刻本　二冊

330000－1717－0000898　A0920　史部/地理類/方志之屬/郡縣志
上虞縣志一卷　稿本　一冊

330000－1717－0000899　A0922　集部/總集類/選集之屬/斷代
國朝駢體正宗十二卷　（清）曾燠輯　清同治十三年（1874）刻本　六冊

330000－1717－0000900　A0923　類叢部/叢書類/自著之屬
曾文正公全集十五種　（清）曾國藩撰　清同治至光緒傳忠書局刻本　五冊　存二種

330000－1717－0000901　A0924　史部/地理類/方志之屬/郡縣志
［光緒］光化縣志八卷首一卷　（清）鍾桐山（清）葉樹南修　（清）段映斗等纂　清光緒十年（1884）刻本　八冊

330000－1717－0000902　A0925　集部/別集類/明別集
倪文貞公文集十七卷續編三卷首一卷詩集二卷奏疏十二卷講編四卷　（明）倪元璐撰（清）倪會鼎訂正　（清）倪安世輯　清乾隆三十六年至三十七年（1771－1772）倪安世刻四十二年（1777）續刻印本　八冊　缺十八卷（詩集一至二、奏疏一至十二、講編一至四）

330000－1717－0000903　A0926　集部/別集類/宋別集
東坡先生全集七十五卷　（宋）蘇軾撰　**東坡先生［蘇軾］年譜一卷**　（宋）王宗稷編　明末文盛堂刻本　十二冊　存三十七卷（一至三十七）

330000－1717－0000904　A0927　集部/總集類/郡邑之屬
甬上耆舊詩三十卷　（清）胡文學　（清）李鄴嗣輯　清康熙十五年（1676）胡氏敬義堂刻本　十冊

330000－1717－0000905　A0928　子部/叢編
十子全書　（清）王子興編　清嘉慶九年（1804）姑蘇王氏聚文堂刻本　二十七冊　存七種

330000－1717－0000906　A0929　集部/別集類/清別集
堯峰文鈔五十卷　（清）汪琬撰　（清）林佶編　清康熙三十二年（1693）林佶刻本　八冊

330000－1717－0000907　A0930　史部/編年類/斷代之屬
欽定明鑑二十四卷首一卷　（清）胡敬等輯　清嘉慶二十三年（1818）刻本　六冊

330000－1717－0000908　A0931　史部/雜史類/斷代之屬

小腆紀年坿攷二十卷　（清）徐鼒撰　清光緒十二年（1886）扶桑使廨鉛印本　十二冊

330000－1717－0000909　A0932　史部/傳記類/總傳之屬/儒林

宋元學案一百卷首一卷考略一卷　（清）黄宗羲撰　（清）全祖望修定　（清）王梓材（清）馮雲濠校並考　清光緒五年（1879）長沙寄廬刻本　三十二冊

330000－1717－0000910　A0933　集部/别集類/唐五代别集

樊川詩集四卷别集一卷外集一卷詩補遺一卷　（唐）杜牧撰　（清）馮集梧注　清嘉慶六年（1801）德裕堂刻本　四冊

330000－1717－0000911　A0934　集部/别集類/唐五代别集

杜詩詳註二十五卷首一卷附編二卷　（唐）杜甫撰　（清）仇兆鰲輯註　清康熙刻本　十四冊

330000－1717－0000912　A0935　史部/地理類/雜志之屬

欽定日下舊聞考一百六十卷譯語總目一卷（清）于敏中　（清）竇光鼐等纂修　清乾隆武英殿刻本　四十八冊

330000－1717－0000913　A0936　子部/叢編

諸子彙函二十六卷　（明）歸有光編　明天啓刻本　十六冊

330000－1717－0000914　A0937　集部/别集類/明别集

弇州山人續稿二百七卷目錄十卷　（明）王世貞撰　明刻本　七十二冊

330000－1717－0000915　A0938　史部/政書類/律令之屬/律例

大清律例增修統纂集成四十卷附督捕則例附纂二卷　（清）姚潤輯　（清）陶駿　（清）陶念霖增輯　清同治十年（1871）刻本　二十四冊

330000－1717－0000916　A0939　子部/小説家類/異聞之屬

山海經十八卷　（晉）郭璞傳　清康熙五十三年至五十四年（1714－1715）歙縣項絪群玉書堂刻本　一冊

330000－1717－0000917　A0940　子部/儒家類/儒學之屬/性理

朱子家禮八卷　（宋）朱熹撰　（明）丘濬輯（明）楊廷筠補　**四禮初稿四卷**　（明）宋纁輯　**四禮約言四卷**　（明）吕維祺撰　清刻本一冊　存四卷（四禮初稿一至四）

330000－1717－0000918　A0941　經部/春秋左傳類/傳説之屬

春秋經傳集解三十卷　（晉）杜預撰　**春秋名號歸一圖二卷**　（五代）馮繼先撰　**春秋年表一卷**　（宋）岳珂刊補　清同治八年（1869）楚北崇文書局刻本　六冊

330000－1717－0000919　A0942　集部/總集類/氏族之屬

寧都三魏全集八十三卷　（清）林時益輯　清易堂刻本　六冊

330000－1717－0000920　A0943　史部/編年類/斷代之屬

明紀通綱鑑補十五卷　（清）朱璘撰　清稼史齋刻本　八冊

330000－1717－0000921　A0944　史部/編年類/通代之屬

御批歷代通鑑輯覽一百二十卷　（清）傅恒等撰　清嘉慶五年（1800）刻本　四十四冊

330000－1717－0000922　A0945　集部/總集類/選集之屬/通代

古文辭類纂七十五卷　（清）姚鼐輯　清同治八年（1869）江蘇書局刻本　十二冊

330000－1717－0000923　A0946　集部/别集類/明别集

劉子全書四十卷首一卷　（明）劉宗周撰（清）董瑒編　清道光四年至十五年（1824－1835）蕭山王宗炎等刻本　二十四冊

330000－1717－0000924　A0947　史部/雜史類/斷代之屬

思痛記二卷 (清)李圭撰 清光緒六年(1880)師一齋刻十三年(1887)補刻本 一册

330000－1717－0000925 A0948 類叢部/叢書類/自著之屬
曾文正公全集十五種 (清)曾國藩撰 清同治至光緒傳忠書局刻本 九十二册 存十一種

330000－1717－0000927 A0950 史部/時令類
月令粹編二十四卷圖說一卷 (清)秦嘉謨撰 清嘉慶十七年(1812)江都秦嘉謨琳琅仙館刻本 八册

330000－1717－0000928 A0951 史部/詔令奏議類/奏議之屬
桐城馬太傅奏略四卷 (明)馬孟禎撰 清刻本 二册

330000－1717－0000929 A0952 集部/總集類/選集之屬/斷代
南宋襍事詩七卷 (清)沈嘉轍等撰 清同治十一年(1872)淮南書局刻本 四册

330000－1717－0000930 A0953 集部/別集類/明別集
太師誠意伯劉文成公集二十卷首一卷 (明)劉基撰 清康熙四十六年(1707)劉元奇刻雍正八年(1730)萬里補刻乾隆南田劉氏果育堂印本 十册

330000－1717－0000931 A0954 類叢部/叢書類/自著之屬
橘蔭軒全集七種 (清)陳錦撰 清光緒山陰陳氏橘蔭軒刻本 十八册 存五種

330000－1717－0000932 A0955 經部/叢編
十三經注疏 (明)□□輯 清嘉慶十八年(1813)繡谷四友堂刻本 一百四十三册 存十一種

330000－1717－0000933 A0956 史部/政書類/通制之屬
三通序不分卷 (清)吳巖輯 (清)康綸筠校 清道光十三年(1833)江夏周恭壽刻本 四册

330000－1717－0000934 A0957 集部/別集類/明別集
劉子全書四十卷首一卷 (明)劉宗周撰 (清)董瑒編 清道光四年至十五年(1824－1835)蕭山王宗炎等刻本 二十四册

330000－1717－0000936 A0959 史部/地理類/方志之屬/郡縣志
[正德]武功縣志三卷首一卷 (明)康海撰次 (清)孫景烈評註 清同治十二年(1873)湖北崇文書局刻本 一册

330000－1717－0000937 A0960 集部/別集類/宋別集
楊龜山先生集四十二卷首一卷 (宋)楊時撰 清康熙四十六年(1707)延平楊氏刻本 十册

330000－1717－0000938 A0961 新學/算學/形學
形學備旨十卷開端一卷 (美國)狄考文選譯 (清)鄒立文筆述 清光緒二十三年(1897)上海美華書館鉛印本 二册

330000－1717－0000939 A0962 集部/別集類/清別集
船山詩草二十卷 (清)張問陶撰 清嘉慶二十年(1815)刻本 八册

330000－1717－0000940 A0963 集部/別集類/唐五代別集
重刊五百家注音辯昌黎先生文集四十卷 (唐)韓愈撰 (宋)魏仲舉輯注 清兩儀堂刻本 十二册

330000－1717－0000941 A0964 史部/傳記類/總傳之屬/仕宦
鶴徵錄八卷首一卷 (清)李集輯 (清)李富孫 (清)李遇孫續輯 **鶴徵後錄十二卷首一卷** (清)李富孫輯 清嘉慶十六年(1811)漾葭老屋刻同治十一年(1872)補刻本 四册

330000－1717－0000942 A0965 集部/詩文評類/詩評之屬

靜志居詩話二十四卷　(清)朱彝尊撰　(清)姚祖恩輯　清嘉慶二十四年(1819)錢塘姚祖恩扶荔山房刻本　十六冊

330000－1717－0000943　A0966　子部/醫家類/本草之屬/歷代綜合本草
本草述鉤元三十二卷　(清)劉若金撰　(清)楊時泰輯　清道光二十二年(1842)毘陵涵雅堂刻本　十冊

330000－1717－0000944　A0967　子部/宗教類/道教之屬
陰騭文説証彙纂八卷末一卷　清光緒九年(1883)浙湖最樂齋善書坊刻本　八冊

330000－1717－0000945　A0968　史部/政書類/通制之屬
文獻通考詳節二十四卷　(元)馬端臨撰　(清)嚴虞惇輯　清乾隆二十九年(1764)嚴有禧繩武堂刻本　十冊

330000－1717－0000946　A0969　史部/傳記類/總傳之屬/通代
尚友錄二十二卷　(明)廖用賢輯　(清)張伯琮補輯　清刻本　十一冊

330000－1717－0000947　A0970　經部/叢編
五經旁訓辨體合訂　(清)徐立綱輯　清乾隆五十四年(1789)上虞徐氏循陔堂刻本　六冊

330000－1717－0000948　A0971　經部/春秋公羊傳類/專著之屬
春秋公羊傳旁訓四卷　清掃葉山房刻本　二冊

330000－1717－0000949　A0972－A0973　經部/四書類/總義之屬/傳説
四書集注十九卷　(宋)朱熹撰　清刻本　五冊　存十七卷(論語一至十、孟子一至七)

330000－1717－0000950　A0974　經部/易類/傳説之屬
易義無忘錄三卷首一卷　(清)蔣珣撰　清道光二十一年(1841)姚江蔣氏齒德堂刻本　二冊

330000－1717－0000951　A0975　集部/總集類/選集之屬/通代
重訂古文雅正十四卷　(清)蔡世遠輯　清乾隆四十二年(1777)刻本　六冊

330000－1717－0000952　A0976　史部/傳記類/總傳之屬/忠孝
欽定勝朝殉節諸臣錄十二卷首一卷　(清)舒赫德　(清)于敏中等纂修　清嘉慶二年(1797)謝啟昆刻本　六冊

330000－1717－0000953　A0977　集部/别集類/清别集
望溪集不分卷　(清)方苞撰　(清)王兆符　(清)程崟輯　清乾隆十一年(1746)歙縣程崟刻本　六冊

330000－1717－0000954　A0978　史部/雜史類/通代之屬
重訂路史全本四十七卷　(宋)羅泌撰　(宋)羅苹註　清嘉慶六年(1801)酉山堂刻本　二十冊

330000－1717－0000955　A0979　類叢部/叢書類/自著之屬
甌北全集八種　(清)趙翼撰　清乾隆至嘉慶湛貽堂刻本　八冊　存一種

330000－1717－0000956　A0980　集部/總集類/選集之屬
或陋居選文二十集　(清)楊鶴鳴評選　清光緒十二年(1886)楊氏刻本　十八冊　缺二集(十三至十四)

330000－1717－0000957　A0981　子部/雜著類/雜考之屬
潛邱劄記六卷　(清)閻若璩撰　**左汾近稾一卷**　(清)閻詠撰　清乾隆九年(1744)閻學林眷西堂刻本　六冊

330000－1717－0000958　A0982－A0983　集部/别集類/清别集
大雲山房文稿初集四卷二集四卷言事二卷　(清)惲敬撰　清同治二年(1863)惲世臨楚南刻本　十冊

330000－1717－0000959　A0984　子部/儒家類/儒學之屬/經濟
大學衍義四十三卷　(宋)真德秀撰　清同治十一年(1872)浙江書局刻本　八册

330000－1717－0000960　A0985　集部/别集類/清别集
鷗堂詩三卷　(清)馬賡良撰　清光緒五年(1879)會稽馬氏刻本　一册

330000－1717－0000961　A0986　集部/别集類/清别集
鷗堂遺稿三卷　(清)馬賡良撰　清光緒十五年(1889)會稽馬氏刻本　一册

330000－1717－0000962　A0987　子部/術數類/相宅相墓之屬
地理五訣八卷　(清)趙廷棟撰　清刻本　四册

330000－1717－0000963　A0988　史部/史抄類
史鑑節要六卷　(清)鮑東里撰　清光緒二十七年(1901)杞廬刻本　二册　缺二卷(三至四)

330000－1717－0000964　A0989　子部/儒家類/儒學之屬/蒙學
浙寧汲綆齋新增繪圖幼學故事瓊林四卷首一卷　(清)程登吉撰　(清)鄒聖脈增補　(清)石韞玉重校評點　清光緒二十四年(1898)浙寧汲綆齋鉛印本　五册

330000－1717－0000965　A0990　經部/四書類/總義之屬/傳説
重校四子書十九卷　(宋)朱熹撰　清光緒十一年(1885)會稽徐氏八杉齋融經館刻本　二册　存一種

330000－1717－0000966　A0991　經部/周禮類/傳説之屬
周禮精華六卷　(清)陳龍標輯　清末掃葉山房刻本　五册

330000－1717－0000967　A0992　集部/别集類/清别集
琴隱園詩集三十六卷詞集四卷　(清)湯貽汾撰　清同治十三年(1874)曹士虎刻本　六册　缺十卷(一至十)

330000－1717－0000968　A0993　子部/術數類/相宅相墓之屬
撼龍經批注校補不分卷疑龍經批注校補三卷　(唐)楊益撰　(清)高其倬批點　(清)寇宗集注　(清)欒錫勳校補　清光緒十八年(1892)巴蜀善成堂刻本　潘永和記　三册

330000－1717－0000969　A0994　經部/書類/傳説之屬
書經集傳六卷　(宋)蔡沈撰　清光緒二十五年(1899)三義堂刻本　四册

330000－1717－0000970　A0995　經部/春秋左傳類/傳説之屬
左繡三十卷首一卷　(清)馮李驊　(清)陸浩評輯　清刻本　張萶生題記　十四册

330000－1717－0000971　A0996　集部/别集類/清别集
在陸草堂文集六卷　(清)儲欣撰　清光緒十七年(1891)刻本　六册

330000－1717－0000972　A0997　經部/春秋總義類/傳説之屬
公羊穀梁春秋合編附註疏纂十二卷　(明)朱泰禎撰　清經綸堂刻本　五册　缺三卷(四、十一至十二)

330000－1717－0000973　A0998　子部/雜著類/雜説之屬
燕下鄉睉錄十六卷　(清)陳康祺撰　清光緒七年(1881)暨陽刻本　八册

330000－1717－0000974　A0999　子部/術數類/相宅相墓之屬
新刻羅經解三卷　(明)熊汝嶽撰　(明)吳天洪批點　清刻本　一册

330000－1717－0000975　A1000　經部/易類/傳説之屬
周易本義四卷筮儀一卷卦歌一卷圖説一卷　(宋)朱熹撰　清光緒九年(1883)刻本　二册

330000－1717－0000976　A1001　經部/易類/傳說之屬
易經精華六卷首一卷末一卷　(清)薛嘉穎撰　清光緒九年(1883)掃葉山房刻本(卷首原缺)　三冊　缺二卷(二至三)

330000－1717－0000977　A1002　經部/春秋左傳類/傳說之屬
如西所刻諸名家評點春秋綱目左傳句解彙雋(太史張天如詳節春秋綱目句解左傳彙雋)六卷　(清)韓菼重訂　清刻本　六冊

330000－1717－0000978　A1003　集部/別集類/清別集
松聲池館詩存四卷　(清)汪璐撰　清光緒十五年(1889)錢塘汪曾唯振綺堂刻本　一冊

330000－1717－0000979　A1004　類叢部/叢書類/彙編之屬
振綺堂叢刊八種　(清)□□輯　清嘉慶至光緒汪氏振綺堂刻本　一冊　存一種

330000－1717－0000980　A1005　史部/傳記類/總傳之屬/列女
列女傳八卷　(漢)劉向編撰　(清)梁端校注　清道光十七年(1837)錢塘汪氏振綺堂刻同治十三年(1874)汪曾學補刻光緒元年(1875)印本　二冊

330000－1717－0000981　A1006　集部/小說類/長篇之屬
皐鶴堂批評第一奇書金瓶梅一百回　(明)蘭陵笑笑生撰　(清)張竹坡批點　清康熙三十四年(1695)皐鶴草堂刻本　十九冊　存七十回(一至三、九至十二、十八至五十一、五十六至七十、七十五至七十六、八十六至九十七)

330000－1717－0000982　A1007　史部/史評類/史論之屬
刻歷朝捷錄大成二卷　(明)顧充撰　明萬曆刻本　四冊

330000－1717－0000983　A1008　子部/儒家類/儒學之屬/禮教
五種遺規十七卷　(清)陳弘謀輯並撰　清光緒二十一年(1895)浙江書局刻本　二冊　存一種

330000－1717－0000984　A1009　經部/小學類/文字之屬/字書/字典
字彙十二集首一卷末一卷韻法直圖一卷韻法橫圖一卷　(明)梅膺祚輯　清刻本　十四冊

330000－1717－0000985　A1010　經部/小學類/文字之屬/字書/字典
字彙十二集首一卷末一卷韻法直圖一卷韻法橫圖一卷　(明)梅膺祚輯　清刻本　十三冊　缺一卷(首)

330000－1717－0000986　A1011　史部/史評類/史論之屬
讀史論略一卷　(清)杜詔撰　清光緒二十七年(1901)武林載記刻本　俞承烈題簽　二冊

330000－1717－0000988　A1013　子部/醫家類/方書之屬/單方驗方
隨山宇方鈔一卷　(清)汪曰楨撰　清光緒八年(1882)安越堂刻本　一冊

330000－1717－0000989　A1014　新學/格致總
博物新編三卷　(英國)合信撰　清咸豐五年(1855)江蘇上海墨海書館刻本　一冊

330000－1717－0000990　A1015　集部/總集類/選集之屬/通代
古唐詩合解古詩四卷唐詩十二卷　(清)王堯衢注　清光緒九年(1883)刻本　六冊

330000－1717－0000991　A1016　類叢部/叢書類/彙編之屬
湖海樓叢書十二種　(清)陳春輯　清嘉慶蕭山陳氏刻本　一冊　存一種

330000－1717－0000992　A1017　史部/地理類/雜志之屬
會稽三賦一卷　(宋)王十朋撰　(明)南逢吉注　(明)尹壇補注　清道光十二年(1832)刻本　一冊

330000－1717－0000993　A1018　集部/總集

類/選集之屬/斷代
註釋唐詩三百首六卷 (清)孫洙編 清退補齋刻本 二冊

330000－1717－0000994 A1019 集部/楚辭類
楚辭集註八卷辯證二卷後語六卷 (宋)朱熹撰 清光緒八年(1882)江蘇書局刻本 四冊

330000－1717－0000995 A1020 經部/禮記類/傳說之屬
禮記旁訓辨體合訂六卷 (清)徐立綱輯 清循陔堂刻本 六冊

330000－1717－0000996 A1021－A1022 子部/醫家類/類編之屬
世補齋醫書六種後集四種 (清)陸懋修撰 清光緒十年(1884)刻十二年(1886)山左書局印本 十七冊 缺四卷(內經運氣病釋一至四)

330000－1717－0000997 A1023 經部/四書類/總義之屬/傳說
監本四書 (宋)朱熹撰 清光緒六年(1880)狀元閣刻本 六冊

330000－1717－0000998 A1024 集部/總集類/選集之屬/通代
御選唐宋詩醇四十七卷目錄二卷 (清)高宗弘曆輯 清光緒七年(1881)浙江書局刻本 二十冊 缺二卷(目錄一至二)

330000－1717－0000999 A1025 集部/總集類/課藝之屬
崇文書院課藝五集不分卷 (清)馬春暘鑒定 (清)盛慶蕃 (清)許頌鼎編校 清光緒五年(1879)刻本 六冊

330000－1717－0001000 A1026 集部/總集類/課藝之屬
紫陽書院課藝續編不分卷 (清)章采南鑒定 (清)秦恩溥 (清)吳以同 (清)鄒在寅編次 清同治十年(1871)刻本 三冊

330000－1717－0001001 A1027 集部/別集類/清別集
舊雨草堂時文不分卷 (清)陳康祺撰 清同治九年(1870)刻本 三冊

330000－1717－0001002 A1028 經部/春秋總義類/傳說之屬
春秋增訂旁訓四卷 (清)徐立綱旁訓 清墨潤堂刻本 二冊

330000－1717－0001003 A1029 經部/四書類/總義之屬/文字音義
四書不二字音釋不分卷 (清)楊昕撰 清同治九年(1870)吳中堂刻本 二冊

330000－1717－0001004 A1030 集部/總集類/選集之屬/通代
御選唐宋文醇五十八卷 (清)高宗弘曆輯 清光緒三年(1877)浙江書局刻本 十八冊 缺七卷(三十四至四十)

330000－1717－0001005 A1031 集部/別集類/清別集
定盦文集三卷續集四卷續錄一卷古今體詩二卷己亥雜詩一卷詞選一卷詞錄一卷 (清)龔自珍撰 吳煦輯 清同治七年(1868)吳煦刻本 煥庭題記 四冊

330000－1717－0001006 A1032 集部/別集類/清別集
定盦文集補編四卷 (清)龔自珍撰 (清)朱之榛輯 清光緒十二年(1886)平湖朱氏刻本 二冊

330000－1717－0001007 A1033 集部/別集類/清別集
越縵堂集十卷 (清)李慈銘撰 清光緒十六年(1890)刻本 二冊

330000－1717－0001008 A1034 集部/別集類/清別集
越縵堂集十卷 (清)李慈銘撰 清光緒十六年(1890)刻本 二冊

330000－1717－0001009 A1035 集部/別集類/清別集
越縵堂集十卷 (清)李慈銘撰 清光緒十六年(1890)刻本 二冊

330000－1717－0001010　A1036　集部/別集類/清别集

越縵堂集十卷　(清)李慈銘撰　清光緒十六年(1890)刻本　二册

330000－1717－0001011　A1037　集部/别集類/清别集

越縵堂集十卷　(清)李慈銘撰　清光緒十六年(1890)刻本　二册

330000－1717－0001012　A1038　集部/别集類/清别集

越縵堂集十卷　(清)李慈銘撰　清光緒十六年(1890)刻本　二册

330000－1717－0001013　A1039　集部/别集類/清别集

越縵堂集十卷　(清)李慈銘撰　清光緒十六年(1890)刻本　二册

330000－1717－0001014　A1040　集部/别集類/清别集

越縵堂集十卷　(清)李慈銘撰　清光緒十六年(1890)刻本　二册

330000－1717－0001016　A1042－A1043　子部/醫家類/類編之屬

陳修園醫書二十三種　(清)陳念祖等撰　清光緒二十九年(1903)湖南益元書局刻本　十册　存二種

330000－1717－0001017　A1044　子部/醫家類/醫經之屬/内經

黄帝内經素問集注九卷黄帝内經靈樞集注九卷　(清)張志聰撰　清刻本　十三册　存九卷(黄帝内經靈樞集注一至九)

330000－1717－0001018　A1045　子部/醫家類/醫經之屬/内經

黄帝内經素問集注九卷　(清)張志聰撰　清聚錦堂刻本　十一册

330000－1717－0001019　A1046　子部/醫家類/醫經之屬/内經

補注黄帝内經素問二十四卷靈樞十二卷(唐)王冰注　(宋)林億等校正　(宋)孫兆改誤　**黄帝内經素問遺編一卷**　(宋)劉溫舒撰　清光緒三年(1877)浙江書局刻本　八册　缺十二卷(靈樞一至十二)

330000－1717－0001020　A1047　子部/儒家類/儒學之屬/蒙學

龍文鞭影二卷　(明)蕭良有纂輯　(清)楊臣諍增訂　(清)來集之音註　清文奎堂刻本　二册

330000－1717－0001021　A1048　集部/别集類/清别集

天韻閣詩存一卷　(清)黄箴撰　清光緒三十一年(1905)上海謝文漪書畫室鉛印本　一册

330000－1717－0001022　A1049　集部/戲劇類/總集之屬/雜劇

清容外集九種　(清)蔣士銓撰　清煥乎堂刻本　四册　存四種

330000－1717－0001023　A1050　子部/醫家類/溫病之屬/瘟疫

溫疫論二卷　(明)吴有性撰　清吴郡書業堂刻本　二册

330000－1717－0001024　A1051　子部/醫家類/婦科之屬/產科

產後編二卷　(清)傅山撰　清道光二十九年(1849)粵東藝芳齋刻本　一册

330000－1717－0001025　A1052　子部/醫家類/診法之屬/其他診法

傷寒舌鑑一卷　(清)張登纂　清同治九年(1870)刻本　一册

330000－1717－0001026　A1053　子部/醫家類/診法之屬/其他診法

傷寒舌鑑一卷　(清)張登纂　清光緒四年(1878)刻本　一册

330000－1717－0001027　A1054　子部/醫家類/傷寒金匱之屬/傷寒論

注解傷寒論十卷圖解運氣圖一卷　(漢)張仲景述　(晉)王叔和撰次　(金)成無己注解　**傷寒明理論四卷**　(金)成無己撰　清同治九年(1870)常郡雙白燕堂陸氏刻本　三册

330000－1717－0001028　A1055　子部/醫家類/綜合之屬/通論

東醫寶鑑二十四卷目錄二卷　(朝鮮)許浚撰　清刻本　十四册　存十四卷(内景篇一,外形篇一,雜病篇一至五、七、九,湯液篇一至三;目錄一至二)

330000－1717－0001029　A1056　集部/别集類/宋别集

司馬文正公集八十二卷目錄二卷首一卷　(宋)司馬光撰　清乾隆五十五年(1790)刻本　十六册

330000－1717－0001030　A1057　類叢部/叢書類/彙編之屬

咫進齋叢書二十種　(清)姚覲元輯　清光緒九年(1883)歸安姚氏刻本　二十四册

330000－1717－0001031　A1058　集部/總集類/選集之屬/斷代

湖海文傳七十五卷　(清)王昶輯　清道光十七年(1837)刻本　十六册

330000－1717－0001032　A1059　集部/總集類/選集之屬/斷代

湖海文傳七十五卷　(清)王昶輯　清道光十七年(1837)經訓堂刻同治五年(1866)印本　十六册

330000－1717－0001033　A1060　集部/總集類/選集之屬/通代

續古文辭類纂三十四卷　王先謙輯　清光緒十年(1884)行素草堂刻本　八册

330000－1717－0001034　A1061　集部/總集類/選集之屬/斷代

湖海詩傳四十六卷　(清)王昶輯　清嘉慶八年(1803)三泖漁莊刻本　八册

330000－1717－0001035　A1062　集部/總集類/選集之屬/斷代

湖海詩傳四十六卷　(清)王昶輯　清同治四年(1865)刻本　二十册

330000－1717－0001036　A1063　集部/别集類/清别集

秋水軒尺牘二卷　(清)許思湄撰　清道光十一年(1831)刻本　二册

330000－1717－0001037　A1064　子部/醫家類/醫經之屬/内經

補注黃帝内經素問二十四卷靈樞十二卷　(唐)王冰注　(宋)林億等校正　(宋)孫兆改誤　**黃帝内經素問遺編一卷**　(宋)劉溫舒撰　清光緒三年(1877)浙江書局刻本　十册

330000－1717－0001038　A1065　史部/金石類/總志之屬/題跋

清儀閣題跋不分卷　(清)張廷濟撰　清光緒刻本　四册

330000－1717－0001039　A1066　集部/總集類/選集之屬/通代

蔚文堂古文觀止十二卷　(清)吳乘權　(清)吳大職輯　清嘉慶五年(1800)刻本　六册

330000－1717－0001040　A1067　子部/道家類

莊子因六卷　(清)林雲銘撰　清嘉慶二年(1797)敦化堂刻本　二册

330000－1717－0001041　A1068　史部/紀傳類/正史之屬

十七史一千五百七十四卷　(明)毛晉編　明崇禎元年至十七年(1628－1644)毛氏汲古閣刻本　十七册　存一種

330000－1717－0001042　A1069－A1070　史部/編年類/通代之屬

資治通鑑綱目五十九卷　(宋)朱熹撰　(明)陳仁錫評　**續編一卷**　(明)陳桱撰　(明)陳仁錫評　**前編二十五卷**　(明)南軒撰　(明)陳仁錫評　**續資治通鑑綱目二十七卷**　(明)商輅等撰　(明)陳仁錫評　清嘉慶九年(1804)姑蘇聚文堂刻本　九十六册　存七十五卷(資治通鑑綱目一至五十九、續資治通鑑綱目一至十六)

330000－1717－0001043　A1071　集部/總集類/郡邑之屬

西泠五布衣遺箸五種　(清)丁丙輯　清同治

至光緒錢塘丁氏當歸草堂刻本　八冊

330000－1717－0001044　A1072　類叢部/叢書類/彙編之屬

宜稼堂叢書七種　(清)郁松年編　清道光二十年至二十二年(1840－1842)上海郁氏刻本　六十四冊

330000－1717－0001045　A1073　集部/別集類/唐五代別集

讀杜心解六卷首二卷　(唐)杜甫撰　(清)浦起龍講解　清雍正二年至三年(1724－1725)前澗浦氏寧我齋刻本　八冊

330000－1717－0001046　A1074　類叢部/叢書類/彙編之屬

湖海樓叢書十二種　(清)陳春輯　清嘉慶蕭山陳氏湖海樓刻本　三十二冊

330000－1717－0001047　A1075　集部/詞類/詞譜之屬

天籟軒五種　(清)葉申薌撰　清道光閩中葉氏天籟軒刻本　六冊　存二種

330000－1717－0001048　A1076　集部/總集類/課藝之屬

國朝三十五科同館詩賦解題七卷首一卷　(清)魏茂林輯　清道光二十九年(1849)刻本　六冊

330000－1717－0001049　A1077　史部/地理類/水利之屬

水道提綱二十八卷　(清)齊召南撰　清光緒四年(1878)津門徐士鑾霞城精舍刻本　六冊　缺六卷(十九至二十四)

330000－1717－0001050　A1078　史部/傳記類/總傳之屬/通代

廿二史言行略四十二卷　(清)過元旼輯　清嘉慶十五年(1810)刻本　十二冊

330000－1717－0001051　A1079　集部/別集類/清別集

孟塗前集十卷後集二十二卷文集十卷駢體文二卷　(清)劉開撰　清道光六年(1826)姚氏檗山草堂刻本　八冊

330000－1717－0001052　A1080　集部/詞類/總集之屬

御選歷代詩餘一百二十卷　(清)聖祖玄燁定　(清)沈辰垣等輯　清刻本　二十一冊　存六十九卷(二十至二十一、五十四至一百二十)

330000－1717－0001053　A1081　集部/總集類/選集之屬/斷代

宋百家詩存二十卷　(清)曹庭棟編　清乾隆六年(1741)嘉善曹氏二六書堂刻本　二十冊

330000－1717－0001054　A1082　集部/總集類/選集之屬/通代

御定歷代賦彙一百四十卷目錄二卷外集二十卷逸句二卷補遺二十二卷　(清)陳元龍輯　清康熙四十五年(1706)刻本　六十八冊

330000－1717－0001055　A1083　集部/總集類/郡邑之屬

金華文略二十卷　(清)王崇炳輯　清康熙四十八年(1709)刻本　十六冊

330000－1717－0001056　A1084　集部/總集類/氏族之屬

寧都三魏全集八十三卷　(清)林時益輯　清易堂刻本　四十冊

330000－1717－0001057　A1085　史部/紀傳類/別史之屬

宋遼金元別史(四朝別史)五種　(清)席世臣輯　清乾隆至嘉慶南沙席世臣掃葉山房刻本　二十八冊　存四種

330000－1717－0001058　A1090　集部/別集類/清別集

樊榭山房集十卷續集十卷　(清)厲鶚撰　清乾隆刻本　四冊

330000－1717－0001059　A1091　史部/地理類/雜志之屬

日下舊聞四十二卷　(清)朱彝尊撰　**補遺四十二卷**　(清)朱昆田撰　清康熙二十六年至二十七年(1687－1688)刻本　十六冊

330000－1717－0001060　A1098　集部/別集

類/宋別集

晦庵先生朱文公文集一百卷續集十一卷別集十卷目錄二卷 （宋）朱熹撰 （清）臧眉錫等訂 清康熙二十七年（1688）蔡方炳、臧眉錫刻本 二十三冊 存六十八卷（三十四至四十、五十五至一百，續集一至五，別集一至十）

330000－1717－0001061 A1092 集部/總集類/選集之屬/通代

古文分編集評初集五卷二集五卷三集八卷四集四卷 （清）于光華輯 清乾隆五十二年（1787）刻本 二十冊 缺一卷（三集八）

330000－1717－0001062 A1093 集部/別集類/清別集

梅村詩集箋注十八卷 （清）吳偉業撰 （清）吳翌鳳箋注 清嘉慶十九年（1814）嚴榮滄浪吟榭刻本 十二冊

330000－1717－0001063 A1094 經部/四書類/總義之屬/傳說

四書題鏡不分卷 （清）汪鯉翔撰 清乾隆五十八年（1793）文苑堂刻本 十二冊

330000－1717－0001064 A1095 經部/儀禮類/傳說之屬

儀禮易讀十七卷圖一卷 （清）馬駉撰 清乾隆二十年（1755）山陰縣學刻本 四冊

330000－1717－0001065 A1096 經部/周禮類/傳說之屬

周禮精華六卷 （清）陳龍標輯 清光緒十六年（1890）刻本 六冊

330000－1717－0001066 A1099 經部/小學類/文字之屬/說文

說文解字注十五卷附六書音均表五卷汲古閣說文訂一卷 （清）段玉裁撰 **說文部目分韻一卷** （清）陳煥編 清同治十一年（1872）湖北崇文書局刻本 二十一冊 存二十卷（說文解字注一至十五、六書音均表一至三、汲古閣說文訂、說文部目分韻）

330000－1717－0001067 A1100 類叢部/類書類/專類之屬

新增說文韻府羣玉二十卷 （元）陰時夫輯 （元）陰中夫注 清康熙五十五年（1716）刻本 十冊

330000－1717－0001068 A1101 集部/總集類/選集之屬/斷代

國朝駢體正宗十二卷 （清）曾燠輯 清同治十三年（1874）刻本 六冊

330000－1717－0001069 A1102 類叢部/叢書類/彙編之屬

經訓堂叢書二十一種 （清）畢沅輯 清乾隆至嘉慶鎮洋畢氏刻本 四冊 存一種

330000－1717－0001070 A1103 子部/墨家類

墨子閒詁十五卷目錄一卷附錄一卷後語二卷 （清）孫詒讓撰 清光緒二十一年（1895）蘇州木活字印本 六冊

330000－1717－0001071 A1104 經部/小學類/文字之屬/說文/傳說

段氏說文注訂八卷 （清）鈕樹玉撰 清道光三年（1823）吳縣鈕樹玉非石居刻同治五年（1866）碧螺山館補刻重印本 三冊

330000－1717－0001072 A1105 史部/雜史類/斷代之屬

明季稗史彙編十六種二十七卷 （清）留雲居士輯 清都城琉璃廠刻本 十冊

330000－1717－0001073 A1107 史部/地理類/總志之屬/通代

天下郡國利病書一百二十卷 （清）顧炎武撰 清道光成都龍萬育敷文閣刻光緒五年（1879）桐華書屋薛氏家塾重修本 六十冊

330000－1717－0001074 A1108 類叢部/叢書類/郡邑之屬

永嘉叢書十二種 （清）孫衣言輯 清同治至光緒瑞安孫氏詒善祠塾刻本 四十六冊

330000－1717－0001075 A1109 史部/地理類/防務之屬

防海輯要十八卷首一卷 （清）俞昌會撰 清道光二十二年（1842）百甓山房刻本 二十冊

330000－1717－0001076　A1110　子部/藝術類/遊藝之屬/聯語

楹聯叢話十二卷續話四卷　(清)梁章鉅輯　清道光二十年(1840)刻本　柳君氏題記　六冊

330000－1717－0001077　A1111　集部/别集類/清别集

鮚埼亭詩集十卷　(清)全祖望撰　清光緒十六年(1890)慈谿童氏大鄮山館刻本　四冊

330000－1717－0001078　A1112　史部/傳記類/總傳之屬/斷代

文獻徵存錄十卷　(清)錢林撰　(清)王藻編　清咸豐八年(1858)有嘉樹軒刻本　十冊

330000－1717－0001079　A1113　經部/小學類/文字之屬/字書/字典

康熙字典十二集三十六卷總目一卷檢字一卷辨似一卷等韻一卷補遺一卷備考一卷　(清)張玉書等纂修　清刻本　四十冊

330000－1717－0001080　A1114　史部/地理類/總志之屬/通代

讀史方輿紀要一百三十卷方輿全圖總說四卷　(清)顧祖禹輯撰　清嘉慶成都龍氏敷文閣刻光緒五年(1879)蜀南桐華書屋薛氏家塾補修本　八十冊

330000－1717－0001081　A1115　子部/叢編

二十二子(二十二子彙函)　(清)浙江書局編　清光緒元年至三年(1875－1877)浙江書局刻本　八十一冊　存二十一種

330000－1717－0001082　A1116　集部/總集類/選集之屬/斷代

初唐四傑集三十七卷　(清)項家達輯　清乾隆四十六年(1781)星渚項氏刻本　四冊　缺十三卷(王子安集九至十六、楊盈川集六至十)

330000－1717－0001083　A1117　集部/總集類/選集之屬/斷代

御定全唐詩錄一百卷詩人年表一卷　(清)徐倬等輯　清康熙四十五年(1706)刻本　二十四冊

330000－1717－0001084　A1118　史部/政書類/儀制之屬/專志/科舉校規

欽定學政全書八十六卷首一卷　(清)童璜等纂修　清嘉慶十七年(1812)武英殿刻本　二十冊

330000－1717－0001085　A1119　類叢部/叢書類/彙編之屬

式訓堂叢書四十一種　(清)章壽康輯　清光緒會稽章氏刻本　十六冊

330000－1717－0001086　A1120　史部/史抄類

史緯三百三十卷首一卷　(清)陳允錫輯　清康熙三十年(1691)陳允錫當湖刻三十三年(1694)陳善申江續刻本　二百冊

330000－1717－0001087　A1121　類叢部/叢書類/自著之屬

橘蔭軒全集七種　(清)陳錦撰　清光緒山陰陳氏橘蔭軒刻本　二冊　存一種

330000－1717－0001088　A1122　子部/雜著類/雜考之屬

點勘記二卷附省堂筆記一卷　(清)歐陽泉撰　清同治九年(1870)皖城刻本　二冊

330000－1717－0001090　A1124　經部/春秋總義類/傳說之屬

春秋胡傳三十卷綱領一卷提要一卷諸國興廢說一卷列國東坡圖說一卷正經音訓一卷　(宋)胡安國撰　(宋)林堯叟音註　明書林新賢堂刻本　四冊

330000－1717－0001091　A1125　史部/傳記類/總傳之屬/斷代

國朝先正事略六十卷　(清)李元度撰　清同治五年至八年(1866－1869)循陔草堂刻本　二十四冊

330000－1717－0001092　A1126　集部/别集類/唐五代别集

李太白文集三十六卷　(唐)李白撰　(清)王琦輯註　清乾隆刻本　十六冊

330000－1717－0001093　A1127　經部/小學類
姚刻三韻(姚氏叢刻)三種　(清)姚覲元輯　清光緒二年(1876)歸安姚覲元川東官舍刻本　十四册　存一種

330000－1717－0001094　A1128　集部/別集類/明別集
懷麓堂全集　(明)李東陽撰　(清)廖方達纂輯　清康熙刻乾隆十一年(1746)補刻本　四十册

330000－1717－0001095　A1129－A1130　集部/總集類/選集之屬/斷代
國朝文錄初編四十種　(清)李祖陶輯　清道光十九年(1839)瑞州府鳳儀書院刻本　七十册

330000－1717－0001096　A1131　集部/總集類/彙編之屬
金元明八大家文選　(清)李祖陶輯　清道光二十五年(1845)吉安李氏刻本　十八册

330000－1717－0001097　A1132　子部/雜著類/雜考之屬
日知錄三十二卷　(清)顧炎武撰　清康熙三十四年(1695)潘耒遂初堂刻本　清李慈銘批跋並題簽　十六册

330000－1717－0001098　A1133　史部/史抄類
南北史捃華八卷　(清)周嘉猷輯　清光緒二年(1876)永康胡氏退補齋刻本　四册

330000－1717－0001099　A1134　集部/別集類/清別集
舫廬文存内集四卷外集一卷餘集一卷　(清)張壽榮撰　清光緒九年(1883)蛟川張氏秋樹根齋刻本　四册

330000－1717－0001100　A1135　集部/總集類/彙編之屬
金元明八大家文選　(清)李祖陶輯　清道光二十五年(1845)吉安李氏刻本　二十三册

330000－1717－0001101　A1136　史部/叢編
史論五種　(清)李祖陶撰　清同治十年(1871)敨陽李氏尚友樓刻本　三册　存四種

330000－1717－0001102　A1137　集部/別集類/清別集
邁堂文略一卷　(清)李祖陶撰　清道光十五年(1835)鷺洲書院刻本　一册

330000－1717－0001103　A1138　史部/紀傳類/正史之屬
二十四史附考證　清刻本　八十册　存一種

330000－1717－0001104　A1140－A1141　經部/小學類/文字之屬/字書/字典
大廣益會玉篇三十卷　(南朝梁)顧野王撰　(唐)孫強增字　(宋)陳彭年等重修　**大宋重修廣韻五卷**　(宋)陳彭年等重修　**附廣韻校刊札記一卷玉篇校刊札記一卷**　(清)鄧顯鶴撰　清道光三十年(1850)新化鄧氏東山精舍刻本　九册

330000－1717－0001105　A1142　類叢部/類書類/專類之屬
五經類編二十八卷　(清)周世樟編輯　清雍正二年(1724)穀詒堂刻本　十册

330000－1717－0001106　A1143　子部/雜著類/雜說之屬
容齋隨筆十六卷續筆十六卷三筆十六卷四筆十六卷五筆十卷　(宋)洪邁撰　清乾隆五十九年(1794)掃葉山房刻本　十六册

330000－1717－0001107　A1144　經部/小學類/音韻之屬/古今韻說
古今韻略五卷例言一卷　(清)邵長蘅撰　清康熙三十五年(1696)商丘宋犖刻本　五册

330000－1717－0001108　A1145　史部/史評類/考訂之屬
十七史商榷一百卷　(清)王鳴盛撰　清乾隆五十二年(1787)洞涇草堂刻本　二十册

330000－1717－0001109　A1146　史部/政書類/律令之屬/律例
大清律例彙輯便覽四十卷附督捕則例二卷　(清)刑部輯　清同治十二年(1873)京都琉璃

廠刻本　二十五册　缺一卷(六)

330000－1717－0001110　A1147　集部/别集類/清别集

躬耻齋文鈔二十卷首一卷後編六卷詩鈔十四卷首一卷後編七卷　(清)宗稷辰撰　清咸豐元年(1851)、九年(1859)越峴山館刻本　二十三册　缺二卷(三至四)

330000－1717－0001111　A1148　經部/三禮總義類/通禮雜禮之屬

讀禮通考一百二十卷　(清)徐乾學撰　清康熙三十五年(1696)刻本　十六册

330000－1717－0001112　A1149　經部/讖緯類/總義之屬

古微書三十六卷　(明)孫瑴輯　清光緒十四年(1888)對山問月樓刻本　六册

330000－1717－0001113　A1150　經部/讖緯類/總義之屬

古微書三十六卷　(明)孫瑴輯　清光緒十四年(1888)對山問月樓刻本　六册

330000－1717－0001114　A1151　經部/讖緯類/總義之屬

古微書三十六卷　(明)孫瑴輯　清光緒十四年(1888)對山問月樓刻本　六册

330000－1717－0001115　A1152　經部/讖緯類/總義之屬

古微書三十六卷　(明)孫瑴輯　清光緒十四年(1888)對山問月樓刻本　六册

330000－1717－0001116　A1153　經部/讖緯類/總義之屬

古微書三十六卷　(明)孫瑴輯　清光緒十四年(1888)對山問月樓刻本　六册

330000－1717－0001117　A1154　經部/讖緯類/總義之屬

古微書三十六卷　(明)孫瑴輯　清光緒十四年(1888)對山問月樓刻本　六册

330000－1717－0001118　A1155　經部/讖緯類/總義之屬

古微書三十六卷　(明)孫瑴輯　清光緒十四年(1888)對山問月樓刻本　六册

330000－1717－0001119　A1156　經部/讖緯類/總義之屬

古微書三十六卷　(明)孫瑴輯　清光緒十四年(1888)對山問月樓刻本　六册

330000－1717－0001120　A1157　經部/讖緯類/總義之屬

古微書三十六卷　(明)孫瑴輯　清光緒十四年(1888)對山問月樓刻本　六册

330000－1717－0001121　A1158　經部/讖緯類/總義之屬

古微書三十六卷　(明)孫瑴輯　清光緒十四年(1888)對山問月樓刻本　六册

330000－1717－0001122　A1159　經部/讖緯類/總義之屬

古微書三十六卷　(明)孫瑴輯　清光緒十四年(1888)對山問月樓刻本　六册

330000－1717－0001123　A1160　經部/讖緯類/總義之屬

古微書三十六卷　(明)孫瑴輯　清光緒十四年(1888)對山問月樓刻本　六册

330000－1717－0001124　A1161－A1162　史部/雜史類/斷代之屬

國語二十一卷　(三國吴)韋昭注　**校刊明道本韋氏解國語札記一卷**　(清)黄丕烈撰　**國語明道本攷異四卷**　(清)汪遠孫撰　清同治八年(1869)湖北崇文書局刻本　五册

330000－1717－0001125　A1163　史部/雜史類/斷代之屬

戰國策三十三卷　(漢)高誘注　**重刻剡川姚氏本戰國策札記三卷**　(清)黄丕烈撰　清同治八年(1869)湖北崇文書局刻本　五册

330000－1717－0001126　A1164　集部/總集類/選集之屬/斷代

金文最六十卷首一卷　(清)張金吾輯　清光緒二十一年(1895)蘇州書局刻本　十六册

330000－1717－0001127　A1165　史部/地理類/外紀之屬

日本國志四十卷首一卷　(清)黄遵憲輯　清光緒二十四年(1898)浙江書局刻本　十冊

330000－1717－0001129　A1167　史部/政書類/邦計之屬/鹽法

欽定重修兩浙鹽法志三十卷首一卷　(清)馮培　(清)潘庭筠等纂修　清同治十三年(1874)楊昌濬刻本　二十四冊

330000－1717－0001130　A1168　史部/政書類/邦計之屬/鹽法

兩浙鹽法續纂備考十二卷　(清)楊昌濬等纂修　清同治十三年(1874)刻本　十二冊

330000－1717－0001131　A1169　史部/地理類/專志之屬/祠墓

兩浙防護陵寢祠墓錄一卷　(清)阮元輯　清光緒十五年(1889)浙江書局刻本　二冊

330000－1717－0001132　A1170　史部/金石類/郡邑之屬/文字

兩浙金石志十八卷補遺一卷　(清)阮元撰　清光緒十六年(1890)浙江書局刻本　十二冊

330000－1717－0001133　A1171　史部/史抄類

史記菁華錄六卷　(清)姚祖恩輯　清道光四年(1824)吳興姚氏扶荔山房刻朱墨套印本　六冊

330000－1717－0001134　A1172　集部/别集類/清别集

曝書亭集八十卷附錄一卷　(清)朱彝尊撰

笛漁小稾十卷　(清)朱昆田撰　清光緒十五年(1889)會稽陶氏寒梅館刻本　十六冊

330000－1717－0001135　A1173　集部/别集類/清别集

曝書亭集八十卷附錄一卷　(清)朱彝尊撰

笛漁小稾十卷　(清)朱昆田撰　清光緒十五年(1889)會稽陶氏寒梅館刻本　十六冊

330000－1717－0001136　A1174　集部/别集類/清别集

復堂類集文四卷詩九卷詞二卷日記六卷　(清)譚獻撰　清光緒十一年(1885)刻本　四冊　缺六卷(日記一至六)

330000－1717－0001137　A1175　集部/總集類/酬唱之屬

清尊集十六卷　(清)汪遠孫輯　清道光十九年(1839)錢塘汪氏振綺堂刻本　六冊

330000－1717－0001138　A1176　子部/儒家類/儒學之屬/性理

潘子求仁錄輯要十卷　(清)潘平格撰　清康熙五十六年(1717)四明毛文強、鄭性刻咸豐七年(1857)潘楷印本　二冊

330000－1717－0001139　A1177　經部/小學類/文字之屬/說文

說文解字義證五十卷附一卷　(清)桂馥撰　清同治九年(1870)湖北崇文書局刻本　三十二冊

330000－1717－0001140　A1178　史部/政書類/律令之屬/法驗

重刊補注洗冤錄集證六卷　(清)王又槐輯　(清)李觀瀾補輯　(清)阮其新補注　(清)文晟續輯　清光緒三年(1877)浙江書局刻四色套印本　五冊

330000－1717－0001141　A1179　經部/禮記類/傳說之屬

禮記集說十卷　(元)陳澔撰　清光緒三年(1877)永康退補齋胡氏刻本　十冊

330000－1717－0001142　A1180　經部/書類/傳說之屬

書經集傳六卷　(宋)蔡沈撰　清光緒三年(1877)永康胡氏退補齋刻本　四冊

330000－1717－0001143　A1181　經部/詩類/傳說之屬

詩經集傳八卷　(宋)朱熹撰　清光緒三年(1877)永康退補齋胡氏刻本　四冊

330000－1717－0001144　A1182　集部/别集類/清别集

蒙廬詩存四卷外集一卷　(清)沈景脩撰　清

光緒二十一年(1895)杭州刻本　一冊

330000－1717－0001145　A1183　集部/别集類/清别集

蒙廬詩存四卷外集一卷　(清)沈景脩撰　清光緒二十一年(1895)杭州刻本　一冊

330000－1717－0001146　A1184　經部/四書類/總義之屬/傳説

務本堂四書體註合講十九卷圖考一卷　(清)翁復編　清刻本　六冊

330000－1717－0001148　A1186　子部/藝術類/書畫之屬

有明名賢遺翰二卷　(清)謝若農輯　清光緒十三年(1887)刻本　二冊

330000－1717－0001149　A1187　史部/地理類/水利之屬

塘工紀略二卷續一卷三續一卷　(清)連仲愚撰　清光緒四年(1878)刻本　一冊

330000－1717－0001150　A1188　史部/史評類/史論之屬

論史拾遺一卷　(清)連仲愚撰　清光緒五年(1879)枕湖樓刻本　一冊

330000－1717－0001151　A1189　史部/史評類/史論之屬

論史拾遺一卷　(清)連仲愚撰　清光緒五年(1879)枕湖樓刻本　一冊

330000－1717－0001152　A1190　史部/史評類/史論之屬

論史拾遺一卷　(清)連仲愚撰　清光緒五年(1879)枕湖樓刻本　一冊

330000－1717－0001153　A1191　史部/史評類/史論之屬

論史拾遺一卷　(清)連仲愚撰　清光緒五年(1879)枕湖樓刻本　一冊

330000－1717－0001154　A1192　史部/史評類/史論之屬

論史拾遺一卷　(清)連仲愚撰　清光緒五年(1879)枕湖樓刻本　一冊

330000－1717－0001155　A1193　史部/史評類/史論之屬

論史拾遺一卷　(清)連仲愚撰　清光緒五年(1879)枕湖樓刻本　一冊

330000－1717－0001156　A1194　史部/史評類/史論之屬

論史拾遺一卷　(清)連仲愚撰　清光緒五年(1879)枕湖樓刻本　一冊

330000－1717－0001157　A1195　史部/史評類/史論之屬

論史拾遺一卷　(清)連仲愚撰　清光緒五年(1879)枕湖樓刻本　一冊

330000－1717－0001158　A1196　史部/史評類/史論之屬

論史拾遺一卷　(清)連仲愚撰　清光緒五年(1879)枕湖樓刻本　一冊

330000－1717－0001159　A1197　史部/史評類/史論之屬

論史拾遺一卷　(清)連仲愚撰　清光緒五年(1879)枕湖樓刻本　一冊

330000－1717－0001160　A1198　史部/史評類/史論之屬

論史拾遺一卷　(清)連仲愚撰　清光緒五年(1879)枕湖樓刻本　一冊

330000－1717－0001161　A1199　史部/史評類/史論之屬

論史拾遺一卷　(清)連仲愚撰　清光緒五年(1879)枕湖樓刻本　一冊

330000－1717－0001162　A1200　史部/史評類/史論之屬

論史拾遺一卷　(清)連仲愚撰　清光緒五年(1879)枕湖樓刻本　一冊

330000－1717－0001163　A1201　史部/史評類/史論之屬

論史拾遺一卷　(清)連仲愚撰　清光緒五年(1879)枕湖樓刻本　一冊

330000－1717－0001164　A1202　史部/史評

類/史論之屬

論史拾遺一卷 (清)連仲愚撰 清光緒五年(1879)枕湖樓刻本 一冊

330000－1717－0001165 A1203 史部/史評類/史論之屬

論史拾遺一卷 (清)連仲愚撰 清光緒五年(1879)枕湖樓刻本 一冊

330000－1717－0001166 A1204 史部/史評類/史論之屬

論史拾遺一卷 (清)連仲愚撰 清光緒五年(1879)枕湖樓刻本 一冊

330000－1717－0001167 A1205 史部/史評類/史論之屬

論史拾遺一卷 (清)連仲愚撰 清光緒五年(1879)枕湖樓刻本 一冊

330000－1717－0001168 A1207 史部/地理類/水利之屬

塘工紀略二卷續一卷三續一卷 (清)連仲愚撰 清光緒四年(1878)刻本 一冊

330000－1717－0001169 A1208 史部/地理類/水利之屬

塘工紀略二卷續一卷三續一卷附敬睦堂條規一卷 (清)連仲愚撰 清光緒四年(1878)刻本 一冊

330000－1717－0001170 A1209 史部/地理類/水利之屬

塘工紀略二卷續一卷三續一卷 (清)連仲愚撰 清光緒四年(1878)刻本 一冊 存二卷(塘工紀略一至二)

330000－1717－0001171 A1210 史部/地理類/水利之屬

塘工紀略二卷續一卷三續一卷 (清)連仲愚撰 清光緒四年(1878)刻本 一冊 存二卷(塘工紀略一至二)

330000－1717－0001172 A1211 史部/地理類/水利之屬

塘工紀略二卷續一卷三續一卷 (清)連仲愚撰 清光緒四年(1878)刻本 一冊 存二卷(塘工紀略一至二)

330000－1717－0001173 A1212 史部/地理類/水利之屬

塘工紀略二卷續一卷三續一卷 (清)連仲愚撰 清光緒四年(1878)刻本 一冊 存二卷(塘工紀略一至二)

330000－1717－0001174 A1213 史部/地理類/水利之屬

續刻水利本末不分卷 清光緒枕湖樓刻本 一冊

330000－1717－0001175 A1214 史部/地理類/水利之屬

續刻水利案卷三卷 (清)連蘅輯 清光緒四年(1878)枕湖樓刻本 一冊

330000－1717－0001176 A1215 史部/地理類/水利之屬

續刻水利案卷三卷 (清)連蘅輯 清光緒四年(1878)枕湖樓刻本 一冊

330000－1717－0001177 A1216 史部/地理類/水利之屬

續刻水利案卷三卷 (清)連蘅輯 清光緒四年(1878)枕湖樓刻本 一冊

330000－1717－0001178 A1217 史部/地理類/水利之屬

續刻水利案卷三卷 (清)連蘅輯 清光緒四年(1878)枕湖樓刻本 一冊

330000－1717－0001179 A1218 史部/地理類/水利之屬

續刻水利案卷三卷 (清)連蘅輯 清光緒四年(1878)枕湖樓刻本 一冊

330000－1717－0001180 A1219 史部/政書類/邦計之屬/荒政

連氏義田事略三卷 (清)連芳 (清)連蘅撰 清光緒十四年(1888)古虞連氏枕湖樓刻本 一冊

330000－1717－0001181 A1220 史部/地理類/水利之屬

塘工紀略二卷續一卷三續一卷　（清）連仲愚撰　清光緒四年（1878）刻本　一册　存二卷（塘工紀略一至二）

330000－1717－0001182　A1221　史部/地理類/水利之屬

塘工紀略二卷續一卷三續一卷　（清）連仲愚撰　清光緒四年（1878）刻本　一册　存二卷（塘工紀略一至二）

330000－1717－0001183　A1222　史部/地理類/水利之屬

塘工紀略二卷續一卷三續一卷　（清）連仲愚撰　清光緒四年（1878）刻本　一册　存二卷（塘工紀略一至二）

330000－1717－0001184　A1223　史部/地理類/水利之屬

塘工紀略二卷續一卷三續一卷　（清）連仲愚撰　清光緒四年（1878）刻本　一册　存二卷（塘工紀略一至二）

330000－1717－0001185　A1224　史部/地理類/水利之屬

上虞縣五鄉水利本末二卷　（元）陳恬撰　清光緒九年（1883）枕湖樓刻本　二册

330000－1717－0001186　A1225　史部/地理類/水利之屬

上虞縣五鄉水利本末二卷　（元）陳恬撰　清光緒九年（1883）枕湖樓刻本　二册

330000－1717－0001187　A1231　新學/史志/諸國史

萬國通鑑四卷　（美國）謝衛樓撰　（清）趙如光譯　清光緒八年（1882）刻本　六册

330000－1717－0001188　A1226　史部/地理類/水利之屬

上虞縣五鄉水利本末二卷　（元）陳恬撰　清光緒九年（1883）枕湖樓刻本　二册

330000－1717－0001189　A1227　史部/地理類/水利之屬

上虞縣五鄉水利本末二卷　（元）陳恬撰　清光緒九年（1883）枕湖樓刻本　二册

330000－1717－0001190　A1228　史部/地理類/水利之屬

上虞縣五鄉水利本末二卷　（元）陳恬撰　清光緒九年（1883）枕湖樓刻本　二册

330000－1717－0001191　A1229　史部/地理類/水利之屬

上虞縣五鄉水利本末二卷　（元）陳恬撰　清光緒九年（1883）枕湖樓刻本　二册

330000－1717－0001192　A1230　史部/地理類/水利之屬

上虞縣五鄉水利本末二卷　（元）陳恬撰　清光緒九年（1883）枕湖樓刻本　二册

330000－1717－0001193　A1232　子部/儒家類/儒學之屬/蒙學

小學韻語一卷　（清）羅澤南撰　清末浙江書局刻本　一册

330000－1717－0001194　A1233　新學/地學/地志學

寶藏興焉十二卷　（英國）費而奔撰　（英國）傅蘭雅口譯　（清）徐壽筆述　清光緒十年（1884）江南機器製造總局刻本　十六册

330000－1717－0001195　A1234　集部/别集類/漢魏六朝别集

陶淵明集八卷首一卷末一卷　（晉）陶淵明撰　清光緒五年（1879）廣州翰墨園刻朱墨套印本　二册

330000－1717－0001196　A1235　集部/總集類/尺牘之屬

八賢手札（名賢手札）八卷　（清）郭慶藩輯　清光緒十年（1884）湘陰郭氏岵瞻堂刻本　四册

330000－1717－0001197　A1236－A1237　經部/小學類/文字之屬/字書/字典

大廣益會玉篇三十卷　（南朝梁）顧野王撰　（唐）孫強增字　（宋）陳彭年等重修　**大宋重修廣韻五卷**　（宋）陳彭年等重修　**附廣韻校刊札記一卷玉篇校刊札記一卷**　（清）鄧顯鶴撰　清道光三十年（1850）新化鄧氏東山精舍

刻本　六冊　缺二卷(廣韻校刊札記、玉篇校刊札記)

330000－1717－0001198　A1238　子部/雜著類/雜纂之屬
玉芝堂談薈三十六卷　(明)徐應秋輯　明崇禎刻清乾隆重修本　三十二冊

330000－1717－0001199　A1239　類叢部/叢書類/自著之屬
陸放翁全集六種一百五十八卷　(宋)陸游撰　明末海虞毛氏汲古閣刻清毛扆增刻張氏詩禮堂印本　三十六冊　缺三十一卷(劍南詩稿三十一至六十一)

330000－1717－0001200　A1240　經部/小學類/文字之屬/說文/傳說
段氏說文注訂八卷說文新附攷六卷續攷一卷　(清)鈕樹玉撰　清道光三年(1823)吳縣鈕樹玉非石居刻同治五年(1866)碧螺山館補刻重印本　二冊　存七卷(說文新附攷一至六、續攷)

330000－1717－0001201　A1241　史部/史抄類
漢書蒙拾三卷後漢書蒙拾二卷　(清)杭世駿撰　清刻本　二冊

330000－1717－0001202　A1242　集部/別集類/清別集
壯悔堂文集十卷　(清)侯方域撰　(清)賈開宗等評點　清嘉慶十七年(1812)侯資燦刻本　四冊

330000－1717－0001203　A1243　經部/小學類/文字之屬/字書/字體
隸辨八卷　(清)顧藹吉撰　清乾隆八年(1743)天都黄晟刻本　七冊

330000－1717－0001204　A1244　集部/詞類/總集之屬
詞綜三十六卷　(清)朱彝尊輯　(清)汪森增輯　清刻本　十冊

330000－1717－0001205　A1245　子部/儒家類/儒學之屬/性理
淵鑒齋御纂朱子全書六十六卷　(宋)朱熹撰　(清)李光地等輯　清康熙五十三年(1714)武英殿刻本　二十四冊

330000－1717－0001206　A1246　集部/別集類/清別集
南雷文定前集十一卷後集四卷三集三卷四集四卷附錄一卷　(清)黄宗羲撰　清康熙二十七年(1688)靳治荆刻本　六冊　缺四卷(四集一至四)

330000－1717－0001207　A1247　集部/別集類/清別集
躬恥齋文鈔二十卷首一卷後編六卷詩鈔十四卷首一卷後編七卷　(清)宗稷辰撰　清咸豐元年(1851)、九年(1859)越峴山館刻本　二十四冊

330000－1717－0001208　A1248　集部/總集類/選集之屬/斷代
明詩綜一百卷　(清)朱彝尊輯　(清)汪森等評　清康熙刻雍正朱氏六峰閣印本　四十冊

330000－1717－0001209　A1249　史部/紀事本末類/通代之屬
紀事本末五種　(清)□□輯　明刻本　五十冊　存一種

330000－1717－0001210　A1250　集部/別集類/宋別集
宋王忠文公文集五十卷目錄四卷　(宋)王十朋撰　(清)唐傳鉎重編　**梅溪王忠文公[十朋]年譜一卷**　(清)徐炯文編　清雍正六年(1728)唐傳鉎刻鴈就堂印本　十六冊

330000－1717－0001211　A1251　子部/儒家類/儒學之屬
陽明先生集要十五卷附年譜一卷　(明)王守仁撰　(明)施邦曜編　清乾隆五十二年(1787)濟美堂刻本　十冊

330000－1717－0001212　A1252　集部/總集類/選集之屬/通代
歷代詩家五十六卷二集八十六卷　(清)戴明說　(清)范士楫　(清)魏允升輯　清順治十

三年(1656)海虞毛氏汲古閣刻本　三十二冊

330000－1717－0001213　A1253　集部/別集類/清別集

西陂類稿五十卷　(清)宋犖撰　(清)周龍藻　(清)宋之舉編次　清康熙毛扆、宋懷金、高岑刻本　十六冊

330000－1717－0001214　A1254　集部/總集類/選集之屬/通代

文選六十卷　(南朝梁)蕭統輯　(唐)李善注　清乾隆二十三年至二十四年(1758－1759)雲林周氏懷德堂刻本　清何焯批跋　十六冊

330000－1717－0001215　A1255　集部/總集類/選集之屬/通代

文選六十卷　(南朝梁)蕭統輯　(唐)李善注　清康熙二十五年(1686)刻本　清趙宗堡批點　八冊

330000－1717－0001216　A1256　子部/雜著類/雜考之屬

日知錄三十二卷　(清)顧炎武撰　清康熙三十四年(1695)經義堂刻本　十二冊

330000－1717－0001217　A1257　集部/總集類/選集之屬/通代

唐宋八大家文鈔一百六十六卷　(明)茅坤編　明崇禎四年(1631)茅著刻清修本　十六冊　存三種

330000－1717－0001218　A1258　類叢部/叢書類/自著之屬

西河合集一百十九種　(清)毛奇齡撰　清康熙李塨等刻乾隆三十五年(1770)陸體元修嘉慶元年(1796)續修本　一百冊

330000－1717－0001219　A1306　子部/藝術類/書畫之屬/總論

佩文齋書畫譜一百卷　(清)孫岳頒等輯　清康熙內府刻本　五十九冊　缺一卷(七十三)

330000－1717－0001220　A1260　集部/別集類/明別集

寶綸堂集十卷拾遺一卷　(明)陳洪綬撰　(清)陳字購輯　清光緒十四年(1888)董氏取斯堂木活字印本　五冊　缺三卷(五、十,拾遺)

330000－1717－0001221　A1261　集部/總集類/選集之屬/通代

文選六十卷　(南朝梁)蕭統輯　(唐)李善注　**文選考異十卷**　(清)胡克家撰　清嘉慶十四年(1809)鄱陽胡克家刻本　二十四冊

330000－1717－0001222　A1262　集部/別集類/清別集

敬業堂詩集五十卷續集六卷　(清)查慎行撰　清康熙五十八年(1719)刻本　十四冊

330000－1717－0001223　A1263　集部/別集類/清別集

漁洋山人精華錄箋注十二卷補一卷附年譜一卷　(清)王士禛撰　(清)金榮箋注　(清)徐淮纂輯　清康熙金氏鳳翽堂刻本　六冊

330000－1717－0001224　A1264－A1265　類叢部/叢書類/自著之屬

曾文正公全集十五種　(清)曾國藩撰　清同治至光緒傳忠書局刻本　六冊　存二種

330000－1717－0001225　A1266　子部/雜著類/雜考之屬

困學紀聞注二十卷　(清)翁元圻撰　清道光五年(1825)餘姚翁氏守福堂刻本　七冊　存八卷(一至八)

330000－1717－0001226　A1267　子部/雜著類/雜考之屬

困學紀聞注二十卷　(清)翁元圻撰　清道光五年(1825)餘姚翁氏守福堂刻本　十二冊

330000－1717－0001227　A1268　子部/雜著類/雜考之屬

日知錄集釋三十二卷刊誤二卷續刊誤二卷　(清)黃汝成撰　清道光十四年(1834)、十五年(1835)、十八年(1838)嘉定黃氏西谿草廬刻本　十六冊

330000－1717－0001228　A1269　集部/別集類/清別集

袁文箋正十六卷補注一卷　(清)袁枚撰

（清）石韞玉箋　清嘉慶十七年（1812）刻本　四冊

330000－1717－0001229　A1270　類叢部/叢書類/自著之屬
亭林遺書十種　（清）顧炎武撰　清蓬瀛閣刻本　十冊

330000－1717－0001230　A1271　集部/別集類/清別集
曝書亭集八十卷附錄一卷　（清）朱彝尊撰　**笛漁小稾十卷**　（清）朱昆田撰　清康熙五十三年（1714）朱稻孫刻雍正印本　八冊　缺十卷（笛漁小稾一至十）

330000－1717－0001231　A1272　經部/叢編
孫谿朱氏經學叢書初編三十八卷　（清）朱記榮輯　清光緒吳縣朱氏槐廬刻本　九冊　存七種

330000－1717－0001232　A1273　史部/政書類/邦計之屬/鹽法
勅修兩浙鹽法志十六卷首一卷　（清）李衛等纂修　清雍正六年（1728）刻本　十二冊

330000－1717－0001233　A1274　史部/紀傳類/別史之屬
西魏書二十四卷附錄一卷　（清）謝啟昆撰　清乾隆六十年（1795）刻本　六冊

330000－1717－0001234　A1275　集部/別集類/唐五代別集
集千家註杜工部詩集二十卷文集二卷　（唐）杜甫撰　明萬曆三十年（1602）長洲許自昌刻李杜全集本　三冊　存十二卷（一至五、九至十五）

330000－1717－0001235　A1276　集部/別集類/清別集
忠雅堂詩集二十七卷補遺二卷銅絃詞附南北曲二卷　（清）蔣士銓撰　清嘉慶二十二年（1817）刻本　翁氏批跋　八冊

330000－1717－0001236　A1277　子部/小說家類/雜事之屬
世說新語六卷　（南朝宋）劉義慶撰　（南朝梁）劉孝標注　清光緒三年（1877）湖北崇文書局刻本　四冊

330000－1717－0001237　A1278　集部/別集類/清別集
有正味齋駢文箋注十六卷補注一卷　（清）吳錫麒撰　（清）葉聯芬注　清道光二十年（1840）慈北葉氏刻本　八冊

330000－1717－0001238　A1279－A1280　經部/四書類/總義之屬/專著
讀書叢說六卷首一卷　（元）許謙撰　**詩故十卷**　（明）朱謀㙔撰　清抄本　四冊

330000－1717－0001239　A1281－A1282　集部/總集類/選集之屬/斷代
文粹一百卷　（宋）姚鉉輯　**文粹補遺二十六卷**　（清）郭麐輯　清光緒十六年（1890）杭州許氏榆園刻本　二十冊

330000－1717－0001240　A1283　史部/編年類/通代之屬
司馬溫公稽古錄二十卷　（宋）司馬光撰　明刻本　四冊

330000－1717－0001241　A1284　集部/總集類/選集之屬/斷代
皇朝經世文編一百二十卷姓名總目二卷　（清）賀長齡輯　清道光七年（1827）刻本　八十八冊　缺九卷（一百十二至一百二十）

330000－1717－0001242　A1285　史部/叢編
西湖集覽四十四種　（清）丁丙輯　清光緒錢塘丁氏嘉惠堂刻本　十冊

330000－1717－0001243　A1286　集部/總集類/郡邑之屬
兩浙輶軒錄四十卷補遺十卷姓氏韻編二卷　（清）阮元輯　清嘉慶仁和朱氏碧溪草堂、錢塘陳氏種榆仙館刻本　二十冊

330000－1717－0001244　A1287　史部/地理類/方志之屬/郡縣志
[乾隆]紹興府志八十卷首一卷　（清）李亨特修　（清）平恕　（清）徐嵩纂　清乾隆五十七年（1792）刻本　四十五冊

330000－1717－0001245　A1288　史部/地理類/方志之屬/郡縣志

[同治]安吉縣志十八卷首一卷　(清)汪榮　(清)劉蘭敏修　(清)張行孚　(清)丁寶書纂　清同治十三年(1874)刻本　十四冊　缺一卷(十四)

330000－1717－0001246　A1289　史部/地理類/方志之屬/郡縣志

[同治]安吉縣志十八卷首一卷　(清)汪榮　(清)劉蘭敏修　(清)張行孚　(清)丁寶書纂　清同治十三年(1874)刻本　十五冊

330000－1717－0001247　A1290　史部/地理類/山川之屬/水志

西湖志四十八卷　(清)李衛　(清)程元章修　(清)傅王露撰　清刻本　十八冊　缺四卷(一至二、四十五至四十六)

330000－1717－0001248　A1291　史部/地理類/山川之屬/水志

西湖志四十八卷　(清)李衛　(清)程元章修　(清)傅王露撰　清刻本　十一冊　存二十七卷(二十二至四十八)

330000－1717－0001249　A1292　子部/叢編

二十二子(二十二子彙函)　(清)浙江書局編　清光緒元年至三年(1875－1877)浙江書局刻本　二冊　存一種

330000－1717－0001250　A1293　經部/叢編

七經精義三十二卷　(清)黃淦撰　清嘉慶十三年(1808)刻本　二冊　存一種

330000－1717－0001251　A1294　史部/政書類/通制之屬

欽定大清會典一百卷　(清)張廷玉等纂修　清京都琉璃廠刻本　十九冊　缺十七卷(四十七至六十三)

330000－1717－0001252　A1295　類叢部/叢書類/彙編之屬

藝海珠塵二百六種　(清)吳省蘭輯　(清)錢熙輔增編　清嘉慶南匯吳氏聽彝堂刻本　六十四冊　存一百六十四種

330000－1717－0001253　A1296　集部/總集類/選集之屬/斷代

皇朝經世文編一百二十卷姓名總目二卷　(清)賀長齡輯　清道光七年(1827)刻本　八十冊

330000－1717－0001254　A1297　類叢部/叢書類/彙編之屬

武英殿聚珍版書一百三十八種　清刻本　二百十冊　存五十二種

330000－1717－0001255　A1298　類叢部/類書類/專類之屬

分類字錦六十四卷　(清)何焯等纂　清刻本　四十八冊

330000－1717－0001256　A1299　子部/術數類/占卜之屬

大六壬大全十三卷　(清)郭載騋編　清光緒十三年(1887)刻本　十三冊

330000－1717－0001257　A1300　子部/術數類/相宅相墓之屬

堪輿經二卷　(明)蕭克撰　明萬曆三十九年(1611)刻本　四冊

330000－1717－0001258　A1301　集部/別集類/清別集

思綺堂文集十卷　(清)章藻功撰　清三餘堂刻本　十冊

330000－1717－0001259　A1302　類叢部/叢書類/自著之屬

北江全集七種　(清)洪亮吉撰　清刻本　四冊　存三種

330000－1717－0001260　A1303　經部/叢編

重刊宋本十三經注疏四百十六卷　附十三經注疏校勘記四百十六卷　(清)阮元撰　(清)盧宣旬摘録　清光緒十八年(1892)湖南寶慶務本書局刻本　八十冊

330000－1717－0001261　A1304　經部/叢編

御纂七經五種　(清)李光地等撰　清刻本　一百六十四冊

330000－1717－0001262　A1305　集部/別集類/唐五代別集

白香山詩長慶集二十卷後集十七卷別集一卷補遺二卷　(唐)白居易撰　(清)汪立名編訂　**白香山年譜一卷**　(清)汪立名撰　**白香山年譜舊本一卷**　(宋)陳振孫撰　清康熙四十一年至四十二年(1702－1703)汪立名一隅草堂刻本　十二冊

330000－1717－0001263　A1259　子部/雜著類/雜考之屬

羣書拾補三十八種　(清)盧文弨撰　清乾隆五十五年(1790)盧氏抱經堂刻本　八冊

330000－1717－0001264　A1320－A1323　經部/叢編

十三經讀本　(清)□□編　清光緒十二年(1886)湖北官書處刻本　二十四冊　存四種

330000－1717－0001265　A1324　經部/周禮類/傳說之屬

周禮十二卷　(漢)鄭玄注　(唐)陸德明音義　清光緒三年(1877)永康胡氏退補齋刻本　五冊　缺二卷(十一至十二)

330000－1717－0001266　A1325　經部/周禮類/傳說之屬

周禮十二卷　(漢)鄭玄注　(唐)陸德明音義　清同治七年(1868)湖北崇文書局刻本　六冊

330000－1717－0001267　A1326　經部/春秋左傳類/傳說之屬

春秋經傳集解三十卷　(晉)杜預撰　(唐)陸德明音義　**春秋年表一卷**　**春秋名號歸一圖二卷**　(五代)馮繼先撰　清光緒三年(1877)永康胡氏退補齋刻本　十二冊

330000－1717－0001268　A1327　類叢部/叢書類/彙編之屬

文選樓叢書三十三種　(清)阮亨輯　清嘉慶至道光阮元刻道光二十二年(1842)阮亨彙印本　三十冊　存十四種

330000－1717－0001269　A1328　史部/目録類/專録之屬

經義考三百卷　(清)朱彝尊撰　**經義考總目二卷**　(清)盧見曾編　清康熙秀水朱氏曝書亭刻乾隆十九年至二十年(1754－1755)德州盧見曾續刻四十二年(1777)汪汝瑮印本(卷二百八十六、二百九十九至三百原缺)　六十冊

330000－1717－0001270　A1329　史部/史抄類

史緯三百三十卷　(清)陳允錫輯　清康熙刻本　一百五冊　缺四十二卷(二百至二百四十一)

330000－1717－0001271　A1330　子部/農家農學類/總論之屬

農務實業新編二卷　(清)王上達撰　清宣統二年(1910)浙杭萬春農務局刻本　二冊

330000－1717－0001273　A1332－A1333　集部/總集類/選集之屬/斷代

國朝八家四六文鈔(八家四六文鈔)八種　(清)吳鼒編　清嘉慶刻本　二冊　存四種

330000－1717－0001274　A1334　經部/儀禮類/傳說之屬

儀禮易讀十七卷圖一卷　(清)馬駉撰　清乾隆三十八年(1773)刻本　四冊

330000－1717－0001275　A1335　集部/別集類/清別集

陳迦陵文集六卷儷體文集十卷迦陵詞全集三十卷　(清)陳維崧撰　清康熙二十八年(1689)陳宗石患立堂刻本　六冊　存三十卷(迦陵詞全集一至三十)

330000－1717－0001276　A1336　史部/編年類/通代之屬

續資治通鑑長編一百八卷　(宋)李燾撰　清抄本　二十冊

330000－1717－0001277　A1337　史部/編年類/通代之屬

續資治通鑑長編五百二十卷目錄二卷　(宋)李燾撰　清刻本　三十冊　存一百三十卷

（一百六十二至一百七十、一百七十五至一百八十二、一百八十八至二百八十五、三百四十九至三百六十三）

330000－1717－0001278　A1338　經部/叢編
石齋先生經傳九種　（明）黄道周撰　清康熙三十二年(1693)晉安鄭開極刻本　二十册　存五種

330000－1717－0001279　A1339　類叢部/類書類/專類之屬
漢唐事箋十二卷後集八卷　（元）朱禮撰　清道光二年(1822)南城胡氏刻本　四册

330000－1717－0001280　A1340　類叢部/叢書類/彙編之屬
昭代叢書合刻十集五百六十種附一種　（清）張潮　（清）張漸編　（清）楊復吉　（清）沈懋悳續編　清刻本　六册　存乙集三十九種

330000－1717－0001281　A1341－A1342　類叢部/類書類/專類之屬
佩文韻府一百六卷　（清）張玉書　（清）蔡升元等輯　**韻府拾遺一百六卷**　（清）汪灝　（清）何焯等輯　清嶺南潘氏海山仙館刻本　三十二册　存一百十六卷(一至五、十至十三、十六,韻府拾遺一至一百六)

330000－1717－0001282　A1343　集部/總集類/彙編之屬
明八大家文集　（清）張汝瑚編　清康熙二十一年(1682)郢雪書林刻本　四册　存一種

330000－1717－0001283　A1344　集部/總集類/郡邑之屬
江西詩徵九十四卷附刻一卷補遺一卷　（清）曾燠輯　清嘉慶九年(1804)南城曾氏賞雨茅屋刻本　六十四册

330000－1717－0001284　A1345　史部/地理類/雜志之屬
欽定日下舊聞考一百六十卷譯語總目一卷　（清）于敏中　（清）竇光鼐等纂修　清乾隆武英殿刻本(卷二十五至二十七、三十一至三十二、五十七至五十九、八十五至八十六、一百十四至一百十七、一百二十三至一百二十七、一百四十五至一百四十九、一百五十八至一百六十配清抄本)　四十八册

330000－1717－0001285　A1348　集部/别集類/宋别集
歐陽文忠公全集一百五十三卷附錄五卷　（宋）歐陽修撰　清乾隆十一年(1746)歐陽安世刻五十七年(1792)重修本　二十四册

330000－1717－0001286　A1349－A1350　類叢部/叢書類/彙編之屬
古逸叢書二十六種　（清）黎庶昌輯　清光緒遵義黎氏日本東京使署影刻本　五册　存二種

330000－1717－0001287　A1351　類叢部/叢書類/彙編之屬
古逸叢書二十六種　（清）黎庶昌輯　清光緒遵義黎氏日本東京使署影刻本　四十九册

330000－1717－0001289　A1353　經部/易類/傳說之屬
周易本義四卷卦歌一卷圖說一卷新增圖說一卷筮儀一卷　（宋）朱熹撰　清光緒三年(1877)永康退補齋胡氏刻本　二册

330000－1717－0001290　A1355　類叢部/叢書類/自著之屬
蘇齋叢書十八種　（清）翁方綱撰　清乾隆至嘉慶刻彙印本　二册　存一種

330000－1717－0001291　A1356　史部/傳記類/别傳之屬/事狀
關聖帝君聖蹟圖誌全集五卷　（清）盧湛輯　清乾隆四十一年(1776)刻本　四册　缺一卷(五)

330000－1717－0001292　A1357　經部/叢編
十一經音訓　（清）楊國楨等編　清光緒三年(1877)湖北崇文書局刻本　二十六册

330000－1717－0001293　A1358　史部/金石類/總志之屬
金石三例十五卷　（清）盧見曾編　清光緒四年(1878)南海馮氏讀有用書齋刻朱墨套印本

四冊

330000－1717－0001294　A1359　集部/別集類/宋別集

歐陽文忠公全集一百五十三卷首一卷附錄五卷　(宋)歐陽修撰　清嘉慶二十四年(1819)歐陽衡刻本　二十四冊

330000－1717－0001295　A1360　集部/總集類/選集之屬/通代

古文淵鑒六十四卷　(清)徐乾學等輯注　清刻五色套印本　三十冊　存三十八卷(五至六、十三、二十一、二十四至四十六、四十八至五十二、五十六、五十八至五十九、六十二至六十四)

330000－1717－0001296　A1361　類叢部/叢書類/彙編之屬

高安朱文端公校輯藏書(朱文端公藏書)十三種　(清)朱軾撰輯　清康熙至乾隆刻彙印本　二冊　存一種

330000－1717－0001297　A1362　經部/叢編

通志堂經解一百四十種　(清)納蘭成德輯　清康熙十九年(1680)納蘭成德刻本　十冊　存一種

330000－1717－0001298　A1363　經部/易類/傳說之屬

御纂周易述義十卷　(清)傅恒等撰　清乾隆刻本　四冊

330000－1717－0001299　A1364　經部/小學類/文字之屬/字書

字林古今正俗異同通考四卷六書辨異二卷補遺一卷　(清)湯容煨輯　清道光五年(1825)刻本　三冊

330000－1717－0001300　A1365　類叢部/叢書類/自著之屬

惜抱軒全集七種　(清)姚鼐撰　清刻本　一冊　存一種

330000－1717－0001301　A1366　經部/四書類/總義之屬

此木軒四書説九卷　(清)焦袁熹撰　清乾隆刻本　三冊

330000－1717－0001302　A1367　集部/別集類/清別集

有正味齋詩集十六卷續集八卷駢體文二十四卷續集八卷詞集八卷續集二卷外集五卷南北曲二卷　(清)吴錫麒撰　清嘉慶十三年(1808)刻本　十二冊　存五十卷(一、五至十六,駢體文一至二十四,詞集一至八,外集一至五)

330000－1717－0001303　A1368　子部/藝術類/遊藝之屬/棋弈

桃花泉弈譜二卷　(清)范世勳撰　清同治十二年(1873)敦仁堂刻本　二冊

330000－1717－0001304　A1369　集部/詞類/總集之屬

御選歷代詩餘一百二十卷　(清)聖祖玄燁定　(清)沈辰垣等輯　清抄本　二冊　存六卷(三十二至三十四、三十八至四十)

330000－1717－0001306　A1371　經部/四書類/論語之屬

四書體味錄殘稿論語一卷　(清)宗稷辰撰　清光緒十四年(1888)宗氏躬恥齋刻本　一冊

330000－1717－0001307　A1372　經部/四書類/論語之屬

四書體味錄殘稿論語一卷　(清)宗稷辰撰　清光緒十四年(1888)宗氏躬恥齋刻本　一冊

330000－1717－0001309　A1374　集部/別集類/唐五代別集

昌黎先生詩集注十一卷年譜一卷　(唐)韓愈撰　(清)顧嗣立刪補　(清)朱彝尊　(清)何焯評　清道光十六年(1836)膺德堂刻朱墨套印本　三冊　缺三卷(五至七)

330000－1717－0001310　A1375　經部/易類/傳說之屬

周易本義四卷筮儀一卷圖說一卷卦歌一卷　(宋)朱熹撰　清同治十年(1871)刻本　二冊

330000－1717－0001312　A1377　經部/四書類/總義之屬/傳說

酌雅齋四書遵註合講十九卷附圖考一卷 （清）翁復編次 （清）詹文煥參定 清道光十年（1830）刻本 六冊

330000－1717－0001313 A1378 子部/醫家類/喉科口齒之屬/喉痧

疫痧草三卷 （清）陳耕道撰 **時疫白喉捷要一卷** （清）張紹修撰 **嘉興徐子默先生吊腳痧論一卷** （清）徐子默撰 清光緒二十八年（1902）寧城三餘堂刻本 一冊

330000－1717－0001314 A1379 集部/總集類/選集之屬/斷代

一微塵集五卷 何震彝輯 清宣統元年（1909）江陰何氏鞮芬室鉛印本 一冊

330000－1717－0001316 A1382 子部/宗教類/道教之屬

關帝籤譜一卷 清光緒二十二年（1896）浙紹顧祖蔭抄本 一冊

330000－1717－0001318 A1383 子部/雜著類/雜考之屬

札迻十二卷 （清）孫詒讓撰 清光緒二十年（1894）籀膏刻二十一年（1895）重修本 三冊 缺三卷（一至三）

330000－1717－0001325 A1390 新學/算學/三角八綫

八線備旨四卷八線學總習問一卷 （美國）羅密士撰 （美國）潘慎文選譯 清光緒二十三年（1897）上海美華書館鉛印本 一冊

330000－1717－0001327 A1392 集部/別集類/清別集

重桂堂集十一卷 （清）許正綬撰 清光緒十年（1884）許傳霽、許傳霈刻本 二冊

330000－1717－0001328 A1393－A1394 類叢部/叢書類/彙編之屬

武英殿聚珍版書一百三十八種 清乾隆四十二年（1777）福建刻道光至同治遞修光緒二十一年（1895）增刻本 四冊 存二種

330000－1717－0001329 A1395 史部/詔令奏議類/奏議之屬

堅正堂摺稿二卷附錄一卷 （清）褚成博撰 清光緒三十一年（1905）刻本 二冊

330000－1717－0001330 A1396 子部/術數類/陰陽五行之屬

董公選要覽一卷附錄一卷 （明）董潛撰 清光緒二十四年（1898）浙江官書局刻本 一冊

330000－1717－0001331 A1397 子部/醫家類/傷寒金匱之屬/傷寒論

陶氏完書四卷 （清）陶茚菴撰 清宣統元年（1909）抄本 一冊

330000－1717－0001332 A1398 史部/地理類/雜志之屬

會稽三賦四卷 （宋）王十朋撰 （明）南逢吉注 （明）尹壇補注 清同治十二年（1873）會稽章氏刻本 二冊

330000－1717－0001336 A1405 集部/總集類/課藝之屬

八銘堂塾鈔初集不分卷 （清）吳懋政編次 清刻本 二冊

330000－1717－0001337 A1406－A1407 集部/總集類/課藝之屬

制義約選不分卷二編不分卷補編不分卷 （清）李錫瓚編次 清嘉慶至道光刻本 三冊

330000－1717－0001338 A1408 集部/詩文評類/制藝之屬

增選加註能與集不分卷 （清）李秬香改本 （清）金研香評 清道光二十八年（1848）刻本 二冊

330000－1717－0001339 A1409 集部/別集類/清別集

韞山堂時文初集不分卷二集不分卷三集不分卷 （清）管世銘撰 清韞山堂刻本 二冊

330000－1717－0001340 A1410 集部/別集類/清別集

曲園課孫草一卷續刻一卷 （清）俞樾撰 清光緒八年（1882）金陵刻本 二冊

330000－1717－0001341 A1411 子部/術數

類/相宅相墓之屬

入地眼全書十卷 (宋)釋靜道撰 清道光元年(1821)刻本 四冊 缺三卷(二至四)

330000－1717－0001342 A1412－A1413 集部/總集類/課藝之屬

八銘堂塾鈔初集不分卷二集不分卷 (清)吳懋政編次 清道光七年(1827)、咸豐元年(1851)文會堂刻本 笑菘氏題簽 七冊

330000－1717－0001343 A1414 集部/總集類/選集之屬/通代

唐宋八大家類選十四卷 (清)儲欣輯 清刻本 七冊

330000－1717－0001344 A1415 集部/別集類/清別集

香屑集十八卷首一卷末一卷 (清)黄之雋撰 (清)陳邦直注 清嘉慶十八年(1813)刻本 四冊

330000－1717－0001346 A1417 史部/政書類/律令之屬/律例

大清律例彙纂大成四十卷督捕則例附纂二卷三流道里表一卷五軍道里表一卷秋審實緩比較彙案一卷部頒新增一卷 (清)刑部輯 清光緒二十九年(1903)石印本 十五冊 缺十八卷(一至六、十二至十五、二十六至二十八、三十三至三十四,五軍道里表,秋審實緩比較彙案,部頒新增)

330000－1717－0001350 A1421 史部/傳記類/總傳之屬/文苑

湖海詩傳小傳六卷 (清)王昶撰 清光緒四年(1878)上海淞隱閣鉛印本 二冊

330000－1717－0001353 A1424 史部/政書類/律令之屬/律例

大清律例集註□□卷 (清)萬維□輯 (清)王又槐增輯 清刻本 十七冊 存三十卷(一至二、五至十九、二十一至三十三)

330000－1717－0001356 A1427 類叢部/叢書類/彙編之屬

續知不足齋叢書(續鮑叢書)十七種 (清)高承勳編 清渤海高氏刻本 一冊 存一種

330000－1717－0001357 A1428 新學/史志/諸國史

萬國綱鑑易知錄二十卷 (日本)岡本監輔撰 清末石印本 五冊 存十七卷(四至二十)

330000－1717－0001361 A1434 經部/群經總義類/文字音義之屬

經籍籑詁一百六卷補遺一百六卷首一卷 (清)阮元撰 清嘉慶十七年(1812)揚州阮氏瑯環仙館刻本 三十六冊 缺一百六卷(補遺一至一百六)

330000－1717－0001362 A1435 經部/群經總義類/文字音義之屬

經籍籑詁一百六卷補遺一百六卷首一卷 (清)阮元撰 清嘉慶十七年(1812)揚州阮氏瑯環仙館刻本 四十二冊 缺一百六卷(補遺一至一百六)

330000－1717－0001363 A1436 子部/藝術類/書畫之屬/畫譜

吳友如畫寶十二集 (清)吳嘉猷繪 清宣統元年(1909)上海璧園會社石印本 二十四冊

330000－1717－0001364 A1437 史部/金石類/總志之屬

二銘草堂金石聚十六卷 (清)張德容輯 清同治十一年(1872)衢州張德容二銘草堂刻本 十四冊

330000－1717－0001365 A1438 史部/地理類/總志之屬/通代

歷代疆域表三卷圖一卷 (清)段長基撰 (清)段搢書參注 清嘉慶二十二年(1817)小西山房刻本 五冊

330000－1717－0001366 A1439－A1440 經部/叢編

御纂七經五種 (清)李光地等撰 清同治六年至九年(1867－1870)浙江書局刻本 二十七冊 存二種

330000－1717－0001387 A1461 子部/宗教類/佛教之屬/經

妙法蓮華經七卷　（後秦）釋鳩摩羅什譯　清同治五年（1866）刻本　七冊

330000－1717－0001391　A1466－A1471　類叢部/叢書類/彙編之屬
寶顔堂秘笈二百二十八種　（明）陳繼儒輯　明萬曆至泰昌繡水沈氏刻本　一百八十冊

330000－1717－0001392　A1473　類叢部/叢書類/彙編之屬
武英殿聚珍版書一百三十八種　清木活字印本　四冊　存一種

330000－1717－0001393　A1474　史部/紀事本末類/通代之屬
繹史一百六十卷世系圖一卷年表一卷　（清）馬驌撰　清康熙刻本　三十八冊

330000－1717－0001394　A1476　經部/易類/傳說之屬
易原易或合集十三卷　（清）趙振芳　（清）徐在漢述　清順治刻本　十二冊

330000－1717－0001395　A1478　經部/書類/分篇之屬
禹貢今釋二卷　（清）芮日松纂輯　清道光八年（1828）涇縣潘錫恩求是齋刻本　一冊

330000－1717－0001396　A1479　類叢部/叢書類/彙編之屬
稗海四十八種續稗海二十三種　（明）商濬編　明萬曆商氏半埜堂刻清康熙振鷺堂重編補刻本　八十二冊　存稗海三十八種續二十二種

330000－1717－0001397　A1480　類叢部/叢書類/自著之屬
鈍翁全集　（清）汪琬撰　清康熙十三年至二十四年（1674－1685）刻乾隆三十六年（1771）汪宣綸重訂後印本　十五冊

330000－1717－0001398　A1481　經部/叢編
通志堂經解一百四十種　（清）納蘭成德輯　清康熙十九年（1680）納蘭成德刻本　四百三十二冊

330000－1717－0001405　A1492　史部/傳記類/總傳之屬/家乘
［浙江上虞］虞東俞氏宗譜八卷首一卷　（清）俞志康纂修　清光緒二十三年（1897）永錫堂木活字印本　八冊

330000－1717－0001406　A1493　史部/傳記類/總傳之屬/家乘
［浙江上虞］花墅葉氏宗譜二卷　（清）葉懷廉等纂修　清光緒九年（1883）木活字印本　二冊

330000－1717－0001407　A1494　史部/傳記類/總傳之屬/家乘
［浙江上虞］花墅葉氏宗譜五卷首一卷末一卷　（清）葉振聲等纂修　清宣統元年（1909）木活字印本　一冊　存三卷（首、一至二）

330000－1717－0001427　A1514　史部/傳記類/總傳之屬/家乘
［浙江上虞］上虞西華顧氏九修宗譜三十二卷首一卷　（清）顧乃眷纂修　清宣統三年（1911）上虞西華顧氏格思堂木活字印本　十六冊　存十六卷（一至二、四至十七）

330000－1717－0001431　A1518　史部/傳記類/總傳之屬/家乘
［浙江上虞］古虞金罍范氏宗譜十四卷　（清）范德峻等纂修　清光緒十年（1884）芝本堂木活字印本　七冊　存七卷（一至二、八、十一至十四）

330000－1717－0001433　A1520　史部/傳記類/總傳之屬/家乘
［浙江上虞］廟灣董氏宗譜三卷　（清）董金鑑纂修　清光緒三十二年（1906）木活字印本　一冊　缺一卷（三）

330000－1717－0001435　A1522　史部/傳記類/總傳之屬/家乘
［浙江上虞］潘氏宗譜四卷　（清）潘之水等纂修　清宣統三年（1911）燕詒堂木活字印本　二冊　缺一卷（四）

330000－1717－0001436　A1523　史部/傳記

類/總傳之屬/家乘

[浙江上虞]潘氏宗譜四卷　(清)潘尚清等纂修　清光緒十六年(1890)燕詒堂木活字印本　三冊

330000－1717－0001437　A1524　史部/傳記類/總傳之屬/家乘

[浙江上虞]龔氏宗譜三卷　(清)龔德良等纂修　清光緒二十年(1894)追遠堂木活字印本　一冊

330000－1717－0001438　A1525　史部/傳記類/總傳之屬/家乘

[浙江上虞]俞氏新修宗譜六卷　(清)俞元進等纂修　清道光三年(1823)永錫堂木活字印本　六冊

330000－1717－0001439　A1526　史部/傳記類/總傳之屬/家乘

[浙江上虞]古虞朱氏宗譜十四卷首一卷　(清)朱士黻等纂修　清光緒十六年(1890)同本堂木活字印本　十四冊

330000－1717－0001440　A0807　集部/總集類/氏族之屬

連二子遺稿　(清)連擷薌編　清光緒十二年(1886)古虞連氏枕湖樓刻本　一冊

330000－1717－0001441　A1308－A1309　史部/傳記類/別傳之屬

孔子世家考二卷弟子列傳考一卷歷代典禮考一卷　(清)鄭環撰　清嘉慶八年(1803)南蘭陵鄭氏願學齋刻本　三冊　缺一卷(歷代典禮考)

330000－1717－0001442　A1310　經部/四書類/孟子之屬/傳說

孟子篇敘七卷年表一卷　(清)姜兆翀撰　清嘉慶五年(1800)漱芳書塾刻本　二冊

330000－1717－0001443　A1354　史部/地理類/專志之屬/祠墓

曹江孝女廟誌八卷首一卷末一卷　(清)金廷棟輯　清光緒八年(1882)五社公所刻本　二冊

330000－1717－0001444　A1314　子部/雜著類/雜纂之屬

國語約鈔一卷荀子約鈔一卷呂氏春秋約鈔一卷淮南鴻烈約鈔一卷文選約鈔一卷　(明)陶望齡選　明萬曆抄本　五冊

330000－1717－0001445　A1312　經部/小學類/音韻之屬/古今韻說

六書音韻表五卷　(清)段玉裁撰　清乾隆四十一年(1776)刻本　二冊

330000－1717－0001446　A1537　類叢部/類書類/通類之屬

古今圖書集成一萬卷目錄四十卷　(清)蔣廷錫　(清)陳夢雷等輯　**考證二十四卷**　清光緒十年(1884)上海圖書集成鉛版印書局鉛印本　一千六百二十五冊　缺十八卷(職方典九百九十七至一千三、邊裔典二十四至二十九、禽蟲典一至五)

330000－1717－0001448　A1539　史部/政書類/通制之屬

九通二千三百二十一卷　(清)□□輯　清光緒石印本　三冊　存三種

330000－1717－0001449　A1540　史部/政書類/通制之屬

欽定三通考證三卷　清光緒二十八年(1902)貫吾齋石印本　一冊

330000－1717－0001450　A1545　子部/儒家類/儒學之屬/蒙學

幼學求源三十三卷　(清)程登吉撰　(清)鄒聖脈　(清)董成注　清刻本　四冊　存十六卷(七至十九、二十五至二十七)

330000－1717－0001451　A1541　史部/編年類/斷代之屬

十一朝東華錄六百二十五卷(天命朝至同治朝)　王先謙編　清光緒二十五年(1899)石印本　四十四冊　存三百五十卷(天聰八至十一,崇德一至八,順治一至三十六,康熙一至三十八、五十七至一百十,雍正一至八,乾隆一至三十、四十二至四十六、五十八至八十一、九十一至一百十二,嘉慶一至十一,道光

十六至二十一、三十三至四十二、五十二至六十，咸豐一至六十、六十九至九十、九十八至一百）

330000－1717－0001452　A1542　經部/四書類/總義之屬/傳說

四書朱子異同條辨四十卷　（清）李沛霖　（清）李禎訂　清康熙近譬堂刻本　三十一册　存三十三卷（大學一至三、論語一至二十、孟子五至十四）

330000－1717－0001453　A1543　類叢部/類書類/專類之屬

策學備纂三十二卷首一卷目錄二卷　（清）吳頴炎等輯　清光緒十三年（1887）上海點石齋石印本　五册　存五卷（七至九、十二、二十五）

330000－1717－0001454　A1544　集部/總集類/課藝之屬

小題文府不分卷　清光緒十二年（1886）上海同文書局石印本　九册

330000－1717－0001455　A1546　史部/政書類/邦計之屬/貿易

通商條約章程成案彙編三十卷　（清）李鴻章等輯　清光緒鉛印本　二册　存七卷（二十三至二十九）

330000－1717－0001456　A1547　集部/詩文評類/文評之屬

花樣集錦四卷　（清）張補山輯　清道光二十一年（1841）刻本　四册

330000－1717－0001458　A1549　史部/傳記類/總傳之屬/仕宦

歷代名臣言行錄二十四卷　（清）朱桓輯　清末石印本　八册　存八卷（五、十一上、十三至十五上、十七至十八、二十一下）

330000－1717－0001459　A1550　史部/地理類/外紀之屬

重訂法國志略二十四卷　（清）王韜撰　清光緒十五年（1889）弢園老民鉛印本　六册　存十三卷（六至十一、十五至十八、二十二至二十四）

330000－1717－0001460　A1551　史部/編年類/通代之屬

重訂王鳳洲先生綱鑑會纂四十六卷續宋元紀二十三卷　（明）王世貞撰　（明）陳仁錫訂　清末石印本　六册　存五十一卷（一至二十三、三十一至四十六，續宋元紀一至六、十八至二十三）

330000－1717－0001461　A1552　史部/編年類/斷代之屬

九朝東華錄四百二十五卷（天命朝至道光朝）　王先謙編　清末石印本　七册　存二十卷（雍正二至二十一）

330000－1717－0001462　A1553　集部/小說類/長篇之屬

第一才子書六十卷一百二十回首一卷　（明）羅本撰　（清）毛宗崗評　清末石印本　五册　存二十七卷（一至十六、二十三至二十七、五十五至六十）

330000－1717－0001463　A1554　集部/小說類/長篇之屬

續紅樓夢三十卷　（清）秦子忱撰　清刻本　三册　存八卷（十六至十八、二十一至二十三、二十九至三十）

330000－1717－0001464　A1555　經部/春秋左傳類/傳說之屬

左繡三十卷首一卷　（清）馮李驊　（清）陸浩評輯　清華川書屋刻本　十四册

330000－1717－0001465　A1556　集部/別集類/清別集

白華絳跗閣詩初集（越縵堂詩初集）十卷　（清）李慈銘撰　清光緒十六年（1890）刻本　二册

330000－1717－0001466　A1557　子部/宗教類/道教之屬

丹桂籍四卷首一卷末一卷　（明）顏正輯注　清同治六年（1867）湖南衡山歐陽氏刻本　四册

330000－1717－0001470　A1561　史部/政書類

校邠廬抗議二卷　(清)馮桂芬撰　清光緒十八年(1892)敏德堂潘氏刻本　二冊

330000－1717－0001471　A1562　史部/目録類/通論之屬/考訂

欽定四庫全書考證一百卷　(清)王太岳等纂　清刻本　五冊　存六卷(七十至七十一、七十三、七十六至七十八)

330000－1717－0001472　A1485　史部/傳記類/總傳之屬/家乘

[浙江上虞]管溪徐氏宗譜四十六卷　(清)徐遇春等纂修　清光緒二十一年至二十二年(1895－1896)木活字印本　二十冊

330000－1717－0001473　A1563　新學/報章

知新報選編不分卷　(清)知新報館編　清光緒三十年(1904)維新室石印本　四冊

330000－1717－0001474　A1564　子部/醫家類

繪圖中西醫學入門二卷　唐宗海撰　清末石印本　三冊

330000－1717－0001475　A1565　子部/宗教類/道教之屬

功過格一卷　清光緒十八年(1892)許顯記刻字鋪刻本　一冊

330000－1717－0001476　A1566　子部/雜著類/雜纂之屬

不可錄一卷　(清)陳海曙輯　清光緒二十一年(1895)刻本　一冊

330000－1717－0001481　A1571　集部/總集類/選集之屬/斷代

金文雅十六卷作者考一卷　(清)莊仲方輯　清光緒十七年(1891)江蘇書局刻本　四冊

330000－1717－0001483　A1573　集部/總集類/課藝之屬

尊經書院課藝不分卷　(清)薛慰農鑒定　清同治九年(1870)兩江督署刻本　六冊

330000－1717－0001485　A1575　集部/小說類/長篇之屬

四大奇書第一種六十卷一百二十回　(明)羅本撰　(清)毛宗崗評　清刻本　十二冊　存三十三卷(八至十六、二十三至四十二、四十五、四十九至五十一)

330000－1717－0001486　A1576　經部/群經總義類/傳說之屬

十三經札記二十二卷附十六卷　(清)朱亦棟撰　清道光三年(1823)雲鶴堂刻本　三冊　存十一卷(附一至三、六至十三)

330000－1717－0001487　A1577　集部/總集類/選集之屬/斷代

皇朝經世文續編一百二十卷　(清)葛士濬輯　清末鉛印本　十八冊　存八十八卷(六至二十三、四十至五十五、六十二至一百十五)

330000－1717－0001488　A1578　子部/醫家類/本草之屬/歷代綜合本草

本草綱目五十二卷附圖三卷　(明)李時珍撰　**本草萬方鍼線八卷**　(清)蔡烈先輯　**本草綱目拾遺十卷**　(清)趙學敏輯　清宣統三年(1911)上海商務印書館石印本　十七冊　存六十二卷(一至十、十四至四十、四十七至五十二,圖一至三,本草萬方鍼線一至六,拾遺一至十)

330000－1717－0001489　A1579　集部/總集類/選集之屬/斷代

皇朝經世文編一百二十卷姓名總目二卷　(清)賀長齡輯　清末刻本　五十三冊　存一百十三卷(一至十三、十六至二十三、二十六至二十七、三十至三十五、三十七至五十二、五十五至一百二十,姓名總目一至二)

330000－1717－0001493　A1583　新學/史志/別國史

大英國志八卷　(英國)托馬斯米爾納撰　(英國)慕維廉譯　清光緒七年(1881)上海益智書會刻本　二冊

330000－1717－0001494　A1584　集部/總集類/選集之屬/通代

古文觀止十二卷　(清)吳乘權　(清)吳大職輯　清光緒二十二年(1896)四明茹古齋書局刻本　六冊

330000－1717－0001495　A1585　類叢部/類書類/專類之屬

江湖輯要四卷　分韻字彙撮要四卷　(清)溫儀鳳輯　清光緒十年(1884)刻本　一冊

330000－1717－0001496　A1586　史部/傳記類/總傳之屬/斷代

國朝先正事略六十卷首一卷　(清)李元度撰　清光緒十二年(1886)鉛印本　九冊　存五十七卷(首,一至二十一、二十六至六十)

330000－1717－0001497　A1587　經部/四書類/論語之屬/專著

論語最豁集四卷　孫振基等訂　劉珍輯　清光緒三十四年(1908)上海章福記書局石印本　四冊

330000－1717－0001498　A1588　史部/雜史類/斷代之屬

戰國策十二卷　(宋)鮑彪注　(明)孫鑛評　清康熙二十四年(1685)甬江萬經刻本　八冊

330000－1717－0001499　A1589　經部/春秋左傳類/傳說之屬

評點春秋左傳綱目句解彙鐫六卷　(清)韓菼重訂　清光緒二十九年(1903)上海石印書局石印本　一冊

330000－1717－0001500　A1590　史部/傳記類/總傳之屬/仕宦

滿洲名臣傳四十八卷漢名臣傳三十二卷　(清)國史館撰　清刻本　二十四冊　存十九卷(三、五、十五至十九、二十四、三十九至四十五、四十八,漢名臣傳十五至十六、三十一)

330000－1717－0001501　A1591　史部/政書類/律令之屬/律例

大清律例通纂四十卷附洗冤錄檢屍圖格一卷督捕條例附纂二卷　(清)閔念祖等參訂　清嘉慶十三年(1808)刻本　二十四冊

330000－1717－0001502　A1592　集部/別集類/宋別集

宋黃文節公文集三十二卷外集二十四卷別集十九卷首四卷　(宋)黃庭堅撰　清乾隆三十年(1765)緝香堂刻本　十六冊　存三十二卷(宋黃文節公文集一至三十二)

330000－1717－0001503　A1593　史部/史評類/史論之屬

讀通鑑論十卷末一卷　(清)王夫之撰　清光緒二十九年(1903)上海官書局鉛印本　八冊

330000－1717－0001504　A1594　史部/史評類/史論之屬

讀通鑑論三十卷宋論十五卷　(清)王夫之撰　清光緒二十七年(1901)簡青齋書局石印本　二冊　存二卷(宋論一至二)

330000－1717－0001505　A1595　經部/易類/傳說之屬

來瞿唐先生易註十五卷首一卷末一卷圖一卷　(明)來知德撰　清寧陵符永培寧遠堂刻本　十二冊

330000－1717－0001508　A1598　史部/傳記類/總傳之屬/斷代

國朝先正事略六十卷　(清)李元度撰　**中興名臣事略八卷**　朱孔彰撰　清光緒二十五年(1899)上海圖書集成印書局鉛印本　九冊　存六十四卷(五至六十、中興名臣事略一至八)

330000－1717－0001509　A1599　史部/傳記類/總傳之屬/斷代

國朝先正事略六十卷首一卷　(清)李元度撰　**國朝先正事略續編三十卷**　朱孔彰撰　清光緒二十五年至二十六年(1899－1900)石印本　十冊　缺二十六卷(國朝先正事略續編五至三十)

330000－1717－0001510　A1600　新學/報章

續西國近事彙編二十八卷　(美國)金楷理口譯　清光緒鉛印本　二十一冊　存二十一卷(一至三、十至二十七)

330000－1717－0001511　A1601　集部/別集

類/唐五代別集

唐陸宣公集二十二卷 (唐)陸贄撰 清光緒十三年(1887)上海積山書局石印本 三册 存十七卷(一至十三、十九至二十二)

330000 - 1717 - 0001512 A1602 經部/群經總義類/傳說之屬

四書五經義策論初編不分卷 韓韋編 清光緒二十七年(1901)文彙書局鉛印本 四册

330000 - 1717 - 0001513 A1603 經部/群經總義類/傳說之屬

四書五經義策論續編不分卷 (清)崇實齋輯 清光緒二十八年(1902)浙杭編譯局鉛印本 五册

330000 - 1717 - 0001515 A1605 史部/編年類/通代之屬

尺木堂綱鑑易知錄九十二卷明鑑易知錄十五卷 (清)吳乘權 (清)周之炯 (清)周之燦輯 清光緒三十四年(1908)上海廣益書局鉛印本 十四册 存六十八卷(一至二十三、三十一至五十八、六十七、九十二,明鑑易知錄一至十五)

330000 - 1717 - 0001516 A1606 史部/編年類/通代之屬

尺木堂綱鑑易知錄九十二卷 (清)吳乘權 (清)周之炯 (清)周之燦輯 清末鉛印本 六册 存二十九卷(六十至八十八)

330000 - 1717 - 0001517 A1607 史部/編年類/通代之屬

尺木堂綱鑑易知錄九十二卷 (清)吳乘權 (清)周之炯 (清)周之燦輯 清刻本 二十六册 存五十八卷(二至三、十四至十七、二十至四十一、四十六至五十四、五十七至六十二、七十六至九十)

330000 - 1717 - 0001518 A1608 史部/編年類/通代之屬

綱鑑易知錄九十二卷明鑑易知錄十五卷 (清)吳乘權 (清)周之炯 (清)周之燦輯 清刻本 金昌緒氏題簽 四十一册 存九十卷(一至四、八至十九、二十二至三十二、三十六至六十四、六十七至七十三、七十六至七十七、八十一至九十二,明鑑易知錄一至三、六至十五)

330000 - 1717 - 0001519 A1609 史部/編年類/通代之屬

尺木堂綱鑑易知錄二十卷 (清)吳乘權 (清)周之炯 (清)周之燦輯 清光緒十二年(1886)上海點石齋石印本 八册 存十六卷(一至二、五至六、九至二十)

330000 - 1717 - 0001520 A1610 史部/編年類/通代之屬

綱鑑易知錄九十二卷 (清)吳乘權 (清)周之炯 (清)周之燦輯 清刻本 十册 存三十卷(十一至二十八、四十一至四十三、五十六至五十八、六十五至七十)

330000 - 1717 - 0001521 A1611 史部/編年類/通代之屬

綱鑑易知錄九十二卷 (清)吳乘權 (清)周之炯 (清)周之燦輯 清刻本 五册 存十一卷(三十三至三十五、四十二至四十三、五十三至五十四、五十七至六十)

330000 - 1717 - 0001522 A1613 史部/史評類/史論之屬

歷朝史論彙編二十三卷 (清)鮑雍輯 清光緒二十七年(1901)上海書局石印本 四册 存十五卷(一至十五)

330000 - 1717 - 0001523 A1612 史部/編年類/通代之屬

綱鑑易知錄九十二卷明鑑易知錄十五卷 (清)吳乘權 (清)周之炯 (清)周之燦輯 清刻本 三十四册 存七十八卷(一至十二、十五至十七、二十至二十一、二十七至四十九、五十五至六十三、七十至八十六、八十九至九十二,明鑑易知錄一至二、八至九、十二至十五)

330000 - 1717 - 0001525 A1615 集部/別集類/宋別集

范文正公文集十卷 (宋)范仲淹撰 清光緒元年(1875)柳福存愚山房刻本 三册

330000－1717－0001526　A1616　集部/詩文評類/詩評之屬
全唐詩話八卷　題(宋)尤袤輯　(清)孫濤續輯　清乾隆三十九年(1774)孫濤清芬堂刻本　四冊

330000－1717－0001527　A1617　史部/詔令奏議類/奏議之屬
林文忠公政書三集三十七卷　(清)林則徐撰　清末刻本　九冊　存六種

330000－1717－0001529　A1619　類叢部/類書類/通類之屬
事類統編九十三卷首一卷　(清)林意誠輯　清刻本　二十一冊　存六十卷(十七至二十六、二十九至四十三、五十三至七十五、八十二至九十三)

330000－1717－0001530　A1620　新學/報章
新民叢報全編不分卷　(清)新民叢報社編　清末石印本　十三冊

330000－1717－0001531　A1621　經部/四書類/總義之屬/傳說
四書題鏡不分卷　(清)汪鯉翔撰　清乾隆三十五年(1770)刻本　五冊

330000－1717－0001532　A1622　集部/別集類/清別集
定盦文集三卷續集四卷續録一卷古今體詩二卷雜詩一卷詞選一卷詞録一卷文集補一卷文集補編四卷文拾遺一卷　(清)龔自珍撰　清宣統二年(1910)上海國學扶輪社鉛印本　五冊

330000－1717－0001533　A1623　集部/別集類/清別集
因樹書屋詩稿十二卷　(清)沈寶森撰　清光緒刻本　四冊　存八卷(一至八)

330000－1717－0001534　A1624　集部/總集類/彙編之屬
七家試帖輯注彙鈔九卷　(清)張熙宇輯評　(清)王植桂輯注　清同治九年(1870)京師琉璃廠刻本　六冊　存六種

330000－1717－0001535　A1625　子部/醫家類/類編之屬
徐氏醫書八種　(清)徐大椿撰　清刻本　二冊　存一種

330000－1717－0001536　A1626　子部/醫家類/醫案之屬
名醫類案十二卷　(明)江瓘輯　清乾隆三十五年(1770)歙縣鮑氏知不足齋刻本　九冊　缺三卷(六、十一至十二)

330000－1717－0001537　A1627　子部/醫家類/方書之屬
集驗良方六卷　清乾隆四十三年(1778)經緯堂刻本　六冊

330000－1717－0001538　A1628　子部/雜著類/雜纂之屬
雲林別墅纂輯酬世錦囊五種十九卷　(清)謝梅林　(清)鄒可庭輯　清刻本　六冊　存二種

330000－1717－0001539　A1629　集部/總集類/課藝之屬
經正書院課藝不分卷　(清)陳星橋選定　(清)劉輝編次　清咸豐九年(1859)經正書院刻本　四冊

330000－1717－0001540　A1630　集部/總集類/課藝之屬
小題正鵠初集二卷二集二卷三集三卷　(清)李元度輯　清光緒六年(1880)浙紹墨潤堂刻本　四冊　存三卷(二、二集二、三集三)

330000－1717－0001541　A1631　集部/總集類/課藝之屬
懋齋小題文不分卷　清嘉慶二十一年(1816)刻本　三冊

330000－1717－0001542　A1632　集部/別集類/清別集
有正味齋試帖詳注四卷　(清)吳錫麒撰　(清)吳掄　(清)吳敬恒注　清刻本　三冊　缺一卷(一)

330000－1717－0001543　A1633　子部/醫家

類/醫經之屬/内經
醫經原旨六卷 (清)薛雪撰 清乾隆十九年(1754)薛雪掃葉莊刻本 三册 存三卷(一至三)

330000－1717－0001544 A1634 子部/醫家類/傷寒金匱之屬/傷寒論
注解傷寒論十卷圖解運氣圖一卷 (漢)張仲景述 (晉)王叔和撰次 (金)成無已注解 清刻本 四册

330000－1717－0001545 A1635 子部/道家類
莊子内篇註四卷 (明)釋德清撰 清光緒十四年(1888)金陵刻經處刻本 二册

330000－1717－0001546 A1636 史部/傳記類/别傳之屬/事狀
哀錄二卷 (清)蔣汝中輯 清光緒三十年(1904)金陵宜春閣木活字印本 一册

330000－1717－0001547 A1637 子部/宗教類/道教之屬
救生船四卷 清光緒四年(1878)刻本 二册 存二卷(一、三)

330000－1717－0001548 A1638 類叢部/叢書類/彙編之屬
雙楳景闇叢書十六種 葉德輝編 清光緒至宣統長沙葉氏郎園刻本 一册 存一種

330000－1717－0001549 A1639 子部/術數類/相宅相墓之屬
陽宅三要四卷 (清)趙廷楝撰 清刻本 二册

330000－1717－0001550 A1640 子部/醫家類/方書之屬/成方藥目
萬承志堂丸散膏丹全集不分卷 (清)萬承志堂編 清光緒十一年(1885)杭州萬承志堂刻本 一册

330000－1717－0001551 A1641 經部/周禮類/傳說之屬
周官精義十二卷 (清)連斗山輯 清刻本 三册 存六卷(六至十一)

330000－1717－0001552 A1642 子部/天文曆算類/天文之屬
高厚蒙求四集八種 (清)徐朝俊撰 清嘉慶十二年至二十年(1807－1815)雲間徐氏刻本 四册

330000－1717－0001553 A1643 經部/春秋總義類/傳說之屬
春秋三傳十六卷首一卷 清同治三年(1864)浙江撫署刻本 五册 存七卷(首,十、十二至十六)

330000－1717－0001554 A1644 子部/醫家類/醫經之屬/内經
類經三十二卷 (明)張介賓類註 清刻本 十一册 存十四卷(十四、十六至二十三、二十六至三十)

330000－1717－0001555 A1645 子部/雜著類/雜說之屬
石林燕語十卷 (宋)葉夢得撰 明末刻本 一册 存五卷(六至十)

330000－1717－0001556 A1646 集部/别集類/清别集
有正味齋駢文箋注十六卷補注一卷 (清)吳錫麒撰 (清)葉聯芬注 清刻本 四册 存十一卷(三至四、七至八、十至十六)

330000－1717－0001557 A1647 新學/政治法律/律例
法國律例四十五卷 (法國)畢利幹口譯 (清)時雨化筆述 清光緒二十四年(1898)石印本 十一册 存四十三卷(刑律一至四、園林則律一至二、民律一至二十二、民律指掌一至八、刑名定範二、貿易定律一至六)

330000－1717－0001558 A1648 集部/小說類/長篇之屬
緑野仙蹤八十回 (清)李百川撰 清刻本 十一册 存四十五回(十二至四十七、六十八至七十二、七十七至八十)

330000－1717－0001559 A1649 史部/政書類/律令之屬/治獄

刑案匯覽六十卷首一卷末一卷拾遺備考一卷續增十六卷 (清)祝慶祺輯 清末刻本 四十三冊 存四十二卷(一、四、七至十四、二十四至二十七、三十一至三十二、三十四至三十五、三十九、四十三至四十四、四十六至四十八、五十至五十一、五十三至五十四、五十七至五十八、六十,末,拾遺備考,續增一至二、四至五、七、十一、十三至十五)

330000－1717－0001560 A1650 新學/雜著/叢編
新輯時務滙通一百八卷 李作棟輯 清光緒二十九年(1903)上海崇新書局石印本 十八冊 存六十六卷(三至六、十九至三十三、三十七至四十四、五十四至五十七、六十四至六十六、七十一至九十六、一百三至一百八)

330000－1717－0001561 A1651 子部/雜著類/雜纂之屬
寄園寄所寄十二卷 (清)趙吉士輯 清刻本 東亭氏題簽 三冊 存三卷(七至九)

330000－1717－0001562 A1652 子部/醫家類/類編之屬
醫門法律六卷 (清)喻昌撰 清三讓堂刻本 四冊 存四卷(一至二、五至六)

330000－1717－0001563 A1653 史部/詔令奏議類/奏議之屬
恪靖奏稿續編七十六卷 (清)左宗棠撰 清末刻本 十四冊 存二十八卷(五至七、十七至十八、二十三至二十六、四十四至五十二、五十五至六十四)

330000－1717－0001564 A1654 子部/醫家類/兒科之屬/通論
幼科鐵鏡六卷 (清)夏鼎撰 清道光十年(1830)刻本 二冊

330000－1717－0001565 A1655 經部/群經總義類/圖說之屬
羣經宮室圖二卷 (清)焦循撰 清乾隆揚州焦循半九書塾刻本 二冊

330000－1717－0001566 A1656 子部/道家類
莊子因六卷 (清)林雲銘撰 清光緒六年(1880)白雲精舍刻本 三冊 缺一卷(三)

330000－1717－0001567 A1657 子部/儒家類/儒學之屬/蒙學
小學集解六卷小學輯說一卷 (清)張伯行輯注 清同治六年(1867)楚北崇文書局刻本 二冊

330000－1717－0001568 A1658 類叢部/叢書類/彙編之屬
咫進齋叢書二十種 (清)姚覲元輯 清光緒九年(1883)歸安姚氏刻本 四冊 存三種

330000－1717－0001569 A1659 類叢部/類書類/專類之屬
佩文韻府一百六卷 (清)張玉書 (清)蔡升元等輯 **韻府拾遺一百六卷** (清)汪灝 (清)何焯等輯 清光緒十三年(1887)上海點石齋石印本 二冊 存四卷(一至三、六十三)

330000－1717－0001570 A1660 子部/藝術類/書畫之屬/總論
佩文齋書畫譜一百卷 (清)孫岳頒等輯 清末石印本 四冊 存二十七卷(三十至三十六、七十五至九十四)

330000－1717－0001571 A1661 子部/醫家類/傷寒金匱之屬/金匱要略
金匱翼八卷 (清)尤怡撰 清嘉慶十八年(1813)徐錦心太平軒刻本 四冊

330000－1717－0001572 A1662 子部/醫家類/類編之屬
醫門棒喝二集傷寒論本旨九卷 (清)章楠撰 清道光十六年(1836)偁山書屋刻同治七年(1868)補刻本 五冊 存六卷(一至四、六、九)

330000－1717－0001573 A1663 子部/醫家類/類編之屬
醫門棒喝十三卷 (清)章楠撰 清末刻本 十一冊 缺四卷(初集一、四,二集四至五)

330000－1717－0001574　A1664　子部/醫家類/類編之屬
醫門棒喝四卷　（清）章楠撰　清同治六年(1867)聚文堂刻本　四册

330000－1717－0001575　A1665　子部/小説家類/雜事之屬
音釋坐花誌果八卷　（清）汪道鼎撰　（清）鷩峰樵者音釋　清光緒十四年(1888)廣百宋齋刻本　二册

330000－1717－0001576　A1666　史部/政書類/律令之屬/律例
大清律例彙纂大成四十卷督捕則例附纂二卷三流道里表一卷五軍道里表一卷秋審實緩比較彙案一卷部頒新增一卷　（清）刑部輯　清光緒二十九年(1903)石印本　五册　存十卷(一至二、六、十二至十五、二十六、三十三至三十四)

330000－1717－0001577　A1667　集部/總集類/選集之屬/斷代
新選小題鋭鋒初集不分卷　（清）張嶙編　清道光十九年(1839)純德堂刻本　二册

330000－1717－0001578　A1668　類叢部/叢書類/彙編之屬
微波榭叢書十一種　（清）孔繼涵編　清乾隆曲阜孔氏刻本　六册　存七種

330000－1717－0001579　A1669　類叢部/叢書類/彙編之屬
説鈴前集三十七種後集十六種　（清）吴震方輯　清道光五年(1825)聚秀堂刻本　十四册　存十九種

330000－1717－0001580　A1670　史部/政書類/通制之屬
二十四史九通政典類要合編三百二十卷　（清）黄書霖輯　清光緒二十八年(1902)約雅堂石印本　十七册　存九十一卷(一至八、八十四至一百四十七、一百五十三至一百七十一)

330000－1717－0001581　A1671　集部/總集類/課藝之屬
大題文府不分卷　清光緒十五年(1889)上海石印本　十八册

330000－1717－0001582　A1672　經部/小學類/文字之屬/字書/字典
康熙字典十二集三十六卷總目一卷檢字一卷辨似一卷等韻一卷補遺一卷備考一卷　（清）張玉書等纂修　清道光七年(1827)刻本　二十册　存二十卷(寅集下、卯集上中下、辰集上中下、巳集上中下、午集上中下、未集上中下、申集上中下、酉集上)

330000－1717－0001583　A1673　史部/政書類/律令之屬/律例
大清律例全編□□卷　（清）刑部輯　清嘉慶十六年(1811)刻本　十四册　存二十五卷(一、三至四、八至十九、二十二、二十四至三十、三十二至三十三)

330000－1717－0001585　A1675　子部/宗教類/佛教之屬/諸宗
御錄宗鏡大綱二十卷　（宋）釋延壽輯　（清）世宗胤禛節錄　清道光二十四年(1844)武林文壽齋居秋舫刻字鋪刻本　四册

330000－1717－0001588　A1678　史部/地理類/方志之屬/郡縣志
[光緒]上虞縣志四十八卷首一卷末一卷附錄一卷　（清）唐煦春修　（清）朱士黻纂　清光緒十七年(1891)刻本　十五册　存三十九卷(四至十三、二十一至四十八,附錄)

330000－1717－0001589　A1679　集部/別集類/清別集
林蕙堂全集二十六卷　（清）吴綺撰　清刻本　五册　存十卷(文集三至十二)

330000－1717－0001590　A1680　子部/宗教類/其他宗教之屬/基督教
霍氏遺解二卷　（英國）霍約瑟撰　（英國）慕華德輯　清宣統元年(1909)寧波三一書院鉛印本　二册

330000－1717－0001592　A1682　子部/術數

類/相宅相墓之屬
陰宅集要四卷陽宅集成八卷 (清)姚廷鑾輯 清刻本 九册 缺三卷(三,陽宅集成四、八)

330000－1717－0001593 A1683 子部/叢編
十子全書 (清)王子興編 清嘉慶九年(1804)姑蘇王氏聚文堂刻本 三册 存一種

330000－1717－0001595 A1685 經部/四書類/總義之屬/傳說
重校四子書十九卷 (宋)朱熹撰 清光緒十一年(1885)會稽徐氏八杉齋融經館刻本 二册 存五卷(大學、中庸、孟子一至三)

330000－1717－0001596 A1686 子部/醫家類/婦科之屬
竹林女科證治四卷 (清)竹林寺僧撰 清光緒二十一年(1895)錫山邊氏刻本 二册

330000－1717－0001597 A1687 集部/總集類/課藝之屬
江漢炳靈集二卷 (清)張之洞輯 清刻本 三册

330000－1717－0001598 A1688 經部/四書類/總義之屬/傳說
酌雅齋四書遵註合講十九卷附圖考一卷 (清)翁復編次 (清)詹文煥參定 清酌雅齋刻本 六册

330000－1717－0001599 A1689 經部/四書類/總義之屬/傳說
繪圖四書速成新體讀本 (清)彪蒙編譯所編輯 清末上海彪蒙書室石印本 二十二册 存二種

330000－1717－0001600 A1690 集部/別集類/清別集
音註小倉山房尺牘八卷 (清)袁枚撰 (清)胡光斗箋釋 清咸豐九年(1859)刻本 三册 缺二卷(五至六)

330000－1717－0001601 A1691 子部/雜著類/雜考之屬
校訂困學紀聞集證二十卷 (宋)王應麟撰 (清)閻若璩等箋 (清)屠繼序較補 (清)萬希槐集證 清咸豐二年(1852)金閶小西山房刻本 七册 存十二卷(一至九、十五至十七)

330000－1717－0001602 A1692 子部/術數類/陰陽五行之屬
欽定協紀辨方書三十六卷 (清)允祿 (清)張照等纂修 清乾隆六年(1741)刻本 十册 存十卷(一至十)

330000－1717－0001603 A1693 經部/小學類/文字之屬/字書/訓蒙
馬氏文通十卷 (清)馬建忠撰 清光緒二十四年(1898)上海商務印書館鉛印本 五册 存五卷(一至二、八至十)

330000－1717－0001605 A1697 子部/醫家類/方書之屬/成方藥目
胡慶餘堂丸散膏丹全集不分卷 (清)胡光墉編 清光緒三年(1877)胡慶餘堂雪記刻本 一册

330000－1717－0001606 A1695 類叢部/叢書類/彙編之屬
武英殿聚珍版書一百三十八種 清刻本 四册 存三種

330000－1717－0001607 A1696 類叢部/叢書類/彙編之屬
說郛一百二十弓一千二百八十種 (明)陶宗儀編 (明)陶珽等重編 **說郛續四十六弓五百三十八種** (明)陶珽編 (清)李際期重訂 明末刻清順治三年(1646)兩浙督學周南李際期宛委山堂印本 一册 存一種

330000－1717－0001608 A1698 史部/地理類/專志之屬/祠墓
曹江孝女廟誌八卷首一卷末一卷 (清)金廷棟輯 清光緒八年(1882)五社公所刻本 一册 存四卷(四至七)

330000－1717－0001609 A1699 集部/總集類/選集之屬/斷代
宋文鑑一百五十卷目錄三卷 (宋)呂祖謙輯

清光緒十二年(1886)江蘇書局刻本　十冊　存六十七卷(八至二十、二十六至四十、四十六至五十一、五十八至八十四、一百四十五至一百五十)

330000－1717－0001610　A1700　集部/總集類/選集之屬/斷代
南宋文錄錄二十四卷　(清)董兆熊輯　清光緒十七年(1891)蘇州書局刻本　三冊　存十二卷(一至八、二十一至二十四)

330000－1717－0001611　A1701　集部/總集類/選集之屬/斷代
南宋文範七十卷外編四卷作者考二卷　(清)莊仲方輯　清光緒十四年(1888)江蘇書局刻本　九冊　存四十二卷(一至三十、三十六至四十五,作者考一至二)

330000－1717－0001612　A1702　子部/醫家類/綜合之屬/合刻、合抄
景岳全書六十四卷　(明)張介賓撰　清刻本　達川題簽　二十五冊　存五十二卷(一至三十九、四十二、四十八至四十九、五十一至六十)

330000－1717－0001613　A1704　子部/醫家類/醫案之屬
重慶堂隨筆二卷　(清)王學權撰　(清)王國祥注　清光緒三十一年(1905)浙紹奎照樓石印本　二冊

330000－1717－0001614　A1703　史部/詔令奏議類/詔令之屬
諭摺彙存不分卷(清光緒三十年三月至十二月)　清光緒鉛印本　五十七冊

330000－1717－0001615　A1705　集部/别集類/清别集
許竹篔時文不分卷　(清)許景澄撰　清同治九年(1870)刻本　一冊

330000－1717－0001616　A1706　經部/小學類/文字之屬/字書/字典
字學舉隅不分卷　(清)黄本驥　(清)龍啓瑞撰　清光緒八年(1882)刻本　一冊

330000－1717－0001617　A1707　經部/四書類/孟子之屬/傳說
增補蘇批孟子二卷孟子年譜一卷　(宋)蘇洵撰　(清)趙大浣增補　清嘉慶刻朱墨套印本　二冊

330000－1717－0001618　A1708　經部/四書類/總義之屬/傳說
四書朱子本義匯參四十三卷首四卷　(清)王步青輯　清敦復堂刻本　十三冊　存二十六卷(首,論語一至二、七至十四、十八至二十;首,孟子一、三至十二)

330000－1717－0001619　A1709　經部/四書類/總義之屬/傳說
四書朱子本義匯參四十三卷首四卷　(清)王步青輯　清道光四年(1824)書業堂刻本　五冊　存九卷(首、大學一至二,中庸四至六,首、論語一,孟子五)

330000－1717－0001620　A1710　子部/雜著類/雜纂之屬
智囊補二十八卷　(明)馮夢龍輯　清末維經堂刻本　六冊　存六卷(一至三、六、九、十一)

330000－1717－0001621　A1711　類叢部/類書類/專類之屬
胭脂牡丹六卷　(清)韓鄂撰　清道光十九年(1839)刻本　三冊　存三卷(一、五至六)

330000－1717－0001622　A1712　集部/曲類/曲藝之屬
繡像落金扇全傳八卷　(清)夏斐文撰　清末刻本　四冊　存四卷(二至三、五、七)

330000－1717－0001623　A1713　集部/小說類/短篇之屬
新繪今古奇觀圖詠六卷　(明)抱甕老人編　清光緒二十一年(1895)石印本　五冊　缺一卷(三)

330000－1717－0001624　A1714　集部/戲劇類/雜劇之屬
此宜閣增訂金批西廂記四卷首一卷末一卷

(元)王德信撰　(清)金人瑞評　清乾隆六十年(1795)周氏此宜閣刻朱墨套印本　三冊　存三卷(首、一、末)

330000－1717－0001625　A1715　史部/地理類/山川之屬/山志

祠山志十卷首一卷　(宋)周秉秀輯　(明)周憲敬重輯　清光緒刻本　二冊　存七卷(二至八)

330000－1717－0001626　A1716　集部/詩文評類/制藝之屬

增訂初學起講秘訣一卷　(清)盛元均輯　清光緒五年(1879)江曲書莊刻本　一冊

330000－1717－0001627　A1717　新學/天學

天文略解二卷　(美國)李安德撰　(清)劉海瀾訂　清光緒二十二年(1896)京都匯文書院鉛印本　一冊

330000－1717－0001628　A1718　子部/術數類/陰陽五行之屬

選擇正宗八卷　(清)顧鍾秀述　清末刻本　三冊　缺二卷(一至二)

330000－1717－0001629　A1719　史部/傳記類/科舉録之屬

[光緒己卯科]浙江闈墨一卷　清末聚奎堂刻本　一冊

330000－1717－0001630　A1720　集部/總集類/選集之屬/斷代

欽定國朝詩別裁集三十二卷　(清)沈德潛纂評　清乾隆二十六年(1761)刻本　十冊　存二十七卷(一至二十七)

330000－1717－0001631　A1721　子部/醫家類/醫經之屬/難經

圖注八十一難經辨真四卷圖註脈訣辨真四卷脈訣附方一卷　(明)張世賢撰　清刻本　一冊　存二卷(一至二)

330000－1717－0001632　A1722　子部/醫家類/類編之屬

婦嬰至寶三種六卷　(清)亟齋居士編　清道光十一年(1831)刻本　一冊

330000－1717－0001633　A1724　經部/四書類/總義之屬/傳說

四書味根錄三十九卷　(清)金澂撰　清光緒十四年(1888)上海鴻寶齋石印本　四冊　存十一卷(大學、中庸一至二、論語十一至十四、孟子七至十)

330000－1717－0001634　A1723　經部/四書類/總義之屬/傳說

增補四書人物聚考二十二卷　(清)汪份增定　清刻本　六冊　存十一卷(六至十一、十四至十五、十八、二十一至二十二)

330000－1717－0001635　A1725　集部/總集類/選集之屬/通代

憑山閣增輯留青新集三十卷　(清)陳枚選　(清)陳德裕增輯　清刻本　二十三冊　存十五卷(二至五、七至十三、十六、二十至二十二)

330000－1717－0001636　A1726　經部/小學類/文字之屬/字書/字典

康熙字典十二集三十六卷總目一卷檢字一卷辨似一卷等韻一卷補遺一卷備考一卷　(清)張玉書等纂修　清光緒十三年(1887)上海積山書局石印本　六冊

330000－1717－0001637　A1727　經部/小學類/文字之屬/字書/字典

康熙字典十二集三十六卷總目一卷檢字一卷辨似一卷等韻一卷補遺一卷備考一卷　(清)張玉書等纂修　清光緒二十年(1894)上海同文書局石印本　六冊

330000－1717－0001638　A1728　經部/小學類/文字之屬/字書/字典

康熙字典十二集三十六卷總目一卷檢字一卷辨似一卷等韻一卷補遺一卷備考一卷　(清)張玉書等纂修　清光緒三十三年(1907)錦章書局石印本　六冊

330000－1717－0001639　A1729　經部/小學類/文字之屬/字書/字典

康熙字典十二集三十六卷總目一卷檢字一卷辨似一卷等韻一卷補遺一卷備考一卷　(清)

張玉書等纂修　清光緒十三年(1887)上海積山書局石印本　四冊　存三十一卷(子集上中下、丑集上中下、寅集上中下、卯集上中下、辰集上中下、未集上中下、申集上中下、酉集上中下、戌集上中下,總目,檢字,辨似,等韻)

330000－1717－0001641　A1731　經部/小學類/文字之屬/字書/字典

康熙字典十二集三十六卷總目一卷檢字一卷辨似一卷等韻一卷補遺一卷備考一卷　(清)張玉書等纂修　清末上海商務印書館石印本　三冊　存十五卷(子集上中下、卯集上中下、辰集上中下、未集上中下、申集上中下)

330000－1717－0001642　A1732　經部/小學類/文字之屬/字書/字典

康熙字典十二集三十六卷總目一卷檢字一卷辨似一卷等韻一卷補遺一卷備考一卷　(清)張玉書等纂修　清光緒六年(1880)上海點石齋石印本　三冊　缺九卷(午集上中下、未集上中下、申集上中下)

330000－1717－0001643　A1733　集部/戲劇類/傳奇之屬

憐香伴傳奇二卷三十六齣　(清)李漁編次　(清)玄洲逸叟批評　清刻本　二冊

330000－1717－0001644　A1734　經部/小學類/文字之屬/字書/字典

康熙字典十二集三十六卷總目一卷檢字一卷辨似一卷等韻一卷補遺一卷備考一卷　(清)張玉書等纂修　清刻本　十四冊　缺十二卷(子集中、丑集中下、卯集中、辰集中、巳集中、午集中、未集中、酉集中、亥集中,補遺,備考)

330000－1717－0001645　A1735　子部/醫家類/本草之屬/歷代綜合本草

本草綱目五十二卷附圖三卷　(明)李時珍撰　**本草萬方鍼線八卷**　(清)蔡烈先輯　**本草綱目拾遺十卷**　(清)趙學敏輯　清刻本　十三冊　存十八卷(九至十、十六至十七、二十二至二十三、二十六、四十一至四十三、四十五至四十七,圖三,本草萬方鍼線五至八)

330000－1717－0001646　A1736　子部/醫家類/本草之屬/歷代綜合本草

本草綱目五十二卷附圖三卷瀕湖脈學一卷奇經八脈攷一卷脈訣攷證一卷　(明)李時珍撰　**本草萬方鍼線八卷**　(清)蔡烈先輯　**本草綱目拾遺十卷**　(清)趙學敏輯　清上海光緒錦章圖書局石印本　十三冊　存四十七卷(十一至十三、二十三至四十六、五十一至五十二,瀕湖脈學,奇經八脈攷,本草萬方鍼線一至八,拾遺一至八)

330000－1717－0001650　A1740　經部/叢編

重刊宋本十三經注疏四百十六卷　附十三經注疏校勘記四百十六卷　(清)阮元撰　(清)盧宣旬摘録　**校勘記識語四卷**　(清)汪文臺撰　清光緒十三年(1887)上海脈望仙館石印本　五冊　存四種

330000－1717－0001651　A1741　集部/别集類/元别集

剡源文鈔四卷　(元)戴表元撰　(清)黄宗羲選定　(清)何焯評點　清光緒十五年(1889)刻本　一冊　存二卷(一、二上)

330000－1717－0001652　A1742　經部/四書類/孟子之屬/傳說

孟子集註七卷　(宋)朱熹撰　清王文光齋刻本　四冊　存三卷(二至三、七)

330000－1717－0001653　A1743　經部/書類/傳說之屬

書經集傳六卷首一卷末一卷　(宋)蔡沈撰　清光緒七年(1881)金陵書局刻本　二冊　存三卷(首,一、四)

330000－1717－0001654　A1744　經部/四書類/孟子之屬/傳說

孟子集註七卷　(宋)朱熹撰　清刻本　三冊

330000－1717－0001655　A1745　經部/四書類/總義之屬/傳說

四書集注十九卷　(宋)朱熹撰　清光緒二十一年(1895)湖北官書處刻本　五冊　存十七卷(論語一至十、孟子一至七)

330000－1717－0001656　A1746　經部/四書

類/總義之屬/傳說
四書章句集注十九卷 (宋)朱熹撰 清刻本 二冊 存五卷(孟子一至五)

330000－1717－0001657 A1747 史部/紀傳類/正史之屬
十七史一千五百七十四卷 (明)毛晉編 明崇禎元年至十七年(1628－1644)毛氏汲古閣刻本 八冊 存一種

330000－1717－0001658 A1748 集部/小說類/長篇之屬
東周列國全志二十三卷一百八回 (清)蔡奡評點 清末刻本 十一冊 存十一卷(十三至二十三)

330000－1717－0001659 A1749 子部/術數類/命書相書之屬
重鐫神峰通考命理正宗六卷 (明)張楠撰 清文奎堂刻本 二冊

330000－1717－0001660 A1750 集部/總集類/選集之屬/斷代
宋四名家詩 (清)周之鱗 (清)柴升編 清刻本 三冊 存一種

330000－1717－0001661 A1751 類叢部/類書類/通類之屬
玉海二百四卷附刻十三種 (宋)王應麟撰 清光緒九年(1883)浙江書局刻本 三冊 存六卷(急就篇一至四、姓氏急就篇一至二)

330000－1717－0001664 A1754 集部/别集類/清别集
柯亭子文集八卷駢體文集八卷詩初集八卷詩二集十卷詩三集三卷 (清)周沐潤撰 清道光二十八年至二十九年(1848－1849)刻本 一冊 存三卷(駢體文集一至三)

330000－1717－0001670 A1760 史部/地理類/方志之屬/郡縣志
[光緒]上虞縣志四十八卷首一卷末一卷附錄一卷 (清)唐煦春修 (清)朱士黻纂 清光緒十七年(1891)刻本 十冊 存二十五卷(四、九至十、二十一至二十三、二十六至二十九、三十三至四十四、四十八,末,附錄)

330000－1717－0001671 A1761 史部/地理類/方志之屬/郡縣志
[光緒]上虞縣志校續五十卷首一卷末一卷 (清)儲家藻修 (清)徐致靖纂 清光緒二十四年至二十五年(1898－1899)刻本 七冊 存二十三卷(五至七、十一至十五、二十至二十六、三十六至四十、四十三至四十五)

330000－1717－0001672 A1762 史部/地理類/方志之屬/郡縣志
[光緒]上虞縣志校續五十卷首一卷末一卷 (清)儲家藻修 (清)徐致靖纂 清光緒二十四年至二十五年(1898－1899)刻本 十冊 存二十一卷(三至四、八至十五、二十七至二十九、三十三至三十五、三十九至四十二、四十六)

330000－1717－0001673 A1763 子部/天文曆算類/算書之屬
梅氏叢書輯要六十二卷首一卷 (清)梅文鼎撰 清光緒十四年(1888)上海龍文書局石印本 六冊

330000－1717－0001675 A1765 經部/小學類/音韻之屬/韻書
詩韻合璧五卷 (清)湯祥瑟輯 **虛字韻藪一卷** (清)潘維城輯 清光緒十三年(1887)廣百宋齋鉛印本 四冊 存五卷(一、三至五,虛字韻藪)

330000－1717－0001678 A1768 經部/春秋左傳類/傳說之屬
評點春秋綱目左傳句解彙雋六卷 (清)韓菼重訂 清文星堂刻本 三冊 存三卷(一至三)

330000－1717－0001679 A1769 經部/小學類/文字之屬/字書/字體
六書通十卷 (清)閔齊伋撰 (清)畢弘述篆訂 清刻本 五冊 缺二卷(三至四)

330000－1717－0001680 A1770 經部/四書類/總義之屬/傳說

批點四書十九卷　（宋）朱熹集註　清刻本　四冊　存二種

330000－1717－0001681　A1771　子部/醫家類/綜合之屬/通論

東醫寶鑑二十四卷目録二卷　（朝鮮）許浚撰　清道光十一年(1831)富春堂刻本　十八冊　存十八卷(内景篇二,外形篇二至三,雜病篇一至六、八至十一,湯液篇一至三;目録一至二)

330000－1717－0001682　A1772　經部/小學類/文字之屬/字書/字典

康熙字典十二集三十六卷總目一卷檢字一卷辨似一卷等韻一卷補遺一卷備考一卷　（清）張玉書等纂修　清康熙刻本　二十冊　存二十二卷(子集上中下、丑集上中下、寅集上中下、午集上中下、未集上中下、申集上中下,總目,檢字,辨似,等韻)

330000－1717－0001683　A1773　集部/小説類/短篇之屬

詳注聊齋志異圖詠十六卷首一卷　（清）蒲松齡撰　（清）呂湛恩注　清光緒三十年(1904)上海錦章書局石印本　六冊　存十三卷(首、一至十二)

330000－1717－0001684　A1774　集部/總集類/彙編之屬

七家試帖輯注彙鈔九卷　（清）張熙宇輯評　（清）王植桂輯注　清光緒十八年(1892)上海圖書集成印書局鉛印本　三冊　存五種

330000－1717－0001685　A1775　集部/總集類/選集之屬/斷代

硃批增注七家詩選　（清）張熙宇評選　（清）張昶注釋　清咸豐七年(1857)刻朱墨雙色套印本　一冊　存一種

330000－1717－0001690　A1780　子部/醫家類/醫案之屬

臨證指南醫案十卷　（清）葉桂撰　清同治三年(1864)刻本　八冊　缺二卷(二、八)

330000－1717－0001691　A1781　史部/編年類/通代之屬

御批歷代通鑑輯覽一百二十卷　（清）傅恒等撰　清末石印本　十七冊　存九十八卷(十五至一百十二)

330000－1717－0001692　A1782　史部/編年類/通代之屬

御批歷代通鑑輯覽一百二十卷　（清）傅恒等撰　清末石印本　十三冊　存七十六卷(七至四十、四十七至八十三、九十六至一百)

330000－1717－0001694　A1784　史部/目録類/總録之屬/私撰

天一閣書目四卷　（清）阮元　（清）范邦甸等編　**附碑目一卷續增一卷**　（清）錢大昕編　（清）范懋敏續編　清嘉慶十三年(1808)揚州阮元文選樓刻本　二冊　存二卷(一、三)

330000－1717－0001697　A1788　集部/别集類/清别集

因樹書屋詩稿十二卷　（清）沈寶森撰　清光緒二十三年(1897)刻本　四冊　存五卷(一、三至四、九至十)

330000－1717－0001698　A1787　子部/藝術類/書畫之屬

有明名賢遺翰二卷　（清）謝若農輯　清光緒十三年(1887)刻本　二冊

330000－1717－0001699　A1789　史部/傳記類/總傳之屬/家乘

[浙江上虞]上虞桂林夏氏宗譜十卷　（清）夏憲曾主修　（清）夏僖編纂　清明德堂木活字印本　三冊　存二卷(三、五)

330000－1717－0001702　A1792　經部/禮記類/傳説之屬

禮記備旨萃精十一卷首一卷　（清）吳朝贊輯　**春秋左傳備旨萃精七卷首一卷**　（清）吳朝贊增輯　清同治十二年(1873)拜庚山房刻本　六冊

330000－1717－0001703　A1793　子部/雜著類/雜品之屬

弦雪居重訂遵生八牋十九卷目録一卷　（明）

高濂撰　清刻本　七冊　存七卷(一至六、八)

330000－1717－0001704　A1794　集部/詩文評類/文評之屬

國初文崇雅不分卷　(清)吳鼎科輯評　(清)薛蔚釋典　(清)葉藩論次　(清)周鼎增註　清乾隆四十五年(1780)刻本　一冊

330000－1717－0001705　A1795　子部/藝術類/書畫之屬/畫譜

吳越名人畫譜一卷　清光緒十一年(1885)畬經堂石印本　一冊

330000－1717－0001706　A1796　經部/小學類/音韻之屬/韻書

佩文廣韻匯編五卷　(清)李元祺輯　清道光十年(1830)半埝艸堂刻本　二冊

330000－1717－0001707　A1797　史部/史抄類

廿一史約編八卷首一卷　(清)鄭元慶撰　清刻本　三冊　存三卷(匏、土、木)

330000－1717－0001709　A1799　史部/政書類/邦交之屬

和約新章一卷　清光緒刻本　一冊

330000－1717－0001710　A1804　子部/術數類/相宅相墓之屬

地學二卷　(清)沈鎬撰　清康熙五十二年(1713)刻本　二冊

330000－1717－0001711　A1800　新學/史志/諸國史

歐羅巴通史四卷　(日本)箕作元八　(日本)峰岸米造撰　(清)胡景伊　(清)徐有成　(清)唐人傑譯　清光緒二十六年(1900)鉛印本　三冊　缺一卷(上古史)

330000－1717－0001712　A1801　子部/醫家類/喉科口齒之屬/白喉

洞主仙師白喉治法忌表抉微一卷　(清)耐修子輯並注　清光緒十七年(1891)刻本　一冊

330000－1717－0001714　A1803　子部/儒家類/儒家之屬

孔氏家語十卷　(三國魏)王肅注　清兩儀堂刻本　二冊　存五卷(一至五)

330000－1717－0001715　A1805　子部/雜著類/雜纂之屬

寄園寄所寄十二卷　(清)趙吉士輯　清刻本　六冊　存五卷(五至六、九至十一)

330000－1717－0001716　A1806　史部/政書類/通制之屬

文獻通考詳節二十四卷　(元)馬端臨撰　(清)嚴虞惇輯　清刻本　七冊　存十八卷(六至十八、二十至二十四)

330000－1717－0001717　A1807　集部/總集類/選集之屬/斷代

國朝古文正的五卷　(清)楊彝珍輯　**遜學齋文鈔一卷**　(清)孫衣言撰　**移芝室古文一卷**　(清)楊彝珍撰　清光緒七年(1881)獨山莫氏木活字印本　四冊　缺二卷(四至五)

330000－1717－0001718　A1808　類叢部/叢書類/彙編之屬

後知不足齋叢書四十七種　(清)鮑廷爵編　清同治至光緒常熟鮑氏刻本　一冊　存一種

330000－1717－0001719　A1809　史部/雜史類/斷代之屬

明季北略二十四卷　(清)計六奇撰　清刻本　四冊　存十三卷(六至十八)

330000－1717－0001720　A1810　集部/曲類/寶卷之屬

眾喜粗言五卷　(清)陳眾喜撰　清刻本　五冊

330000－1717－0001721　A1811　史部/地理類/山川之屬/水志

水經注疏要刪四十卷補遺一卷　楊守敬撰　清光緒三十一年(1905)宜都楊氏觀海堂刻本　一冊　存首冊

330000－1717－0001723　A1813　史部/雜史類/通代之屬

支那通史七卷　(日本)那珂通世編　清光緒

二十五年(1899)上海東文學社石印本　五冊　存四卷(一至四)

330000－1717－0001724　A1814　史部/雜史類/通代之屬

續支那通史二卷　(日本)山峰畯藏撰　(清)中國漢陽青年編譯　清末石印本　四冊

330000－1717－0001725　A1815　史部/雜史類/斷代之屬

最近之支那不分卷　(英國)哥呼倫撰　(清)武生譯　清末上海東陵譯社鉛印本　一冊

330000－1717－0001726　A1816　集部/總集類/選集之屬/通代

經史百家雜鈔二十六卷　(清)曾國藩輯　清光緒三十二年(1906)上海商務印書館鉛印本　六冊　存十三卷(五至十、二十至二十六)

330000－1717－0001731　A1821　子部/小說家類/雜事之屬

庸間齋筆記十二卷首一卷　(清)陳其元撰　清光緒十五年(1889)上海檢古齋石印本　二冊　存七卷(首,一至三、七至九)

330000－1717－0001732　A1822　集部/總集類/課藝之屬

經世論策讀本□□卷　清光緒二十七年(1901)上洋會文堂石印本　二冊　存四卷(一至四)

330000－1717－0001733　A1823　經部/叢編

新刊五經體注大全七十二卷　(清)嚴氏家塾主人輯　清光緒五年(1879)慈水古草堂刻本　八冊　存十三卷(書經一至三,詩經一至四,春秋左傳六至七,禮記四至五、七至八)

330000－1717－0001734　A1824　子部/雜著類/雜纂之屬

經餘必讀八卷續編八卷　(清)雷琳　(清)錢樹棠　(清)錢樹立輯　清嘉慶十年(1805)刻本　三冊　存六卷(一至六)

330000－1717－0001735　A1825　子部/雜著類/雜纂之屬

經餘必讀八卷續編八卷　(清)雷琳　(清)錢樹棠　(清)錢樹立輯　清刻本　三冊　存四卷(續編五至八)

330000－1717－0001737　A1827　史部/地理類/外紀之屬

西史綱目三十五卷　(清)周維翰撰　清石印本　五冊　存十卷(十一至二十)

330000－1717－0001738　A1828　史部/編年類/通代之屬

御撰資治通鑑綱目三編四卷　(清)張廷玉等撰　清末石印本　二冊

330000－1717－0001739　A1829　子部/醫家類/外科之屬/外科方

傷科補要四卷　(清)錢秀昌撰　清嘉慶二十三年(1818)刻本　四冊

330000－1717－0001740　A1830　子部/醫家類/傷寒金匱之屬/傷寒論

傷寒來蘇集三種　(清)柯琴撰　清刻本　五冊　存二種

330000－1717－0001741　A1831　子部/術數類/命書相書之屬

新刊合併官板音義評註淵海子平五卷　(宋)徐升編　明崇禎七年(1634)刻本　二冊

330000－1717－0001742　A1832　經部/春秋左傳類/傳說之屬

附釋音春秋左傳注疏六十卷　(晉)杜預注　(唐)孔穎達疏　(唐)陸德明釋文　清刻本　十三冊　存三十七卷(四至六、二十四至三十四、三十八至六十)

330000－1717－0001745　A1835　集部/總集類/選集之屬/斷代

七家詩選註釋七卷　(清)張熙宇輯評　(清)張昶註釋　清道光二十一年(1841)文盛堂刻本　四冊

330000－1717－0001746　A1836　子部/雜著類/雜纂之屬

勸戒近録初二三編合鈔十六卷四編摘鈔一卷五録六卷六録六卷七録六卷八録六卷九録六卷十録六卷　(清)梁恭辰撰　清光緒十年

(1884)蔭綠軒刻本　二冊　存六卷(九録一至六)

330000－1717－0001747　A1837　子部/醫家類/綜合之屬/通論

御纂醫宗金鑑九十卷首一卷　(清)吳謙等撰　清光緒二十九年(1903)上海飛鴻閣書林石印本　八冊　存三十八卷(四至二十三、三十至三十四、五十一至五十八、六十四至六十八)

330000－1717－0001750　A1840　子部/醫家類/婦科之屬/通論

濟陰綱目十四卷　(明)武之望撰　(清)汪淇箋釋　**保生碎事一卷**　(清)汪淇輯　清刻本　四冊　存七卷(二至三、七至八、十一至十二、十四)

330000－1717－0001751　A1841　集部/總集類/課藝之屬

目耕齋讀本初集不分卷二集不分卷　(清)徐楷評注　(清)沈叔眉選刊　清刻本　五冊

330000－1717－0001752　A1842　集部/別集類/清別集

李氏倡隨集四卷　(清)李嶽生撰　清光緒三十一年(1905)邵陽魏氏石印本　三冊　存三卷(一至三)

330000－1717－0001753　A1843　類叢部/類書類/通類之屬

重訂廣事類賦四十卷　(清)華希閔撰　清刻本　五冊　存二十二卷(三至二十四)

330000－1717－0001754　A1844　集部/小說類/短篇之屬

詳注聊齋志異圖詠十六卷首一卷　(清)蒲松齡撰　(清)呂湛恩注　清光緒三十二年(1906)上海久敬齋書局石印本　四冊　存九卷(首,一至二、五至六、九至十、十三至十四)

330000－1717－0001756　A1846　子部/藝術類/遊藝之屬/聯語

楹聯叢話十二卷續話四卷　(清)梁章鉅輯　清道光刻本　四冊　存十一卷(四至十二、續話一至二)

330000－1717－0001757　A1847　集部/別集類/明別集

重刊宋文憲公集三十卷詩集二卷附詩一卷潛溪燕書一卷　(明)宋濂撰　清康熙刻本　八冊　存十六卷(三至六、九至十二、二十三至三十)

330000－1717－0001758　A1848　集部/總集類/課藝之屬

格致書院課藝不分卷　(清)王韜編　清光緒二十三年(1897)上海書局石印本　四冊　存丙戌、戊子、辛卯、壬辰

330000－1717－0001759　A1849　史部/史抄類

廿一史約編八卷首一卷　(清)鄭元慶撰　清刻本　八冊

330000－1717－0001762　A1852　子部/宗教類/道教之屬

玉歷鈔傳警世不分卷　清同治五年(1866)紹興刻本　一冊

330000－1717－0001763　A1853　史部/傳記類/總傳之屬/文苑

本朝名家詩鈔小傳四卷　(清)鄭方坤撰　清嘉慶六年(1801)鄭氏養華艸堂刻本　三冊　存三卷(一至三)

330000－1717－0001764　A1854　集部/詞類/別集之屬

曝書亭集詞注七卷　(清)朱彝尊撰　(清)李富孫注　清刻本　二冊　存四卷(四至七)

330000－1717－0001765　A1855　集部/總集類/課藝之屬

國朝制義存真註釋不分卷　(清)尤南吉編次　(清)周鼎攷典　清友益齋刻本　五冊

330000－1717－0001767　A1857　史部/傳記類/科舉録之屬/歷科登科録

[同治戊辰科]會試闈墨一卷　清末刻本　一冊

330000－1717－0001768　A1858　集部/總集類/課藝之屬

近科考卷脱穎集不分卷　（清）李錫瓚選評　清嘉慶二十年(1815)濯錦軒刻本　四册

330000－1717－0001769　A1859　集部/總集類/課藝之屬

近科考卷拔萃不分卷　（清）屠湘之編次　清道光二十一年(1841)刻本　三册

330000－1717－0001770　A1860　史部/傳記類/科舉録之屬/歷科鄉試録

[光緒二十九年癸卯]山東鄉試題名錄一卷　清末刻本　一册

330000－1717－0001771　A1861　史部/傳記類/科舉録之屬/歷科鄉試録

[同治丁卯並補行甲子科]浙江鄉試硃卷一卷　清末刻本　一册

330000－1717－0001773　A1863　類叢部/叢書類/自著之屬

曾文正公四種　（清）曾國藩撰　清光緒十六年(1890)鴻寶南局鉛印本　五册　存二種

330000－1717－0001774　A1864　集部/總集類/選集之屬/通代

文選六十卷　（南朝梁）蕭統輯　（唐）李善注　清刻本　七册　存四十卷(十五至五十四)

330000－1717－0001775　A1865　史部/政書類/儀制之屬/典禮

南巡盛典一百二十卷　（清）高晉等纂修　清光緒八年(1882)上海點石齋石印本　四册　存五十五卷(六十六至一百二十)

330000－1717－0001776　A1866　集部/别集類/清别集

莪園白話不分卷　（清）彭灃撰　清同治五年(1866)刻本　二册

330000－1717－0001780　A1870　集部/小説類/長篇之屬

評論出像水滸傳二十卷七十回　（元）施耐庵撰　（清）金人瑞評　清順治十四年(1657)醉畊堂刻本　二十册

330000－1717－0001781　A1871　史部/傳記類/科舉録之屬/歷科鄉試録

[光緒癸巳科]浙江鄉試硃卷一卷　（清）陳景蕃等撰　**[光緒乙未科]會試硃卷一卷**　（清）徐承軒等撰　清光緒刻本　三册

330000－1717－0001782　A1872　史部/傳記類/科舉録之屬/歷科登科録

[道光甲辰科]硃卷一卷　（清）田俊千撰
[道光庚子科]硃卷一卷　（清）徐文穎撰
[道光辛巳科]硃卷一卷　（清）萬文畟撰
[道光己酉科]硃卷一卷　（清）周慶榮撰
[道光乙酉科]硃卷一卷　（清）錢協和撰
[道光壬午科]硃卷一卷　（清）謝祖銓撰　清道光刻本　一册

330000－1717－0001783　A1873　史部/傳記類/科舉録之屬/歷科鄉試録

守拙廬試卷不分卷　（清）沈光烈撰　清刻本　一册

330000－1717－0001784　A1874　史部/傳記類/科舉録之屬/歷科登科録

[補行咸豐辛酉科並同治壬戌科]硃卷一卷　（清）陶嘉猷撰　**[咸豐辛酉科並同治壬戌科]硃卷一卷**　（清）錢容撰　**[咸豐己未科]硃卷一卷**　（清）周啟泰撰　**[光緒己卯科]硃卷一卷**　（清）何汝翰撰　清刻本　一册

330000－1717－0001785　A1875　史部/傳記類/科舉録之屬/歷科登科録

[戊辰科]會試硃卷一卷　（清）徐作梅撰　**[同治丁卯並補甲子科]硃卷一卷**　（清）沈百庸撰　**浙江闈墨不分卷**　（清）陳康祺等撰　**[同治乙丑科]會試硃卷一卷**　（清）楊泰亨撰　**[咸豐丙辰科]會試硃卷一卷**　（清）夏同善撰　**[咸豐乙卯科]會試硃卷一卷**　（清）夏同善撰　**[咸豐辛亥科]會試硃卷一卷**　（清）周鼎祚撰　**[補行咸豐辛酉科並同治壬戌科]會試硃卷一卷**　（清）鮑臨撰　**[咸豐己未科]會試硃卷一卷**　（清）錢世敘撰　清末刻本　一册

330000－1717－0001786　A1876　史部/傳記

類/科舉録之屬/歷科登科録
[光緒戊戌科]會試硃卷一卷 (清)王延綸撰 **[光緒癸未科]會試硃卷一卷** (清)童祥熊撰 **[同治戊辰科]會試硃卷一卷** (清)徐作梅撰 **[光緒庚子科]會試硃卷一卷** (清)周炳鑑撰 **[光緒丁丑科]會試硃卷一卷** (清)王清綬撰 **[道光乙未科]會試硃卷一卷** (清)羅寶森撰 **[光緒甲午科]會試硃卷一卷** (清)高步蟾撰 **[光緒癸巳科]會試硃卷一卷** (清)沈慶平撰 **[光緒丁酉科]會試硃卷一卷** (清)胡舜封撰 清末刻本 一册

330000－1717－0001790 A1880 集部/小説類/短篇之屬
繪圖大明奇俠傳五十四回 清末石印本 三册 存二十三回(三十二至五十四)

330000－1717－0001792 A1882 集部/小説類/長篇之屬
繡像京本雲合奇蹤玉茗英烈全傳四卷八十回 (明)徐渭編 清末石印本 一册 存一卷(三)

330000－1717－0001793 A1883 集部/别集類/清别集
秋水軒尺牘四卷 (清)許思湄撰 清刻本 一册 存二卷(三至四)

330000－1717－0001794 A1884 集部/曲類/彈詞之屬
繡像全圖文武香毬八卷七十二回 (清)二樂軒主人撰 清末石印本 二册 存四卷(三至四、七至八)

330000－1717－0001795 A1885 類叢部/類書類/專類之屬
新鐫校正詳註分類百子金丹全書十卷首一卷 (明)郭偉選註 (明)郭中吉編次 清光緒三十年(1904)澄衷蒙學堂石印本 二册 存四卷(首,一、四至五)

330000－1717－0001796 A1886 集部/曲類/彈詞之屬
倭袍傳十二卷一百回 (清)海蘭濤撰 清末石印本 一册 存二卷(未、掃)

330000－1717－0001797 A1887 經部/小學類/文字之屬/字書/字典
字典考證十二集三十六卷 (清)王引之等撰 清道光刻本 一册

330000－1717－0001798 A1888 經部/小學類/文字之屬/字書/字典
康熙字典十二集三十六卷總目一卷檢字一卷辨似一卷等韻一卷補遺一卷備考一卷 (清)張玉書等纂修 清同文書局石印本 二册 存十二卷(未集上中下、申集上中下、酉集上中下、戌集上中下)

330000－1717－0001799 A1889 集部/小説類/長篇之屬
繡像南唐演義薛家將十卷一百回 (清)如蓮居士編輯 清末石印本 一册 存三卷(一至三)

330000－1717－0001800 A1890 史部/地理類/外紀之屬
使俄日記八卷 (清)王之春撰 清末石印本 一册 存二卷(一至二)

330000－1717－0001802 A1892 集部/總集類/氏族之屬
三蘇策論十二卷 (宋)蘇洵 (宋)蘇軾 (宋)蘇轍撰 (清)張紹齡編 清光緒二十八年(1902)上海鴻寶齋書局石印本 二册 存四卷(一至二、十一至十二)

330000－1717－0001803 A1893 集部/小説類/長篇之屬
新編玉鴛鴦五集二十卷二十回 清末石印本 一册 存一卷(四集四)

330000－1717－0001804 A1894 集部/曲類/彈詞之屬
綉像義妖傳六卷五十三回 清末石印本 夏德仙題簽 二册 存二卷(二、六)

330000－1717－0001810 A1900 集部/曲類/彈詞之屬
新增繡像玉連環四卷四十回 (清)朱素仙撰 清末石印本 一册 存一卷(二)

330000－1717－0001811　A1901　集部/小說類/長篇之屬
繡像四續濟公傳四卷四十回　清末石印本　三冊　存三卷(一至二、四)

330000－1717－0001813　A1903　集部/曲類/彈詞之屬
笑中緣圖說六卷　清光緒三十二年(1906)石印本　二冊　存二卷(一至二)

330000－1717－0001819　A1909　集部/小說類/短篇之屬
詳注聊齋志異圖詠十六卷首一卷　(清)蒲松齡撰　(清)呂湛恩注　清末石印本　二冊　存四卷(十三至十六)

330000－1717－0001821　A1911　類叢部/類書類/專類之屬
新增應酬彙選五卷　(清)陸九如纂輯　清末圖書集成局鉛印本　二冊　存二卷(一、三)

330000－1717－0001822　A1912　集部/小說類/長篇之屬
繪圖海公大紅袍全傳四卷六十回　(明)李春芳編　清光緒十九年(1893)上海書局石印本　一冊　存一卷(二)

330000－1717－0001823　A1913　集部/小說類/長篇之屬
增訂繪圖精忠說岳全傳八卷八十回　(清)錢彩撰　清末源記書莊石印本　六冊　存六卷(二至四、六至八)

330000－1717－0001824　A1914　子部/術數類/陰陽五行之屬
新訂崇正闢謬通書十四卷　(清)李奉來編　清刻本　二冊　存五卷(五至七、十三至十四)

330000－1717－0001825　A1915　集部/小說類/長篇之屬
繪圖說岳全傳八卷八十回　(清)錢彩撰　清末鉛印本　一冊　存一卷(七)

330000－1717－0001826　A1916　集部/戲劇類/雜劇之屬
增像第六才子書五卷首一卷　(元)王德信　(元)關漢卿撰　(清)金人瑞評　清光緒十九年(1893)上海書局石印本　四冊　存四卷(首,一至二、五)

330000－1717－0001827　A1917　史部/史抄類
校正史略八十七卷　(清)朱堃輯　清末石印本　二冊　存三卷(十至十二)

330000－1717－0001828　A1918　史部/地理類/外紀之屬
瀛環志略十卷　(清)徐繼畬撰　清末石印本　一冊　存三卷(四至六)

330000－1717－0001829　A1919　類叢部/類書類/專類之屬
策學新纂八卷策式一卷策佐一卷拾遺二卷　(清)方懋朝編　(清)李京枚補輯　清刻本　二冊　存五卷(四至八)

330000－1717－0001833　A1923　集部/小說類/長篇之屬
增訂精忠演義說本全傳二十卷八十回　(清)錢彩撰　(清)金豐增訂　清末石印本　一冊　存三卷(十一至十三)

330000－1717－0001834　A1924　史部/編年類/通代之屬
尺木堂綱鑑易知錄二十卷　(清)吳乘權　(清)周之炯　(清)周之燦輯　清光緒十二年(1886)上海點石齋石印本　一冊　存二卷(一至二)

330000－1717－0001835　A1925　史部/編年類/通代之屬
尺木堂綱鑑易知錄二十卷　(清)吳乘權　(清)周之炯　(清)周之燦輯　清光緒十二年(1886)上海點石齋石印本　二冊　存四卷(一至二、十三至十四)

330000－1717－0001837　A1927　史部/傳記類/科舉録之屬
癸卯科直省闈墨□□卷　(清)京都大學堂評選　清光緒三十年(1904)上海煥文書局石印

本　一冊　存一卷(四)

330000－1717－0001838　A1928　史部/傳記類/總傳之屬/斷代

漁洋感舊集小傳四卷補遺一卷　(清)盧見曾輯　清光緒四年(1878)上海淞隱閣鉛印本　一冊　存二卷(一至二)

330000－1717－0001839　A1929　集部/總集類/課藝之屬

大題觀海初集不分卷　清光緒十四年(1888)上海點石齋石印本　三冊

330000－1717－0001840　A1930　新學/報章

知新報選編不分卷　清末石印本　宋壽康題簽　二冊

330000－1717－0001841　A1931　子部/醫家類/婦科之屬/產科

大生要旨五卷　(清)唐千頃撰　**續刊驗方三卷**　(清)王松堂輯　清末著易堂鉛印本　一冊

330000－1717－0001842　A1932　類叢部/類書類/通類之屬

分類絾腋四卷　(清)涂謙撰　清刻本　一冊　存一卷(三)

330000－1717－0001843　A1933　史部/編年類/通代之屬

綱鑑易知錄九十二卷　(清)吳乘權　(清)周之炯　(清)周之燦輯　清刻本　一冊　存三卷(八十一至八十三)

330000－1717－0001844　A1934　經部/四書類/總義之屬/傳說

四書味根錄三十九卷　(清)金澂撰　清光緒石印本　三冊　存十九卷(論語十一至二十、孟子六至十四)

330000－1717－0001845　A1935　集部/曲類/彈詞之屬

增廣繪像四香緣傳六卷三十二回　清末石印本　一冊　存一卷(四)

330000－1717－0001847　A1937　集部/小說類/長篇之屬

繡像綺樓重夢六卷四十八回　(清)蘭皐主人撰　清末石印本　一冊　存一卷(一)

330000－1717－0001853　A1943　子部/醫家類/本草之屬/歷代綜合本草

本草綱目拾遺十卷　(清)趙學敏輯　清光緒十九年(1893)鴻寶齋石印本　一冊　存五卷(一至五)

330000－1717－0001856　A1946　經部/春秋總義類/傳說之屬

春秋傳三十卷　(宋)胡安國撰　(宋)林堯叟音註　**禮記集說十卷**　(元)陳澔撰　清乾隆十五年(1750)天都黃晟槐蔭艸堂刻本　四冊　存八卷(十五至十九,禮記集說四至五、七)

330000－1717－0001857　A1947　類叢部/叢書類/自著之屬

曾文正公四種　(清)曾國藩撰　清光緒三十一年(1905)商務印書館鉛印本　六冊　存三種

330000－1717－0001858　A1948　類叢部/叢書類/自著之屬

曾文正公四種　(清)曾國藩撰　清光緒三十一年(1905)商務印書館鉛印本　一冊　存一種

330000－1717－0001859　A1949　集部/總集類/尺牘之屬

增廣尺牘句解初集三卷末一卷　(清)桃花館主編　(清)少溪氏選註　清光緒三十一年(1905)上海商務印書館鉛印本　一冊　存二卷(一至二)

330000－1717－0001862　A1952　子部/術數類/命書相書之屬

新鐫神峰張先生通考闢謬命理正宗大全六卷　(明)張楠撰　清光緒三十四年(1908)上海書局石印本　一冊　存二卷(三至四)

330000－1717－0001864　A1954　子部/術數類/命書相書之屬

重鐫神峰通考命理正宗六卷　(明)張楠撰

清刻本　一册　存一卷(五)

330000－1717－0001865　A1955　集部/別集類/清別集

枕善堂尺牘一隅二十卷　(清)陳大溶撰　清刻本　二册　存三卷(五至六、十八)

330000－1717－0001866　A1956　經部/四書類/總義之屬/傳說

四書全註不分卷　清刻本　一册

330000－1717－0001867　A1957　類叢部/類書類/專類之屬

精選空策二卷　(清)王芳州編次　清咸豐七年(1857)刻本　一册

330000－1717－0001868　A1958　經部/四書類/總義之屬

典搭新顯不分卷　清刻本　三册

330000－1717－0001869　A1959　史部/史抄類

廿一史約編八卷首一卷　(清)鄭元慶撰　清刻本　三册　存三卷(石、革、木)

330000－1717－0001870　A1960　子部/雜著類/雜纂之屬

經餘必讀二卷續編二卷三編二卷　(清)雷琳　(清)錢樹棠　(清)錢樹立輯　清末石印本　一册　存三卷(續編一至二、三編一)

330000－1717－0001871　A1961　子部/小說家類/異聞之屬

夜雨秋燈續錄四卷　(清)宣鼎撰　清末石印本　一册　存二卷(三至四)

330000－1717－0001873　A1963　集部/別集類/清別集

小倉山房往還書札全集十八卷　(清)袁枚撰　清末鉛印本　一册　存九卷(十至十八)

330000－1717－0001874　A1964　集部/總集類/彙編之屬

三江邁倫集不分卷　(清)杜聯輯　清末刻本　一册

330000－1717－0001875　A1965　集部/總集類/尺牘之屬

書信要語四卷　清光緒十二年(1886)上海汲古書屋刻本　一册　存一卷(一)

330000－1717－0001881　A1971　史部/雜史類/通代之屬

時事新編六卷　(清)陳耀卿編　清光緒鉛印本　六册

330000－1717－0001882　A1972　子部/雜著類/雜纂之屬

雲林別墅新輯酬世錦囊初集八卷二集七卷三集二卷四集二卷　(清)鄧景揚輯　清刻本　一册　存二卷(二集六至七)

330000－1717－0001883　A1973　子部/醫家類/方書之屬/單方驗方

增廣驗方新編十六卷　(清)鮑相璈輯　(清)張紹棠增輯　清光緒二十七年(1901)同文俊記石印本　二册　存四卷(一、十四至十六)

330000－1717－0001886　A1976　集部/別集類/明別集

疑雨集四卷　(明)王彥泓撰　清刻本　一册　存二卷(三至四)

330000－1717－0001888　A1978　子部/雜著類/雜纂之屬

芹宮新譜二卷　(清)鄭一鵬撰　清刻本　一册　存一卷(二)

330000－1717－0001889　A1979　集部/總集類/課藝之屬

試律青雲集四卷　(清)楊逢春輯　(清)沈品華等注　清刻本　二册　存二卷(二至三)

330000－1717－0001890　A1980　集部/總集類/酬唱之屬

宣南鴻雪集二卷　(清)潘介繁　(清)潘誠貴輯　清刻本　一册　存一卷(二)

330000－1717－0001891　A1981　子部/小說家類/異聞之屬

閱微草堂筆記二十四卷　(清)紀昀撰　清光緒三年(1877)刻本　四册　存八卷(如是我聞一至二、姑妄聽之三至四、槐西雜志三至

四、灤陽續錄五至六）

330000－1717－0001892　A1982　集部/小説類/長篇之屬
儒林外史五十六回　（清）吳敬梓撰　（清）天目山樵評　清末鉛印本　四冊　存二十一回（一至九、三十四至三十九、五十一至五十六）

330000－1717－0001893　A1983　子部/術數類/相宅相墓之屬
地理秘書六種　（清）汪就園校訂　清末刻本　一冊　存二種

330000－1717－0001894　A1984　集部/總集類/選集之屬/通代
憑山閣增輯留青新集三十卷　（清）陳枚選　（清）陳德裕增輯　清刻本　二冊　存三卷（二、十九至二十）

330000－1717－0001897　A1987　集部/詞類/總集之屬
清綺軒詞選十三卷　（清）夏秉衡輯　清乾隆十六年（1751）華亭夏秉衡清綺軒刻本　三冊　存七卷（一至三、十至十三）

330000－1717－0001899　A1989　集部/別集類/清別集
秋水軒尺牘三卷　（清）許思湄撰　（清）婁世瑞注　清同治五年（1866）刻本　二冊　存二卷（一、三）

330000－1717－0001900　A1990　集部/總集類/課藝之屬
大題五萬選不分卷　清末石印本　二冊

330000－1717－0001901　A1991　類叢部/類書類/通類之屬
增補萬寶全書二十卷續編六卷　（明）陳繼儒撰　清光緒二十五年（1899）上海緯文閣石印本　一冊　存二卷（一至二）

330000－1717－0001902　A1992　集部/別集類/清別集
小題篋存草不分卷　（清）葉廉鍔撰　清同治四年（1865）石印本　一冊

330000－1717－0001904　A1994　經部/小學類/音韻之屬/韻書
增廣詩韻合璧六卷　（清）湯文潞輯　清末石印本　三冊　存三卷（二、五至六）

330000－1717－0001913　A2003　集部/小説類/長篇之屬
繪圖兒女濃情傳六卷五十回　（清）陳朗撰　（清）董孟汾評釋　清末石印本　一冊　存一回（二）

330000－1717－0001918　A2008　子部/農家農學類/總論之屬
重訂增補陶朱公致富全書四卷　（明）陳繼儒輯　（清）石巖逸叟增補　清末上海掃葉山房石印本　一冊　存二卷（二至三）

330000－1717－0001919　A2009　類叢部/類書類/通類之屬
詩料集錦詳註六卷　（清）伴鶴居士輯釋　清刻本　二冊

330000－1717－0001922　A2012　集部/曲類/彈詞之屬
繪圖足本大字果報錄十二卷一百回　（清）海蘭濤撰　清末石印本　四冊　存七卷（四至六、九至十二）

330000－1717－0001924　A2014　類叢部/類書類/專類之屬
策學備纂三十二卷首一卷目錄二卷　（清）吳熲炎等輯　清光緒十三年（1887）上海點石齋石印本　一冊　存一卷（三十一）

330000－1717－0001925　A2015　新學/史志/諸國史
萬國史記二十卷　（日本）岡本監輔撰　清末石印本　四冊　存十四卷（三至九、十四至二十）

330000－1717－0001926　A2016　集部/小説類/長篇之屬
增評補像全圖金玉緣一百二十回首一卷　（清）曹霑　（清）高鶚撰　清末石印本　一冊　存八回（一至八）

330000－1717－0001927　A2017　經部/四書類/總義之屬/傳說

四書體注合講十九卷　(清)翁復編　清末石印本　一冊　存二卷(孟子四至五)

330000－1717－0001928　A2018　經部/四書類/總義之屬/傳說

四書體注合講十九卷　(清)翁復編　清末石印本　三冊　存十卷(論語一至五,孟子一至三、六至七)

330000－1717－0001929　A2019　集部/總集類/選集之屬/通代

古唐詩合解古詩四卷唐詩十二卷　(清)王堯衢注　清刻本　一冊　存二卷(唐詩十一至十二)

330000－1717－0001930　A2020　經部/春秋左傳類/傳說之屬

春秋左傳分類賦四卷　(清)夏大觀撰　(清)夏大鼎箋注　清刻本　一冊　存二卷(一至二)

330000－1717－0001931　A2021　經部/四書類/總義之屬/傳說

四書體注合講十九卷　(清)翁復編　清刻本　二冊　存七卷(論語六至十、孟子四至五)

330000－1717－0001932　A2022　子部/雜著類/雜纂之屬

任兆麟述記三卷　(清)任兆麟撰　清光緒三十年(1904)蒙學堂石印本　一冊　存一卷(上)

330000－1717－0001933　A2023　集部/小說類/短篇之屬

繪圖平金川四卷　(清)小山居士編次　清末石印本　一冊

330000－1717－0001935　A2025　經部/四書類/總義之屬/傳說

四書味根錄三十九卷　(清)金澂撰　清光緒上海鴻寶齋石印本　一冊　存二卷(孟子十三至十四)

330000－1717－0001936　A2026　經部/四書類/總義之屬/傳說

四書味根錄三十九卷　(清)金澂撰　清光緒二十九年(1903)上海鴻寶齋石印本　二冊　存九卷(大學,中庸一至二,首、孟子一至五)

330000－1717－0001937　A2027　集部/總集類/課藝之屬

小題舟車覽不分卷　清同治十年(1871)刻本　三冊

330000－1717－0001948　A2038　經部/叢編

五經揭要五種二十九卷　(清)許寶善編　(清)周蕙田輯錄　清刻本　一冊　存一種

330000－1717－0001949　A2039　子部/藝術類/書畫之屬

鐵網珊瑚三集不分卷　(清)張炳堃編　清光緒十五年(1889)上海檢古齋石印本　一冊

330000－1717－0001950　A2040　集部/總集類/課藝之屬

先正小題文不分卷　清刻本　一冊

330000－1717－0001952　A2042　集部/總集類/課藝之屬

曠視山房制藝二卷　(清)丁守存輯　清同治九年(1870)刻本　一冊　存一卷(一)

330000－1717－0001953　A2043　集部/總集類/課藝之屬

目耕齋小題偶編不分卷　(清)沈叔眉編次　清光緒三年(1877)鉛印本　一冊

330000－1717－0001954　A2044　集部/別集類/清別集

白樓小題二卷　(清)宋棠撰　**薦青小題一卷**　(清)宋光簡撰　清末刻本　二冊　存二卷(二、薦青小題)

330000－1717－0001955　A2045　集部/總集類/選集之屬/斷代

本朝律賦集腋八集　(清)馬俊良輯　清端溪書院刻本　一冊　存一集(天)

330000－1717－0001956　A2046　經部/四書類/總義之屬

王農山稿不分卷　(清)王廣心撰　(清)李靜齋編次　清光緒九年(1883)上海著易堂鉛印本　一册

330000－1717－0001957　A2047　集部/總集類/課藝之屬
小題巧對生花不分卷　清刻本　一册

330000－1717－0001958　A2048　集部/總集類/課藝之屬
偶鈔二集不分卷　清刻本　一册

330000－1717－0001960　A2050　子部/小説家類/諧謔之屬
新刻笑林廣記四卷　(清)遊戲主人輯　清刻本　一册　存一卷(一)

330000－1717－0001961　A2051　集部/總集類/課藝之屬
惜陰書塾文課不分卷　(清)章以咸鑒定　清光緒十三年(1887)刻本　二册

330000－1717－0001962　A2052　集部/總集類/選集之屬/通代
古唐詩合解古詩四卷唐詩十二卷　(清)王堯衢注　清刻本　一册　存三卷(唐詩五至七)

330000－1717－0001964　A2054　集部/總集類/課藝之屬
小題偶鈔初集不分卷　(清)爰梨居士編　清刻本　一册

330000－1717－0001965　A2055　集部/别集類/清别集
十杉亭帖體詩鈔五卷續編二卷　(清)吳楷撰　清道光二十三年(1843)刻本　二册

330000－1717－0001966　A2056　集部/别集類/清别集
春雲詩鈔六卷　(清)張襄綸輯　(清)張維城編次　清刻本　一册　存二卷(一至二)

330000－1717－0001967　A2057　集部/總集類/選集之屬/斷代
瀛海探驪集八卷　(清)朱埏之輯　(清)馮泉　(清)毛寅初　(清)田枏註　清刻本　一册　存一卷(五)

330000－1717－0001968　A2058　集部/總集類/選集之屬/斷代
七家詩選(批點七家詩選箋注)七卷　(清)張熙宇輯訂　清刻本　一册　存二種

330000－1717－0001969　A2059　集部/總集類/選集之屬/斷代
七家詩選(批點七家詩選箋注)七卷　(清)張熙宇輯訂　清光緒五年(1879)上海江左書林刻本　三册　存四種

330000－1717－0001970　A2060　經部/小學類/訓詁之屬/譯語
東文新法會通二卷　廖宇春編　清光緒石印本　一册　存一卷(二)

330000－1717－0001971　A2061　集部/總集類/課藝之屬
句東試帖註釋八卷　(清)周世緒輯　清末刻本　一册　存一卷(二)

330000－1717－0001972　A2062　集部/别集類/清别集
二曲集二十六卷　(清)李顒撰　清刻本　二册　存七卷(十一至十七)

330000－1717－0001974　A2064　子部/儒家類/儒學之屬/蒙學
初學啟悟集二卷　(清)汪承忠評選　(清)黄梅峰詮解　清光緒七年(1881)浙紹聚奎堂刻本　二册

330000－1717－0001975　A2065　集部/總集類/尺牘之屬
增廣尺牘句解初集三卷末一卷二集三卷末一卷　(清)桃花館主編　(清)少溪氏選註　清末石印本　二册　存二卷(二、二集三)

330000－1717－0001978　A2068　集部/小説類/短篇之屬
繪圖今古奇觀六卷四十回　(明)抱甕老人輯　清末石印本　一册　存二卷(五至六)

330000－1717－0001979　A2069　經部/小學

類/訓詁之屬/方言
增廣玫正俗言智燈難字不分卷　清末石印本　一冊

330000－1717－0001980　A2070　集部/戲劇類/雜劇之屬
增像第六才子書五卷首一卷　（元）王德信（元）關漢卿撰　（清）金人瑞評　清光緒十五年（1889）上海鴻寶齋石印本　一冊　存一卷（首）

330000－1717－0001982　A2072　集部/曲類/彈詞之屬
新增全圖珍珠塔後傳麒麟豹六卷六十回（清）馬永清撰　清末石印本　一冊　存三卷（四至六）

330000－1717－0001984　A2074　集部/小說類/長篇之屬
官場現形記五編六十卷　（清）李寶嘉撰　清光緒上海世界繁華報館鉛印本　一冊　存二卷（四十三至四十四）

330000－1717－0001986　A2076　集部/小說類/長篇之屬
西遊真詮二十卷一百回　（清）陳士斌詮解　清刻本　一冊　存一卷（八）

330000－1717－0001987　A2077　集部/小說類/長篇之屬
東周列國全志二十三卷一百八回　（清）蔡奡評點　清末刻本　一冊　存一卷（十七）

330000－1717－0001988　A2078　子部/雜著類/雜纂之屬
傳家寶初集八卷二集八卷三集八卷四集八卷　（清）石成金撰　清刻本　三冊　存三卷（二集一，三集六、八）

330000－1717－0001989　A2079　集部/總集類/選集之屬/斷代
七家詩選（批點七家詩選箋注）七卷　（清）張熙宇輯訂　清光緒五年（1879）上海江左書林刻本　三冊　存五種

330000－1717－0001990　A2080　集部/總集類/選集之屬/斷代
本朝詠物詩選四卷　（清）嚴永齡輯釋　清光緒十三年（1887）修文堂刻本　三思山人題記　一冊　存二卷（一至二）

330000－1717－0001991　A2081　經部/叢編
五經備旨　（清）鄒聖脉纂輯　清光緒五年（1879）海陵書屋刻本　九冊　存四種

330000－1717－0001992　A2082　子部/儒家類/儒學之屬/禮教
聖諭廣訓一卷　清刻本　一冊

330000－1717－0001993　A2083　集部/曲類/彈詞之屬
新鐫繡像描金鳳八卷四十六回　清末石印本　一冊　存一卷（四）

330000－1717－0001994　A2084　集部/小說類/短篇之屬
真正後聊齋志異六卷　（清）徐昆撰　清光緒二十年（1894）石印本　二冊　存二卷（一、六）

330000－1717－0001995　A2085　集部/小說類/長篇之屬
新刻繪圖粉粧樓全傳十二卷八十回　（清）竹溪山人撰　清末石印本　一冊　存三卷（十至十二）

330000－1717－0001996　A2086　經部/四書類/總義之屬/傳說
四書體注合講十九卷　（清）翁復編　清末石印本　一冊　存五卷（論語六至十）

330000－1717－0001997　A2087　經部/四書類/總義之屬/傳說
四書體注合講十九卷　（清）翁復編　清末石印本　二冊　存十卷（論語一至十）

330000－1717－0001998　A2088　經部/四書類/總義之屬/傳說
四書體注合講十九卷　（清）翁復編　清末石印本　三冊　存十三卷（論語一至十、孟子一至三）

330000－1717－0002002　A2092　子部/小說家類/雜事之屬
豈有此理四卷　(清)絳雪草廬主人撰　清刻本　三册　存三卷(一至二、四)

330000－1717－0002003　A2093　集部/小說類/長篇之屬
第一才子書六十卷一百二十回首一卷　(明)羅本撰　(清)毛宗崗評　清刻本　三册　存九卷(二十二至二十四、二十八至三十、三十四至三十六)

330000－1717－0002004　A2094　集部/小說類/長篇之屬
第一才子書六十卷一百二十回首一卷　(明)羅本撰　(清)毛宗崗評　清刻本　一册　存三卷(三十五至三十七)

330000－1717－0002005　A2095　史部/編年類/通代之屬
御撰資治通鑑綱目三編二十卷　(清)張廷玉等撰　清刻本　一册　存三卷(七至九)

330000－1717－0002007　A2097　集部/小說類/長篇之屬
第一才子書六十卷一百二十回首一卷　(明)羅本撰　(清)毛宗崗評　清刻本　八册　存二十四卷(九至十一、十五至三十二、四十六至四十八)

330000－1717－0002008　A2098　子部/醫家類/方書之屬/單方驗方
增廣驗方新編十六卷　(清)鮑相璈輯　(清)張紹棠增輯　清刻本　二册　存二卷(十、十二)

330000－1717－0002009　A2099　經部/四書類/總義之屬/傳說
四書集注十九卷　(宋)朱熹撰　清汲綆齋刻本　一册　存二卷(孟子四至五)

330000－1717－0002010　A2100　經部/四書類/總義之屬/傳說
四書體注合講十九卷　(清)翁復編　清末石印本　一册　存三卷(孟子一至三)

330000－1717－0002011　A2101　經部/叢編
五經合纂大成四十四卷首五卷　(清)同文書局主人輯　清末石印本　六册　存四種

330000－1717－0002019　A2109　子部/藝術類/書畫之屬/畫譜
梅花館高等習畫臨本不分卷　清宣統元年(1909)鴻文書局石印本　一册

330000－1717－0002025　A2115　子部/醫家類/方書之屬/單方驗方
驗方新編新增□□卷　(清)鮑相璈輯　清末石印本　一册　存三卷(十九至二十一)

330000－1717－0002026　A2116　集部/别集類/清别集
曾文正公家書十卷　(清)曾國藩撰　清末石印本　一册　存二卷(五至六)

330000－1717－0002028　A2118　集部/戲劇類
新刻三奏本全本一卷　清上海仁和翔書局石印本　一册

330000－1717－0002029　A2119　集部/戲劇類
新刻校正軒轅鏡壽堂全集一卷　清上海仁和翔書局石印本　一册

330000－1717－0002030　A2120　集部/小說類/長篇之屬
第一才子書六十卷一百二十回首一卷　(明)羅本撰　(清)毛宗崗評　清刻本　五册　存十二卷(七至九、十三至十四、二十三至二十四、三十八至三十九、四十五至四十七)

330000－1717－0002031　A2122　子部/醫家類/診法之屬/脈經脈訣
四診抉微八卷附管窺附餘一卷　(清)林之翰撰　清光緒二十六年(1900)稽陽主人石印本　一册　存四卷(一至三、管窺附餘)

330000－1717－0002032　A2123　集部/詩文評類/文法之屬
寫信必讀十卷　(清)唐芸洲撰　清宣統三年(1911)石印本　一册

330000－1717－0002034　A2124　子部/醫家類/兒科之屬/通論

幼科鍼鏡六卷　(清)夏鼎撰　清文德堂刻本　一冊　存三卷(一至三)

330000－1717－0002035　A2125　子部/醫家類/診法之屬/脈經脈訣

四診抉微八卷附管窺附餘一卷　(清)林之翰撰　清近文堂刻本　一冊　存二卷(一至二)

330000－1717－0002036　A2126　集部/詩文評類/詩評之屬

隨園詩話十六卷補遺十卷　(清)袁枚撰　清刻本　三冊　存六卷(十一至十二,補遺一至二、六至七)

330000－1717－0002037　A2127　子部/雜著類/雜說之屬

七修類稿五十一卷續稿七卷　(明)郎瑛撰　清刻本　一冊　存三卷(續稿五至七)

330000－1717－0002038　A2128　集部/詩文評類/文法之屬/函牘格式

商賈尺牘二卷　(清)管斯駿撰　清光緒七年(1881)刻本　二冊

330000－1717－0002039　A2129　經部/叢編

五經備旨　(清)鄒聖脉纂輯　清刻本　一冊　存一種

330000－1717－0002040　A2130　經部/四書類/總義之屬/傳說

四書典林三十卷四書古人典林十二卷　(清)江永輯　清崇德書院刻本　三冊　存九卷(一至二、四書古人典林一至七)

330000－1717－0002041　A2131　類叢部/類書類/通類之屬

廣廣事類賦三十二卷　(清)吳世旃撰　清嘉慶二十二年(1817)山灟堂刻本　五冊　存二十卷(一至四、十至十三、二十一至三十二)

330000－1717－0002042　A2132　史部/政書類/公牘檔冊之屬

道光年記錄二卷　清道光稿本　二冊

330000－1717－0002047　A2137　經部/小學類/文字之屬

字典釋義不分卷　清抄本　一冊

330000－1717－0002049　A2139　子部/儒家類/儒學之屬/蒙學

神童詩一卷　清末浙紹墨潤堂石印本　一冊

330000－1717－0002053　A2143　子部/雜著類/雜編之屬

論學續編不分卷　清末鉛印本　一冊

330000－1717－0002054　A2144　子部/醫家類/類編之屬

陳修園醫書三十種　(清)陳念祖等撰　清光緒商務印書館鉛印本　一冊　存一種

330000－1717－0002055　A2145　子部/宗教類/道教之屬/經文

三聖經附刊鸞諭不分卷　清光緒二十六年(1900)集陽樓刻本　一冊

330000－1717－0002058　A2148　集部/曲類

玉龍球不分卷　清末抄本　一冊

330000－1717－0002059　A2149　集部/總集類/尺牘之屬

新輯尺牘合璧四卷　(清)許思湄　(清)龔萼撰　(清)婁世瑞注　(清)寄虹軒主人輯　清末石印本　一冊　存二卷(三至四)

330000－1717－0002060　A2150　集部/曲類/彈詞之屬

新刻繡像花月夢八卷五十八回　(清)香雪山樵編　清末石印本　四冊　存五卷(二至六)

330000－1717－0002061　A2151　集部/曲類/彈詞之屬

新增全圖文武香毬六卷七十二回　清末石印本　一冊　存一卷(五)

330000－1717－0002062　A2152　集部/曲類/彈詞之屬

新繪全圖文武香珠球六卷七十二回　清末石印本　一冊　存一卷(六)

330000－1717－0002063　A2153　集部/曲

類/彈詞之屬

繪圖文武香毬八卷　清末上海裕記書莊石印本　三冊　存三卷(一至二、四)

330000－1717－0002066　A2156　集部/曲類/彈詞之屬

新編鳳雙飛前傳二十回後傳二十二回　(清)程蕙英撰　清光緒石印本　一冊　存二回(九至十)

330000－1717－0002067　A2157　類叢部/叢書類/自著之屬

曾文正公四種　(清)曾國藩撰　清光緒十六年(1890)鴻寶南局鉛印本　一冊　存一種

330000－1717－0002068　A2158　經部/春秋左傳類/傳說之屬

東萊博議四卷　(宋)呂祖謙撰　清末石印本　一冊　存二卷(三至四)

330000－1717－0002069　A2159　子部/醫家類/傷寒金匱之屬/傷寒論

張仲景傷寒論原文淺註六卷　(清)陳念祖集註　清刻本　二冊　存三卷(三、五至六)

330000－1717－0002070　A2160　集部/别集類/清别集

養雲山館試帖四卷　(清)許球撰　(清)王榮紱注釋　清光緒五年(1879)刻本　三冊　存三卷(一至三)

330000－1717－0002071　A2161　子部/醫家類/綜合之屬/合刻、合抄

景岳全書六十四卷　(明)張介賓撰　清刻本　二冊　存七卷(三十四至三十七、四十三至四十五)

330000－1717－0002072　A2162　子部/醫家類/傷寒金匱之屬/傷寒論

尚論篇四卷首一卷尚論後篇四卷　(清)喻昌撰　清三讓堂刻本　二冊　存二卷(尚論後篇一至二)

330000－1717－0002073　A2163　經部/小學類/音韻之屬/韻書

詩韻集成十卷附詞林典腋一卷　(清)余照輯　清末石印本　一冊　存五卷(一至四、詞林典腋)

330000－1717－0002074　A2164　子部/術數類/陰陽五行之屬

奇門遁甲秘笈大全三十卷　(明)劉伯溫校訂　清刻本　一冊　存四卷(十四至十七)

330000－1717－0002075　A2165　集部/總集類/選集之屬/通代

御選唐宋文醇五十八卷　(清)高宗弘曆輯　清刻本　一冊　存三卷(七至九)

330000－1717－0002076　A2166　經部/叢編

五經體注大全五種七十二卷　(清)嚴氏家塾主人輯　清同治五年(1866)刻本　三冊　存三種

330000－1717－0002078　A2168　子部/藝術類/書畫之屬/書法書品

精印翰苑分書小楷一卷　(清)夏同善等書　清末石印本　一冊

330000－1717－0002081　A2171　史部/史評類/考訂之屬

廿二史劄記三十六卷補遺一卷　(清)趙翼撰　清末石印本　二冊　存十三卷(七至十二、三十一至三十六,補遺)

330000－1717－0002082　A2172　新學/雜著/叢編

時務通攷三十一卷　(清)王奇英等編　清末石印本　一冊　存一卷(二十四)

330000－1717－0002083　A2173　史部/史評類/史論之屬

史通通釋二十卷附録一卷　(清)浦起龍撰　清末石印本　一冊　存三卷(八至十)

330000－1717－0002084　A2174　類叢部/類書類/專類之屬

新增應酬彙選五卷　(清)陸九如纂輯　清末鉛印本　一冊　存一卷(二)

330000－1717－0002085　A2175　集部/小說類/長篇之屬

四大奇書第一種六十卷一百二十回　(明)羅本撰　(清)毛宗崗評　清刻本　一冊　存三卷(四十至四十二)

330000－1717－0002086　A2176　子部/術數類/陰陽五行之屬
天珍地祕一卷　清末抄本　一冊

330000－1717－0002088　A2178　集部/小說類/長篇之屬
第一才子書六十卷一百二十回首一卷　(明)羅本撰　(清)毛宗崗評　清刻本　一冊　存十三卷(二十二至三十四)

330000－1717－0002089　A2179　集部/小說類/長篇之屬
第一才子書六十卷一百二十回首一卷　(明)羅本撰　(清)毛宗崗評　清咸豐三年(1853)常熟珍藝堂刻本　一冊　存一卷(首)

330000－1717－0002090　A2180　集部/小說類/長篇之屬
第一才子書六十卷一百二十回首一卷　(明)羅本撰　(清)毛宗崗評　清刻本　二冊　存七卷(五至八、十二至十四)

330000－1717－0002091　A2181　集部/小說類/長篇之屬
四大奇書第一種六十卷一百二十回　(明)羅本撰　(清)毛宗崗評　清刻本　三冊　存八卷(四至八、三十四至三十六)

330000－1717－0002093　A2183　子部/雜著類/雜纂之屬
勸戒近録初二三編合鈔十六卷四編摘鈔一卷五録六卷六録六卷七録六卷八録六卷九録六卷十録六卷　(清)梁恭辰撰　清光緒刻本　七冊　存二十四卷(四至八、十至十三,六録一至六,七録四至六,八録一至六)

330000－1717－0002097　A2187　集部/小說類/短篇之屬
詳注聊齋志異圖詠十六卷首一卷　(清)蒲松齡撰　(清)呂湛恩注　清末石印本　二冊　存二卷(四、十六)

330000－1717－0002103　A2193　集部/小說類/長篇之屬
新刊繡像評演濟公傳四卷一百二十回繡像評演接續後部濟公傳四卷一百二十回　郭廣瑞撰　清光緒三十二年(1906)簡青齋書局石印本　三冊　存三卷(一,後部一、四)

330000－1717－0002108　A2198　集部/小說類/長篇之屬
繪圖說唐前傳三卷六十八回　清末民初上海天寶書局石印本　一冊

330000－1717－0002109　A2199　集部/別集類/清別集
漁洋山人精華錄箋注十二卷補一卷附年譜一卷　(清)王士禛撰　(清)金榮箋注　(清)徐淮纂輯　清鳳翽堂刻本　一冊　存一卷(二)

330000－1717－0002110　A2200　集部/小說類/長篇之屬
第五才子書水滸傳七十五卷七十回　(元)施耐庵撰　(清)金人瑞評　清末刻本　五冊　存十九卷(四十六至六十四)

330000－1717－0002111　A2201　子部/醫家類/類編之屬
吳氏醫學述　(清)吳儀洛輯　清刻本　三冊　存一種

330000－1717－0002112　A2202　經部/四書類/總義之屬/傳說
四書味根錄三十九卷　(清)金澂撰　清光緒刻本　二冊　存四卷(孟子十一至十四)

330000－1717－0002113　A2203　史部/政書類/律令之屬/法驗
律例館校正洗冤錄四卷　(清)律例館輯　清刻本　一冊　存一卷(二)

330000－1717－0002114　A2204　子部/天文曆算類/算書之屬
四元玉鑑細草三卷四象細草假令之圖一卷附補增一卷　(清)羅士琳撰　**四元釋例一卷**　(清)易之瀚撰　清末石印本　二冊　存二卷

(中一至十、下一至八)

330000－1717－0002115　A2205　集部/小説類/長篇之屬

繪圖增像第五才子書水滸全傳十卷七十回　(元)施耐庵撰　(清)金人瑞評　清末石印本　二册　存二卷(六至七)

330000－1717－0002116　A2206　史部/政書類/律令之屬/法驗

洗冤錄辨正六卷　(清)瞿中溶撰　清光緒十八年(1892)上海圖書集成印書局鉛印本　一册　存一卷(六)

330000－1717－0002117　A2207　史部/政書類/律令之屬/法驗

重刊補注洗冤錄集證五卷　(清)王又槐輯　(清)李觀瀾補輯　(清)阮其新補注　(清)文晟續輯　清光緒三十二年(1906)上海通時書局石印本　一册　存二卷(一至二)

330000－1717－0002127　A2217　子部/藝術類/書畫之屬/畫譜

芥子園畫傳二集九卷　(清)王槩　(清)王蓍　(清)王臬輯　清光緒十四年(1888)刻本　一册　存二卷(一至二)

330000－1717－0002128　A2218　類叢部/類書類/通類之屬

增廣試帖玉芙蓉五卷韻目一卷類目一卷續集二卷韻目一卷類目一卷　清末石印本　二册　存二卷(二、續集一)

330000－1717－0002130　A2220　經部/小學類/文字之屬/字書/字典

康熙字典十二集三十六卷總目一卷檢字一卷辨似一卷等韻一卷補遺一卷備考一卷　(清)張玉書等纂修　清光緒十三年(1887)上海積山書局石印本　五册　缺六卷(未集上中下、申集上中下)

330000－1717－0002131　A2221　經部/小學類/文字之屬/字書/字典

康熙字典十二集三十六卷總目一卷檢字一卷辨似一卷等韻一卷補遺一卷備考一卷　(清)張玉書等纂修　清光緒三十年(1904)上海文星書局石印本　一册　存六卷(未集上中下、申集上中下)

330000－1717－0002132　A2222　經部/小學類/文字之屬/字書/字典

康熙字典十二集三十六卷總目一卷檢字一卷辨似一卷等韻一卷補遺一卷備考一卷　(清)張玉書等纂修　清光緒三十年(1904)上海文星書局石印本　二册　存十二卷(子集上中下、丑集上中下、酉集上中下、戌集上中下)

330000－1717－0002133　A2223　經部/小學類/文字之屬/字書/字典

康熙字典十二集三十六卷總目一卷檢字一卷辨似一卷等韻一卷補遺一卷備考一卷　(清)張玉書等纂修　清光緒十六年(1890)上海鴻文書局石印本　一册　存十九卷(子集上中下、丑集上中下、寅集上中下、卯集上中下、辰集上中下,總目,檢字,辨似,等韻)

330000－1717－0002134　A2224　經部/小學類/文字之屬/字書/字典

康熙字典十二集三十六卷總目一卷檢字一卷辨似一卷等韻一卷補遺一卷備考一卷　(清)張玉書等纂修　清末石印本　二册　存十二卷(未集上中下、申集上中下、酉集上中下、戌集上中下)

330000－1717－0002135　A2225　經部/小學類/文字之屬/字書/字典

康熙字典十二集三十六卷總目一卷檢字一卷辨似一卷等韻一卷補遺一卷備考一卷　(清)張玉書等纂修　清光緒十九年(1893)復和書局石印本　三册　存二十二卷(子集上中下、丑集上中下、未集上中下、申集上中下、酉集上中下、戌集上中下,總目,檢字,辨似,等韻)

330000－1717－0002136　A2226　集部/小説類/長篇之屬

增訂精忠演義説本全傳二十卷八十回　(清)錢彩撰　(清)金豐增訂　清刻本　六册　存六卷(八至九、十五至十七、十九)

330000－1717－0002137　A2227　經部/小學

類/文字之屬/字書/字典

康熙字典十二集三十六卷總目一卷檢字一卷辨似一卷等韻一卷補遺一卷備考一卷 (清)張玉書等纂修 清道光七年(1827)刻本 一冊 存一卷(午集中)

330000－1717－0002138 A2228 經部/四書類/總義之屬/傳說

四書味根錄三十九卷 (清)金澂撰 清光緒刻本 一冊 存三卷(論語七至九)

330000－1717－0002139 A2229 子部/醫家類/方書之屬/單方驗方

驗方新編二十四卷 (清)鮑相璈輯 清末石印本 一冊 存三卷(十六至十八)

330000－1717－0002140 A2230 子部/醫家類/方書之屬/單方驗方

驗方新編十六卷 (清)鮑相璈輯 清末刻本 四冊 存十卷(二至八、十一、十五至十六)

330000－1717－0002141 A2231 子部/醫家類/方書之屬/單方驗方

驗方新編十六卷 (清)鮑相璈輯 清光緒三年(1877)刻本 一冊 存一卷(一)

330000－1717－0002142 A2232 子部/醫家類/方書之屬/單方驗方

驗方新編十六卷 (清)鮑相璈輯 清末刻本 一冊 存三卷(十二至十四)

330000－1717－0002143 A2233 子部/醫家類/方書之屬/單方驗方

驗方新編□□卷 (清)鮑相璈輯 清末刻本 一冊 存一卷(八)

330000－1717－0002144 A2234 經部/四書類/總義之屬/傳說

四書味根錄三十九卷 (清)金澂撰 清光緒刻本 六冊 存十六卷(中庸二,論語四至六、十一至二十,孟子三至四)

330000－1717－0002145 A2235 子部/醫家類/方書之屬/單方驗方

驗方新編□□卷 (清)鮑相璈輯 清末刻本 一冊 存三卷(二至四)

330000－1717－0002146 A2236 經部/小學類/文字之屬/字書/字典

康熙字典十二集三十六卷總目一卷檢字一卷辨似一卷等韻一卷補遺一卷備考一卷 (清)張玉書等纂修 清道光七年(1827)刻本 三十二冊 缺八卷(丑集中下、辰集下、巳集中、午集上、未集上、申集中、亥集下)

330000－1717－0002147 A2237 經部/小學類/文字之屬/字書/字典

康熙字典十二集三十六卷總目一卷檢字一卷辨似一卷等韻一卷補遺一卷備考一卷 (清)張玉書等纂修 清末刻本 十九冊 存十九卷(丑集上、寅集上中下、卯集中下、辰集上中下、巳集上中下、酉集中下、戌集上下、亥集上中下)

330000－1717－0002148 A2238 集部/小說類/長篇之屬

燕山外史注釋八卷 (清)陳球撰 (清)若駿子輯注 清光緒三十二年(1906)上海海左書局石印本 一冊 存二卷(一至二)

330000－1717－0002149 A2239 新學/商務

新增學堂商務應用尺牘二卷 清宣統二年(1910)石印本 一冊

330000－1717－0002150 A2240 集部/小說類/長篇之屬

第一才子書六十卷一百二十回首一卷 (明)羅本撰 (清)毛宗崗評 清末石印本 一冊 存八卷(四十六至五十三)

330000－1717－0002151 A2241 子部/術數類/陰陽五行之屬

奇門遁甲秘笈大全三十卷 (明)劉伯溫校訂 清刻本 一冊 存五卷(二十六至三十)

330000－1717－0002152 A2242 集部/小說類/長篇之屬

四大奇書第一種六十卷一百二十回 (明)羅本撰 (清)毛宗崗評 清刻本 一冊 存六卷(四十二至四十七)

330000－1717－0002153 A2243 子部/醫家

類/外科之屬

王洪緒先生外科證治全生不分卷 （清）王維德撰　清末申報館鉛印本　一冊

330000－1717－0002154　A2244　集部/小說類/長篇之屬

後紅樓夢三十回 （清）逍遙子撰　清刻本　一冊　存二回（十三至十四）

330000－1717－0002155　A2245　子部/醫家類/方書之屬

醫書不分卷 清末抄本　一冊

330000－1717－0002156　A2246　經部/小學類/文字之屬/字書/字典

康熙字典十二集三十六卷總目一卷檢字一卷辨似一卷等韻一卷補遺一卷備考一卷 （清）張玉書等纂修　清末刻本　二十五冊　存二十五卷（子集上、丑集上下、寅集中下、卯集中、辰集上中、巳集上中下、午集上中下、未集上下、申集上下、酉集上下、戌集上中、亥集上下，備考）

330000－1717－0002162　A2252　子部/醫家類/針灸之屬/通論

鍼灸大成十二卷 （明）楊繼洲撰　清末石印本　一冊　存五卷（八至十二）

330000－1717－0002164　A2254　子部/藝術類/遊藝之屬/聯語

巧對錄八卷 （清）梁章鉅輯　清末石印本　一冊　存二卷（一至二）

330000－1717－0002167　A2257　史部/編年類/通代之屬

御批歷代通鑑輯覽一百二十卷 （清）傅恒等撰　清光緒三十年（1904）上海經藝書局石印本　一冊　存五卷（一至五）

330000－1717－0002170　A2260　子部/醫家類/方書之屬/單方驗方

驗方新編十八卷 （清）鮑相璈輯　清光緒二十六年（1900）觀瀾閣書莊石印本　二冊　存六卷（十三至十八）

330000－1717－0002171　A2261　集部/小說類/長篇之屬

新刊繡像評演濟公傳四卷一百二十回繡像評演接續後部濟公傳四卷一百二十回 郭廣瑞撰　清末石印本　一冊　存二卷（三至四）

330000－1717－0002175　A2265　子部/醫家類/綜合之屬/通論

御纂醫宗金鑑九十卷首一卷 （清）吳謙等撰　清末石印本　一冊　存三卷（二至四）

330000－1717－0002176　A2266　子部/醫家類/綜合之屬/通論

醫宗金鑑九十卷 （清）吳謙等撰　清末上海錦章書局石印本　三冊　存十一卷（一至二、二十一至二十九）

330000－1717－0002177　A2267　子部/醫家類/醫經之屬/難經

校正圖註八十一難經四卷校正圖註脈訣辨真四卷 （明）張世賢撰　清末石印本　一冊

330000－1717－0002180　A2270　子部/雜家類

重鐫鬼谷子四字經前定數不分卷 清刻本　一冊

330000－1717－0002181　A2271　集部/戲劇類/雜劇之屬

增像第六才子書五卷首一卷 （元）王德信（元）關漢卿撰　（清）金人瑞評　清光緒十五年（1889）上海鴻寶齋石印本　四冊　存四卷（首，二至三、五）

330000－1717－0002184　A2275　子部/醫家類/診法之屬/脈經脈訣

四診抉微八卷附管窺附餘一卷 （清）林之翰撰　清石印本　一冊　存二卷（二至三）

330000－1717－0002186　A2274　集部/總集類/尺牘之屬

增廣尺牘句解初集三卷末一卷二集三卷末一卷 （清）桃花館主編　（清）少溪氏選註　清末石印本　一冊　存一卷（二集三）

330000－1717－0002188　A2279　集部/小說類/長篇之屬

新刻鍾伯敬先生批評封神演義二十卷一百回 (明)許仲琳撰 (明)鍾惺評 清刻本 一冊 存五卷(十至十四)

330000－1717－0002189 A2278 子部/醫家類/方書之屬/歷代方書
醫方集解二十三卷本草備要八卷 (清)汪昂撰 清光緒十三年(1887)鴻文書局石印本 三冊 存十八卷(一至五、十一至二十三)

330000－1717－0002190 A2280 集部/小説類/長篇之屬
第一才子書六十卷一百二十回首一卷 (明)羅本撰 (清)毛宗崗評 清刻本 二冊 存六卷(二十五至二十七、四十三至四十五)

330000－1717－0002191 A2281 子部/術數類/占卜之屬
大六壬大全十三卷 (清)郭載騋編 清末石印本 二冊 存四卷(五至六、九至十)

330000－1717－0002204 A2294 新學/學校
最新初級小學國文教科書不分卷 何琪編輯 清光緒三十二年(1906)上海會文學社石印本 一冊

330000－1717－0002205 A2295 新學/學校
最新女子初等小學國文教科書不分卷 上海會文學社編譯 清光緒三十四年(1908)上海會文學社石印本 一冊

330000－1717－0002208 A2298 新學/學校
最新國文教科書不分卷 莊俞等編纂 清光緒三十一年(1905)上海商務印書館鉛印本 一冊

330000－1717－0002210 A2300 子部/雜著類
拾遺二卷 清刻本 一冊

330000－1717－0002211 A2301 類叢部/類書類/專類之屬
江湖輯要四卷 分韻字彙撮要四卷 (清)溫儀鳳輯 清末鉛印本 一冊 存二卷(三、分韻字彙撮要三)

330000－1717－0002212 A2302 集部/總集類/課藝之屬
青雲集分韻試帖詳注四卷 (清)楊逢春(清)蕭應櫆輯 (清)沈品華等注 清刻本 一冊 存一卷(二)

330000－1717－0002213 A2303 子部/醫家類/綜合之屬/通論
御纂醫宗金鑑九十卷首一卷 (清)吳謙等撰 清刻本 十二冊 存二十一卷(一至四、七至十二、四十四至四十五、五十五至五十六、七十五、七十九、八十一至八十四、八十八)

330000－1717－0002214 A2304 子部/醫家類/綜合之屬/通論
御纂醫宗金鑑九十卷首一卷 (清)吳謙等撰 清刻本 一冊 存二卷(八十五至八十六)

330000－1717－0002240 A2330 經部/小學類/訓詁之屬/譯語
東文新法會通二卷 廖宇春編 清光緒二十八年(1902)東亞善鄰學館石印本 一冊 存一卷(一)

330000－1717－0002241 A2331 子部/醫家類/兒科之屬/通論
鼎鍥幼幼集成六卷 (清)陳復正輯 清光緒二十八年(1902)上海醉六堂石印本 二冊 存二卷(一、三)

330000－1717－0002245 A2335 類叢部/類書類/通類之屬
增補事類統編九十三卷首一卷 (清)黄葆真輯 清刻本 一冊 存二卷(五十五至五十六)

330000－1717－0002248 A2338 經部/小學類/音韻之屬/韻書
增註字類標韻六卷 (清)華綱輯 (清)范多玨重訂 清末石印本 一冊 存三卷(四至六)

330000－1717－0002249 A2339 經部/四書類/總義之屬/傳說
四書體注合講十九卷 (清)翁復編 清道光

十一年(1831)酌雅齋刻本　二冊　存七卷(大學、中庸、論語六至十)

330000－1717－0002250　A2340　經部/小學類/音韻之屬/韻書
初學檢韻袖珍十二卷總目一卷檢字一卷　(清)姚文登輯　清刻本　一冊　存四卷(卯、辰、巳、午)

330000－1717－0002251　A2341　經部/小學類/音韻之屬/韻書
詩韻題解合璧十卷　(清)甘蘭友輯　清刻本　二冊　存九卷(二至十)

330000－1717－0002252　A2342　子部/雜著類/雜纂之屬
雲林別墅纂輯酬世錦囊五種十九卷　(清)謝梅林　(清)鄒可庭輯　清刻本　一冊　存一種

330000－1717－0002253　A2343　子部/小說家類/雜事之屬
更豈有此理四卷　(清)半軒主人撰　清嘉慶五年(1800)絳雪草廬刻本　三冊　存三卷(一至二、四)

330000－1717－0002254　A2344　經部/小學類/音韻之屬/韻書
詩韻集成十卷附詞林典腋一卷　(清)余照輯　清刻本　二冊

330000－1717－0002255　A2345　經部/小學類/文字之屬/字書/字典
字彙十二集首一卷末一卷韻法直圖一卷　(明)梅膺祚輯　清文光堂刻本　一冊　存一卷(首)

330000－1717－0002256　A2346　經部/小學類/音韻之屬/韻書
詩韻辨字增註五卷　(清)張澐卿輯　清末張澐卿刻本　一冊　存二卷(一至二)

330000－1717－0002257　A2347　經部/小學類/訓詁之屬/字詁
大成堂智燈難字二卷　(清)范寅撰　清大成齋刻本　一冊

330000－1717－0002260　A2350　集部/小說類/長篇之屬
第一才子書繡像三國志演義六十卷一百二十回首一卷　(明)羅本撰　(清)毛宗崗評　清光緒三十年(1904)上海商務印書館鉛印本　三冊　存十五卷(首,一至二、四十三至四十八、五十五至六十)

330000－1717－0002262　A2352　集部/小說類/長篇之屬
第一才子書六十卷一百二十回首一卷　(明)羅本撰　(清)毛宗崗評　清末石印本　一冊　存四卷(五十七至六十)

330000－1717－0002271　A2361　集部/戲劇類/雜劇之屬
增像第六才子書五卷首一卷　(元)王德信　(元)關漢卿撰　(清)金人瑞評　清末石印本　一冊　存三卷(三至五)

330000－1717－0002274　A2364　新學/議論/通論
中外經世緒言十六卷　(清)余貽範編　清末石印本　三冊　存六卷(三至四、七至十)

330000－1717－0002276　A2366　子部/術數類/占卜之屬
周文王先天易數卦詩不分卷　清刻本　一冊

330000－1717－0002277　A2367　集部/小說類/短篇之屬
西湖佳話古今遺蹟十六卷　(清)墨浪子撰　清末石印本　一冊　存四卷(八至十一)

330000－1717－0002278　A2368　新學/交涉
英話註解一卷　(清)尹紫芳等編　清末刻本　一冊

330000－1717－0002280　A2370　集部/小說類/長篇之屬
新鐫繪圖第一奇書鍾情傳六卷一百回　(明)蘭陵笑笑生撰　清神洲亞西書局石印本　三冊　存三卷(一、四至五)

330000－1717－0002282　A2372　集部/別集類/清別集

薇雲小舍試帖詩課二卷續編二卷　(清)吴之俊撰　清末刻本　二册

330000－1717－0002283　A2373　子部/醫家類/溫病之屬/痧症
痧症發微二卷附張氏醫通番痧一卷　清末刻本　姚惠題記　一册

330000－1717－0002286　A2376　子部/藝術類/書畫之屬/畫譜
芥子園畫傳初集六卷　(清)王槩　(清)王蓍　(清)王臬輯　清末石印本　二册　存三卷(一至三)

330000－1717－0002287　A2377　子部/藝術類/書畫之屬/畫譜
芥子園畫傳二集九卷　(清)王槩　(清)王蓍　(清)王臬輯　清末石印本　三册　存七卷(一至四、七至九)

330000－1717－0002289　A2379　經部/小學類/文字之屬/字書/字典
校正攷正字彙二卷　(清)陳淏子撰　清末石印本　一册

330000－1717－0002290　A2380　史部/紀傳類/正史之屬
二十四史附考證　清石印本　一册　存一種

330000－1717－0002293　A2383　子部/醫家類/本草之屬/本草藥性
珍珠囊指掌補遺藥性賦四卷　(金)李杲輯　清末鉛印本　一册

330000－1717－0002299　A2389　子部/雜著類/雜纂之屬
兩般秋雨盦隨筆八卷　(清)梁紹壬撰　清末石印本　一册　存二卷(七至八)

330000－1717－0002301　A2391　集部/別集類/清別集
枕善堂尺牘一隅二十卷　(清)陳大溶撰　清刻本　一册　存三卷(五至七)

330000－1717－0002302　A2392　子部/醫家類/方書之屬/單方驗方
四科簡效方四卷　(清)王士雄選　清光緒十一年(1885)越州徐樹蘭刻本　一册　存一卷(甲)

330000－1717－0002303　A2393　集部/別集類/清別集
分類詳註飲香尺牘四卷　(清)飲香居士撰　(清)慵隱子箋釋　清刻本　一册　存一卷(二)

330000－1717－0002304　A2394　子部/醫家類/婦科之屬/通論
女科二卷　(清)傅山撰　清刻本　一册　存一卷(一)

330000－1717－0002309　A2399　集部/總集類/尺牘之屬
歷代名人書札二卷　吴曾祺輯　清宣統三年(1911)上海商務印書館鉛印本　一册

330000－1717－0002311　A2401　史部/政書類/邦計之屬
財政叢書二十一種　(清)昌言報館編輯　清光緒二十九年(1903)上海會文學社石印本　一册　存六種

330000－1717－0002315　A2405　經部/小學類/文字之屬/字書/訓蒙
繪圖增注千字文一卷　(清)李思儉編注　清光緒三十四年(1908)上海鍊石齋書局石印本　一册

330000－1717－0002316　A2406　經部/小學類/文字之屬/字書/訓蒙
繪圖增註千字文一卷　清末上海天寶書局石印本　一册

330000－1717－0002324　A2414　子部/醫家類/本草之屬
山公醫旨五卷　(明)施永圖撰　清刻本　一册　存一卷(三)

330000－1717－0002325　A2415　子部/醫家類/方書之屬/單方驗方
校正增廣驗方新編二十四卷　(清)鮑相璈輯　清末石印本　一册　存五卷(四至八)

330000－1717－0002328　A2418　子部/藝術類/遊藝之屬/棋弈
繪圖百局象棋譜八卷　（清）三樂居士輯　清刻本　一冊　存二卷（七至八）

330000－1717－0002329　A2419　子部/醫家類/婦科之屬
寧坤秘笈三卷附濟世論一卷任氏世傳傷寒秘方一卷　（清）竹林寺僧撰　清刻本　一冊　存二卷（二至三）

330000－1717－0002330　A2420　子部/醫家類/兒科之屬/通論
鼎鍥幼幼集成六卷　（清）陳復正輯　清刻本　二冊　存二卷（二至三）

330000－1717－0002331　A2421　子部/醫家類/方書之屬/單方驗方
種福堂公選良方四卷　（清）葉桂撰　清刻本　一冊　存二卷（一至二）

330000－1717－0002332　A2422　子部/醫家類/醫案之屬
種福堂公選溫熱論醫案四卷　（清）葉桂撰　清刻本　一冊　存二卷（一至二）

330000－1717－0002337　A2427　史部/地理類/輿圖之屬/全國
大清中外壹統輿圖（皇朝中外壹統輿圖）十六卷　（清）鄒世詒　（清）晏啟鎮編　（清）李廷簫　（清）汪士鐸增訂　清末石印本　一冊　存四卷（北一至四）

330000－1717－0002339　A2429　集部/小說類/長篇之屬
繡像繪圖東晉演義八卷西晉演義四卷　（清）陳氏尺蠖齋評釋　清末上海進步書局石印本　三冊　存六卷（五至八、西晉演義三至四）

330000－1717－0002344　A2434　子部/醫家類/本草之屬/歷代綜合本草
本草從新十八卷　（清）江陵漁隱撰　清光緒三十四年（1908）上海理文軒書莊石印本　四冊

330000－1717－0002345　A2435　子部/宗教類/其他宗教之屬/基督教
教士列傳不分卷　清光緒二十六年（1900）上海商務印書館鉛印本　一冊

330000－1717－0002346　A2436　史部/詔令奏議類/奏議之屬
皇清奏議六十八卷首一卷　（清）琴川居士編　清光緒二十八年（1902）雲間麗澤學會石印本　一冊　存八卷（十五至二十二）

330000－1717－0002347　A2437　史部/史抄類
史記菁華錄六卷　（清）姚祖恩輯　清光緒二十二年（1896）上海掃葉山房石印本　一冊　存一卷（一）

330000－1717－0002353　A2443　經部/小學類/訓詁之屬/字詁
繪圖速通虛字法不分卷　（清）施崇恩編　清末杭州彪蒙書室石印本　一冊

330000－1717－0002357　A2447　史部/雜史類/斷代之屬
蜀碧四卷附記一卷　（清）彭遵泗撰　清刻本　一冊　存三卷（一至二、附記）

330000－1717－0002358　A2448　經部/四書類/總義之屬/傳說
新訂四書補注備旨十卷　（明）鄧林撰　（清）杜定基增訂　清刻本　二冊　存四卷（論語一至二、孟子一至二）

330000－1717－0002359　A2449　子部/醫家類/類編之屬
吳氏醫學述　（清）吳儀洛輯　清文奎堂刻本　四冊　存一種

330000－1717－0002360　A2450　類叢部/類書類/專類之屬
文典類函二十八卷　（清）周世樟撰　清刻本　三冊　存八卷（五至十二）

330000－1717－0002361　A2451　子部/醫家類/內科之屬/其他內科病證
血證論八卷　唐宗海撰　清光緒上海千頃堂書局石印本　一冊　存三卷（六至八）

330000－1717－0002362　A2452　類叢部/叢書類/彙編之屬

述古叢鈔二十八種　(清)劉晚榮編　清同治至光緒古岡劉氏藏修書屋刻本　五冊　存三種

330000－1717－0002363　A2453　子部/宗教類/其他宗教之屬/基督教

備終錄不分卷　清光緒二十八年(1902)上海慈母堂鉛印本　一冊

330000－1717－0002364　A2454　子部/醫家類/傷寒金匱之屬/傷寒論

尚論篇四卷首一卷尚論後篇四卷　(清)喻昌撰　清光緒二十四年(1898)上海掃葉山房石印本　一冊　存四卷(尚論後篇一至四)

330000－1717－0002365　A2455　子部/宗教類/其他宗教之屬/基督教

聖會詩章不分卷　清光緒三十一年(1905)上海美華書館鉛印本　一冊

330000－1717－0002366　A2456　新學/史志

五洲政藝撮要二十六卷　(清)蕭德驥編　清石印本　三冊　存十一卷(十至十三、二十至二十六)

330000－1717－0002367　A2457　子部/醫家類

格致餘論一卷　(元)朱震亨撰　**外科精義二卷**　(清)齊德之纂集　清末石印本　一冊

330000－1717－0002369　A2459　子部/醫家類/方書之屬/單方驗方

經驗奇方二卷　(清)周鋸撰　清末紹興育新書局石印本　一冊　存一卷(一)

330000－1717－0002371　A2461　子部/宗教類/佛教之屬

重訂讀本救劫尊經神咒一卷　清末石印本　一冊

330000－1717－0002372　A2462　子部/宗教類/道教之屬

三聖經靈驗圖註一卷　清光緒三十二年(1906)文新書局石印本　一冊

330000－1717－0002374　A2464　子部/宗教類/道教之屬

三聖經靈驗圖註一卷　清光緒三十二年(1906)上海宏大紙號石印本　一冊

330000－1717－0002381　A2471　子部/醫家類/本草之屬/本草藥性

珍珠囊指掌補遺藥性賦四卷　(金)李杲輯　清光緒三十二年(1906)廣益書局鉛印本　一冊

330000－1717－0002382　A2472　子部/醫家類/本草之屬/本草藥性

珍珠囊指掌補遺藥性賦四卷　(金)李杲輯　清光緒二十五年(1899)上海文瑞樓鉛印本　一冊

330000－1717－0002384　A2474　子部/醫家類/婦科之屬/產科

小蓬萊山館方鈔二卷　(清)竹林寺僧　(清)陸氏　(清)錢氏傳　清同治十二年(1873)致忠堂刻本　陸夢仙題記　一冊

330000－1717－0002386　A2476　新學/雜著

道德法律進化之理二卷　(日本)加藤弘之撰　(清)金壽康　(清)楊殿玉譯　清光緒二十九年(1903)廣智書局鉛印本　一冊

330000－1717－0002388　A2478　集部/別集類/清別集

吟月樓詩草一卷　(清)潘普恩撰　清光緒三十一年(1905)刻本　一冊

330000－1717－0002394　A2484　子部/宗教類/道教之屬

黃庭內景經內篇一卷　清末影印本　一冊

330000－1717－0002400　A2490　集部/小說類/長篇之屬

繡像東周列國志二十七卷一百八回　(清)蔡奡評點　清末石印本　一冊　存二卷(一至二)

330000－1717－0002402　A2492　子部/雜著類/雜纂之屬

雲林別墅纂輯酬世錦囊五種十九卷　(清)謝

梅林　(清)鄒可庭輯　清道光三十年(1850)刻本　二冊　存一種

330000－1717－0002403　A2493　子部/醫家類/類編之屬

吴氏醫學述　(清)吳儀洛輯　清刻本　一冊　存一種

330000－1717－0002405　A2495　類叢部/叢書類/彙編之屬

唐代叢書六集一百六十四種　(清)王文誥編　清刻本　一冊　存五集二種

330000－1717－0002406　A2496　經部/四書類/論語之屬

落花水面不分卷　清半讀居士抄本　一冊

330000－1717－0002407　A2497　子部/術數類/陰陽五行之屬

增補諸家選擇萬全玉匣記二卷　(晉)許真君撰　清光緒十九年(1893)金陵三經齋蔣元泰刻本　一冊　存一卷(上)

330000－1717－0002408　A2498　子部/雜著類/雜纂之屬

雲林别墅纂輯酬世錦囊五種十九卷　(清)謝梅林　(清)鄒可庭輯　清刻本　南□紫霞道人題記　一冊　存二種

330000－1717－0002409　A2499　經部/小學類/文字之屬/字書/字典

字彙四卷　(明)梅膺祚輯　清刻本　二冊　存二卷(亨、貞)

330000－1717－0002410　A2500　子部/藝術類/遊藝之屬/聯語

對本一卷　(清)湖東山人撰　清光緒十七年(1891)抄本　一冊

330000－1717－0002411　A2501　史部/編年類/通代之屬

綱鑑易知錄九十二卷明鑑易知錄十五卷　(清)吳乘權　(清)周之炯　(清)周之燦輯　清刻本　二冊　存四卷(明鑑易知錄三至六)

330000－1717－0002412　A2502　子部/醫家類/綜合之屬/通論

醫師秘笈二卷濕熱條辨一卷　(清)薛雪撰　清末刻本　一冊　缺一卷(一)

330000－1717－0002414　A2504　類叢部/類書類/專類之屬

四書典制類聯三十三卷　(清)閻其淵輯　清刻本　三冊　存十六卷(一至四、二十二至三十三)

330000－1717－0002419　A2508　子部/醫家類/婦科之屬/產科

新編女科指掌五卷　(清)葉其蓁撰　清末海左書局石印本　一冊

330000－1717－0002420　A2509　子部/醫家類/婦科之屬/產科

女科指掌五卷　(清)葉其蓁撰　清末石印本　俞振聲題記　一冊　存二卷(四至五)

330000－1717－0002426　A2516　子部/醫家類/方書之屬/單方驗方

醫方湯頭歌訣一卷附經絡歌訣一卷　(清)汪昂撰　清光緒三十年(1904)上海章福記書局石印本　一冊

330000－1717－0002436　A2526　史部/政書類/律令之屬/律例

大清律例全編□□卷　(清)刑部輯　清嘉慶十六年(1811)刻本　一冊　存一卷(三)

330000－1717－0002437　A2528　集部/總集類/選集之屬/斷代

皇朝經世文新編二十一卷　麥仲華輯　清末石印本　三冊　存五卷(一至五)

330000－1717－0002438　A2527　集部/總集類/選集之屬/斷代

新選小題鋭鋒不分卷　清末刻本　三冊

330000－1717－0002439　A2529　經部/叢編

重刊宋本十三經注疏四百十六卷　附十三經注疏校勘記四百十六卷　(清)阮元撰　(清)盧宣旬摘錄　**校勘記識語四卷**　(清)汪文臺撰　清末石印本　四冊　存三種

330000－1717－0002440　A2530　集部/别集類/清别集
二曲集二十六卷　(清)李顒撰　清末刻本　一册　存一册(首册:歷年紀略)

330000－1717－0002441　A2531　集部/别集類/清别集
音註小倉山房尺牘八卷補遺一卷　(清)袁枚撰　(清)胡光斗箋釋　清光緒十四年(1888)古越奎照樓刻朱墨套印本　一册　存二卷(一至二)

330000－1717－0002442　A2532　子部/藝術類/書畫之屬/畫譜
芥子園畫傳二集九卷　(清)王槩　(清)王蓍　(清)王臯輯　清末石印本　三册　存七卷(一至二、五至九)

330000－1717－0002443　A2533　子部/藝術類/書畫之屬/畫譜
芥子園畫傳初集六卷　(清)王槩　(清)王蓍　(清)王臯輯　清末石印本　一册　存一卷(四)

330000－1717－0002444　A2534　史部/政書類/通制之屬
九通二千三百二十一卷　(清)□□輯　清末石印本　一册　存一種

330000－1717－0002445　A2535　子部/術數類/相宅相墓之屬
太上神傳祕法七十二道鎮宅除邪召吉靈應硃符一卷　清末石印本　一册

330000－1717－0002446　A2536　子部/術數類/相宅相墓之屬
太上神傳祕法七十二道鎮宅除邪召吉靈應硃符一卷　清末石印本　一册

330000－1717－0002447　A2537　子部/術數類/相宅相墓之屬
太上神傳祕法七十二道鎮宅除邪召吉靈應硃符一卷　清末石印本　一册

330000－1717－0002454　A2544　經部/小學類/音韻之屬/韻書
詩韻集成十卷附詞林典腋一卷　(清)余照輯　清末石印本　一册　存四卷(三至五、詞林典腋)

330000－1717－0002455　A2545　集部/小説類/長篇之屬
東周列國全志二十三卷一百八回　(清)蔡奡評點　清末刻本　三册　存二卷(十、二十二)

330000－1717－0002456　A2546　新學/政治法律/政治
民約通義九章　(法國)戎雅屈婁騷撰　(日本)中江篤介譯解　清光緒上海大同譯書局石印本　一册

330000－1717－0002461　A2551　集部/小説類/長篇之屬
東周列國志二十七卷一百八回首一卷　(清)蔡奡評點　清光緒上海書局石印本　二册　存五卷(一至二、十八至二十)

330000－1717－0002462　A2552　集部/總集類/選集之屬/斷代
八家四六文注八卷首一卷　(清)吳鼒編　(清)許貞幹注　清光緒鉛印本　一册　存一卷(八)

330000－1717－0002466　A2556　子部/宗教類/佛教之屬
濟世慈航一卷　清末石印本　一册

330000－1717－0002475　A2565　集部/小説類/短篇之屬
詳注聊齋志異圖詠十六卷首一卷　(清)蒲松齡撰　(清)吕湛恩注　清末上海鴻寶齋書局石印本　四册　存八卷(一至二、十一至十六)

330000－1717－0002480　A2570　新學/學校
初等小學女子國文教科書不分卷　蔣維喬等編纂　清末上海商務印書館石印本　四册　存四册(二、五、七至八)

330000－1717－0002483　A2573　子部/小説家類/異聞之屬

池上草堂筆記近錄六卷續錄六卷三錄六卷四錄六卷 (清)梁恭辰撰　清末刻本　一冊　存三卷(一至三)

330000－1717－0002484　A2574　集部/小說類/短篇之屬
聊齋志異新評十六卷 (清)蒲松齡撰　(清)王士禛評　(清)但明倫新評　清道光二十二年(1842)廣順但氏刻朱墨套印本　四冊　存四卷(一至二、十、十六)

330000－1717－0002485　A2575　子部/醫家類/醫案之屬
古今醫案按選四卷 (清)俞震輯　(清)王士雄選　清光緒三十年(1904)會稽取斯堂董氏刻本　一冊　存一卷(一)

330000－1717－0002490　A2580　集部/小說類/長篇之屬
繪圖說唐前傳四卷六十八回　清末石印本　郭新苗題記　二冊　存二卷(三至四)

330000－1717－0002491　A2581　子部/醫家類/醫經之屬/内經
重訂駱龍吉内經拾遺方論四卷 (宋)駱龍吉撰　(明)劉浴德　(明)朱練訂　清末石印本　一冊　存二卷(三至四)

330000－1717－0002492　A2582　經部/春秋左傳類/傳說之屬
春秋左傳十八卷 (晉)杜預　(宋)林堯叟註釋　(唐)陸德明音義　(明)鍾惺　(明)孫鑛　(明)韓范評點　清光緒三十年(1904)京都鴻文齋石印本　一冊　存一卷(九)

330000－1717－0002501　A2591　集部/小說類/長篇之屬
繡像續小五義六卷一百二十四回　清末簡青齋書局石印本　三冊　存三卷(一、四至五)

330000－1717－0002505　A2595　子部/雜著類/雜纂之屬
經餘必讀八卷續編八卷 (清)雷琳　(清)錢樹棠　(清)錢樹立輯　清刻本　一冊　存二卷(續編七至八)

330000－1717－0002506　A2596　經部/叢編
五經體注大全五種七十二卷 (清)嚴氏家塾主人輯　清末刻本　一冊　存一種

330000－1717－0002508　A2598　子部/醫家類/醫案之屬
臨證指南醫案十卷 (清)葉桂撰　清刻本　一冊　存一卷(四)

330000－1717－0002509　A2599　子部/醫家類/醫案之屬
臨證指南醫案十卷 (清)葉桂撰　清末刻本　四冊　存四卷(四至五、七、九)

330000－1717－0002510　A2600　子部/雜著類/雜纂之屬
經餘必讀八卷續編八卷 (清)雷琳　(清)錢樹棠　(清)錢樹立輯　清刻本　一冊　存二卷(續編七至八)

330000－1717－0002511　A2601　類叢部/叢書類/自著之屬
曾文正公全集十五種 (清)曾國藩撰　清末鉛印本　二冊　存一種

330000－1717－0002514　A2604　集部/小說類/長篇之屬
第一才子書六十卷一百二十回首一卷 (明)羅本撰　(清)毛宗崗評　清末石印本　一冊　存四卷(二十五至二十八)

330000－1717－0002520　A2610　集部/小說類/長篇之屬
增評加批金玉緣圖說十六卷一百二十回首一卷 (清)曹雪　(清)高鶚撰　(清)蝶薌仙史評訂　清末石印本　一冊　存一卷(十三)

330000－1717－0002525　A2615　子部/醫家類/綜合之屬/通論
御纂醫宗金鑑九十卷首一卷 (清)吳謙等撰　清末石印本　一冊　存三卷(三十六至三十八)

330000－1717－0002526　A2616　集部/小說類/長篇之屬
繡像東周列國志二十七卷一百八回 (清)蔡

冪評點　清末上海商務印書館鉛印本　三册　存七卷(六至八、十四至十五、二十六至二十七)

330000－1717－0002527　A2617　集部/小説類/長篇之屬

增評補像全圖金玉緣一百二十回首一卷　(清)曹霑　(清)高鶚撰　清末同文書局石印本　一册　存九回(十一至十九)

330000－1717－0002528　A2618　集部/别集類/清别集

曲園課孫草一卷續刻一卷　(清)俞樾撰　清光緒八年(1882)金陵刻本　一册　存一卷(曲園課孫草)

330000－1717－0002529　A2619　集部/小説類/長篇之屬

增評加批金玉緣圖説十六卷一百二十回首一卷　(清)曹霑　(清)高鶚撰　(清)蝶薌仙史評訂　清末石印本　一册　存九卷(首、一至八)

330000－1717－0002530　A2620　集部/小説類/長篇之屬

東周列國全志八卷一百八回　(清)蔡冪評點　清光緒二十五年(1899)上海久敬齋石印本　六册　存六卷(一至三、五、七至八)

330000－1717－0002538　A2628　集部/總集類/尺牘之屬

最新華英商務尺牘二卷　(清)陳淑南撰　清光緒三十四年(1908)上海協新書莊石印本　一册　存一卷(二)

330000－1717－0002546　A2636　子部/醫家類/醫案之屬

臨證指南醫案十卷　(清)葉桂撰　清末鉛印本　一册　存二卷(九至十)

330000－1717－0002548　A2638　集部/小説類/長篇之屬

繡像西漢演義八卷　(明)甄偉撰　清末石印本　二册　存四卷(一至二、七至八)

330000－1717－0002550　A2640　子部/醫家類/醫案之屬

臨證指南醫案八卷附種福堂公選良方一卷　(清)葉桂撰　清光緒三十二年(1906)上海龍文書局石印本　四册　存四卷(一、三、七至八)

330000－1717－0002551　A2641　子部/醫家類/方書之屬/單方驗方

種福堂公選良方四卷　(清)葉桂撰　清末種福堂石印本　一册　存二卷(三至四)

330000－1717－0002555　A2645　子部/醫家類/方書之屬

新編救急奇方□□卷　(清)徐文弼輯　清末石印本　一册　存一卷(二)

330000－1717－0002558　A2648　子部/醫家類/醫案之屬

種福堂公選溫熱論醫案四卷　(清)葉桂撰　清末鉛印本　一册

330000－1717－0002564　A2654　新學/算學/數學

筆算數學三卷　(美國)狄考文輯　(清)鄒立文述　清光緒二十四年(1898)上海美華書館鉛印本　一册　存一卷(一)

330000－1717－0002565　A2655　子部/天文曆算類/算書之屬

御製數理精藴上編五卷下編四十卷表八卷　(清)聖祖玄燁撰　清光緒三十二年(1906)上海通時書局石印本　五册　存十四卷(上編一至五,下編二十五至三十,表一、三、五)

330000－1717－0002572　A2662　集部/小説類/長篇之屬

七俠五義傳二十四卷一百二十回　(清)石玉崑撰　(清)俞樾重編　清末簡青齋書局石印本　一册　存四卷(十二至十五)

330000－1717－0002577　A2667　集部/總集類/選集之屬/通代

文選六十卷　(南朝梁)蕭統輯　(唐)李善注　清石印本　二册　存二十五卷(十二至二十五、三十八至四十八)

330000－1717－0002586　A2676　集部/小說類/長篇之屬

繡像永慶昇平十二卷　郭廣瑞撰　**繪圖永慶昇平後傳十二卷**　（清）貪夢道人撰　清末石印本　三册　存九卷（四至九、後傳四至六）

330000－1717－0002589　A2679　新學/學校

蒙學讀本全書七編七卷　（清）江蘇無錫三等公學堂編　清末石印本　一册　存一卷（四）

330000－1717－0002590　A2680　類叢部/叢書類/自著之屬

曾文正公四種　（清）曾國藩撰　清光緒三十一年（1905）商務印書館鉛印本　一册　存一種

330000－1717－0002591　A2681　類叢部/類書類/專類之屬

見心集三卷　（清）汪文芳輯　清刻本　俞魯英題簽　一册　存一卷（下）

330000－1717－0002592　A2682　集部/總集類/課藝之屬

紹興府學堂課藝不分卷　（清）徐錫麟選　清末紹興府學堂石印本　一册

330000－1717－0002593　A2683　經部/四書類/總義之屬

分法小題折字□□卷　清刻本　一册　存二卷（上孟、下孟）

330000－1717－0002594　A2684　子部/小說家類/雜事之屬

坐花誌果八卷　（清）汪道鼎撰　（清）鶩峰樵者音釋　清刻本　一册　存四卷（五至八）

330000－1717－0002595　A2685　子部/醫家類/方書之屬

不知醫必要四卷　（清）梁廉夫撰　清末刻本　一册　存一卷（二）

330000－1717－0002596　A2686　子部/醫家類/類編之屬

醫門法律六卷　（清）喻昌撰　清光緒二十四年（1898）上海掃葉山房石印本　一册　存二卷（一至二）

330000－1717－0002602　A2692　子部/醫家類/綜合之屬/通論

古吳童氏重校醫宗必讀十卷　（明）李中梓撰　清石印本　一册　存二卷（五至六）

330000－1717－0002603　A2693　集部/小說類/長篇之屬

增像全圖三國志演義第一才子書八卷一百二十回　（明）羅本撰　（清）毛宗崗評　清宣統元年（1909）上海章福記書局石印本　潘亞湘題簽　二册　存四卷（一至二、七至八）

330000－1717－0002604　A2694　史部/地理類/遊記之屬/紀行

出使英法義比四國日記六卷（清光緒十六年正月十一日至十七年二月三十日）　（清）薛福成撰　清末石印本　一册　存二卷（三至四）

330000－1717－0002606　A2696　經部/小學類/文字之屬/字書/字典

六一山房重校石印攷正字彙二卷　（清）陳淏子撰　清石印本　一册

330000－1717－0002607　A2697　子部/儒家類/儒學之屬/蒙學

聚奎堂唐詩便蒙二卷　清刻本　二册

330000－1717－0002614　A2704　經部/小學類/訓詁之屬/方言

新增攷正俗言智燈難字二卷　（清）范寅撰　清末石印本　一册

330000－1717－0002615　A2705　子部/醫家類/醫案之屬

葉氏醫案存真三卷　（清）葉桂撰　（清）葉萬青輯　**馬氏醫案并附祁案王案一卷**　（清）馬俶等撰　清末石印本　一册　存一卷（三）

330000－1717－0002616　A2706　新學/天學

談天十八卷首一卷附表一卷　（英國）侯失勒撰　（英國）偉烈亞力口譯　（清）李善蘭筆述　清末石印本　二册　存十卷（五至十、十六至十八，附表）

330000－1717－0002617　A2707　集部/小說

類/長篇之屬

新刻說唐全傳□□卷　清刻本　一册　存一卷(四)

330000－1717－0002618　A2708　子部/醫家類/婦科之屬/通論

女科輯要八卷附單養賢胎產全書一卷　(清)周紀常纂輯　清刻本　三册　存七卷(三至八、胎産全書)

330000－1717－0002619　A2709　集部/小說類/長篇之屬

古本三國志二十卷一百二十回　(明)羅本撰　**忠義水滸傳二十卷一百十五回**　(元)施耐庵撰　清刻本　一册　存一册(一)

330000－1717－0002620　A2710　類叢部/類書類/專類之屬

詩學含英十四卷　(清)劉文蔚輯　清刻本　二册　存六卷(一至三、十二至十四)

330000－1717－0002621　A2711　子部/醫家類/方書之屬/單方驗方

葉種德堂丸散膏丹一卷　(清)葉種德堂主人編　清葉種德堂刻本　一册

330000－1717－0002623　A2713　集部/別集類/清別集

十杉亭帖體詩鈔五卷續編二卷　(清)吳楷撰　**薇雲小舍試帖詩課二卷續編二卷**　(清)吳之俊撰　清末刻本　二册　存四卷(薇雲小舍試帖詩課一至二、續編一至二)

330000－1717－0002624　A2714　類叢部/叢書類/彙編之屬

讀畫齋叢書四十六種　(清)顧修輯　清嘉慶四年(1799)桐川顧氏刻本　一册　存一種

330000－1717－0002625　A2715　集部/總集類/選集之屬/斷代

唐四家詩集二十八卷　清光緒十年(1884)上海同文書局石印本　一册　存五卷(一至五)

330000－1717－0002627　A2717　子部/儒家類/儒學之屬/蒙學

發蒙小品六卷　(清)唐惟懋編　(清)吳鳳儀注　清刻本　二册　存四卷(大學、中庸、上孟、下孟)

330000－1717－0002628　A2718　子部/儒家類/儒學之屬/蒙學

初學啟悟集二卷　(清)汪承忠評選　(清)黄梅峰詮解　清光緒六年(1880)浙紹墨潤堂刻本　一册　存一卷(一)

330000－1717－0002629　A2719　子部/醫家類/醫案之屬

古今醫案按選四卷　(清)俞震輯　(清)王士雄選　清光緒三十年(1904)會稽取斯堂董氏刻本　一册　存一卷(三)

330000－1717－0002631　A2721　新學/議論/通論

時務三字經一卷　清宣統三年(1911)上海鑄記書局石印本　一册

330000－1717－0002632　A2722　新學/政治法律

錢氏政學叢書　錢恂撰　清光緒二十九年(1903)英華譯齋石印本　一册　存二種

330000－1717－0002650　A2740　集部/總集類/尺牘之屬

歷代名人小簡二卷　吳曾祺輯　清宣統元年(1909)上海商務印書館鉛印本　一册　存一卷(下)

330000－1717－0002651　A2741　經部/小學類/文字之屬/字書/字典

康熙字典十二集三十六卷總目一卷檢字一卷辨似一卷等韻一卷補遺一卷備考一卷　(清)張玉書等纂修　清末刻本　十一册　存十一卷(丑集中下、卯集上、辰集上下、巳集下、午集中下、未集上中、申集上)

330000－1717－0002652　A2742　經部/小學類/文字之屬/字書/字典

康熙字典十二集三十六卷總目一卷檢字一卷辨似一卷等韻一卷補遺一卷備考一卷　(清)張玉書等纂修　清末刻本　一册　存一卷(戌集上)

330000－1717－0002653　A2743　經部/小學類/文字之屬/字書/字典
康熙字典十二集三十六卷總目一卷檢字一卷辨似一卷等韻一卷補遺一卷備考一卷　（清）張玉書等纂修　清末石印本　二册　存十五卷（寅集上中下、卯集上中下、辰集上中下、巳集上中下、午集上中下）

330000－1717－0002654　A2744　經部/小學類/文字之屬/字書/字典
康熙字典十二集三十六卷總目一卷檢字一卷辨似一卷等韻一卷補遺一卷備考一卷　（清）張玉書等纂修　清光緒十六年（1890）上海同文書局石印本　一册　存十卷（子集上中下、丑集上中下，總目，檢字，辨似，等韻）

330000－1717－0002655　A2745　經部/小學類/文字之屬/字書/字典
康熙字典十二集三十六卷總目一卷檢字一卷辨似一卷等韻一卷補遺一卷備考一卷　（清）張玉書等纂修　清末石印本　一册　存九卷（寅集上中下、卯集上中下、辰集上中下）

330000－1717－0002656　A2746　經部/小學類/文字之屬/字書/字典
康熙字典十二集三十六卷總目一卷檢字一卷辨似一卷等韻一卷補遺一卷備考一卷　（清）張玉書等纂修　清末石印本　二册　存十二卷（巳集上中下、午集上中下、未集上中下、申集上中下）

330000－1717－0002657　A2747　經部/小學類/文字之屬/字書/字典
康熙字典十二集三十六卷總目一卷檢字一卷辨似一卷等韻一卷補遺一卷備考一卷　（清）張玉書等纂修　清末上海同文書局石印本　三册　存二十一卷（寅集上中下、卯集上中下、辰集上中下、巳集上中下、午集上中下、未集上中下、申集上中下）

330000－1717－0002660　A2750　經部/小學類/文字之屬/字書/字典
康熙字典十二集三十六卷總目一卷檢字一卷辨似一卷等韻一卷補遺一卷備考一卷　（清）張玉書等纂修　清末上海錦章書局石印本　一册　存十一卷（未集上中下、申集上中下、亥集上中下，補遺，備考）

330000－1717－0002661　A2751　經部/小學類/文字之屬/字書/字典
康熙字典十二集三十六卷總目一卷檢字一卷辨似一卷等韻一卷補遺一卷備考一卷　（清）張玉書等纂修　清光緒十年（1884）上海同文書局石印本　一册　存十卷（子集上中下、午集上中下，總目，檢字，辨似，等韻）

330000－1717－0002662　A2752　經部/小學類/文字之屬/字書/字典
康熙字典十二集三十六卷總目一卷檢字一卷辨似一卷等韻一卷補遺一卷備考一卷　（清）張玉書等纂修　清末石印本　四册　存二十四卷（寅集上中下、卯集上中下、辰集上中下、未集上中下、申集上中下、酉集上中下、戌集上中下、亥集上中下）

330000－1717－0002663　A2753　史部/編年類/斷代之屬
十一朝東華約錄二百三十二卷　（清）王祖顯輯　清末石印本　一册　存十六卷（一百五十二至一百六十七）

330000－1717－0002664　A2754　史部/編年類/斷代之屬
東華續錄一百卷（同治朝）　王先謙編　清末石印本　一册　存四卷（二十八至三十一）

330000－1717－0002665　A2755　經部/小學類/文字之屬/字書/字典
康熙字典十二集三十六卷總目一卷檢字一卷辨似一卷等韻一卷補遺一卷備考一卷　（清）張玉書等纂修　清末石印本　一册　存十卷（子集上中下、丑集上中下，總目，檢字，辨似，等韻）

330000－1717－0002666　A2756　經部/小學類/文字之屬/字書/字典
康熙字典十二集三十六卷總目一卷檢字一卷辨似一卷等韻一卷補遺一卷備考一卷　（清）張玉書等纂修　清末石印本　二册　存十二

卷(未集上中下、申集上中下、酉集上中下、戌集上中下)

330000－1717－0002667　A2757　經部/小學類/文字之屬/字書/字典

康熙字典十二集三十六卷總目一卷檢字一卷辨似一卷等韻一卷補遺一卷備考一卷　(清)張玉書等纂修　清末上海久敬齋石印本　二册　存十二卷(未集上中下、申集上中下、酉集上中下、戌集上中下)

330000－1717－0002668　A2758　經部/小學類/文字之屬/字書/字典

康熙字典十二集三十六卷總目一卷檢字一卷辨似一卷等韻一卷補遺一卷備考一卷　(清)張玉書等纂修　清末石印本　一册　存九卷(寅集上中下、卯集上中下、辰集上中下)

330000－1717－0002669　A2759　經部/小學類/文字之屬/字書/字典

康熙字典十二集三十六卷總目一卷檢字一卷辨似一卷等韻一卷補遺一卷備考一卷　(清)張玉書等纂修　清末石印本　一册　存五卷(亥集上中下、補遺、備考)

330000－1717－0002670　A2760　經部/小學類/文字之屬/字書/字典

康熙字典十二集三十六卷總目一卷檢字一卷辨似一卷等韻一卷補遺一卷備考一卷　(清)張玉書等纂修　清末石印本　一册　存六卷(巳集上中下、午集上中下)

330000－1717－0002671　A2761　經部/小學類/文字之屬/字書/字典

康熙字典十二集三十六卷總目一卷檢字一卷辨似一卷等韻一卷補遺一卷備考一卷　(清)張玉書等纂修　清末石印本　一册　存六卷(未集上中下、申集上中下)

330000－1717－0002672　A2762　經部/小學類/文字之屬/字書/字典

康熙字典十二集三十六卷總目一卷檢字一卷辨似一卷等韻一卷補遺一卷備考一卷　(清)張玉書等纂修　清光緒十二年(1886)上海點石齋石印本　一册　存二十一卷(子集上中下、丑集上中下、寅集上中下、卯集上中下、辰集上中下、巳集上中下,總目,檢字,等韻)

330000－1717－0002677　A2767　子部/醫家類/醫經之屬/内經

黄帝内經素問合纂十卷靈樞經合纂九卷補遺一卷　(清)張隱菴(張志聰)　(清)馬元臺(馬蒔)注　清末上海掃葉山房石印本　一册　存一卷(五)

330000－1717－0002682　A2772　子部/小說家類/雜事之屬

坐花誌果八卷　(清)汪道鼎撰　(清)鶩峰樵者音釋　清刻本　三册　存六卷(三至八)

330000－1717－0002683　A2773　類叢部/類書類/專類之屬

詩韻類錦十二卷　(清)郭化霖編　清同治四年(1865)緯文堂刻本　二册　存二卷(一、四)

330000－1717－0002684　A2774　集部/小說類/短篇之屬

詳注聊齋志異圖詠十六卷首一卷　(清)蒲松齡撰　(清)呂湛恩注　清末石印本　一册　存二卷(五至六)

330000－1717－0002688　A2778　子部/醫家類/兒科之屬/痘疹

小兒月内種痘神方一卷　(清)胡少泉撰　清光緒二十六年(1900)上海望平街華洋印局鉛印本　一册

330000－1717－0002703　A2793　子部/宗教類/其他宗教之屬/基督教

使徒行傳官話略解不分卷　清末漢口聖經會鉛印本　一册

330000－1717－0002704　A2794　史部/傳記類/總傳之屬/斷代

國朝先正事略補編二卷　(清)李元度撰　清刻本　一册　存一卷(一)

330000－1717－0002705　A2795　子部/宗教類/其他宗教之屬/基督教

備終錄不分卷　清末鉛印本　一册

330000－1717－0002707　A2797　子部/醫家類/喉科口齒之屬/白喉

洞主仙師白喉治法忌表抉微一卷　(清)耐修子輯並注　清刻本　一册

330000－1717－0002708　A2798　子部/醫家類/喉科口齒之屬/白喉

洞主仙師白喉治法忌表抉微一卷附經驗救急諸方一卷　(清)耐修子輯並注　清末上海千頃堂石印本　一册

330000－1717－0002710　A2800　子部/醫家類/綜合之屬/通論

御纂醫宗金鑑九十卷首一卷　(清)吳謙等撰　清末簡青齋書局石印本　一册　存二卷(一至二)

330000－1717－0002712　A2802　新學/算學/代數

代數術二十五卷首一卷　(英國)華里司輯　(英國)傅蘭雅口譯　(清)華蘅芳筆述　清石印本　二册　存十五卷(九至二十三)

330000－1717－0002716　A2806　子部/藝術類/書畫之屬/書法書品

隸書字法一卷篆書字法一卷　(清)陳紀書　清刻本　一册

330000－1717－0002719　A2809　子部/術數類/相宅相墓之屬

重刊人子須知資孝地理心學統宗八卷首一卷　(明)徐善繼　(明)徐善述撰　清末石印本　一册　存一卷(四)

330000－1717－0002724　A2814　新學/算學/數學

筆算數學三卷　(美國)狄考文輯　(清)鄒立文述　清末鉛印本　一册　存一卷(三)

330000－1717－0002734　A2824　子部/術數類/相宅相墓之屬

山洋指迷原本四卷　(明)周景一撰　(清)俞歸璞　(清)吳卿瞻注　清乾隆五十二年(1787)刻本　一册　存一卷(一)

330000－1717－0002737　A2827　子部/醫家類/診法之屬/脈經脈訣

脈經十卷　(晉)王叔和撰　清石印本　一册　存一卷(八)

330000－1717－0002738　A2828　集部/小說類/短篇之屬

聊齋志異新評十六卷　(清)蒲松齡撰　(清)王士禛評　(清)但明倫新評　清刻本　四册　存四卷(三至四、六、十)

330000－1717－0002739　A2829　集部/小說類/長篇之屬

東周列國志二十七卷一百八回首一卷　(清)蔡奡評點　清末石印本　五册　存十五卷(一至二、十一至二十三)

330000－1717－0002740　A2830　集部/小說類/短篇之屬

聊齋志異新評十六卷　(清)蒲松齡撰　(清)王士禛評　(清)但明倫新評　清刻本　一册　存一卷(九)

330000－1717－0002751　A2841　集部/小說類/長篇之屬

燕山外史注釋八卷　(清)陳球撰　(清)若騤子輯注　清光緒三十二年(1906)上海海左書局石印本　一册　存一卷(一)

330000－1717－0002761　A2851　集部/總集類/選集之屬

微波閣集□□卷　清光緒三十一年(1905)邵陽魏氏石印本　一册　存一卷(四)

330000－1717－0002762　A2852　子部/醫家類/綜合之屬/通論

御纂醫宗金鑑九十卷首一卷　(清)吳謙等撰　清末鉛印本　一册　存四卷(六十七至七十)

330000－1717－0002763　A2853　集部/曲類/寶卷之屬

改良勸世文一卷　清刻本　一册

330000－1717－0002765　A2855　集部/小說類/長篇之屬

新刊繡像評演濟公傳四卷一百二十回繡像評

演接續後部濟公傳四卷一百二十回　郭廣瑞撰　清末石印本　一册　存一卷(後部一)

330000－1717－0002766　A2856　子部/雜著類/雜纂之屬

增智囊補二十八卷　(明)馮夢龍輯　清刻本　一册　存三卷(二十二至二十四)

330000－1717－0002767　A2857　集部/小說類/長篇之屬

繡像東漢演義十卷一百二十六回　(明)謝詔撰　清末鉛印本　一册

330000－1717－0002768　A2858　子部/儒家類/儒學之屬

敎學治事續編二卷　(清)王益吾　(清)繼紹庭鑒定　清末鉛印本　二册

330000－1717－0002769　A2859　新學/史志

新譯大日本近世史不分卷　(日本)松井廣吉編　(清)范枕石譯　清末上海會文政記鉛印本　二册

330000－1717－0002772　A2862　子部/儒家類/儒學之屬/俗訓

人譜一卷人譜類記二卷　(明)劉宗周撰　清末石印本　一册　存一卷(人譜類記一)

330000－1717－0002777　A2867　史部/傳記類/總傳之屬/列女

中國女史二十一卷正誤一卷　(清)金炳麟　(清)王以銓輯　清宣統元年(1909)杭州中合公司鉛印本　二册　存七卷(一至七)

330000－1717－0002782　A2872　新學/學校

最新國文教科書不分卷　莊俞等編纂　清光緒三十四年至民國元年(1908－1912)上海商務印書館鉛印本　八册

330000－1717－0002787　A2877　集部/曲類/寶卷之屬

珠塔寶卷全集一卷　清宣統元年(1909)杭州聚元堂石印本　一册

330000－1717－0002789　A2879　類叢部/叢書類/自著之屬

曾文正公全集十五種　(清)曾國藩撰　清末鉛印本　五册　存一種

330000－1717－0002790　A2880　史部/史抄類

前漢書精華錄四卷後漢書精華錄二卷　(清)高塘撰　清末石印本　二册　存二卷(二、四)

330000－1717－0002791　A2881　子部/小說家類/異聞之屬

諧鐸十二卷　(清)沈起鳳撰　清末上海廣百宋齋鉛印本　二册　存六卷(四至九)

330000－1717－0002802　A2892　子部/醫家類/本草之屬/歷代綜合本草

本草綱目五十二卷附圖三卷瀕湖脈學一卷奇經八脈攷一卷脈訣攷證一卷　(明)李時珍撰　**本草萬方鍼線八卷**　(清)蔡烈先輯　**本草綱目拾遺十卷**　(清)趙學敏輯　清宣統三年(1911)上海商務印書館石印本　十四册　存五十九卷(七至二十二、二十八至三十二、三十六至五十二,瀕湖脈學,奇經八脈攷,脈訣攷證,本草萬方鍼線一至八,拾遺一至十)

330000－1717－0002805　A2895　新學/學校

簡易國文教科書不分卷　戴克敦等編纂　清宣統元年(1909)上海商務印書館石印本　三册

330000－1717－0002820　A2910　子部/儒家類/儒學之屬/性理

理學鉤玄三卷　(日本)中江篤介撰　(清)陳鵬譯　清末鉛印本　一册　存二卷(二至三)

330000－1717－0002822　A2912　新學/學校

最新高等小學筆算教科書不分卷　王兆相編　清光緒三十一年(1905)上海商務印書館鉛印本　潘毅題記　一册

330000－1717－0002823　A2913　新學/學校

最新高等小學理科教科書不分卷　謝洪賚編　清光緒三十一年(1905)上海商務印書館鉛印本　潘毅題記　三册

330000－1717－0002824　A2914　新學/學校

最新地理教科書四卷　商務印書館編譯所編　清光緒三十二年(1906)上海商務印書館鉛印本　三冊　存三卷(二至四)

330000－1717－0002825　A2915　經部/小學類/文字之屬/字書/字典

康熙字典十二集三十六卷總目一卷檢字一卷辨似一卷等韻一卷補遺一卷備考一卷　(清)張玉書等纂修　清刻本　一冊　存一卷(補遺)

330000－1717－0002826　A2916　集部/總集類/尺牘之屬

歷朝名媛尺牘二卷　(清)水鏡山房輯　清末水鏡山房刻本　一冊　存一卷(一)

330000－1717－0002827　A2917　經部/小學類/文字之屬/字書/字典

康熙字典十二集三十六卷總目一卷檢字一卷辨似一卷等韻一卷補遺一卷備考一卷　(清)張玉書等纂修　清末石印本　一冊　存六卷(巳集上中下、午集上中下)

330000－1717－0002830　A2919　經部/小學類/文字之屬/字書/字典

康熙字典十二集三十六卷總目一卷檢字一卷辨似一卷等韻一卷補遺一卷備考一卷　(清)張玉書等纂修　清末石印本　二冊　存十五卷(寅集上中下、卯集上中下、辰集上中下、酉集上中下、戌集上中下)

330000－1717－0002832　A2921　經部/小學類/文字之屬/字書/字典

康熙字典十二集三十六卷總目一卷檢字一卷辨似一卷等韻一卷補遺一卷備考一卷　(清)張玉書等纂修　清光緒十三年(1887)上海積山書局石印本　一冊　存十卷(子集上中下、丑集上中下,總目,檢字,辨似,等韻)

330000－1717－0002834　A2923　經部/小學類/文字之屬/字書/字典

康熙字典十二集三十六卷總目一卷檢字一卷辨似一卷等韻一卷補遺一卷備考一卷　(清)張玉書等纂修　清末石印本　一冊　存九卷(寅集上中下、卯集上中下、辰集上中下)

330000－1717－0002845　A2935　集部/總集類/課藝之屬

陳大宗師兩浙課士錄不分卷　清光緒三十年(1904)抄本　一冊

330000－1717－0002849　A2939　史部/政書類/律令之屬/律例

[道光元年至二十九年]四季條例不分卷　[同治元年]四季條例不分卷　[咸豐元年]四季條例不分卷　清末刻本　十四冊

330000－1717－0002852　A2942　新學/學校

簡易識字課本不分卷　學部編譯圖書局編輯　清宣統三年(1911)學部編譯圖書局石印本　一冊

330000－1717－0002861　A2951　集部/別集類/宋別集

林和靖詩集四卷詩話一卷拾遺一卷附錄一卷　(宋)林逋撰　清宣統二年(1910)上海文瑞樓石印本　一冊　存一卷(一)

330000－1717－0002866　A2956　新學/政治法律

錢氏政學叢書　錢恂撰　清光緒二十年(1894)上海醉六堂石印本　五冊　存四種

330000－1717－0002868　A2958　新學/算學/代數

代數難題解法十六卷　(英國)倫德輯　(英國)傅蘭雅口譯　(清)華蘅芳筆述　清末石印本　二冊　存五卷(四至六、十至十一)

330000－1717－0002872　A2962　子部/小說家類/雜事之屬

世說新語補二十卷附釋名一卷　(南朝宋)劉義慶撰　(南朝梁)劉孝標注　(明)何良俊增補　(明)王世貞刪定　(明)王世懋批釋　(明)張文柱校注　清刻本　一冊　存二卷(六至七)

330000－1717－0002873　A2963　集部/總集類/課藝之屬

排律初津四卷　(清)金鳳沼編註　清光緒七年(1881)刻本　四冊

330000－1717－0002874　A2964　經部/小學類/音韻之屬/韻書

詩韻合璧五卷　(清)湯祥瑟輯　清末石印本　三冊　存三卷(二至四)

330000－1717－0002875　A2965　集部/總集類/課藝之屬

排律初津四卷　(清)金鳳沼編註　清末刻本　四冊

330000－1717－0002882　A2972　子部/宗教類/其他宗教之屬/基督教

席勝魔記不分卷　鮑康寧譯　清光緒三十二年(1906)上海美華書館鉛印本　一冊

330000－1717－0002895　A2985　經部/小學類/音韻之屬/韻書

詩韻含英題解十卷　(清)甘蘭友輯　清刻本　一冊　存四卷(一至四)

330000－1717－0002896　A2986　類叢部/叢書類/彙編之屬

續知不足齋叢書(續鮑叢書)十七種　(清)高承勳編　清渤海高氏刻本　一冊　存一種

330000－1717－0002897　A2987　集部/戲劇類/雜劇之屬

西廂記四卷　(元)王德信撰　(清)金人瑞評　清末抄本　一冊

330000－1717－0002899　A2989　經部/四書類/總義之屬/傳說

四書題鏡不分卷　(清)汪鯉翔撰　清刻本　一冊　存上論

330000－1717－0002900　A2990　子部/醫家類/醫經之屬/難經

校正圖註八十一難經四卷　(明)張世賢撰　清光緒二十七年(1901)上海煥文書局石印本　一冊　存二卷(一至二)

330000－1717－0002901　A2991　子部/儒家類/儒學之屬/性理

洗心集四卷　(清)俞國琛等撰　清嘉慶二十四年(1819)刻本　一冊　存一卷(一)

330000－1717－0002902　A2992　集部/戲劇類/雜劇之屬

增補箋註繪像第六才子西廂釋解八卷　(元)王德信　(元)關漢卿撰　清末鉛印本　二冊　存五卷(二至六)

330000－1717－0002903　A2993　集部/總集類/課藝之屬

目耕齋小題偶編不分卷　(清)沈叔眉編次　清刻本　一冊

330000－1717－0002904　A2994　類叢部/類書類/專類之屬

策學續編不分卷　清末鉛印本　一冊

330000－1717－0002912　A3002　子部/宗教類/佛教之屬

覺世經果報圖證二卷　清末石印本　一冊　存一卷(下)

330000－1717－0002913　A3003　集部/別集類/清別集

詳注嚶求集二卷　(清)繆艮撰　(清)倪照注　清光緒十六年(1890)上海江左書林石印本　一冊　存一卷(一)

330000－1717－0002924　A3014　史部/編年類/通代之屬

御撰資治通鑑綱目三編四卷　(清)張廷玉等撰　清末石印本　一冊

330000－1717－0002925　A3015　集部/小說類/長篇之屬

東周列國志二十七卷一百八回首一卷　(清)蔡奡評點　清光緒十八年(1892)五彩公司石印本　一冊　存三卷(首、一至二)

330000－1717－0002927　A3017　子部/醫家類/方書之屬

蘇沈良方八卷　(宋)蘇軾　(宋)沈括撰　(清)陸錫熊　(清)紀昀總纂　(清)王嘉曾纂修　**附林文忠公戒鴉片煙加減第一良方**　清宣統元年(1909)上海朱氏煥文書局石印本　一冊　存四卷(一至四)

330000－1717－0002939　A3029　集部/總集

類/選集之屬/斷代
唐詩一卷 清抄本 一冊

330000－1717－0002940 A3030 子部/醫家類/方書之屬
醫方□□卷 清末抄本 一冊 存一卷(三)

330000－1717－0002941 A3031 集部/總集類/課藝之屬
搭截新編不分卷 (清)繆文溶編次 清刻本 一冊

330000－1717－0002942 A3032 集部/總集類/課藝之屬
課藝不分卷 清刻本 二冊

330000－1717－0002943 A3033 子部/術數類/命書相書之屬
新刊合併官板音義評註淵海子平五卷 (宋)徐升編 清刻本 二冊

330000－1717－0002944 A3034 子部/醫家類/婦科之屬/產科
大生要旨五卷 (清)唐千頃撰 **遂生編一卷 福幼編一卷** (清)莊一夔撰 清光緒三年(1877)刻本 一冊

330000－1717－0002945 A3035 子部/醫家類/醫經之屬/難經
圖注八十一難經辨真四卷圖註脈訣辨真四卷脈訣附方一卷 (明)張世賢撰 清刻本 一冊 缺四卷(圖註脈訣辨真一至四)

330000－1717－0002946 A3036 子部/叢編
諸子彙函二十六卷 (明)歸有光編 明刻本 二冊 存一卷(二十一)

330000－1717－0002948 A3038 史部/政書類/律令之屬
恩詔條款一卷 清同治十三年(1874)刻本 一冊

330000－1717－0002950 A3040 子部/醫家類/傷寒金匱之屬/傷寒論
傷寒六經明義一卷 陳藥間述 清末鉛印本 一冊

330000－1717－0002953 A3043 子部/術數類
造命金丹□□卷 清刻本 三冊 存三卷(二、四至五)

330000－1717－0002956 A3046 新學/雜著/叢編
新輯時務滙通一百八卷 李作棟輯 清末石印本 一冊 存四卷(一百五至一百八)

330000－1717－0002957 A3047 史部/政書類/通制之屬
欽定大清會典一百卷 (清)張廷玉等纂修 清刻本 六冊 存二十二卷(二至五、二十五至二十九、三十六至三十九、四十六至四十九、六十二至六十三、七十九至八十一)

330000－1717－0002958 A3048 史部/編年類/通代之屬
尺木堂綱鑑易知錄九十二卷 (清)吳乘權 (清)周之炯 (清)周之燦輯 清末鉛印本 一冊 存八卷(八十五至九十二)

330000－1717－0002960 A3049 史部/編年類/通代之屬
尺木堂綱鑑易知錄九十二卷 (清)吳乘權 (清)周之炯 (清)周之燦輯 清光緒三十年(1904)上海吳雲記鉛印本 一冊 存五卷(一至五)

330000－1717－0002964 A3054 集部/別集類/清別集
言文對照分類詳註秋水軒尺牘四卷 (清)許思湄撰 (清)許家恩譯 清末石印本 二冊 存二卷(二至三)

330000－1717－0002965 A3055 子部/宗教類/道教之屬
風雷集不分卷 清光緒五年(1879)紹興悔過氏刻本 一冊

330000－1717－0002970 A3060 子部/術數類/命書相書之屬
精刻看命一掌金一卷 (唐)釋一行撰 清光緒二十二年(1896)刻本 一冊

330000－1717－0002971　A3061　新學/學校
小學聯字教科書不分卷　清末刻本　一冊

330000－1717－0002973　A3063　經部/周禮類/傳說之屬
周禮政要二卷　(清)孫詒讓撰　清末刻本　一冊　存一卷(下)

330000－1717－0002975　A3065　集部/總集類/選集之屬/通代
映月樓詩義選不分卷　(清)鄭世迎　(清)潘廷謌　(清)姚世仁選　清刻本　三冊

330000－1717－0002976　A3066　子部/術數類/相宅相墓之屬
陰宅集要四卷陽宅集成八卷　(清)姚廷鑾輯　清刻本　四冊　存四卷(陰宅集要一至四)

330000－1717－0002977　A3067　子部/術數類/相宅相墓之屬
仁孝必讀六卷　(清)周梅梁輯　清末刻本　一冊　存一卷(五)

330000－1717－0002978　A3068　集部/別集類/清別集
許竹篔時文不分卷　(清)許景澄撰　清同治九年(1870)刻本　一冊

330000－1717－0002979　A3069　集部/別集類/清別集
許竹篔時文不分卷　(清)許景澄撰　**陳鈞堂時文不分卷**　清同治九年(1870)刻本　一冊

330000－1717－0002980　A3070　集部/別集類/清別集
韓桃平文集□□卷詩集□□卷　(清)韓廣業撰　清嘉慶四年(1799)刻本　一冊　存一卷(隱文堂文集一)

330000－1717－0002981　A3071　經部/叢編
通志堂經解一百四十種　(清)納蘭成德輯　清康熙十九年(1680)納蘭成德刻本　七冊　存一種

330000－1717－0002982　A3072　集部/總集類/選集之屬/通代
文選六十卷　(南朝梁)蕭統輯　(唐)李善注　清刻本　七冊　存四十三卷(六至二十三、三十六至六十)

330000－1717－0002983　A3073　集部/總集類/課藝之屬
墨卷精選不分卷　(清)李蘊山選　(清)楊金城編　清刻本　三冊

330000－1717－0002984　A3074　經部/小學類/文字之屬/字書/訓蒙
四體千字文一卷　清墨潤堂刻本　一冊

330000－1717－0002985　A3075　集部/總集類/課藝之屬
八銘堂塾鈔初集不分卷二集不分卷　(清)吳懋政編次　清嘉慶二十三年(1818)刻本　三冊

330000－1717－0002986　A3076　集部/總集類/課藝之屬
小題指南二集不分卷三集不分卷　(清)吳次歐編　清同治元年(1862)二希堂刻本　二冊

330000－1717－0002987　A3077　經部/小學類/文字之屬/字書/訓蒙
千字文一卷　(南朝梁)周興嗣撰　清刻本　一冊

330000－1717－0002992　A3082　子部/藝術類/書畫之屬/法帖
御刻三希堂石渠寶笈法帖不分卷　(清)梁詩正等輯　清末影印本　一冊

330000－1717－0002993　A3083　史部/詔令奏議類/詔令之屬
雍正上諭不分卷(清雍正六年)　清抄本　一冊

330000－1717－0002994　A3084　史部/政書類
政書不分卷　清末抄本　十冊

330000－1717－0002995　A3085　子部/醫家類/方書之屬
痲疹症治論的要一卷　清抄本　宋蓉記

一册

330000－1717－0002996　A3086　經部/四書類

四書選篇不分卷　清抄本　一册

330000－1717－0002999　A3087　史部/政書類

政書不分卷　清末抄本　一册

330000－1717－0003000　A3090　集部/別集類/清別集

祭文不分卷　稿本　一册

330000－1717－0003003　A3093　史部/政書類/律令之屬

婦女犯罪章程一卷　清同治七年(1868)刻本　一册

330000－1717－0003004　A3094　史部/政書類/公牘檔册之屬

運河事宜一卷　清光緒二十九年(1903)刻本　一册

330000－1717－0003005　A3095　史部/政書類/律令之屬

刑部會議強盜罪名條例一卷　清光緒九年(1883)刻本　一册

330000－1717－0003006　A3096　史部/政書類/公牘檔册之屬

嗣後停止分發嚴核保舉銓補章程一卷　清光緒九年(1883)刻本　一册

330000－1717－0003007　A3097　史部/政書類/律令之屬

恩赦查辦軍流以下人犯不准免條款一卷　清光緒二十年(1894)刻本　一册

330000－1717－0003008　A3098　史部/政書類/律令之屬

恩詔查辦斬絞人犯條款一卷　清光緒二十年(1894)刻本　一册

330000－1717－0003009　A3099　史部/政書類/律令之屬

恩詔條款四卷　清光緒元年(1875)刻本　一册

330000－1717－0003010　A3100　史部/政書類/公牘檔册之屬

減等條款一卷　清光緒七年(1881)刻本　一册

330000－1717－0003011　A3101　史部/政書類/公牘檔册之屬

會詳酌議各屬盜案緝捕賞罰章程一卷　清光緒七年(1881)刻本　一册

330000－1717－0003012　A3102　史部/政書類/律令之屬/律例

秋讞條例一卷　清光緒二十九年(1903)刻本　一册

330000－1717－0003013　A3103　子部/雜著類/雜說之屬

羼所宜改活板說一卷　清光緒元年(1875)浙省軍需總局刻本　一册

330000－1717－0003014　A3104　子部/雜著類/雜說之屬

羼所宜改活板說一卷　清光緒元年(1875)浙省軍需總局刻本　一册

330000－1717－0003015　A3105　史部/政書類/律令之屬

上諭查辦軍流徒人犯年終彙報章程一卷　清光緒八年(1882)刻本　一册

330000－1717－0003016　A3106　史部/政書類/公牘檔册之屬

直隸清訟事宜一卷附限期功過章程附禁止私押告示式　清同治刻本　一册

330000－1717－0003017　A3107　史部/政書類/公牘檔册之屬

直省勸捐積穀章程一卷　清末刻本　一册

330000－1717－0003019　A3109　子部/醫家類/婦科之屬/產科

胎產心法三卷　（清）閻純璽撰　清刻本　一册

330000－1717－0003021　A3111　經部/四書

類/總義之屬/傳說
繪圖增批四書集註 （宋）朱熹撰　清末浙紹明達書莊石印本　一冊　存五卷（論語六至十）

330000－1717－0003022　A3112　經部/小學類/文字之屬/字書/訓蒙
繪圖四千字文一卷　清光緒三十一年（1905）浙紹奎照樓石印本　俞志相題記　一冊

330000－1717－0003023　A3113　集部/總集類/課藝之屬
崇文書院課藝不分卷　清刻本　一冊

330000－1717－0003024　A3114　經部/周禮類/傳說之屬
周禮簡編□□卷　（□）章絢才訂　清抄本　一冊　存四卷（二至五）

330000－1717－0003027　A3117　子部/術數類/命書相書之屬
新刻合併官板音義評註淵海子平五卷　（宋）徐升編　清刻本　二冊

330000－1717－0003028　A3118　子部/醫家類/本草之屬/本草藥性
雷公炮製藥性解六卷　（明）李中梓撰　清刻本　一冊　存三卷（一至三）

330000－1717－0003029　A3119　子部/醫家類/本草之屬/本草藥性
珍珠囊指掌補遺藥性賦四卷　（金）李杲輯　**雷公炮製藥性解六卷**　（明）李中梓輯　清羣玉山房刻本　三冊　缺二卷（雷公炮製藥性解三至四）

330000－1717－0003030　A3120　子部/醫家類/本草之屬/本草藥性
珍珠囊指掌補遺藥性賦四卷　（金）李杲輯　**雷公炮製藥性解六卷**　（明）李中梓輯　清掃葉山房刻本　一冊　存二卷（一至二）

330000－1717－0003031　A3121　子部/醫家類/綜合之屬/通論
醫學心語□□卷　清刻本　一冊　存一卷（二）

330000－1717－0003032　A3122　子部/醫家類/方書之屬/單方驗方
醫方湯頭歌括一卷　（清）汪昂撰　清同治八年（1869）積慶堂刻本　一冊

330000－1717－0003033　A3123　史部/傳記類/總傳之屬/家乘
［浙江紹興］越郡東街韓氏支譜一卷　清抄本　一冊

330000－1717－0003034　A3124　經部/書類/傳說之屬
書經集傳六卷　（宋）蔡沈撰　清會稽徐氏八杉齋刻本　二冊　存三卷（四至六）

330000－1717－0003035　A3125　集部/別集類/清別集
曝書亭集外詩五卷詞一卷文二卷（曝書亭集外稿八卷）　（清）朱彝尊撰　（明）馮登府（明）朱墨林輯　清嘉慶二十二年（1817）刻本　一冊　存一卷（一）

330000－1717－0003036　A3126　經部/四書類/孟子之屬/傳說
孟子集註七卷　（宋）朱熹撰　清刻本　一冊　存二卷（四至五）

330000－1717－0003037　A3127　集部/別集類/唐五代別集
白香山詩長慶集二十卷後集十七卷別集一卷補遺二卷　（唐）白居易撰　（清）汪立名編訂　**白香山年譜一卷**　（清）汪立名撰　**白香山年譜舊本一卷**　（宋）陳振孫撰　清康熙四十一年至四十二年（1702－1703）汪立名一隅草堂刻本　一冊　存六卷（六至十一）

330000－1717－0003038　A3128　集部/別集類/清別集
小倉山房外集八卷　（清）袁枚撰　清刻本　一冊　存三卷（六至八）

330000－1717－0003039　A3129　集部/別集類/宋別集
月洞詩集二卷　（宋）王鎡撰　清嘉慶十八年（1813）刻本　一冊　存一卷（二）

330000－1717－0003045　A3135　子部/儒家類/儒學之屬/禮教
稱呼不分卷　清抄本　一册

330000－1717－0003046　A3136　集部/總集類/選集之屬/斷代
西漢文選四卷　(清)儲欣評　清乾隆五十一年(1786)刻本　二册

330000－1717－0003047　A3137　經部/小學類/文字之屬/字書
尺木堂龍頭雜字二卷　清刻本　一册

330000－1717－0003048　A3138　子部/儒家類/儒學之屬/蒙學
唐詩便蒙二卷　清聚奎堂刻本　一册　存一卷(一)

330000－1717－0003051　A3141　子部/醫家類
玉洞遺經不分卷　清光緒十一年(1885)抄本　一册

330000－1717－0003052　A3142　子部/醫家類/本草之屬
本草綱目要録主治不分卷　清光緒二十九年(1903)抄本　一册

330000－1717－0003053　A3143　集部/曲類/彈詞之屬
寶蓮燈不分卷　清光緒二十一年(1895)杏軒抄本　一册

330000－1717－0003054　A3144　集部/戲劇類/傳奇之屬
通天簫一卷　清周大治抄本　一册

330000－1717－0003055　A3145　集部/戲劇類/傳奇之屬
通天簫一卷　清光緒十三年(1887)王杏軒抄本　一册

330000－1717－0003056　A3146　集部/曲類/彈詞之屬
唱本不分卷　清抄本　一册

330000－1717－0003057　A3147　集部/曲類/彈詞之屬
紫金鞭一卷　清光緒十年(1884)王杏軒抄本　一册

330000－1717－0003058　A3148　集部/總集類/課藝之屬
文抄不分卷　清抄本　二册

330000－1717－0003059　A3149　集部/總集類/選集之屬/斷代
江湖後集二十四卷　(宋)陳起編　清抄本　一册　存三卷(二至三、十二)

330000－1717－0003060　A3150　子部/醫家類/方書之屬
濟世諸方不分卷　清抄本　一册

330000－1717－0003061　A3151　子部/醫家類/兒科之屬
兒科不分卷　清抄本　一册

330000－1717－0003064　A3154　子部/醫家類/方書之屬
醫方不分卷　清抄本　一册

330000－1717－0003065　A3155　集部/曲類/寶卷之屬
潘公免災救難寶卷三卷　(清)潘曾沂撰　清咸豐七年(1857)刻本　一册

330000－1717－0003067　A3157　經部/春秋左傳類/傳説之屬
評點春秋綱目左傳句解彙雋六卷　(清)韓菼重訂　清宣統三年(1911)天寶書局刻本　一册　存一卷(一)

330000－1717－0003068　A3158　史部/傳記類/别傳之屬/事狀
皇清誥授資政大夫原任雲南布政使前安邱縣知縣姚公名宦録一卷　清末刻本　一册

330000－1717－0003069　A3159　新學/史志/諸國史
少年世界史二卷　何琪編譯　清光緒二十七年(1901)山會北鄉蒙學堂刻本　一册　存一卷(上)

330000－1717－0003074　A3164　經部/春秋左傳類/傳說之屬

批點春秋左傳綱目句解彙鐫六卷　(清)韓菼重訂　清刻本　三册　存三卷(二、四、六)

330000－1717－0003075　A3165　經部/禮記類/傳說之屬

禮記省度四卷　(清)彭頤撰　清刻朱墨套印本　四册

330000－1717－0003076　A3166　經部/禮記類/傳說之屬

禮記省度四卷　(清)彭頤撰　清刻朱墨套印本　二册　存二卷(二至三)

330000－1717－0003077　A3167　集部/小說類

□□圖册不分卷　清刻本　一册

330000－1717－0003079　A3169　子部/工藝類/日用器物之屬/錦繡

繡花圖樣不分卷　清石印本　十九册

330000－1717－0003080　A3170　集部/總集類/課藝之屬

課藝不分卷　清抄本　一册

330000－1717－0003081　A3171　集部/別集類/清別集

朱意園文稿不分卷　(清)朱淥撰　清道光七年(1827)刻本　一册

330000－1717－0003082　A3172　集部/總集類/課藝之屬

註釋明文必自集選本不分卷先正論文一卷　(清)王惟梅編　清嘉慶十二年(1807)紹城藜照樓刻本　一册

330000－1717－0003083　A3173　集部/總集類/選集之屬/通代

天崇百篇二卷　(清)吴懋政評選　清吴氏家塾刻本　一册　存一卷(上)

330000－1717－0003084　A3174　集部/總集類/課藝之屬

課藝不分卷　清刻本　一册

330000－1717－0003086　A3176　史部/政書類/公牘檔册之屬

分書不分卷　清光緒十年(1884)抄本　一册

330000－1717－0003087　A3177　集部/總集類/選集之屬

鄱陽湖櫂歌一卷　清刻本　一册

330000－1717－0003088　A3178　集部/總集類/課藝之屬

敷文課藝二集不分卷　(清)周縵雲鑒定　清光緒四年至五年(1878－1879)刻本　一册

330000－1717－0003089　A3179　集部/總集類/選集之屬/斷代

明狀元詩文一卷附會元及第考一卷明狀元總考一卷　明隆慶刻本　一册

330000－1717－0003090　A3180　經部/叢編

七經精義三十二卷　(清)黄淦撰　清刻本　一册　存一種

330000－1717－0003091　A3181　類叢部/叢書類/自著之屬

庸庵全集十種　(清)薛福成撰　清光緒十年至二十四年(1884－1898)無錫薛氏刻本　二册　存一種

330000－1717－0003092　A3182　史部/史抄類

南史識小錄十四卷北史識小錄十四卷　(清)沈名蓀　(清)朱昆田輯　(清)張應昌補正　清同治十年(1871)武林吴氏清來堂刻本　一册　存二卷(十三至十四)

330000－1717－0003094　A3184　集部/別集類/清別集

龍江竹枝詞二卷　(清)童謙孟撰　清光緒十三年(1887)刻本　一册　存一卷(下)

330000－1717－0003095　A3185　類叢部/叢書類/彙編之屬

說苑　清刻本　六册　存八種

330000－1717－0003096　A3186　集部/總集類/彙編之屬

李杜詩通六十一卷　(明)胡震亨編　清刻本　一册　存一種

330000－1717－0003101　A3191　新學/算學/三角八綫
八線備旨四卷八線學總習問一卷　(美國)羅密士撰　(美國)潘慎文選譯　清光緒二十四年(1898)上海美華書館鉛印本　一册

330000－1717－0003102　A3192　子部/天文曆算類/算書之屬
上虞算學堂課藝二卷　(清)支寶枏選　清光緒二十七年(1901)刻本　二册

330000－1717－0003104　A3194　集部/别集類/清别集
越縵堂集十卷　(清)李慈銘撰　清光緒十六年(1890)刻本　二册

330000－1717－0003105　A3195　子部/醫家類/本草之屬/歷代綜合本草
增訂本草備要四卷　(清)汪昂撰　清刻本　二册

330000－1717－0003106　A3196　子部/醫家類/本草之屬/歷代綜合本草
增訂本草備要四卷　(清)汪昂撰　清刻本　一册　存一卷(三)

330000－1717－0003107　A3197　子部/醫家類/方書之屬/歷代方書
醫方集解二十三卷本草備要八卷　(清)汪昂撰　清刻本　一册　存六卷(四至七、本草備要三至四)

330000－1717－0003108　A3198　類叢部/類書類/通類之屬
子史精華一百六十卷　(清)吴士玉　(清)吴襄等輯　清刻本　三十二册　存一百五卷(一至五十二、五十六至五十八、六十五至六十七、九十四至一百二十二、一百三十三至一百五十)

330000－1717－0003109　A3199　集部/總集類/課藝之屬
文選□□卷　清刻本　一册　存一卷(二)

330000－1717－0003110　A3200　集部/别集類/清别集
經經緯史不分卷　清抄本　一册

330000－1717－0003111　A3201　集部/别集類/清别集
湖東第一山詩鈔五卷　(清)宋棠撰　清同治八年(1869)刻本　一册

330000－1717－0003112　A3202　集部/别集類/清别集
牧齋有學集五十一卷　(清)錢謙益撰　清康熙二十四年(1685)金匱山房刻本　二册　存六卷(四十二至四十七)

330000－1717－0003113　A3203　類叢部/類書類/通類之屬
增補萬寶全書二十卷　(明)陳繼儒撰　(清)毛煥文增補　清同治十年(1871)刻本　一册　存三卷(一至三)

330000－1717－0003114　A3204　子部/宗教類/佛教之屬/經疏
金剛經五十三家注解四卷　(後秦)釋鳩摩羅什譯　(明)成祖朱棣集注　清刻本　二册　存二卷(一至二)

330000－1717－0003115　A3205　子部/儒家類/儒學之屬/性理
慈溪黄氏日抄分類九十七卷　(宋)黄震撰　清刻本　四册　存十卷(三十七至三十九、五十六至六十、六十四至六十五)

330000－1717－0003116　A3206　經部/小學類/文字之屬/字書/字典
康熙字典十二集三十六卷總目一卷檢字一卷辨似一卷等韻一卷補遺一卷備考一卷　(清)張玉書等纂修　清刻本　二十五册　存二十七卷(子集中下、丑集上中下、寅集上中下、卯集上中下、辰集上中下、巳集上中下、午集上中、未集上中下、戌集上中下、亥集中下)

330000－1717－0003117　A3207　子部/醫家類/綜合之屬/通論
鐫玉山房重校醫宗必讀十卷　(明)李中梓撰

清光緒九年(1883)刻本　三冊　存六卷(一至四、九至十)

330000－1717－0003118　A3208　子部/雜著類/雜纂之屬
不可録一卷　(清)陳海曙輯　清同治七年(1868)刻本　一冊

330000－1717－0003121　A3211　經部/詩類/傳説之屬
詩經集傳八卷　(宋)朱熹撰　清光緒二十二年(1896)金陵書局刻本　三冊　存七卷(一至四、六至八)

330000－1717－0003122　A3212　子部/醫家類/綜合之屬/通論
詳校醫宗必讀十卷　(明)李中梓撰　清刻本　二冊　存四卷(七至十)

330000－1717－0003123　A3213　子部/醫家類/綜合之屬/通論
醫宗必讀十卷　(明)李中梓撰　清刻本　三冊　存六卷(三至四、七至十)

330000－1717－0003124　A3214　子部/醫家類/綜合之屬/通論
三益堂詳校醫宗必讀十卷　(明)李中梓撰　清刻本　一冊　存二卷(三至四)

330000－1717－0003135　A3225　經部/四書類/總義之屬/傳説
重校四子書十九卷　(宋)朱熹撰　清光緒二十一年(1895)浙紹奎照樓刻本　一冊

330000－1717－0003136　A3226　集部/楚辭類
楚辭章句十七卷　(漢)王逸撰　(宋)洪興祖補注　清光緒九年(1883)長沙書堂山館刻本　五冊　存十五卷(一至十五)

330000－1717－0003137　A3227　集部/別集類/清別集
留園詩鈔二卷　(清)吳榮撰　清咸豐六年(1856)刻本　一冊

330000－1717－0003138　A3228　子部/醫家類/方書之屬
諸湯偶録不分卷　清末抄本　一冊

330000－1717－0003139　A3229　經部/叢編
五經旁訓　清掃葉山房刻本　一冊　存一種

330000－1717－0003140　A3230　經部/叢編
十一經音訓　(清)楊國楨等編　清刻本　一冊　存一種

330000－1717－0003143　A3233　史部/政書類/律令之屬
刑律人命不分卷　清光緒抄本　一冊

330000－1717－0003144　A3234　史部/政書類/律令之屬
刺字條款不分卷　清光緒抄本　一冊

330000－1717－0003145　A3235　子部/醫家類/傷寒金匱之屬/傷寒論
參校諸書增刪論註傷寒纂要集不分卷　清抄本　一冊

330000－1717－0003146　A3236　史部/政書類/公牘檔冊之屬
簡招一卷　清光緒二十二年(1896)稿本　一冊

330000－1717－0003148　A3238　集部/別集類/清別集
鷓鴣斑一卷　(清)吳偉業撰　清光緒十九年(1893)抄本　一冊

330000－1717－0003150　A3240　史部/政書類/公牘檔冊之屬
□壬祭草簿不分卷　清光緒七年(1881)抄本　一冊

330000－1717－0003151　A3241　子部/雜著類/雜纂之屬
雜而登之不分卷　清光緒八年(1882)抄本　一冊

330000－1717－0003154　A3244　史部/政書類/公牘檔冊之屬
刑事奏案不分卷　清光緒抄本　一冊

330000－1717－0003156　A3246　經部/小學

類/文字之屬/字書/訓蒙
蒙學繪圖五千字文一卷 清末石印本 一冊

330000－1717－0003157 A3247 史部/編年類/通代之屬
資治通鑑綱目五十九卷 (宋)朱熹撰 (明)陳仁錫評 **續編一卷** (明)陳桱撰 (明)陳仁錫評 **前編二十五卷** (明)南軒撰 (明)陳仁錫評 **續資治通鑑綱目二十七卷** (明)商輅等撰 (明)陳仁錫評 清嘉慶九年(1804)姑蘇聚文堂刻本 十一冊 存十卷(續資治通鑑綱目十七至二十六)

330000－1717－0003158 A3248 經部/書類/傳說之屬
書經集傳六卷 (宋)蔡沈撰 清刻本 四冊

330000－1717－0003160 A3250 集部/總集類/課藝之屬
考卷約選不分卷 清刻本 一冊

330000－1717－0003161 A3251 集部/總集類/課藝之屬
註釋考卷脫穎集不分卷補編不分卷 清刻本 一冊

330000－1717－0003162 A3252 集部/總集類/課藝之屬
制義約選二編不分卷 (清)李錫瓚編次 清嘉慶十三年(1808)映雪齋刻本 一冊

330000－1717－0003164 A3255 史部/政書類/律令之屬/律例
大清律例增修統纂集成四十卷附刑案滙覽八十八卷 (清)姚潤輯 (清)胡璋增輯 清道光二十二年(1842)刻本 五冊 存六卷(刑案滙覽一至二、四、六至八)

330000－1717－0003165 A3254 集部/別集類/明別集
王陽明先生全集二十二卷首一卷 (明)王守仁撰 (清)俞嶙輯 清康熙刻本 二十三冊

330000－1717－0003166 A3256 史部/政書類/律令之屬/律例
大清律例增修統纂集成四十卷附督捕則例附纂二卷 (清)姚潤輯 (清)陶駿 (清)陶念霖增輯 清光緒二十一年(1895)刻本 十九冊 存三十二卷(一至十、十三至十九、二十四至三十五、三十八至四十)

330000－1717－0003167 A3257 史部/政書類/律令之屬/律例
大清律例增修統纂集成四十卷附督捕則例附纂二卷 (清)姚潤輯 (清)陶駿 (清)陶念霖增輯 清刻本 一冊 存二卷(三十三至三十四)

330000－1717－0003168 A3258 集部/別集類/宋別集
歐陽文忠公全集一百五十三卷首一卷附錄五卷 (宋)歐陽修撰 清刻本 十六冊 存一百十三卷(一至九十五、一百四十一至一百五十三,附錄一至五)

330000－1717－0003169 A3259 經部/四書類/論語之屬/傳說
論語集注十卷 (宋)朱熹撰 清刻本 二冊

330000－1717－0003170 A3260 經部/四書類/總義之屬/傳說
四書集注十九卷 (宋)朱熹撰 清同治三年(1864)浙江撫署刻本 一冊 存二卷(大學、中庸)

330000－1717－0003171 A3261 史部/政書類/公牘檔冊之屬
覆軍前將弁可當大任書一卷 清抄本 一冊

330000－1717－0003172 A3262 史部/史評類/史論之屬
論史拾遺一卷 (清)連仲愚撰 清光緒五年(1879)枕湖樓刻本 一冊

330000－1717－0003174 A3264 史部/紀傳類/正史之屬
十七史一千五百七十四卷 (明)毛晉編 明崇禎元年至十七年(1628－1644)毛氏汲古閣刻本 十九冊 存一種

330000－1717－0003175 A3265 集部/別集類/宋別集

宋黄文節公文集三十二卷外集二十四卷别集十九卷首四卷 （宋）黄庭堅撰 **黄青社先生伐檀集二卷** （宋）黄庶撰 清乾隆三十年(1765)緝香堂刻本 十六册 缺三十二卷(宋黄文節公文集一至三十二)

330000－1717－0003176 A3266 史部/政書類/公牘檔册之屬
義烏縣署呈批簿不分卷 稿本 十七册

330000－1717－0003185 A3275 史部/地理類/水利之屬
治水奏議一卷 清抄本 一册

330000－1717－0003186 A3276 集部/總集類/課藝之屬
時文不分卷 清抄本 一册

330000－1717－0003187 A3277 集部/總集類/選集之屬
文選不分卷 清抄本 一册

330000－1717－0003188 A3278 集部/别集類/清别集
越縵堂集十卷 （清）李慈銘撰 清光緒十六年(1890)刻本 一册 存五卷(一至五)

330000－1717－0003189 A3279 集部/别集類/清别集
越縵堂集十卷 （清）李慈銘撰 清光緒十六年(1890)刻本 一册 存五卷(一至五)

330000－1717－0003190 A3280 集部/别集類/清别集
越縵堂集十卷 （清）李慈銘撰 清光緒十六年(1890)刻本 一册 存五卷(一至五)

330000－1717－0003191 A3281 經部/群經總義類/傳説之屬
十三經札記二十二卷附十六卷 （清）朱亦棟撰 清刻本 一册 存三種

330000－1717－0003192 A3282 集部/總集類/選集之屬/通代
古文觀止十二卷 （清）吳乘權 （清）吳大職輯 清刻本 一册 存二卷(五至六)

330000－1717－0003193 A3283 經部/群經總義類/傳説之屬
十三經札記二十二卷附十六卷 （清）朱亦棟撰 清刻本 四册 存九種

330000－1717－0003194 A3284 經部/群經總義類/傳説之屬
十三經札記二十二卷附十六卷 （清）朱亦棟撰 清光緒四年(1878)武林竹簡齋刻本 四册 存七種

330000－1717－0003195 A3285 經部/群經總義類/傳説之屬
十三經札記二十二卷附十六卷 （清）朱亦棟撰 清刻本 二册 存三種

330000－1717－0003196 A3286 經部/四書類/總義之屬/傳説
新訂四書補注備旨十卷 （明）鄧林撰 （清）杜定基增訂 清寶光閣刻本 四册 存六卷(大學、中庸、孟子一至四)

330000－1717－0003197 A3287 集部/總集類/選集之屬/通代
寶翰堂古文觀止十二卷 （清）吳乘權 （清）吳大職輯 清刻本 一册 存二卷(五至六)

330000－1717－0003198 A3288 集部/總集類/選集之屬/通代
古文觀止十二卷 （清）吳乘權 （清）吳大職輯 清道光三十年(1850)掃葉山房刻本 一册 存六卷(一至六)

330000－1717－0003199 A3289 集部/總集類/選集之屬/通代
文翰齋古文觀止十二卷 （清）吳乘權 （清）吳大職輯 清光緒六年(1880)刻本 四册 存八卷(一至四、七至十)

330000－1717－0003200 A3290 集部/總集類/選集之屬/通代
文翰齋古文觀止十二卷 （清）吳乘權 （清）吳大職輯 清刻本 四册 存八卷(一至六、九至十)

330000－1717－0003201 A3291 集部/總集

類/選集之屬/通代
繪圖增批古文觀止十二卷 （清）吴乘權（清）吴大職輯　清末浙紹明達書莊鉛印本　一册　存二卷（七至八）

330000－1717－0003203　A3293　史部/地理類/方志之屬/郡縣志
［光緒］上虞縣志四十八卷首一卷末一卷附録一卷 （清）唐煦春修　（清）朱士黻纂　清光緒十七年（1891）刻本　十册　存十五卷（首，一至十四）

330000－1717－0003204　A3294　史部/地理類/方志之屬/郡縣志
［光緒］上虞縣志校續五十卷首一卷末一卷 （清）儲家藻修　（清）徐致靖纂　清光緒二十四年至二十五年（1898－1899）刻本　二册　存六卷（五至七、四十三至四十五）

330000－1717－0003205　A3295　史部/地理類/方志之屬/郡縣志
［光緒］上虞縣志四十八卷首一卷末一卷附録一卷 （清）唐煦春修　（清）朱士黻纂　清光緒十七年（1891）刻本　三册　存九卷（二十四至二十五、四十一至四十四、四十八，末，附録）

330000－1717－0003206　A3296　史部/地理類/方志之屬/郡縣志
［光緒］上虞縣志四十八卷首一卷末一卷附録一卷 （清）唐煦春修　（清）朱士黻纂　清光緒十七年（1891）刻本　八册　存二十一卷（九至十、二十一至二十九、三十三至三十五、四十一至四十四、四十八，末，附録）

330000－1717－0003207　A3297　史部/地理類/方志之屬/郡縣志
［光緒］上虞縣志四十八卷首一卷末一卷附録一卷 （清）唐煦春修　（清）朱士黻纂　清光緒十七年（1891）刻本　八册　存二十三卷（九至十、二十一至二十五、三十三至三十五、三十八至四十八，末，附録）

330000－1717－0003208　A3298　類叢部/叢書類/自著之屬
朱子遺書七十一卷二刻三十三卷 （宋）朱熹撰　清康熙刻本　一册　存四種

330000－1717－0003209　A3299　經部/易類
斷易大全四卷 （清）余興國輯　清刻本　二册　存二卷（二、四）

330000－1717－0003210　A3300　子部/儒家類/儒學之屬/俗訓
訓俗遺規四卷補編一卷 （清）陳宏謀　（清）華希閔編　清刻本　二册　存三卷（三至四、補編）

330000－1717－0003212　A3302　子部/儒家類/儒學之屬/禮教/女範
女四書四卷 （清）王相箋註　清光緒三年（1877）蘇州崇德書院刻本　二册

330000－1717－0003213　A3303　子部/道家類
南華真經十卷 （晉）郭象註　（唐）陸德明音義　清刻本　二册　存四卷（七至十）

330000－1717－0003214　A3304　史部/傳記類/總傳之屬/仕宦
五朝名臣言行録前集十卷後集十四卷 （宋）朱熹輯　清刻本　一册　存八卷（後集七至十四）

330000－1717－0003215　A3305　史部/紀傳類/别史之屬
南唐書三十卷 （宋）馬令撰　明末刻本　一册　存十二卷（一至十二）

330000－1717－0003216　A3306　史部/紀傳類/正史之屬
二十四史附考證 清同治至光緒五省官書局據汲古閣本等合刻光緒五年（1879）湖北書局彙印本　一册　存一種

330000－1717－0003217　A3307　史部/紀傳類/正史之屬
二十四史附考證 清同治至光緒五省官書局據汲古閣本等合刻光緒五年（1879）湖北書局彙印本　四册　存一種

330000－1717－0003218　A3308　經部/禮記類/傳說之屬

禮記集說十卷　(元)陳澔撰　清刻本　九冊　存九卷(二至十)

330000－1717－0003220　A3310　史部/傳記類/別傳之屬/年譜

孔子年譜一卷　清抄本　一冊

330000－1717－0003221　A3311　集部/總集類/選集之屬/斷代

唐詩三百首六卷　(清)孫洙編　清末抄本　一冊　存四卷(三至六)

330000－1717－0003231　A3321　經部/小學類/音韻之屬/韻書

佩文詩韻釋要五卷　(清)周兆基輯　清光緒十八年(1892)浙江書局刻本　一冊

330000－1717－0003232　A3322　經部/小學類/文字之屬/字書/字典

字彙十二集首一卷末一卷韻法直圖一卷　(明)梅膺祚輯　清刻本　二冊　存二集(子、丑)

330000－1717－0003233　A3323　經部/小學類/文字之屬/字書/字典

字彙十二集首一卷末一卷韻法直圖一卷　(明)梅膺祚輯　清刻本　八冊　存八集(首，子、寅、辰、未、申、酉、亥)

330000－1717－0003239　A3329　集部/別集類/清別集

寫心偶存一卷　(清)張燮承撰　清咸豐八年(1858)古蘭渚四宜草堂刻本　一冊

330000－1717－0003240　A3330　子部/雜著類/雜說之屬

秀才約語授趙雋堂同學一卷戊寅新增十二則授同學胡象華胡蘊華昆仲一卷　(清)吳毓珍撰　清末鉛印本　一冊

330000－1717－0003241　A3331　史部/編年類/斷代之屬

新增明紀鑑略四卷首一卷　(明)李廷機撰　(清)馬寬裕增補　清同治三年(1864)芸經堂刻本　一冊　存一卷(首)

330000－1717－0003242　A3332　子部/儒家類/儒學之屬/禮教

五種遺規十七卷　(清)陳弘謀輯並撰　清刻本　一冊　存一卷(從政遺規四)

330000－1717－0003243　A3333　集部/小說類/長篇之屬

三國志□□卷　(明)羅本撰　清世德堂刻本　一冊　存一卷(七)

330000－1717－0003244　A3334　子部/醫家類/針灸之屬/通論

鍼灸大成十卷　(明)楊繼洲撰　清善成堂刻本　五冊　存五卷(一、五、七、九至十)

330000－1717－0003245　A3335　子部/醫家類/綜合之屬/通論

御纂醫宗金鑑九十卷首一卷　(清)吳謙等撰　清刻本　一冊　存二卷(八十四至八十五)

330000－1717－0003246　A3336　子部/醫家類/綜合之屬/通論

御纂醫宗金鑑九十卷首一卷　(清)吳謙等撰　清刻本　三冊　存六卷(八至十、三十四、七十九至八十)

330000－1717－0003247　A3337　經部/四書類/總義之屬/傳說

四書集注十九卷　(宋)朱熹撰　**疑字辨一卷**　清光緒三年(1877)永康退補齋胡氏刻本　一冊　存三卷(大學、中庸，疑字辨)

330000－1717－0003251　A3341　類叢部/叢書類/自著之屬

邃雅堂全集九種　(清)姚文田撰　清嘉慶至光緒歸安姚氏刻本　一冊　存一種

330000－1717－0003253　A3343　子部/儒家類/儒學之屬/勸學

輶軒語七卷　(清)張之洞撰　清刻本　一冊

330000－1717－0003255　A3345　史部/政書類/公牘檔冊之屬

交代欵目備考二卷　清末抄本　二冊

330000－1717－0003256　A3346　史部/政書類/邦計之屬/荒政
災賑不分卷　清抄本　一冊

330000－1717－0003257　A3347　史部/政書類/律令之屬
刺字章程不分卷　清抄本　一冊

330000－1717－0003258　A3348　史部/政書類/律令之屬
律令事宜不分卷　稿本　一冊

330000－1717－0003260　A3349　史部/詔令奏議類/奏議之屬
分類稟稿□□卷　清抄本　三冊　存二十三卷(一至十八、二十二至二十三、二十六至二十七、三十三)

330000－1717－0003261　A3350　子部/醫家類/方書之屬
彙選神方諸症急救四卷　清抄本　一冊　存一卷(元)

330000－1717－0003262　A3351　集部/詩文評類/文評之屬
花樣摘錄不分卷　清抄本　一冊

330000－1717－0003263　A3352　子部/藝術類/書畫之屬/畫譜
點石齋畫報初集十卷二集十二卷三集八卷四集六卷五集四卷六集四卷後附淞隱漫錄十二卷續錄五卷漫遊隨錄三卷風箏誤一卷閨媛叢錄一卷點石齋叢鈔一卷乘龍佳話一卷藹園謎賸一卷　(清)尊聞閣主人輯　清末石印本　一冊　存一卷(閨媛叢錄)

330000－1717－0003264　A3353　子部/道家類
古書隱樓藏書三十八種　(清)閔一得輯　清刻本　一冊　存七種

330000－1717－0003265　A3354　經部/小學類/文字之屬/字書/字典
字彙十二集首一卷末一卷韻法直圖一卷　(明)梅膺祚輯　清抄本　一冊　存一卷(韻法直圖)

330000－1717－0003268　A3357　經部/春秋總義類/傳說之屬
春秋十六卷首一卷　陸氏三傳釋文音義十六卷　(唐)陸德明撰　清刻本　二冊　存十六卷(陸氏三傳釋文音義一至十六)

330000－1717－0003269　A3358　集部/總集類/選集之屬/通代
精刻古今女史十二卷詩集八卷姓氏字里詳節一卷　(明)趙世杰　(明)朱錫綸輯　明崇禎武林趙世杰問奇閣刻本　一冊　存七卷(一至七)

330000－1717－0003270　A3359　子部/宗教類/佛教之屬
慈悲血湖寶懺法三卷　清刻本　一冊

330000－1717－0003271　A3361　史部/傳記類/總傳之屬/家乘
[浙江上虞]上虞西華趙氏宗譜□□卷　清道光七年(1827)樹德堂木活字印本　一冊　存一卷(□)

330000－1717－0003272　A3362　類叢部/類書類/專類之屬
應酬尺牘彙選八卷　(清)陸九如纂輯　清光緒二年(1876)紹城奎照樓刻本　一冊　存二卷(金、石)

330000－1717－0003273　A3363　集部/總集類/選集之屬/通代
天崇百篇不分卷　(清)吴懋政評選　清刻本　一冊

330000－1717－0003274　A3364　集部/別集類/清別集
畫脂軒詩鈔三卷　(清)歐陽涵撰　清刻本　一冊

330000－1717－0003276　A3366　子部/醫家類/喉科口齒之屬/白喉
白喉治法忌表抉微一卷增刊各方一卷　(清)耐修子輯並注　清刻本　一冊

330000－1717－0003277　A3367　經部/詩類/傳說之屬

詩經增訂旁訓四卷 (清)徐立綱旁訓 清匠門書屋刻本 二冊 存二卷(一至二)

330000－1717－0003278 A3368 集部/總集類/課藝之屬
中鋒集初編不分卷 (清)辥慰農鑒定 (清)蔡鼎昌 (清)吳乃斌編 清同治八年(1869)文光堂刻本 一冊

330000－1717－0003279 A3369 經部/叢編
十三經注疏三百三十五卷 (明)□□輯 明嘉靖李元陽福建刻本 一冊 存一種

330000－1717－0003280 A3370 新學/兵制/槍炮
德國格魯森廠創製新法快礮圖說不分卷 (清)德商禮和洋行識 清光緒二十三年(1897)石印本 二冊

330000－1717－0003281 A3371 類叢部/叢書類/彙編之屬
武英殿聚珍版書一百三十八種 清刻本 一冊 存一種

330000－1717－0003286 A3376 類叢部/叢書類/家集之屬
五周先生集六種 冒廣生輯 清刻本 一冊 存五種

330000－1717－0003287 A3377 經部/易類/傳說之屬
周易集註四卷 (宋)朱熹撰 清刻本 一冊 存三卷(二至四)

330000－1717－0003288 A3378 經部/易類/傳說之屬
周易□□卷 清刻本 一冊 存二卷(三至四)

330000－1717－0003289 A3379 集部/總集類/選集之屬/通代
古文分編集評初集五卷二集五卷三集八卷四集四卷 (清)于光華輯 清刻本 一冊 存一卷(四集一)

330000－1717－0003290 A3380 經部/詩類/傳說之屬
詩經集傳八卷 (宋)朱熹撰 清金陵芥子園刻本 二冊 存四卷(三、六至八)

330000－1717－0003291 A3381 史部/紀傳類/正史之屬
十七史一千五百七十四卷 (明)毛晉編 明崇禎元年至十七年(1628－1644)毛氏汲古閣刻本 五冊 存一種

330000－1717－0003292 A3382 經部/四書類/總義之屬/傳說
四書朱子異同條辨四十卷 (清)李沛霖 (清)李禎訂 清康熙近譬堂刻本 一冊 存一卷(中庸二)

330000－1717－0003293 A3383 子部/天文曆算類/曆法之屬
新鐫曆法便覽象吉備要通書大全二十九卷 (清)魏鑑撰 清刻本 一冊 存三卷(六至八)

330000－1717－0003294 A3384 集部/總集類/選集之屬/斷代
唐詩三百首注疏六卷 (清)孫洙編 (清)章燮注 清道光十五年(1835)永言堂刻本 一冊 存一卷(一)

330000－1717－0003295 A3385 集部/總集類/選集之屬/斷代
註釋唐詩三百首六卷 (清)孫洙編 清羣玉山房刻本 一冊 存四卷(三至六)

330000－1717－0003296 A3386 集部/戲劇類/雜劇之屬
藏園九種曲 (清)蔣士銓撰 清乾隆煥乎堂刻本 三冊 存四種

330000－1717－0003297 A3387 子部/醫家類/方書之屬/單方驗方
醫方湯頭歌訣一卷附經絡歌訣一卷 (清)汪昂撰 清刻本 一冊

330000－1717－0003298 A3388 子部/醫家類/方書之屬/單方驗方
醫方湯頭歌訣一卷附經絡歌訣一卷 (清)汪

昂撰　清光緒二年(1876)刻本　一冊

330000－1717－0003299　A3389　子部/藝術類/書畫之屬/畫譜

芥子園畫傳初集六卷二集九卷三集六卷　(清)王槩　(清)王蓍　(清)王臬輯　清末石印本　一冊　存二卷(三集三至四)

330000－1717－0003300　A3390　子部/醫家類/綜合之屬/通論

醫宗說約六卷　(清)蔣示吉撰　清刻本　二冊　存二卷(二至三)

330000－1717－0003301　A3391　子部/天文曆算類/曆法之屬

新鐫曆法便覽象吉備要通書大全二十九卷　(清)魏鑑撰　清刻本　一冊　存二卷(十九至二十)

330000－1717－0003302　A3392　子部/醫家類/醫案之屬

三家醫案合刻附二種　(清)吳金壽編　清刻本　一冊　存一卷(葉天士醫案)

330000－1717－0003303　A3393　史部/傳記類/科舉録之屬/歷科鄉試録

[光緒庚子辛丑恩正並科]浙江鄉試卷一卷　(清)汪鴻鈞等撰　清光緒刻本　一冊

330000－1717－0003305　A3395　子部/醫家類/婦科之屬/產科

產科心法二卷　(清)汪喆撰　清道光十二年(1832)刻本　一冊

330000－1717－0003306　A3396　子部/醫家類/方書之屬/單方驗方

絳雪園古方選註不分卷附得宜本草一卷　(清)王子接輯　清刻本　一冊　存內科丸方、女科、女科丸方

330000－1717－0003307　A3397　子部/醫家類/診法之屬/脈經脈訣

瀕湖脈學一卷奇經八脈攷一卷脈訣攷證一卷　(明)李時珍撰　清刻本　一冊

330000－1717－0003308　A3398　集部/總集類/課藝之屬

經正書院小課四卷　(清)徐榦輯　清光緒七年(1881)刻本　一冊　存一卷(四)

330000－1717－0003310　A3400　史部/傳記類/科舉録之屬

兩浙校士錄不分卷　(清)潘衍桐輯　清末石印本　三冊

330000－1717－0003311　A3401　子部/宗教類/佛教之屬

慈悲至德十大深恩寶懺三卷　清光緒十八年(1892)杭州瑪瑙經房刻本　一冊　存一卷(一)

330000－1717－0003312　A3402　集部/小說類/長篇之屬

四大奇書第一種五十一卷一百二十回　(明)羅本撰　(清)毛宗崗評　清芥子園刻本　二冊　存四卷(一至四)

330000－1717－0003313　A3403　子部/雜著類/雜說之屬

讀書樂□□卷　(清)三等學堂譯編　清光緒二十四年(1898)上海美華書館鉛印本　一冊　存一卷(二)

330000－1717－0003314　A3404　經部/易類/傳說之屬

周易本義附錄纂註十五卷　(元)胡一桂撰　清刻本　二冊

330000－1717－0003315　A3405　集部/別集類/清別集

大梅山館集五十五卷　(清)姚燮撰　清道光十三年至咸豐六年(1833－1856)大梅山館刻本　一冊　存二卷(復莊駢儷文榷七至八)

330000－1717－0003316　A3406　子部/宗教類/佛教之屬

觀音大士得道壬申寶懺一卷　清刻本　一冊

330000－1717－0003317　A3407　子部/宗教類/佛教之屬

慈悲道場懺法十卷　清刻本　一冊　存三卷(四至六)

330000－1717－0003318　A3408　子部/宗教類/佛教之屬

雜華文表三卷附諸品佛事對聯一卷　(清)釋靈繹撰　清光緒三年(1877)杭州瑪瑙經房刻本　一冊

330000－1717－0003319　A3409　子部/醫家類/傷寒金匱之屬/傷寒論

余註傷寒論翼四卷　(清)柯琴撰　清光緒十九年(1893)會稽孫氏刻本　二冊

330000－1717－0003320　A3410　子部/宗教類/佛教之屬

觀音大士得道壬申寶懺一卷　清刻本　一冊

330000－1717－0003321　A3411　子部/宗教類/道教之屬

修真日課一卷　清光緒三十三年(1907)石印本　一冊

330000－1717－0003322　A3412　集部/總集類/課藝之屬

文抄不分卷　清抄本　一冊

330000－1717－0003323　A3413　子部/藝術類/書畫之屬

時事報圖畫雜俎不分卷　(清)時事報社編　清光緒三十四年(1908)石印本　一冊

330000－1717－0003325　A3415　子部/宗教類/佛教之屬/經疏

龍樹山珍二卷醒世歌一卷　清浙紹尚德齋刻本　一冊

330000－1717－0003326　A3416　子部/宗教類/佛教之屬

會三歸一□□卷　(清)守雲道人輯　清上海翼花堂善書局刻本　一冊　存一卷(信集)

330000－1717－0003327　A3417　子部/儒家類/儒學之屬/禮教

齊家寶要二卷　(清)張文嘉撰　清光緒七年(1881)山陰朱氏刻本　二冊

330000－1717－0003328　A3418　子部/醫家類/兒科之屬/痘疹

痘證寶筏六卷　(清)強健撰　清刻本　一冊　存三卷(四至六)

330000－1717－0003329　A3419　經部/四書類/論語之屬/傳說

論語集註十卷　(宋)朱熹撰　清刻本　一冊　存一卷(八)

330000－1717－0003330　A3420　經部/四書類/論語之屬/傳說

論語集註十卷　(宋)朱熹撰　清刻本　一冊　存五卷(六至十)

330000－1717－0003331　A3421　子部/宗教類/道教之屬

救刦回生四卷　清光緒二十三年(1897)浙紹顧祖蔭刻本　一冊　存一卷(四)

330000－1717－0003335　A3432　經部/四書類/論語之屬/傳說

論語集註十卷　(宋)朱熹撰　清刻本　一冊　存二卷(三至四)

330000－1717－0003336　A3425　子部/儒家類/儒學之屬/蒙學

浙紹奎照樓書莊精校新增繪圖幼學故事瓊林四卷首一卷　(清)程登吉撰　(清)鄒聖脈增補　(清)石韞玉重校評點　清末浙紹奎照樓石印本　一冊　存一卷(一)

330000－1717－0003338　A3433　經部/四書類/論語之屬/傳說

論語集註十卷　(宋)朱熹撰　清刻本　一冊　存五卷(六至十)

330000－1717－0003339　A3427　經部/四書類/總義之屬/傳說

精校四子書　(宋)朱熹集註　清末浙紹墨潤堂鉛印本　一冊　存一種

330000－1717－0003343　A3434　經部/四書類/論語之屬/傳說

論語集註十卷　(宋)朱熹撰　清刻本　一冊　存五卷(一至五)

330000－1717－0003345　A3435　經部/四書

類/論語之屬/傳說

論語集註十卷 （宋）朱熹撰　清王文光齋刻本　一冊　存一卷（五）

330000－1717－0003346　A3436　經部/四書類/論語之屬/傳說

論語集註十卷 （宋）朱熹撰　清刻本　一冊　存五卷（六至十）

330000－1717－0003347　A3437　經部/四書類/論語之屬/傳說

論語集註十卷 （宋）朱熹撰　清刻本　一冊　存五卷（六至十）

330000－1717－0003348　A3438　子部/宗教類/佛教之屬

佛說大乘通玄法華眞經十卷 清刻本　榮陽潮題記　一冊　存三卷（五至七）

330000－1717－0003350　A3440　新學/史志/諸國史

歷史叢書 清光緒上海商務印書館鉛印本　二冊　存一種

330000－1717－0003354　A3444　新學/學校

京師大學堂講義初編七種二編七種 （清）京師大學堂編　清末鉛印本　二冊　存三種

330000－1717－0003355　A3445　史部/政書類/公牘檔冊之屬

黑龍江漠河籌辦礦務章程不分卷 清光緒刻本　一冊

330000－1717－0003356　A3446　史部/政書類/公牘檔冊之屬

黑龍江漠河礦務公司結帳略不分卷 清光緒十六年至十八年（1890－1892）刻本　三冊

330000－1717－0003357　A3447　集部/詞類/詞話之屬

樂府指迷一卷 （宋）沈義父撰　**格庵奏稿一卷** （宋）趙順孫撰　清刻本　一冊

330000－1717－0003358　A3448　史部/雜史類/斷代之屬

越絕書十五卷 （漢）袁康撰　清刻本　一冊　存十二卷（四至十五）

330000－1717－0003359　A3449　史部/雜史類/斷代之屬

小腆紀年坿攷二十卷 （清）徐鼒撰　清刻本　一冊　存二卷（一至二）

330000－1717－0003360　A3450　史部/傳記類/總傳之屬/家乘

［浙江紹興］達郭毛氏宗譜七卷首一卷 （清）毛乙笙等纂修　清宣統二年（1910）木活字印本　八冊

330000－1717－0003361　A3451　史部/地理類/水利之屬

上虞縣五鄉水利本末二卷 （元）陳恬撰　清光緒九年（1883）枕湖樓刻本　一冊　存一卷（一）

330000－1717－0003362　A3452　經部/三禮總義類/通禮雜禮之屬

五禮通考二百六十二卷首四卷總目二卷 （清）秦蕙田撰　清乾隆金匱秦蕙田味經窩刻本　一冊　存二卷（九十六至九十七）

330000－1717－0003363　A3453　史部/政書類/律令之屬/律例

律表三十八卷首一卷洗冤録表四卷檢骨圖格一卷 （清）曾恆德編　清刻本　一冊　存九卷（二十三至三十一）

330000－1717－0003365　A3455　經部/小學類

監本文公小學□□卷 清書蘭亭刻本　一冊　存一卷（五）

330000－1717－0003367　A3457　集部/曲類/曲藝之屬

天緣球不分卷 清抄本　一冊

330000－1717－0003368　A3458　子部/儒家類/儒學之屬/蒙學

發蒙針度初集四卷補集一卷 （清）王惟梅編　清刻本　一冊　缺一卷（論語）

330000－1717－0003369　A3459　經部/四書

類/論語之屬/傳說
增訂二論詳解四卷 (清)劉忠輯 清刻本 一册 存二卷(三至四)

330000－1717－0003370 A3460 集部/詩文評類/文評之屬
幼童舉業啟悟集四卷 (清)汪承忠評選 清聚奎堂刻本 一册 存三卷(一至三)

330000－1717－0003371 A3461 新學/史志
萬國憲法志三卷 (清)周逵撰 **萬國官制志三卷** (清)馮斯欒撰 **萬國商業志二卷** (清)陳子祥編譯 清光緒二十八年至二十九年(1902－1903)上海廣智書局鉛印本 一册 存三卷(萬國憲法志一至三)

330000－1717－0003372 A3462 集部/總集類/選集之屬/通代
古唐詩合解古詩四卷唐詩十二卷 (清)王堯衢注 清刻本 一册 存三卷(唐詩五至七)

330000－1717－0003373 A3463 經部/詩類/傳說之屬
詩經集傳八卷 (宋)朱熹撰 清刻本 三册 存六卷(三至八)

330000－1717－0003374 A3464 類叢部/叢書類/自著之屬
西堂全集十七種 (清)尤侗撰 清刻本 三册 存四種

330000－1717－0003375 A3465 子部/儒家類/儒學之屬
孔子集語十七卷 (清)孫星衍輯 清刻本 一册 存五卷(十三至十七)

330000－1717－0003378 A3468 子部/藝術類/書畫之屬/法帖
御刻三希堂石渠寶笈法帖不分卷 (清)梁詩正等輯 清末影印本 二册

330000－1717－0003382 A3472 子部/宗教類/道教之屬
太上靈寶解冤釋結延生賜福寶懺一卷 (清)盧江焙記 清抄本 一册

330000－1717－0003385 A3475 集部/總集類/選集之屬/斷代
唐詩三百首六卷 (清)孫洙編 清同治九年(1870)常熟黄氏藝文堂刻本 一册 存二卷(一至二)

330000－1717－0003386 A3476 子部/醫家類/眼科之屬
傅氏眼科審視瑤函六卷首一卷 (明)傅仁宇撰 (明)林長生校補 清刻本 二册 存二卷(四、六)

330000－1717－0003387 A3477 子部/醫家類/本草之屬/本草藥性
雷公炮製藥性解六卷 (明)李中梓撰 清羣玉山房刻本 一册

330000－1717－0003388 A3478 史部/地理類/水利之屬
上虞縣五鄉水利本末二卷 (元)陳恬撰 清光緒三年(1877)木活字印本 一册 存一卷(一)

330000－1717－0003390 A3480 經部/四書類/總義之屬
裏如堂四書集註 (宋)朱熹撰 清裕文堂刻本 一册 存二種

330000－1717－0003393 A3483 子部/宗教類/道教之屬
太乙青華拔亡生天寶懺不分卷 (清)宋彙炳寫 清抄本 一册

330000－1717－0003394 A3484 子部/宗教類/道教之屬
太上靈寶解冤釋結延生賜福寶懺一卷 清何志安抄本 一册

330000－1717－0003395 A3485 子部/宗教類/佛教之屬
日甲本不分卷 (清)盧江焙記 清光緒二十六年(1900)抄本 一册

330000－1717－0003397 A3487 子部/工藝類/文房四寶之屬/叢録
文房肆玫圖說八卷 (清)唐秉鈞撰 (清)康

愷繪　清乾隆嘉定唐秉鈞竹暎山莊刻本　一冊　存一卷(一)

330000－1717－0003398　A3488　集部/曲類/寶卷之屬
太華山紫金嶺兩世修行劉香寶卷全集二卷　清刻本　一冊　存一卷(下)

330000－1717－0003399　A3489　子部/藝術類/書畫之屬
時事報圖畫不分卷　(清)時事報社編　清宣統元年(1909)石印本　一冊

330000－1717－0003402　A3492　子部/雜著類/雜說之屬
論衡三十卷　(漢)王充撰　(明)劉光斗評　清刻本　一冊　存三卷(一至三)

330000－1717－0003403　A3493　子部/宗教類/道教之屬
太歲賜福玄靈消災解厄延生寶懺一卷　清光緒二十九年(1903)徐智仁抄本　一冊

330000－1717－0003410　A3500　史部/政書類/公牘檔冊之屬
鄉試助田抄案田畝稍價簿一卷　清嘉慶刻本　一冊

330000－1717－0003411　A3501　新學/學校
紹興府屬學堂通章一卷　(清)紹興府學堂撰　清光緒紹興府學堂刻本　一冊

330000－1717－0003412　A3502　新學/學校
紹興府屬學堂通章一卷　(清)紹興府學堂撰　清光緒紹興府學堂刻本　一冊

330000－1717－0003415　A3515　經部/小學類/音韻之屬/韻書
佩文詩韻釋要五卷　(清)周兆基輯　清刻本　潘淵題記　一冊　存三卷(三至五)

330000－1717－0003416　A3505　史部/政書類/公牘檔冊之屬
芝英應卹嫠常田冊一卷　芝英應敬常田冊一卷　芝英應氏義莊田冊一卷　清光緒十二年(1886)木活字印本　三冊

330000－1717－0003418　A3507　史部/傳記類/總傳之屬/家乘
[浙江紹興]王氏宗譜十卷首一卷　(清)王文貴修　(清)王静瀾錄　清道光抄本　九冊　缺一卷(五)

330000－1717－0003419　A3508　史部/傳記類/總傳之屬/家乘
琅琊王氏宗譜□□卷　清抄本　一冊　存一卷(二)

330000－1717－0003422　A3511　經部/小學類/訓詁之屬/爾雅
爾雅注疏十一卷　(晉)郭璞注　(宋)邢昺疏　清刻本　二冊　存六卷(六至十一)

330000－1717－0003423　A3512　集部/總集類/課藝之屬
經正書院課藝不分卷　清刻本　三冊

330000－1717－0003424　A3513　經部/四書類/孟子之屬/傳說
孟子集註七卷　(宋)朱熹撰　清刻本　一冊　存二卷(六至七)

330000－1717－0003425　A3514　經部/小學類/音韻之屬/韻書
音韻正訛四卷　(明)孫耀輯　清刻本　一冊　存三卷(二至四)

330000－1717－0003426　A3516　經部/小學類/訓詁之屬/爾雅
爾雅注疏十一卷　(晉)郭璞注　(宋)邢昺疏　清嘉慶六年(1801)嘉興博古堂刻本　二冊　存五卷(一至二、六至八)

330000－1717－0003427　A3517　經部/四書類/總義之屬/傳說
四書集注十九卷　(宋)朱熹撰　清刻本　一冊　存二卷(孟子六至七)

330000－1717－0003428　A3518　經部/四書類/總義之屬/傳說
四書朱子本義匯參四十三卷首四卷　(清)王步青輯　清敦復堂刻本　一冊　存二卷(孟子九至十)

330000－1717－0003429　A3519　經部/小學類/訓詁之屬/爾雅
爾雅三卷　(宋)鄭樵註　清刻本　一册

330000－1717－0003430　A3520　經部/春秋總義類/傳説之屬
春秋傳三十卷　(宋)胡安國撰　清文苑堂刻本　五册　存二十三卷(一至二十三)

330000－1717－0003431　A3521　經部/周禮類/傳説之屬
周禮精華六卷　(清)陳龍標輯　清嘉慶十一年(1806)刻本　三册　存三卷(一至二、五)

330000－1717－0003432　A3522　經部/書類/傳説之屬
書經體註六卷　(清)錢希祥纂輯　清刻本　二册　存三卷(四至六)

330000－1717－0003433　A3523　經部/四書類/總義之屬/傳説
四書集注十九卷　(宋)朱熹撰　清慎詒堂刻本　一册　存二卷(孟子四至五)

330000－1717－0003434　A3524　經部/書類/傳説之屬
書經旁訓辨體合訂四卷　(清)徐立綱旁訓　清刻本　一册　存二卷(三至四)

330000－1717－0003435　A3525　經部/書類/傳説之屬
書經集傳六卷　(宋)蔡沈撰　清刻本　一册　存一卷(四)

330000－1717－0003436　A3526　經部/四書類/孟子之屬/傳説
孟子集註七卷　(宋)朱熹撰　清刻本　一册　存三卷(一至三)

330000－1717－0003437　A3527　經部/春秋左傳類/傳説之屬
如西所刻諸名家評點春秋綱目左傳句解彙雋(太史張天如詳節春秋綱目句解左傳彙雋)六卷　(清)韓菼重訂　清刻本　一册　存一卷(六)

330000－1717－0003438　A3528　經部/四書類/總義之屬/傳説
四書襯十九卷　(清)駱培撰　清坦吉堂刻本　一册　存七卷(論語四至十)

330000－1717－0003439　A3529　經部/四書類/總義之屬/傳説
四書大全諸説合解十九卷　(清)王勤家輯　清刻本　三册　存十三卷(論語一至十、孟子一至三)

330000－1717－0003440　A3530　集部/總集類/課藝之屬
目耕齋讀本初集不分卷　(清)徐楷評注　(清)沈叔眉選刊　清道光二十一年(1841)刻本　一册

330000－1717－0003441　A3531　子部/宗教類/佛教之屬/論
金剛般若波羅蜜經直解諸家講義合糸一卷　(後秦)釋鳩摩羅什譯　(明)釋袾宏解　清刻本　一册

330000－1717－0003449　A3539　集部/别集類/元别集
剡源文鈔四卷　(元)戴表元撰　(清)黄宗羲選定　(清)何焯評點　清光緒十五年(1889)刻本　一册　存二卷(一、二上)

330000－1717－0003450　A3540　經部/小學類/文字之屬/字書/字典
字學舉隅不分卷　(清)黄本驥　(清)龍啓瑞撰　清刻本　一册

330000－1717－0003451　A3541　子部/醫家類/綜合之屬/通論
醫林纂要探源十卷附録一卷　(清)汪紱輯　清遺經堂刻本　一册　存一卷(五)

330000－1717－0003452　A3542　集部/詩文評類/詩評之屬
宋詩紀事一百卷　(清)厲鶚　(清)馬曰琯輯　清刻本　一册　存三卷(三十一至三十三)

330000－1717－0003453　A3543　類叢部/叢書類/自著之屬

曾文正公全集十五種　(清)曾國藩撰　清同治至光緒傳忠書局刻本　一册　存一種

330000－1717－0003454　A3544　集部/别集類/清别集

綠槐書屋詩稿二卷附録五卷　(清)張綸英撰　清道光二十五年(1845)刻本　二册

330000－1717－0003455　A3545　類叢部/叢書類/自著之屬

西河合集一百十九種　(清)毛奇齡撰　清刻本　四册　存三種

330000－1717－0003456　A3546　史部/傳記類/總傳之屬/仕宦

五朝名臣言行録前集十卷後集十四卷　(宋)朱熹輯　**續集八卷别集十三卷外集十七卷**　(宋)李幼武輯　明張鰲山刻鄭汝璧重修本　一册　存八卷(外集一至八)

330000－1717－0003457　A3547　史部/紀事本末類

藍荆璞先生東征集不分卷　(清)藍玉霖撰　清抄本　一册

330000－1717－0003458　A3548　子部/宗教類/道教之屬

太上慈悲九幽拔罪懺法□□卷　清末抄本　一册　存二卷(三至四)

330000－1717－0003459　A3549　子部/雜著類/雜纂之屬

寄園寄所寄十二卷　(清)趙吉士輯　清刻本　七册　存八卷(二、四至七、十至十二)

330000－1717－0003460　A3550　經部/詩類/傳説之屬

詩經集傳八卷　(宋)朱熹撰　清崇道堂刻本　一册　存二卷(三至四)

330000－1717－0003461　A3551　集部/别集類/清别集

寫韻樓詩集五卷首一卷末一卷　(清)吳瓊仙撰　清末刻本　一册　存四卷(首、一至三)

330000－1717－0003462　A3552　經部/易類/傳説之屬

周易本義四卷卦歌一卷圖説一卷筮儀一卷篇義一卷　(宋)朱熹撰　清汲古堂刻本　二册

330000－1717－0003463　A3553　類叢部/類書類/通類之屬

事類賦三十卷　(宋)吳淑撰並注　清康熙三十八年(1699)劍光閣刻本　三册　存二十三卷(一至十六、二十四至三十)

330000－1717－0003464　A3554　類叢部/類書類/通類之屬

廣事類賦四十卷　(清)華希閔撰　清康熙三十八年(1699)劍光閣刻本　八册

330000－1717－0003466　A3556　集部/總集類/尺牘之屬

信書不分卷　清抄本　一册

330000－1717－0003467　A3557　子部/宗教類/佛教之屬

淨業開蒙不分卷西方公據附不分卷　(清)釋維遐輯　清光緒二十二年至二十五年(1896－1899)刻本　一册

330000－1717－0003469　A3559　新學/交涉/公法

五大洲圖説簡明萬國公法一卷　□□輯　清光緒石印本　一册

330000－1717－0003470　A3560　子部/醫家類/溫病之屬/其他溫疫病證

溫病條辨六卷首一卷　(清)吳瑭撰　清刻本　三册　存六卷(溫病條辨一至六)

330000－1717－0003471　A3561　子部/宗教類/佛教之屬

科儀二卷　清光緒四年(1878)刻本　一册

330000－1717－0003472　A3562　子部/宗教類/佛教之屬

科儀二卷　清光緒四年(1878)刻本　一册　存一卷(二)

330000－1717－0003473　A3563　子部/醫家類/外科之屬

王洪緒先生外科證治全生不分卷 （清）王維德撰 清道光二十五年(1845)刻本 一册

330000－1717－0003474 A3564 子部/術數類/陰陽五行之屬
增廣玉匣記通書六卷 清二知堂刻本 二册

330000－1717－0003475 A3565 子部/術數類/陰陽五行之屬
新鐫許眞君玉匣記增補諸家選擇日用通書六卷 清刻本 一册 存二卷(一至二)

330000－1717－0003476 A3566 子部/醫家類/溫病之屬/其他溫疫病證
溫病條辨六卷首一卷 （清）吳瑭撰 清刻本 一册 存三卷(四至六)

330000－1717－0003477 A3567 子部/醫家類/傷寒金匱之屬/傷寒論
傷寒明理論四卷 （金）成無己撰 清刻本 二册

330000－1717－0003478 A3568 子部/醫家類/傷寒金匱之屬/傷寒論
傷寒辨證四卷 （清）陳堯道撰 清刻本 三册 存三卷(二至四)

330000－1717－0003479 A3569 子部/醫家類/傷寒金匱之屬/傷寒論
再重訂傷寒集註十五卷 （清）舒詔撰 清刻本 二册 存八卷(三至十)

330000－1717－0003480 A3570 子部/醫家類/傷寒金匱之屬/傷寒論
傷寒真方歌括六卷 （清）陳念祖撰 清刻本 一册 存二卷(一至二)

330000－1717－0003482 A3572 子部/醫家類/診法之屬/其他診法
傷寒舌鑑一卷 （清）張登纂 清刻本 一册

330000－1717－0003483 A3573 子部/術數類/相宅相墓之屬
陰宅集要四卷陽宅集成八卷 （清）姚廷鑾輯 清乾隆十七年(1752)刻本 潘永和記 七册 存七卷(一、四，陽宅集成一至三、七至八)

330000－1717－0003486 A3576 經部/易類/傳說之屬
易經大全會解四卷 （清）來爾繩輯 （清）朱采治 （清）朱之澄編訂 （清）來學謙重訂 清乾隆五十二年(1787)來道添刻本 一册

330000－1717－0003487 A3577 史部/紀事本末類/斷代之屬
西夏紀事本末三十六卷年表一卷 （清）張鑑撰 清刻本 一册 存十二卷(二十五至三十六)

330000－1717－0003488 A3578 集部/詩文評類/制藝之屬
增選加註能與集不分卷 （清）李秬香改本 （清）金研香評 清刻本 一册

330000－1717－0003489 A3579 集部/總集類/尺牘之屬
蘇黃尺牘選四卷 （清）黃始箋輯 清抄本 二册 存二卷(一至二)

330000－1717－0003490 A3580 集部/總集類/課藝之屬
八銘堂塾鈔初集不分卷二集不分卷 （清）吳懋政編次 清刻本 一册

330000－1717－0003491 A3581 子部/藝術類/遊藝之屬/聯語
應酬名聯彙選不分卷 清刻本 一册

330000－1717－0003493 A3583 子部/儒家類/儒學之屬/蒙學
神童詩一卷 清刻本 一册

330000－1717－0003496 A3586 經部/小學類/文字之屬/字書/訓蒙
繪圖四千字文一卷 清末石印本 一册

330000－1717－0003497 A3587 子部/儒家類/儒學之屬/蒙學
寄傲山房塾課新增幼學故事瓊林四卷首一卷 （清）程登吉撰 （清）鄒聖脈增補 清末鉛印本 一册 存一卷(三)

330000－1717－0003498　A3588　子部/儒家類/儒學之屬/蒙學
龍文鞭影二卷　(明)蕭良有纂輯　(清)楊臣諍增訂　(清)來集之音註　清刻本　一册　存一卷(一)

330000－1717－0003500　A3590　子部/宗教類/道教之屬
明聖經不分卷　清光緒八年(1882)刻本　一册

330000－1717－0003501　A3591　集部/總集類/彙編之屬
宋詩鈔初集八十四種　(清)吕留良　(清)吳之振　(清)吳爾堯編　清康熙十年(1671)吳氏鑑古堂刻本　一册

330000－1717－0003508　A3598　集部/總集類/課藝之屬
庚辰集五卷　(清)紀昀輯　清刻本　一册　存一卷(四)

330000－1717－0003509　A3599　子部/儒家類/儒學之屬/蒙學
龍文鞭影二卷　(明)蕭良有纂輯　(清)楊臣諍增訂　(清)來集之音註　清刻本　一册　存一卷(二)

330000－1717－0003510　A3600　子部/儒家類/儒學之屬/蒙學
龍文鞭影二集二卷　(清)李暉吉　(清)徐瓚輯　**訓蒙四字經二集讀本二卷**　清刻本　一册　存二卷(二、訓蒙四字經二集讀本二)

330000－1717－0003511　A3601　集部/總集類/選集之屬/斷代
本朝五言近體瓣香集十六卷　(清)許英編　清乾隆二十八年(1763)刻本　一册　存六卷(一至六)

330000－1717－0003512　A3602　經部/春秋左傳類/傳說之屬
左繡三十卷首一卷　(清)馮李驊　(清)陸浩評輯　清刻本　一册　存二卷(二十至二十一)

330000－1717－0003513　A3603　經部/春秋左傳類/傳說之屬
左繡三十卷首一卷　(清)馮李驊　(清)陸浩評輯　清經元堂刻本　九册　存二十卷(首，一至四、七至十一、十四至二十三)

330000－1717－0003514　A3604　經部/讖緯類/總義之屬
古微書三十六卷　(明)孫瑴輯　清光緒十四年(1888)對山問月樓刻本　六册

330000－1717－0003515　A3605　經部/讖緯類/總義之屬
古微書三十六卷　(明)孫瑴輯　清光緒十四年(1888)對山問月樓刻本　六册

330000－1717－0003516　A3606　經部/讖緯類/總義之屬
古微書三十六卷　(明)孫瑴輯　清光緒十四年(1888)對山問月樓刻本　六册

330000－1717－0003517　A3607　經部/讖緯類/總義之屬
古微書三十六卷　(明)孫瑴輯　清光緒十四年(1888)對山問月樓刻本　六册

330000－1717－0003518　A3608　經部/讖緯類/總義之屬
古微書三十六卷　(明)孫瑴輯　清光緒十四年(1888)對山問月樓刻本　六册

330000－1717－0003519　A3609　經部/讖緯類/總義之屬
古微書三十六卷　(明)孫瑴輯　清光緒十四年(1888)對山問月樓刻本　六册

330000－1717－0003520　A3610　經部/讖緯類/總義之屬
古微書三十六卷　(明)孫瑴輯　清光緒十四年(1888)對山問月樓刻本　六册

330000－1717－0003521　A3611　經部/讖緯類/總義之屬
古微書三十六卷　(明)孫瑴輯　清光緒十四年(1888)對山問月樓刻本　六册

330000－1717－0003522　A3612　經部/讖緯類/總義之屬
古微書三十六卷　(明)孫㲄輯　清光緒十四年(1888)對山問月樓刻本　六冊

330000－1717－0003523　A3625　經部/讖緯類/總義之屬
古微書三十六卷　(明)孫㲄輯　清光緒十四年(1888)對山問月樓刻本　六冊

330000－1717－0003524　A3613　經部/讖緯類/總義之屬
古微書三十六卷　(明)孫㲄輯　清光緒十四年(1888)對山問月樓刻本　六冊

330000－1717－0003525　A3614　經部/讖緯類/總義之屬
古微書三十六卷　(明)孫㲄輯　清光緒十四年(1888)對山問月樓刻本　六冊

330000－1717－0003526　A3615　經部/讖緯類/總義之屬
古微書三十六卷　(明)孫㲄輯　清光緒十四年(1888)對山問月樓刻本　六冊

330000－1717－0003527　A3616　經部/讖緯類/總義之屬
古微書三十六卷　(明)孫㲄輯　清光緒十四年(1888)對山問月樓刻本　六冊

330000－1717－0003528　A3617　經部/讖緯類/總義之屬
古微書三十六卷　(明)孫㲄輯　清光緒十四年(1888)對山問月樓刻本　六冊

330000－1717－0003529　A3618　經部/讖緯類/總義之屬
古微書三十六卷　(明)孫㲄輯　清光緒十四年(1888)對山問月樓刻本　六冊

330000－1717－0003530　A3619　經部/讖緯類/總義之屬
古微書三十六卷　(明)孫㲄輯　清光緒十四年(1888)對山問月樓刻本　六冊

330000－1717－0003531　A3620　經部/讖緯類/總義之屬
古微書三十六卷　(明)孫㲄輯　清光緒十四年(1888)對山問月樓刻本　六冊

330000－1717－0003532　A3621　經部/讖緯類/總義之屬
古微書三十六卷　(明)孫㲄輯　清光緒十四年(1888)對山問月樓刻本　六冊

330000－1717－0003533　A3622　經部/讖緯類/總義之屬
古微書三十六卷　(明)孫㲄輯　清光緒十四年(1888)對山問月樓刻本　六冊

330000－1717－0003534　A3623　經部/讖緯類/總義之屬
古微書三十六卷　(明)孫㲄輯　清光緒十四年(1888)對山問月樓刻本　六冊

330000－1717－0003535　A3624　經部/讖緯類/總義之屬
古微書三十六卷　(明)孫㲄輯　清光緒十四年(1888)對山問月樓刻本　六冊

330000－1717－0003536　A3626　經部/讖緯類/總義之屬
古微書三十六卷　(明)孫㲄輯　清光緒十四年(1888)對山問月樓刻本　六冊　缺二卷(三至四)

330000－1717－0003537　A3627　經部/讖緯類/總義之屬
古微書三十六卷　(明)孫㲄輯　清光緒十四年(1888)對山問月樓刻本　六冊

330000－1717－0003538　A3628　經部/讖緯類/總義之屬
古微書三十六卷　(明)孫㲄輯　清光緒十四年(1888)對山問月樓刻本　六冊

330000－1717－0003539　A3629　經部/讖緯類/總義之屬
古微書三十六卷　(明)孫㲄輯　清光緒十四年(1888)對山問月樓刻本　六冊

330000－1717－0003540　A3630　經部/讖緯

類/總義之屬

古微書三十六卷　(明)孫瑴輯　清光緒十四年(1888)對山問月樓刻本　六册

330000－1717－0003541　A3631　經部/讖緯類/總義之屬

古微書三十六卷　(明)孫瑴輯　清光緒十四年(1888)對山問月樓刻本　六册

330000－1717－0003542　A3632　經部/讖緯類/總義之屬

古微書三十六卷　(明)孫瑴輯　清光緒十四年(1888)對山問月樓刻本　六册

330000－1717－0003543　A3633　經部/讖緯類/總義之屬

古微書三十六卷　(明)孫瑴輯　清光緒十四年(1888)對山問月樓刻本　六册

330000－1717－0003544　A3634　經部/讖緯類/總義之屬

古微書三十六卷　(明)孫瑴輯　清光緒十四年(1888)對山問月樓刻本　六册

330000－1717－0003545　A3635　經部/讖緯類/總義之屬

古微書三十六卷　(明)孫瑴輯　清光緒十四年(1888)對山問月樓刻本　六册

330000－1717－0003546　A3636　經部/讖緯類/總義之屬

古微書三十六卷　(明)孫瑴輯　清光緒十四年(1888)對山問月樓刻本　六册

330000－1717－0003547　A3637　經部/讖緯類/總義之屬

古微書三十六卷　(明)孫瑴輯　清光緒十四年(1888)對山問月樓刻本　六册

330000－1717－0003548　A3638　經部/讖緯類/總義之屬

古微書三十六卷　(明)孫瑴輯　清光緒十四年(1888)對山問月樓刻本　六册

330000－1717－0003549　A3639　經部/讖緯類/總義之屬

古微書三十六卷　(明)孫瑴輯　清光緒十七年(1891)上虞連氏枕湖樓刻本　六册

330000－1717－0003550　A3640　經部/讖緯類/總義之屬

古微書三十六卷　(明)孫瑴輯　清光緒十四年(1888)對山問月樓刻本　二册　存十四卷(五至十八)

330000－1717－0003551　A3641　經部/讖緯類/總義之屬

古微書三十六卷　(明)孫瑴輯　清光緒十四年(1888)對山問月樓刻本　二册　存十二卷(二十五至三十六)

330000－1717－0003552　A3642　經部/讖緯類/總義之屬

古微書三十六卷　(明)孫瑴輯　清光緒十四年(1888)對山問月樓刻本　二册　存十二卷(二十五至三十六)

330000－1717－0003553　A3643　經部/讖緯類/總義之屬

古微書三十六卷　(明)孫瑴輯　清光緒十四年(1888)對山問月樓刻本　三册　存十八卷(五至十、十八至二十四、三十二至三十六)

330000－1717－0003554　A3644　經部/讖緯類/總義之屬

古微書三十六卷　(明)孫瑴輯　清光緒十四年(1888)對山問月樓刻本　一册　存八卷(二十五至三十二)

330000－1717－0003555　A3645　子部/藝術類/書畫之屬

臨郭有道碑不分卷　清末石印本　一册

330000－1717－0003557　A3647　子部/藝術類/書畫之屬/法帖

翁松禪手札(常熟翁相國手札)不分卷　(清)翁同龢撰並書　清宣統三年(1911)石印本　三册

330000－1717－0003560　A3650　子部/藝術類/書畫之屬/法帖

三希堂小楷八種不分卷　(清)梁詩正等輯

清末影印本　一冊

330000－1717－0003575　A3665　子部/儒家類/儒學之屬/蒙學

新增繪圖幼學故事瓊林四卷首一卷　(清)程登吉撰　(清)鄒聖脈增補　清末浙紹奎照樓石印本　二冊

330000－1717－0003576　A3666　集部/别集類/清别集

還讀廬春酒集二集　(清)汪丙炎編　清石印本　一冊　存一集(一)

330000－1717－0003577　A3667　經部/四書類/總義之屬/傳説

四書集注十九卷　(宋)朱熹撰　清刻本　四冊　存十四卷(論語一至十、孟子四至七)

330000－1717－0003578　A3668　經部/四書類/總義之屬/傳説

四書集注十九卷　(宋)朱熹撰　清刻本　二冊　存十卷(論語一至十)

330000－1717－0003581　A3671　集部/總集類/選集之屬/通代

唐宋詩抄本不分卷　清抄本　一冊

330000－1717－0003583　A3673　集部/别集類/清别集

錢牧齋先生尺牘三卷　(清)錢謙益撰　清刻本　一冊　存二卷(一、三)

330000－1717－0003584　A3674　子部/術數類/相宅相墓之屬

增補地理直指原真三卷首一卷　(清)釋如玉撰　清刻本　三冊　存三卷(首下,上下、中上)

330000－1717－0003585　A3675　子部/術數類/相宅相墓之屬

增補地理直指原真三卷首一卷　(清)釋如玉撰　清刻本　一冊　存一卷(上)

330000－1717－0003586　A3676　子部/儒家類/儒學之屬/蒙學

寄傲山房塾課新增幼學故事瓊林四卷首一卷　(清)程登吉撰　(清)鄒聖脈增補　清光緒三十年(1904)鉛印本　一冊　存二卷(首、一)

330000－1717－0003592　A3682　經部/四書類/總義之屬/傳説

四書集注十九卷　(宋)朱熹撰　清宣統元年(1909)上海六藝書局鉛印本　一冊　存五卷(論語集註六至十)

330000－1717－0003596　A3686　集部/總集類/選集之屬/通代

文選六十卷　(南朝梁)蕭統輯　(唐)李善注　清葉氏海録軒刻朱墨套印本　五冊　存二十七卷(二十至二十四、二十九至三十九、五十至六十)

330000－1717－0003597　A3687　史部/紀傳類/正史之屬

二十四史附考證　清刻本　一冊　存一種

330000－1717－0003598　A3688　經部/四書類/總義之屬/傳説

四書章句集注十九卷　(宋)朱熹撰　清刻本　一冊　存三卷(孟子一至三)

330000－1717－0003599　A3689　集部/詞類/詞話之屬

蓮子居詞話四卷　(清)吳衡照輯　清道光十二年(1832)錢塘汪氏振綺堂刻同治六年(1867)重修本　一冊　存二卷(三至四)

330000－1717－0003600　A3690　集部/别集類/宋别集

歐陽文忠公全集一百五十三卷附錄五卷　(宋)歐陽修撰　清刻本　一冊　存六卷(一至六)

330000－1717－0003602　A3692　史部/時令類

古今類傳四卷　(清)董穀士　(清)董炳文輯　清未學齋刻本　一冊　存一卷(四)

330000－1717－0003606　A3696　史部/政書類/律令之屬/治獄

恤囚編不分卷　周馥編　清光緒十七年

(1891)刻本　一册

330000－1717－0003609　A3699　史部/傳記類/別傳之屬/事狀
高母張太夫人九十壽言集一卷　高步瀛撰　清末鉛印本　一册

330000－1717－0003610　A3700　集部/別集類/清別集
瑞芝山房詩鈔一卷　(清)錢令芬撰　清光緒六年(1880)刻本　一册

330000－1717－0003624　A3714　集部/別集類/清別集
隱文堂詩集□□卷　(清)韓廣業撰　清刻本　一册　存二卷(一至二)

330000－1717－0003625　A3715　子部/農家農學類/園藝之屬/總志
灌餘隨錄不分卷　(清)熊夢巖撰　清刻本　一册

330000－1717－0003627　A3717　類叢部/叢書類/彙編之屬
說郛一百二十弓一千二百八十種　(明)陶宗儀編　(明)陶珽等重編　**說郛續四十六弓五百三十八種**　(明)陶珽編　(清)李際期重訂　明末刻清順治三年(1646)兩浙督學周南李際期宛委山堂印本　一册　存五種

330000－1717－0003631　A3721　集部/總集類/尺牘之屬
昭代名人尺牘二十四卷　(清)吳修輯　清末影印本　一册　存一卷(三)

330000－1717－0003634　A3724　子部/藝術類/書畫之屬/法帖
字帖不分卷　清刻本　一册

330000－1717－0003642　A3732　經部/詩類/傳說之屬
詩經集傳八卷　(宋)朱熹撰　清慎詒堂刻本　一册　存二卷(三至四)

330000－1717－0003643　A3733　經部/小學類/音韻之屬/韻書
廣韻五卷　(宋)陳彭年等重修　清刻本　二册　存二卷(一至二)

330000－1717－0003644　A3734　經部/詩類/傳說之屬
詩經融註大全體要八卷　(清)高朝瓔定　(清)沈世楷輯　清刻本　二册　存五卷(一至二、六至八)

330000－1717－0003645　A3735　經部/叢編
五經旁訓辨體合訂　(清)徐立綱旁訓　清循陔堂刻本　三册　存一種

330000－1717－0003646　A3736　子部/叢編
十子全書　(清)王子興編　清嘉慶九年(1804)姑蘇王氏聚文堂刻本　一册　存一種

330000－1717－0003652　A3742　史部/金石類/玉之屬/圖像
宋淳熙敕編古玉圖譜一百卷　(宋)龍大淵等編　清刻本　七册　存三十卷(十至十三、三十至三十四、四十八至五十一、五十六至六十四、七十四至七十七、八十二至八十五)

330000－1717－0003654　A3744　集部/總集類/課藝之屬
壬午年孫祖同改本窗課不分卷　清末抄本　一册

330000－1717－0003655　A3745　子部/宗教類/道教之屬
散花解結嘆骷髏不分卷　清末抄本　一册

330000－1717－0003656　A3746　集部/曲類/彈詞之屬
唱本不分卷　清□錚抄本　一册

330000－1717－0003658　A3748　集部/曲類/彈詞之屬
玉蜻蜓不分卷　清末抄本　一册

330000－1717－0003660　A3750　子部/術數類/相宅相墓之屬
上虞縣地鉗不分卷　清末抄本　一册

330000－1717－0003661　A3751　集部/詩文評類

詩詞評不分卷　清抄本　一冊

330000－1717－0003662　A3752　史部/政書類
政書不分卷　清抄本　三冊

330000－1717－0003663　A3753　史部/目録類
左傳目錄一卷　清抄本　一冊

330000－1717－0003664　A3754　子部/雜著類/雜考之屬
麐經摘要不分卷　(清)傅之弈撰　清抄本　一冊

330000－1717－0003665　A3755　子部/醫家類/醫經之屬/内經
黃帝内經靈樞十二卷　清刻本　二冊

330000－1717－0003666　A3756　子部/醫家類/兒科之屬/痘疹
重刻補遺秘傳痘疹玉髓金鏡錄三卷首一卷圖像一卷　(明)翁仲仁撰　(明)陸道元補遺　清道光七年(1827)刻本　一冊　存三卷(首、一、圖像)

330000－1717－0003667　A3757　史部/傳記類/别傳之屬/事狀
曾文正公榮哀錄一卷　清同治十一年(1872)刻本　一冊

330000－1717－0003669　A3759　集部/别集類/清别集
樫華館試帖彙鈔輯注十卷　(清)路德撰　(清)胡葆鍔等輯注　清道光十四年(1834)刻本　八冊　存八卷(一至三、五至八、十)

330000－1717－0003671　A3761　史部/傳記類/科舉録之屬/歷科登科録
[同治辛未科]會試硃卷一卷　(清)陳康祺撰　清同治刻本　一冊

330000－1717－0003672　A3762　子部/宗教類/道教之屬/戒律
文昌帝君孝經一卷　(明)邱濬原註　清光緒二十四年(1898)刻本　一冊

330000－1717－0003673　A3763　經部/四書類/總義之屬/傳説
四書讀本十九卷　(宋)朱熹撰　清浙紹墨潤堂刻本　一冊　存三卷(孟子一至三)

330000－1717－0003677　A3767　集部/總集類/選集之屬/通代
增批古文觀止十二卷　(清)吳乘權　(清)吳大職輯　清末浙紹墨潤堂石印本　一冊　存二卷(一至二)

330000－1717－0003679　A3769　經部/四書類/總義之屬/傳説
新訂四書補注備旨十卷　(明)鄧林撰　(清)杜定基增訂　清刻本　二冊　存三卷(論語三至四、孟子四)

330000－1717－0003680　A3770　子部/宗教類/道教之屬/衆術
周易桼同契脈望三卷　(清)陶素耜述　清刻本　二冊

330000－1717－0003681　A3771　史部/地理類/水利之屬
上虞縣五鄉水利本末二卷　(元)陳恬撰　清光緒九年(1883)枕湖樓刻本　一冊　存一卷(一)

330000－1717－0003682　A3772　經部/易類/傳説之屬
周易本義四卷卦歌一卷圖説一卷筮儀一卷　(宋)朱熹撰　清嘉慶元年(1796)刻本　一冊　存四卷(一、卦歌、圖説、筮儀)

330000－1717－0003683　A3773　子部/醫家類/方書之屬
古方彙精□□卷　清刻本　一冊　存二卷(四至五)

330000－1717－0003684　A3774　經部/四書類/總義之屬/傳説
四書集注十九卷　(宋)朱熹撰　**疑字辨一卷**　清光緒三年(1877)永康退補齋胡氏刻本　一冊　存三卷(大學、中庸,疑字辨)

330000－1717－0003685　A3775　史部/紀事

本末類/斷代之屬
元史紀事本末二十七卷 (明)陳邦瞻撰 (明)臧懋循補 (明)張溥論正 清刻本 一冊 存六卷(二十二至二十七)

330000－1717－0003686 A3776 經部/書類/傳說之屬
書經集傳六卷 (宋)蔡沈撰 清刻本 二冊 存三卷(四至六)

330000－1717－0003687 A3777 子部/儒家類/儒學之屬/性理
西山先生眞文忠公讀書記四十卷 (宋)真德秀撰 清刻本 二十冊 存二十七卷(十四至四十)

330000－1717－0003688 A3778 經部/小學類/訓詁之屬/方言
新增攷正俗言智燈難字二卷雅語巧對錄一卷 (清)范寅撰 清末石印本 一冊

330000－1717－0003689 A3779 集部/小說類/長篇之屬
俠情小說甯馨兒不分卷 (清)華秀口述 (清)多恨子筆述 稿本 一冊

330000－1717－0003690 A3780 集部/總集類/課藝之屬
近科考卷脫穎集不分卷 (清)李錫瓚選評 清道光八年(1828)濯錦軒刻本 二冊

330000－1717－0003691 A3781 集部/總集類/課藝之屬
安徽試牘立誠編約選不分卷 (清)汪大宗師鑒定 清道光二年(1822)刻本 一冊

330000－1717－0003693 A3783 子部/醫家類/綜合之屬/通論
羣玉山房重校醫宗必讀十卷 (明)李中梓撰 清光緒九年(1883)刻本 二冊 存四卷(一至二、七至八)

330000－1717－0003694 A3784 經部/四書類/總義之屬/傳說
四書讀本十九卷 (宋)朱熹撰 清浙紹墨潤堂刻本 一冊 存三卷(孟子一至三)

330000－1717－0003695 A3785 經部/四書類/孟子之屬/傳說
孟子集註七卷 (宋)朱熹撰 清刻本 一冊 存二卷(六至七)

330000－1717－0003696 A3786 集部/總集類/課藝之屬
紫陽書院課藝八集不分卷 (清)沈壽慈 (清)楊振鑣編校 清末刻本 二冊

330000－1717－0003697 A3787 經部/禮記類/傳說之屬
潄芳軒合纂禮記體註四卷 (清)范翔撰 清文奎堂刻本 一冊 存一卷(四)

330000－1717－0003698 A3788 經部/小學類/文字之屬/說文
說文解字三十二卷 (清)段玉裁撰 清刻本 二冊 存二卷(十至十一)

330000－1717－0003699 A3789 集部/總集類/課藝之屬
湘英文掍四卷 (清)朱逌然編 清刻本 一冊 存一卷(四)

330000－1717－0003700 A3790 經部/四書類/總義之屬/傳說
四書集注十九卷 (宋)朱熹撰 **疑字辨一卷** 清光緒三年(1877)永康退補齋胡氏刻本 四冊

330000－1717－0003702 A3792 子部/宗教類/道教之屬
巧搭寶筏不分卷 (清)吳敬羲編 清道光二十一年(1841)刻本 二冊

330000－1717－0003705 A3795 子部/醫家類/方書之屬
醫方不分卷 清抄本 一冊

330000－1717－0003706 A3796 子部/醫家類/本草之屬/本草藥性
藥性賦不分卷 清光緒十五年(1889)抄本 一冊

330000－1717－0003707 A3797 子部/醫家

類/兒科之屬/通論

保嬰論一卷 清抄本 一冊

330000－1717－0003708 A3798 子部/醫家類/溫病之屬/其他溫疫病證

溫病條辨六卷首一卷 （清）吳瑭撰 清刻本 五冊 存六卷（溫病條辨一至六）

330000－1717－0003709 A3799 子部/醫家類/診法之屬/其他診法

傷寒舌鑑一卷 （清）張登纂 清光緒四年（1878）刻本 一冊

330000－1717－0003715 A3805 子部/醫家類/本草之屬/歷代綜合本草

本草綱目五十二卷 （明）李時珍撰 **本草萬方鍼線八卷** （清）蔡烈先輯 清本立堂刻本 一冊 存一卷（十七下）

330000－1717－0003716 A3806 子部/醫家類/本草之屬/歷代綜合本草

本草從新十八卷 （清）吳儀洛輯 清光緒七年（1881）恒德堂刻本 四冊 存十卷（一、四至五、九至十五）

330000－1717－0003719 A3809 史部/政書類/公牘檔冊之屬

胡文忠公政書十四卷 （清）胡林翼撰 （清）但湘良輯 清光緒二十五年（1899）湖南糧儲道署刻本 二冊 存一卷（四）

330000－1717－0003720 A3810 經部/小學類/文字之屬/字書/訓蒙

千字文一卷 （南朝梁）周興嗣撰 清奎照樓刻本 一冊

330000－1717－0003721 A3811 集部/別集類/明別集

史忠正公集四卷 （明）史可法撰 **首一卷末一卷** （清）史山清輯 清刻本 一冊 存二卷（四、末）

330000－1717－0003722 A3812 經部/叢編

七經精義三十二卷 （清）黃淦撰 清嘉慶十二年（1807）刻本 二冊 存一種

330000－1717－0003726 A3816 子部/醫家類/本草之屬/本草藥性

珍珠囊指掌補遺藥性賦四卷 （金）李杲輯 **雷公炮製藥性解六卷** （明）李中梓輯 清刻本 一冊 存四卷（雷公炮製藥性解一至四）

330000－1717－0003727 A3817 集部/別集類/宋別集

羅豫章先生文集十卷 （宋）羅從彥撰 （清）張伯行編 清同治五年（1866）福州正誼書局刻本 一冊 存四卷（一至四）

330000－1717－0003728 A3818 子部/農家農學類/總論之屬

重訂增補陶朱公致富全書四卷 （明）陳繼儒輯 （清）石巖逸叟增補 清刻本 二冊 存二卷（三至四）

330000－1717－0003729 A3819 子部/術數類/相宅相墓之屬

雪心賦正解四卷 （唐）卜應天撰 （清）孟浩註 **辯論三十篇一卷** （清）孟浩撰 清刻本 三冊 存三卷（一至二、辯論三十篇）

330000－1717－0003730 A3820 子部/儒家類/儒學之屬/蒙學

寄傲山房塾課新增幼學故事瓊林四卷首一卷 （清）程登吉撰 （清）鄒聖脈增補 清末刻本 一冊 存一卷（四）

330000－1717－0003731 A3821 經部/書類/傳說之屬

書經集傳六卷 （宋）蔡沈撰 清光緒二十五年（1899）友文堂刻本 一冊 存二卷（一至二）

330000－1717－0003732 A3822 經部/書類/傳說之屬

書經集傳六卷 （宋）蔡沈撰 清刻本 一冊 存一卷（四）

330000－1717－0003733 A3823 經部/書類/傳說之屬

書經集傳六卷 （宋）蔡沈撰 清刻本 一冊 存一卷（四）

330000－1717－0003735　A3825　子部/藝術類/書畫之屬/法帖
黄覲虞太史節臨皇甫碑一卷　(清)黄自元書　清光緒八年(1882)石印本　一册

330000－1717－0003736　A3826　經部/小學類/文字之屬/字書/訓蒙
增註三千字文一卷　(清)補拙居士輯　清光緒三十二年(1906)上海玉麟書局石印本　一册

330000－1717－0003743　A3833　經部/四書類/孟子之屬/傳說
孟子集註七卷　(宋)朱熹撰　清刻本　一册　存三卷(一至三)

330000－1717－0003745　A3835　子部/醫家類/方書之屬/成方藥目
胡慶餘堂丸散膏丹全集不分卷　(清)胡光墉編　清光緒三年(1877)胡慶餘堂雪記刻本　一册

330000－1717－0003746　A3836　子部/醫家類/方書之屬/成方藥目
胡慶餘堂丸散膏丹全集不分卷續增一卷　(清)胡光墉編　清光緒三年(1877)胡慶餘堂雪記刻本　一册

330000－1717－0003747　A3837　子部/醫家類/方書之屬/成方藥目
胡慶餘堂丸散膏丹全集不分卷續增一卷　(清)胡光墉編　清光緒三年(1877)胡慶餘堂雪記刻本　一册

330000－1717－0003748　A3838　經部/四書類/總義之屬/傳說
四書章句集注十九卷　(宋)朱熹撰　清刻本　一册　存三卷(孟子一至三)

330000－1717－0003751　A3841　集部/小説類/長篇之屬
四大奇書第一種六十卷一百二十回　(明)羅本撰　(清)毛宗崗評　清刻本　一册　存三卷(十九至二十一)

330000－1717－0003752　A3842　集部/總集類/課藝之屬
國朝十二科同館詩賦解題五卷首一卷　(清)魏茂林輯　清刻本　一册　存三卷(三至五)

330000－1717－0003755　A3845　子部/宗教類/佛教之屬/經
妙法蓮華經七卷　(後秦)釋鳩摩羅什譯　清末浙寧江東崇壽庭記經房刻本　一册　存二卷(三至四)

330000－1717－0003757　A3847　集部/曲類/寶卷之屬
雪山寶卷全集一卷　(清)□□撰　清光緒二年(1876)浙省瑪瑙明臺經房刻本　一册

330000－1717－0003758　A3848　經部/春秋總義類/傳說之屬
春秋十六卷首一卷　陸氏三傳釋文音義十六卷　(唐)陸德明撰　清刻本　二册　存十六卷(陸氏三傳釋文音義一至十六)

330000－1717－0003759　A3849　史部/編年類/通代之屬
續資治通鑑二百二十卷　(清)畢沅撰　清刻本　六册　存二十三卷(一百七十九至二百一)

330000－1717－0003762　A3852　史部/目録類/總録之屬/私撰
書目答問補正五卷國朝著述諸家姓名略一卷　(清)張之洞撰　清光緒刻本　二册

330000－1717－0003763　A3853　史部/政書類/公牘檔册之屬
領嬰文契不分卷　清光緒二十九年至三十二年(1903－1906)抄本　一册

330000－1717－0003765　A3855　史部/政書類/公牘檔册之屬
光緒八年起新案交代地糧各項達部册式不分卷　清光緒抄本　一册

330000－1717－0003766　A3856　史部/政書類/公牘檔册之屬
詳送王治清認充甜水溝斗牙册結稿不分卷　清光緒五年(1879)稿本　一册

330000－1717－0003767　A3857　史部/政書類/公牘檔冊之屬

詳請吴朱氏苦節堪憐事寔書冊不分卷　清光緒七年(1881)稿本　一冊

330000－1717－0003768　A3858　史部/政書類/公牘檔冊之屬

詳請陳季氏節烈堪憐事實書冊稿不分卷　清光緒七年(1881)稿本　一冊

330000－1717－0003770　A3860　史部/政書類

政書不分卷　稿本　十八冊

330000－1717－0003772　A3862　子部/叢編

六子書　(明)顧春輯　明嘉靖十二年(1533)顧春世德堂刻本　一冊　存一種

330000－1717－0003773　A3863　子部/藝術類/書畫之屬/書法書品

漢諸葛武侯出師表不分卷　(清)陳修榆書　清光緒三十四年(1908)鴻寶齋石印本　一冊

330000－1717－0003775　A3865　史部/傳記類/别傳之屬/事狀

關聖帝君聖蹟圖誌全集五卷　(清)盧湛輯　清刻本　一冊　存一卷(二)

330000－1717－0003776　A3866　史部/紀傳類/正史之屬

十七史一千五百七十四卷　(明)毛晉編　明崇禎元年至十七年(1628－1644)毛氏汲古閣刻本　八冊　存一種

330000－1717－0003777　A3867　史部/政書類/律令之屬/法驗

補注洗冤録集證四卷檢骨圖格一卷　(清)王又槐輯　(清)李觀瀾補輯　(清)阮其新補注　**作吏要言一卷**　(清)葉鎮撰　(清)朱椿增　清道光二十三年(1843)江都鍾淮刻三色套印本　二冊　存二卷(一、作吏要言)

330000－1717－0003779　A3869　史部/政書類/律令之屬/法驗

洗冤録詳義四卷首一卷　(清)許槤輯　**洗冤録摭遺二卷**　(清)葛元煦輯　**洗冤録摭遺補一卷經驗方一卷**　(清)張開運輯　清光緒三年(1877)湖北藩署刻本　三冊　存六卷(首,一、三至四;摭遺補,經驗方)

330000－1717－0003780　A3870　史部/政書類/律令之屬/法驗

洗冤録詳義四卷首一卷　(清)許槤輯　**洗冤録摭遺二卷**　(清)葛元煦輯　**洗冤録摭遺補一卷經驗方一卷**　(清)張開運輯　清刻本　三冊　存五卷(首、一至二,摭遺一至二)

330000－1717－0003781　A3871　史部/政書類/律令之屬/法驗

洗冤録詳義四卷首一卷　(清)許槤輯　**洗冤録摭遺二卷**　(清)葛元煦輯　**洗冤録摭遺補一卷經驗方一卷**　(清)張開運輯　清刻本　二冊　存三卷(一、三至四)

330000－1717－0003785　A3875　集部/小説類/長篇之屬

後紅樓夢三十回　(清)逍遙子撰　清刻本　一冊　存三回(九至十一)

330000－1717－0003786　A3876　集部/總集類/選集之屬/通代

唐宋八家文讀本三十卷　(清)沈德潛輯　清刻本　一冊　存五卷(二十六至三十)

330000－1717－0003787　A3877　新學/算學/形學

形學備旨十卷開端一卷　(美國)狄考文選譯　(清)鄒立文筆述　清光緒二十四年(1898)上海美華書館鉛印本　一冊　存五卷(一至四、開端)

330000－1717－0003788　A3878　子部/藝術類/遊藝之屬/聯語

彙録不分卷　清抄本　一冊

330000－1717－0003792　A3882　史部/政書類/律令之屬

大四吊不分卷　清士軒抄本　一冊

330000－1717－0003793　A3883　史部/政書類/律令之屬

刑案不分卷　稿本　一冊

330000－1717－0003795　A3885　子部/醫家類/方書之屬
醫方不分卷　清抄本　一册

330000－1717－0003796　A3886　子部/醫家類/方書之屬
醫方不分卷　清抄本　一册

330000－1717－0003798　A3888　子部/醫家類/方書之屬/成方藥目
丸散膏丹集不分卷　清抄本　一册

330000－1717－0003799　A3889　集部/曲類/彈詞之屬
倭袍不分卷　清抄本　一册

330000－1717－0003803　A3893　集部/曲類/寶卷之屬
賣花寶卷一卷　清光緒二十六年(1900)抄本　一册

330000－1717－0003804　A3894　集部/曲類/寶卷之屬
英祝寶卷一卷　清抄本　一册

330000－1717－0003805　A3895　子部/藝術類/書畫之屬/畫譜
古今名人畫稿二集不分卷　(清)陳伯子輯　清光緒二十三年(1897)上海順成書局石印本　一册

330000－1717－0003807　A3897　子部/術數類/占卜之屬
梅花數不分卷　清抄本　一册

330000－1717－0003809　A3899　子部/醫家類/方書之屬/單方驗方
葉種德堂丹丸全錄一卷　(清)葉種德堂主人編　清葉種德堂刻本　一册

330000－1717－0003811　A3901　經部/四書類/總義之屬/傳說
便蒙四書　(宋)朱熹撰　清浙紹聚奎堂刻本　一册　存一種

330000－1717－0003812　A3902　經部/小學類/文字之屬/字書/訓蒙
四體千字文一卷　清刻本　一册

330000－1717－0003813　A3903　經部/小學類/文字之屬/字書/字體
字攷摘要一卷　清抄本　一册

330000－1717－0003818　A3908　史部/政書類/公牘檔册之屬
田租簿不分卷　清抄本　一册

330000－1717－0003820　A3910　新學/商務/商學
屯頭魚蕩股票不分卷　清宣統二年(1910)鉛印本　一册

330000－1717－0003821　A3911　子部/宗教類/道教之屬
三天三寶寶懺不分卷　清抄本　一册

330000－1717－0003823　A3913　史部/政書類/公牘檔册之屬
呈文不分卷　清抄本　一册

330000－1717－0003826　A3916　經部/小學類/文字之屬/字書/字體
古籒拾遺三卷附宋政和禮器文字攷一卷　(清)孫詒讓記　清光緒十四年至十六年(1888－1890)瑞安孫氏刻本　一册

330000－1717－0003830　A3920　史部/傳記類/總傳之屬/家乘
[浙江上虞]虞邑横河李氏宗譜二卷　(清)李培宗等纂修　清道光二十六年(1846)敦睦堂木活字印本　一册　存一卷(一)

330000－1717－0003832　A3922　史部/傳記類/總傳之屬/家乘
[浙江上虞]古虞朱氏宗譜十四卷首一卷　(清)朱士黻等纂修　清光緒十六年(1890)同本堂木活字印本　十册　存十卷(一至二、四至七、九、十一至十三)

330000－1717－0003833　A3923　史部/傳記類/總傳之屬/家乘
[浙江上虞]管溪徐氏宗譜四十六卷　(清)徐遇春等纂修　清光緒二十一年至二十二年

(1895－1896)木活字印本　八册　存一卷(五)

330000－1717－0003835　A3925　史部/地理類/山川之屬/水志
長江圖説十二卷首一卷　(清)馬徵麟等撰　清同治十年(1871)湖北崇文書局刻本(卷一至二原缺)　五册　存七卷(首,三、六、九至十二)

330000－1717－0003836　A3926　子部/雜著類/雜考之屬
十駕齋養新録二十卷餘録三卷　(清)錢大昕撰　**錢辛楣先生年譜一卷**　(清)錢慶曾校注　**竹汀居士年譜續編一卷**　(清)錢慶曾撰　清刻本　八册　缺一卷(竹汀居士年譜續編)

330000－1717－0003837　A3927　史部/地理類/山川之屬/水志
西湖志四十八卷　(清)李衛　(清)程元章修　(清)傅王露撰　清刻本　九册　存二十一卷(一至二十一)

330000－1717－0003838　A3928　集部/總集類/選集之屬/斷代
明文在一百卷　(清)薛熙輯　清刻本　八册　存七十七卷(十一至八十七)

330000－1717－0003840　A3930　史部/政書類/律令之屬/律例
删除律例二卷　清末石印本　一册

330000－1717－0003846　A3936　集部/曲類/彈詞之屬
唱本不分卷　清抄本　一册

330000－1717－0003847　A3937　集部/曲類/彈詞之屬
唱本不分卷　清抄本　一册

330000－1717－0003848　A3938　集部/曲類/彈詞之屬
唱本不分卷　清抄本　一册

330000－1717－0003849　A3939　子部/醫家類/綜合之屬/雜著
筆花醫鏡四卷　(清)江涵暾撰　清末文益書局石印本　一册　存二卷(三至四)

330000－1717－0003850　A3940　集部/總集類/選集之屬/通代
古文淵鑒六十四卷　(清)徐乾學等輯注　清刻五色套印本　六册　存八卷(二十四至二十五、二十七至三十二)

330000－1717－0003851　A3941　史部/政書類/公牘檔册之屬
刑案名字應避便覽一卷　清末浙江按察使署刻本　一册

330000－1717－0003853　A3943　子部/儒家類/儒學之屬/性理
五子近思録發明十四卷　(清)施璜撰　清刻本　十册

330000－1717－0003855　A3945　史部/紀事本末類/斷代之屬
宋史紀事本末一百九卷　(明)馮琦撰　(明)陳邦瞻補　清刻本　一册　存五卷(四十五至四十九)

330000－1717－0003858　A3948　子部/儒家類/儒學之屬/禮教/家訓
朱柏廬先生治家格言一卷　(清)朱用純撰　馬逸臣書　清光緒三十四年(1908)紹興墨潤堂書莊刻本　一册

330000－1717－0003860　A3950　集部/總集類/課藝之屬
文稿不分卷　稿本　一册

330000－1717－0003861　A3951　史部/金石類/金之屬/通考
宋王復齋鐘鼎款識一卷　(宋)王厚之輯　清嘉慶七年(1802)揚州阮元積古齋影刻宋拓本　一册

330000－1717－0003863　A3953　子部/雜著類/雜纂之屬
吉日物品簿一卷　清同治二年(1863)抄本　一册

330000－1717－0003864　A3955　子部/工藝類/文房四寶之屬/硯

枕湖樓藏硯銘一卷　(清)醉盦居士撰　清光緒五年(1879)刻本　一册

330000－1717－0003866　A3956　子部/工藝類/文房四寶之屬/硯

枕湖樓藏硯銘一卷　(清)醉盦居士撰　清光緒五年(1879)刻本　一册

330000－1717－0003867　A3957　子部/工藝類/文房四寶之屬/硯

枕湖樓藏硯銘一卷　(清)醉盦居士撰　清光緒五年(1879)刻本　一册

330000－1717－0003868　A3958　子部/工藝類/文房四寶之屬/硯

枕湖樓藏硯銘一卷　(清)醉盦居士撰　清光緒五年(1879)刻本　一册

330000－1717－0003869　A3959　子部/工藝類/文房四寶之屬/硯

枕湖樓藏硯銘一卷　(清)醉盦居士撰　清光緒五年(1879)刻本　一册

330000－1717－0003870　A3960　子部/工藝類/文房四寶之屬/硯

枕湖樓藏硯銘一卷　(清)醉盦居士撰　清光緒五年(1879)刻本　一册

330000－1717－0003871　A3961　子部/工藝類/文房四寶之屬/硯

枕湖樓藏硯銘一卷　(清)醉盦居士撰　清光緒五年(1879)刻本　一册

330000－1717－0003872　A3962　子部/工藝類/文房四寶之屬/硯

枕湖樓藏硯銘一卷　(清)醉盦居士撰　清光緒五年(1879)刻本　一册

330000－1717－0003873　A3963　子部/工藝類/文房四寶之屬/硯

枕湖樓藏硯銘一卷　(清)醉盦居士撰　清光緒五年(1879)刻本　一册

330000－1717－0003874　A3964　子部/工藝類/文房四寶之屬/硯

枕湖樓藏硯銘一卷　(清)醉盦居士撰　清光緒五年(1879)刻本　一册

330000－1717－0003876　A3966　史部/政書類/公牘檔册之屬

祭會租簿不分卷　清光緒抄本　一册

330000－1717－0003881　A3971　史部/政書類/公牘檔册之屬

來往信稿一卷　清抄本　一册

330000－1717－0003883　A3973　經部/書類/分篇之屬

禹貢一卷　清抄本　一册

330000－1717－0003885　A3975　子部/醫家類/方書之屬

醫藥不分卷　清抄本　一册

330000－1717－0003887　A3977　史部/傳記類/科舉録之屬/歷科鄉試録

[光緒乙酉科]鄉試硃卷一卷　(清)連文淵撰　清光緒刻本　一册

330000－1717－0003888　A3978　史部/傳記類/科舉録之屬/歷科鄉試録

[光緒乙酉科]鄉試硃卷一卷　(清)連文淵撰　清光緒刻本　一册

330000－1717－0003889　A3979　史部/傳記類/科舉録之屬/歷科鄉試録

[光緒乙酉科]鄉試硃卷一卷　(清)連文淵撰　清光緒刻本　一册

330000－1717－0003890　A3980　史部/地理類/輿圖之屬/全國

皇朝一統輿地全圖一卷　(清)六承如輯　(清)馮焌光增補　(清)欸乃軒主人續增　清光緒石印本　二册

330000－1717－0003891　A3981　新學/交涉/公法

五大洲圖說簡明萬國公法一卷　□□輯　清光緒石印本　一册

330000－1717－0003897　A3987　史部/政書

類/公牘檔冊之屬
書信記錄不分卷　稿本　一冊

330000－1717－0003899　A3989　子部/醫家類/方書之屬/成方藥目
方書不分卷　清抄本　一冊

330000－1717－0003900　A3990　集部/總集類
詩詞抄不分卷　清抄本　一冊

330000－1717－0003901　A3991　史部/政書類/公牘檔冊之屬
信稿不分卷　清抄本　一冊

330000－1717－0003902　A3992　集部/詩文評類/文法之屬
日用模範文牘不分卷　清光緒四年(1878)陳桂榮抄本　一冊

330000－1717－0003903　A3993　集部/總集類
詩詞抄不分卷　清抄本　二冊

330000－1717－0003909　A3999　新學/史志
普通新歷史十章附歷代帝王總紀一卷　(清)普通學書室編　清光緒二十七年(1901)上海商務印書館鉛印本　一冊

330000－1717－0003910　A4000　史部/政書類/公牘檔冊之屬
租簿不分卷　清光緒二十七年(1901)抄本　一冊

330000－1717－0003912　A4002　子部/儒家類/儒學之屬/蒙學
三字經歷史圖說不分卷　清末石印本　一冊

330000－1717－0003915　A4005　集部/小說類/長篇之屬
繡像評演濟公前傳四卷　郭廣瑞撰　清末石印本　一冊　存一卷(一)

330000－1717－0003916　A4006　集部/小說類/長篇之屬
新刊繡像評演濟公傳四卷一百二十回繡像評演接續後部濟公傳四卷一百二十回　郭廣瑞撰　清末石印本　一冊　存二卷(後部三至四)

330000－1717－0003917　A4007　集部/小說類/長篇之屬
新出八劍七俠十六義平蠻演義後傳四卷六十回　清末石印本　一冊　存一卷(一)

330000－1717－0003924　A4014　史部/政書類/律令之屬/律例
大清新法令十三卷附錄一卷　商務印書館編譯所輯　清宣統元年(1909)上海商務印書館鉛印本　一冊　存一卷(一)

330000－1717－0003933　A4023　新學/算學/數學
最新全圖歸除算法二卷　萬里鵬編輯　許庚星繪　清宣統元年(1909)上海廣益書局石印本　一冊　存一卷(下)

330000－1717－0003939　A4029　子部/醫家類/方書之屬/成方藥目
廣東種德園虔誠修合各欵丸散膏丹不分卷　清光緒十七年(1891)廣東種德園福記石印本　一冊

330000－1717－0003940　A4030　集部/戲劇類/傳奇之屬
通天簫一卷　清抄本　一冊

330000－1717－0003942　A4032　集部/曲類
薛仁貴不分卷　清抄本　一冊

330000－1717－0003943　A4033　子部/醫家類/方書之屬/成方藥目
方書不分卷　清抄本　一冊

諸暨市圖書館古籍普查登記目録

全國古籍普查登記目録・浙江紹興

國家圖書館出版社
National Library of China Publishing House

《諸暨市圖書館古籍普查登記目録》

編委會

主　編: 鄭　永

副主編: 葛燕君　張　陽

編　委: 張　陽　王　沁　酈　圓

《諸暨市圖書館古籍普查登記目録》

前　言

諸暨是越國故都，西施故里。古時作爲紹興府八縣之一，諸暨人文薈萃，自宋以來就有私家藏書之風，書樓衆多，書家輩出。早在宋代，諸暨就有望烟樓、楊蔬園、清燕樓、復齋等藏書樓，特别是復齋主人王厚之，所積書籍甲於海内，嗜金石，出入嘗以右軍《建安帖》自隨。元代，楊宏（楊維楨之父）的萬卷樓亦名播兩浙。明代，僅楓橋一地的藏書樓就有三四家，其中以駱、陳兩家爲主，特别是駱象賢的溪園樓、駱問禮的萬一樓，陳洪綬的七樟庵，典籍之多、門類之細，甲於越中。清代，諸暨又出現授經堂、寓庸室、南雨山房、超然樓等藏書樓。近現代陳遹聲、何頌華、余重耀、趙世盛、趙觀濤、蔣麟振等人的藏書也較爲豐富。

民國五年（1916），諸暨創立通俗教育講演所，此爲諸暨圖書館的前身。繼有邑紳樓薔庵先生，捐出自己所藏各類圖書四萬餘卷，并發動全縣開明士紳捐書捐款，於民國八年（1919），在苧蘿山下創建了諸暨最早的縣立圖書館。民國九年（1920），樓薔庵先生編纂了首部館藏書目《諸暨圖書館目録初編》。由於兵燹及滄桑變遷所致，當時所藏圖書所存無幾。20 世紀 60 年代，我館先後從全市搜集到古籍萬餘册，并再次進行編目。1978 年，按《中國古籍善本書目》編輯要求，我館開展了善本書目的普查工作，其中明崇禎元年至十二年（1628—1639）的毛氏汲古閣刻本《十三經注疏》等藏本收入《中國古籍善本書目》。1991 年，編纂印製了《諸暨圖書館古籍目録》。2012 年底，根據浙江省古籍保護工作聯席會議下發的《關於印發〈浙江省“中華古籍保護計劃”實施方案〉的通知》（浙文社［2012］30 號）文件精神，我館制訂了館藏古籍的保護計劃，申報了古籍普查項目，開始啓動古籍普查工作。項目預定開展時間爲 2012 年 12 月至 2015 年 12 月，在普查工作人員的共同努力下，我館順利完成了全部館藏古籍的普查著録工作，本次普查館藏 1912 年以前古籍共計 1112 部 11245 册。普查的同時，我館還進行了省級古籍重點保護單位和修復站的申報，成爲第三批省級重點古籍保護單位及第二批省級修復站。本次普查項目的完成爲我館下一步有針對性地開展古籍修復、古籍數字化及古籍的開發利用工作奠定了堅實的基礎；同時形成了可供查閲的數字目録和書影，使古籍的利用率和影響力得以擴大，并焕發出新的生機。

在普查過程中，特别感謝張陽、王沁、鄺圓三位同志的全力參與及認真梳理。學問之道，永無止境。我們將以此次普查爲契機，努力把未來的工作做得更好。由於編者水平有限，謬誤在所難免，祈求廣大專家學者不吝指正。

諸暨市圖書館
2018年12月

330000－1718－0000001　甲 1　經部/叢編
十三經注疏　(明)□□輯　明崇禎元年至十二年(1628－1639)毛氏汲古閣刻本　一百二十冊

330000－1718－0000002　甲 2　經部/春秋左傳類/傳說之屬
春秋大事表五十卷讀春秋偶筆一卷輿圖一卷附錄一卷　(清)顧棟高輯　清乾隆十三年至十四年(1748－1749)錫山顧氏萬卷樓刻本　十二冊　存五十二卷(春秋大事表一至五十、讀春秋偶筆、附錄)

330000－1718－0000003　甲 9　類叢部/叢書類/自著之屬
張仲誠遺書十八種附一種　(清)張沐撰　清康熙至乾隆刻彙印本　七冊　存一種

330000－1718－0000005　甲 5　史部/地理類/方志之屬/郡縣志
[康熙]泌陽縣志四卷　(清)程儀千修　(清)馬之起纂　清康熙五十三年(1714)刻本　一冊　存二卷(一至二)

330000－1718－0000006　甲 6　史部/地理類/方志之屬/郡縣志
[乾隆]石城縣志八卷　(清)王士倧修　(清)劉飛熊等纂　清乾隆十年(1745)刻本　一冊　存三卷(六至八)

330000－1718－0000007　甲 7　史部/政書類/邦計之屬/鹽法
河東鹽法備覽十二卷　(清)蔣兆奎撰　清乾隆五十五年(1790)刻本　八冊

330000－1718－0000009　甲 9.1　類叢部/叢書類/自著之屬
張仲誠遺書十八種附一種　(清)張沐撰　清康熙至乾隆刻彙印本　一冊　存一種

330000－1718－0000010　甲 10　子部/醫家類/醫經之屬/内經
類經三十二卷　(明)張介賓類注　**類經圖翼十一卷附翼四卷**　(明)張介賓撰　明天啓四年(1624)會稽張介賓刻天德堂印本　二十一冊　缺四卷(二十九至三十、類經圖翼一至二)

330000－1718－0000011　甲 11　子部/醫家類/綜合之屬/通論
醫宗必讀十卷　(明)李中梓撰　清三餘堂刻本　六冊

330000－1718－0000012　甲 12　類叢部/叢書類/自著之屬
甌北全集八種　(清)趙翼撰　清乾隆至嘉慶湛貽堂刻本　十二冊　存一種

330000－1718－0000013　甲 13　類叢部/類書類/專類之屬
千家姓一卷　(明)吳伯宗等撰　清末刻本　一冊

330000－1718－0000014　甲 14　類叢部/類書類/通類之屬
格致鏡原一百卷　(清)陳元龍撰　清康熙五十六年(1717)刻雍正十三年(1735)印本　二十四冊

330000－1718－0000015　甲 15、甲 24、甲 27－28、甲 33　類叢部/叢書類/自著之屬
王漁洋遺書三十八種　(清)王士禛撰　清刻本　八冊　存七種

330000－1718－0000016　甲 16　集部/總集類/選集之屬/斷代
國朝三家文鈔三十二卷　(清)宋犖　(清)許汝霖編　清康熙三十三年(1694)刻本　十冊

330000－1718－0000017　甲 17　集部/總集類/郡邑之屬
江左三家滄桑詩選□□卷　(清)錢謙益　(清)龔鼎孳　(清)吳偉業撰　陳遹聲輯　稿本　陳遹聲題簽並圈點批校　四冊　存八卷(五古一至二、七古二至三、五律一、五言排律、五絕一、七律一)

330000－1718－0000018　甲 18　集部/別集類/唐五代別集
朱文公校昌黎先生文集四十卷外集十卷遺文一卷　(唐)韓愈撰　(宋)朱熹考異　(宋)王伯大音釋　**朱文公校昌黎先生集傳一卷**

明初刻重修本　二冊　缺四十卷(朱文公校昌黎先生文集一至四十)

330000－1718－0000019　甲19　集部/别集類/唐五代别集
昌黎先生詩集注十一卷年譜一卷　(唐)韓愈撰　(清)顧嗣立删補　清康熙三十八年(1699)長洲顧嗣立秀野草堂刻本　四冊

330000－1718－0000020　甲20　集部/别集類/唐五代别集
李義山詩集十六卷　(唐)李商隱撰　(清)姚培謙箋　清乾隆五年(1740)姚氏松桂讀書堂刻本　四冊

330000－1718－0000021　甲21　史部/地理類/雜志之屬
重刻會稽三賦四卷　(宋)王十朋撰　明朱啓元刻本　一冊

330000－1718－0000022　甲22　集部/别集類/元别集
楊鐵崖文集五卷史義拾遺二卷　(元)楊維楨撰　**西湖竹枝集一卷**　(元)楊維楨輯　**香奩集一卷**　(元)楊維楨　(元)王德璉撰　明諸暨陳于京刻清潄雲樓印本　三冊　缺二卷(史義拾遺一至二)

330000－1718－0000023　甲23　集部/别集類/元别集
楊鐵崖文集五卷史義拾遺二卷　(元)楊維楨撰　**西湖竹枝集一卷**　(元)楊維楨輯　**香奩集一卷**　(元)楊維楨　(元)王德璉撰　明諸暨陳于京刻清乾隆萬卷樓印本　三冊　缺二卷(史義拾遺一至二)

330000－1718－0000025　子762　類叢部/類書類/專類之屬
佩文韻府一百六卷　(清)張玉書　(清)蔡升元等輯　**韻府拾遺一百六卷**　(清)汪灝　(清)何焯等輯　清末石印本　一冊　存二卷(九十三至九十四)

330000－1718－0000026　甲26　集部/别集類/清别集
堯峰文鈔五十卷　(清)汪琬撰　(清)林佶編　清康熙三十二年(1693)林佶刻本　八冊

330000－1718－0000027　甲29　類叢部/叢書類/自著之屬
西堂全集四種附一種　(清)尤侗撰　清康熙刻本　七冊　存二種

330000－1718－0000028　甲30　集部/别集類/清别集
午亭文編五十卷　(清)陳廷敬撰　(清)林佶輯錄　清康熙四十七年(1708)林佶刻乾隆四十三年(1778)印本　十六冊

330000－1718－0000029　甲31　集部/别集類/清别集
帶經堂集九十二卷　(清)王士禛撰　(清)程哲校編　清康熙四十九年至五十年(1710－1711)程氏七略書堂刻本　二十冊

330000－1718－0000030　甲32　集部/别集類/清别集
白茅堂集四十六卷　(清)顧景星撰　清康熙刻本　八冊　存二十三卷(一至二十三)

330000－1718－0000031　集355　集部/詞類/總集之屬
國朝詞綜續編二十四卷　(清)黄燮清輯　清同治十二年(1873)武昌刻本　八冊

330000－1718－0000032　甲34　集部/别集類/清别集
思綺堂文集十卷　(清)章藻功撰　清康熙六十一年(1722)錢塘章氏刻本　六冊　缺四卷(七至十)

330000－1718－0000033　甲35　集部/别集類/明别集
湘帆堂集二十六卷　(明)傅占衡著　清乾隆七年(1742)傅欽俞募刻本　四冊

330000－1718－0000034　甲36　類叢部/叢書類/自著之屬
隨園三十種　(清)袁枚撰　清乾隆刻本　三十冊　存一種

330000－1718－0000035　甲37　集部/曲類/曲韻曲譜曲律之屬
納書楹曲譜全集二十二卷　（清）葉堂撰　清乾隆五十七年至五十九年（1792－1794）納書楹刻本　二十册

330000－1718－0000036　乙1　經部/易類/傳說之屬
周易本義四卷附圖說一卷卦歌一卷筮儀一卷　（宋）朱熹撰　清乾隆十五年（1750）黄氏槐蔭草堂刻本　詹大有題簽　二册

330000－1718－0000037　乙2、乙4、乙7－9、乙11　經部/叢編
十三經注疏　（明）□□輯　明崇禎元年至十二年（1628－1639）毛氏汲古閣刻本　八十二册　存六種

330000－1718－0000038　乙3　經部/詩類/傳說之屬
欽定詩經傳說彙纂二十一卷首二卷詩序二卷　（清）聖祖玄燁定　（清）王鴻緒　（清）揆敘總裁　清雍正刻本　二十四册

330000－1718－0000039　乙5　經部/周禮類/傳說之屬
周禮旁訓經疏節要六卷　（清）孟一飛輯　清道光刻本　三册

330000－1718－0000040　乙6　經部/叢編
皇清經解一千四百八卷　（清）阮元輯　清道光九年（1829）廣東學海堂刻咸豐十一年（1861）補刻本　二册　存二卷（五百六十三至五百六十四）

330000－1718－0000041　乙10　經部/春秋左傳類/傳說之屬
讀左補義五十卷首一卷　（清）姜炳璋輯　清乾隆三十八年（1773）毛昇刻本　十六册

330000－1718－0000042　乙12　經部/春秋總義類/傳說之屬
公羊傳評二卷穀梁傳評一卷　（清）王源評訂　清刻本　一册　存一卷（穀梁傳評）

330000－1718－0000043　乙14　經部/四書類/總義之屬/傳說
四書考彙刪六卷　（清）臧廷鑑輯　清康熙二十九年（1690）刻本　四册

330000－1718－0000044　乙15　經部/四書類/總義之屬/傳說
增補四書精繡圖像人物備考十二卷　（明）薛應旂撰　（明）陳仁錫增定　（清）陳義錫重校　（清）陳鋭　（清）何焯訂　清乾隆三十五年（1770）積秀堂刻本　八册

330000－1718－0000045　乙16　經部/小學類/文字之屬/字書/字體
六書通十卷　（清）閔齊伋撰　（清）畢弘述篆訂　清乾隆六十年（1795）刻本　吳燕香題簽並觀款　六册

330000－1718－0000046　乙17　經部/小學類/文字之屬/字書/字體
六書通十卷　（清）閔齊伋撰　（清）畢弘述篆訂　清康熙五十九年（1720）基聞堂刻乾隆印本　五册　存六卷（一、四、六至七、九至十）

330000－1718－0000047　乙18、乙21、乙23、乙31－32、乙36－40、乙68、乙140　類叢部/叢書類/彙編之屬
廣漢魏叢書八十種　（明）何允中編　清嘉慶刻本　二十三册　存二十七種

330000－1718－0000049　乙20　經部/小學類/音韻之屬/韻書
詩韻集成十卷附詞林典腋一卷　（清）余照輯　清光緒三年（1877）新會鄧啟奎三元堂鉛印本　四册

330000－1718－0000050　乙22　類叢部/叢書類/彙編之屬
古文七種附一種　（清）儲欣選評　清雍正元年（1723）受祉堂刻本　二册　存一種

330000－1718－0000051　乙24　史部/史抄類
史記菁華錄六卷　（清）姚祖恩輯　清道光四年（1824）吳興姚氏扶荔山房刻朱墨套印本　六册

330000－1718－0000053　乙 27　經部/周禮類/專著之屬
周禮政要二卷　(清)孫詒讓撰　清光緒二十八年(1902)瑞安普通學堂刻本　二册

330000－1718－0000054　乙 28　史部/政書類/律令之屬/刑制
三流道里表不分卷　(清)徐本等纂修　清嘉慶十六年(1811)刻本　三册

330000－1718－0000055　乙 29　史部/地理類/總志之屬/斷代
帝輿合覽二卷　(清)何炳撰　清道光十一年(1831)嘉興文蔚齋吴懋堂刻本　四册

330000－1718－0000056　乙 30　史部/地理類/方志之屬/郡縣志
[雍正]太平縣志八卷　(清)劉崇元修　(清)張枚等纂　清雍正三年(1725)刻本　清李惺邨批　周諧句讀、圈點、批並跋　一册　存二卷(二至三)

330000－1718－0000057　乙 33　史部/地理類/山川之屬/山志
廣雁蕩山志二十八卷首一卷末一卷　(清)曾唯輯　清乾隆五十五年(1790)曾唯依綠園刻本　八册

330000－1718－0000058　乙 34　史部/地理類/方志之屬/郡縣志
[乾隆]諸暨縣志四十四卷首一卷末一卷　(清)沈椿齡修　(清)樓卜瀍等纂　清乾隆三十八年(1773)刻本　十一册　缺十卷(十至十二、三十四至三十七、四十三至四十四,末)

330000－1718－0000059　乙 35　史部/傳記類/總傳之屬/通代
尚友録二十二卷補遺一卷　(明)廖用賢輯　(清)張伯琮補輯　清康熙浙蘭林天禄齋刻本　二十二册

330000－1718－0000060　乙 41　子部/儒家類/儒家之屬
孔氏家語十卷　(三國魏)王肅注　清乾隆五十四年(1789)正業堂刻本　二册

330000－1718－0000061　乙 41.0　子部/儒家類/儒家之屬
孔子家語八卷　(明)何孟春注　明正德十六年(1521)建寧郡張公瑞刻本　三册　缺二卷(三至四)

330000－1718－0000062　乙 42　子部/儒家類/儒學之屬/性理
呂子節録四卷補遺二卷　(明)呂坤撰　(清)陳宏謀評輯　清乾隆元年至三年(1736－1738)刻本　四册

330000－1718－0000063　乙 43　子部/儒家類/儒學之屬/性理
御纂性理精義十二卷　(清)李光地等纂修　清康熙刻本　六册

330000－1718－0000065　乙 45　子部/道家類
道德經註二卷　(清)釋成鷲撰　清康熙刻本　詹之亮題簽並記　一册

330000－1718－0000067　乙 47　子部/醫家類/綜合之屬/合刻、合抄
景岳全書六十四卷　(明)張介賓撰　清康熙三十九年(1700)會稽魯超刻本　二十三册　缺二卷(四十八至四十九)

330000－1718－0000068　乙 48　子部/醫家類/本草之屬/本草雜著
本草求真九卷附脈理求真三卷　(清)黄宫繡撰　清乾隆三十九年(1774)文奎堂、綠圃齋刻本　一册　存三卷(脈理求真一至三)

330000－1718－0000069　乙 49　子部/醫家類/本草之屬/本草雜著
本草求真九卷附主治二卷　(清)黄宫繡撰　清乾隆三十九年(1774)文奎堂、綠圃齋刻四十三年(1778)重修本　十一册

330000－1718－0000070　乙 50　子部/醫家類/本草之屬/歷代綜合本草
備要從新合訂五卷　稿本　三册　缺一卷(三)

330000－1718－0000071　乙 51　子部/醫家

類/本草之屬/歷代綜合本草
本草從新六卷 (清)吳儀洛輯 清乾隆五十三年(1788)刻本 六冊

330000－1718－0000072 乙52 類叢部/叢書類/彙編之屬
武英殿聚珍版書一百三十八種 清乾隆武英殿木活字印本 二冊 存一種

330000－1718－0000073 乙53 子部/醫家類/方書之屬/單方驗方
醫方湯頭歌括一卷經絡歌訣一卷 (清)汪昂撰 清雍正二年(1724)瀛經堂刻本 一冊

330000－1718－0000074 乙54 類叢部/叢書類/自著之屬
古愚老人消夏錄十七種 (清)汪汲撰輯 清乾隆至嘉慶古愚山房刻本 王氏題簽並觀款 一冊 存一種

330000－1718－0000075 乙55 子部/醫家類/喉科口齒之屬
重樓玉鑰一卷 (清)鄭宏綱撰 清光緒五年(1879)刻朱墨套印本 一冊

330000－1718－0000076 乙56 子部/醫家類/溫病之屬/瘟疫
瘟疫論二卷 (明)吳有性撰 清刻本 樂育堂主人題簽並觀款 一冊

330000－1718－0000077 乙57 子部/醫家類/婦科之屬/通論
濟陰綱目十四卷 (明)武之望撰 (清)汪淇箋釋 **保生碎事一卷** (清)汪淇輯 清刻本 八冊

330000－1718－0000079 乙59 子部/藝術類/書畫之屬/法帖
草字彙十二卷 (清)石梁輯 清乾隆刻本 六冊

330000－1718－0000080 乙60 類叢部/叢書類/彙編之屬
榆園叢刻十五種附一種 (清)許增編 清同治至光緒刻本 十五冊 存十三種

330000－1718－0000081 乙61 類叢部/叢書類/自著之屬
春在堂全書三十六種 (清)俞樾撰 清同治至光緒刻光緒末彙印本 一冊 存一種

330000－1718－0000082 乙63 新學/幼學
普通學歌訣一卷 (清)張一鵬撰 清光緒二十六年(1900)蘇州中西小學堂刻本 一冊

330000－1718－0000083 乙64 類叢部/叢書類/彙編之屬
邵武徐氏叢書二十三種 (清)徐幹編 清光緒邵武徐氏刻本 二冊 存二種

330000－1718－0000084 乙65 史部/政書類/儀制之屬
聖廟祀典圖考三卷首一卷附聖跡圖一卷孟子聖跡圖一卷 (清)顧沅撰 清光緒上海同文書局影印本 四冊

330000－1718－0000087 乙69 子部/術數類/數學之屬
六壬經緯六卷 (清)毛志道撰 清金閶書業堂刻本 二冊

330000－1718－0000088 乙71 子部/術數類/相宅相墓之屬
陽宅三要四卷 (清)趙廷棟撰 清乾隆刻本 二冊

330000－1718－0000089 乙72 子部/術數類/相宅相墓之屬
山洋指迷原本四卷 (明)周景一撰 (清)俞歸璞 (清)吳卿瞻增注 清乾隆五十二年(1787)刻本 四冊

330000－1718－0000090 乙73－76 子部/叢編
五種秘竅全書 (明)甘霖撰 明古吳上元唐鯉耀文林閣刻本(天星秘竅圖書配明末刻清郁郁堂重修本) 十八冊 存四種

330000－1718－0000091 乙77 子部/術數類/相宅相墓之屬
乾坤法竅三卷 (清)范宜賓輯 清刻本 三冊

330000－1718－0000092　乙78　子部/術數類/相宅相墓之屬

地理大成五種四十九卷　(清)葉泰輯　清康熙文光堂刻本　二十四冊

330000－1718－0000093　乙79　子部/宗教類/佛教之屬/經疏

心經註解七種一卷　詹之亮輯　稿本　一冊

330000－1718－0000094　乙80　集部/別集類/清別集

呂純陽先生編年詩集十卷　(清)李涵虛編　清雍正五年(1727)刻本　鶴陽圈點　一冊　存四卷(三至六)

330000－1718－0000095　乙81　類叢部/類書類/通類之屬

重訂廣事類賦四十卷　(清)華希閔撰　清文光堂刻本　十冊

330000－1718－0000096　乙82　類叢部/類書類/專類之屬

古今類傳四卷　(清)董穀士　(清)董炳文輯　清康熙三十一年(1692)未學齋刻本　二冊　存二卷(一至二)

330000－1718－0000097　乙83　類叢部/類書類/通類之屬

註釋白眉故事十卷　(明)許以忠集　(清)鄧志謨校　清康熙四十一年(1702)聚錦堂刻本　六冊

330000－1718－0000098　乙91　集部/總集類/選集之屬/通代

御選唐宋詩醇五十八卷目錄一卷　(清)高宗弘曆輯　清乾隆二十五年(1760)紫陽書院刻本　二十冊　缺十二卷(四十七至五十八)

330000－1718－0000100　乙95　集部/總集類/選集之屬/斷代

諸暨詩存十六卷續編四卷附詩餘一卷　(清)酈滋德評選　(清)郭肇增編　**東埭詩鈔一卷**　(清)郭肇撰　(清)戴蘭疇選　(清)酈琮編　清光緒十七年(1891)諸暨酈氏摭古堂刻本　六冊　缺九卷(六至十、十五至十六,續編三至四)

330000－1718－0000102　乙97　集部/別集類/漢魏六朝別集

庾子山全集十卷　(北周)庾信撰　(清)吳兆宜箋註　清康熙刻本　四冊

330000－1718－0000103　乙98　集部/別集類/唐五代別集

李太白文集三十六卷　(唐)李白撰　(清)王琦輯注　清乾隆寶笏樓刻二十五年(1760)增刻本　十二冊

330000－1718－0000104　乙99　集部/別集類/唐五代別集

李太白文集三十六卷　(唐)李白撰　(清)王琦輯注　清乾隆寶笏樓刻二十五年(1760)增刻本　十六冊

330000－1718－0000105　乙100　集部/別集類/唐五代別集

杜工部集二十卷附錄一卷　(唐)杜甫撰　(清)錢謙益箋註　**少陵先生[杜甫]年譜一卷諸家詩話一卷唱酬題詠附錄一卷**　清康熙六年(1667)泰興季振宜靜思堂刻本　八冊

330000－1718－0000106　乙101　集部/別集類/唐五代別集

李義山詩集三卷　(唐)李商隱撰　(清)朱鶴齡箋注　(清)沈厚塽輯評　**李義山詩譜一卷附錄諸家詩評一卷**　清同治九年(1870)廣州倅署刻三色套印本　四冊

330000－1718－0000107　乙101.0　集部/別集類/唐五代別集

李義山詩集三卷　(唐)李商隱撰　(清)朱鶴齡箋注　(清)沈厚塽輯評　**李義山詩譜一卷附錄諸家詩評一卷**　清同治九年(1870)廣州倅署刻三色套印本　四冊

330000－1718－0000108　乙102　集部/別集類/唐五代別集

唐陸宣公集二十二卷　(唐)陸贄撰　清雍正

元年(1723)年龔堯刻後印本　四冊

330000－1718－0000109　乙 103　集部/別集類/唐五代別集

重刊五百家注音辯昌黎先生文集四十卷　(唐)韓愈撰　(宋)魏仲舉輯注　清乾隆四十九年(1784)刻本　十二冊

330000－1718－0000110　乙 104　集部/別集類/宋別集

施注蘇詩四十二卷目錄二卷　(宋)蘇軾撰　(宋)施元之　(宋)顧禧注　(清)顧嗣立　(清)邵長蘅　(清)宋至刪補　**蘇詩續補遺二卷**　(清)馮景補注　**王注正譌一卷**　(清)邵長蘅撰　**東坡先生[蘇軾]年譜一卷**　(宋)王宗稷編　清康熙三十八年(1699)商丘宋犖刻本　十冊

330000－1718－0000111　乙 105　集部/別集類/宋別集

宋黃文節公文集三十二卷外集二十四卷別集十九卷首四卷　(宋)黃庭堅撰　**黃青社先生伐檀集二卷**　(宋)黃庶撰　清乾隆三十年(1765)江右寧州緝香堂刻本　三十二冊

330000－1718－0000112　乙 106　集部/別集類/宋別集

晦庵先生朱文公文集一百卷續集五卷別集七卷目錄二卷　(宋)朱熹撰　(清)臧眉錫等訂　清康熙二十七年(1688)蔡方炳刻本　三十九冊　缺二十一卷(七十四至七十五、九十四至一百,續集一至五,別集一至七)

330000－1718－0000113　乙 107　集部/別集類/宋別集

劍南詩鈔六卷　(宋)陸游撰　(清)楊大鶴選　清康熙二十四年(1685)毗陵楊氏刻本　八冊

330000－1718－0000114　乙 107.0　集部/別集類/宋別集

劍南詩鈔六卷　(宋)陸游撰　(清)楊大鶴選　清康熙二十四年(1685)毗陵楊氏刻本　八冊

330000－1718－0000115　乙 108　集部/別集類/宋別集

元豐類稿五十卷　(宋)曾鞏撰　清乾隆二十八年(1763)查溪刻本　十二冊

330000－1718－0000116　乙 109　集部/別集類/元別集

竹齋詩集四卷附錄一卷　(元)王冕撰　清嘉慶三年(1798)王珮蘭刻本　金慕涵題簽　二冊

330000－1718－0000117　乙 110　集部/別集類/明別集

寶綸堂集十卷拾遺一卷　(明)陳洪綬撰　(清)陳字購輯　清光緒十四年(1888)會稽董氏取斯堂木活字印本　一冊　存一卷(一)

330000－1718－0000118　乙 111　集部/別集類/明別集

王陽明先生文鈔二十卷　(明)王守仁撰　清康熙刻本　八冊

330000－1718－0000119　乙 112　集部/別集類/明別集

陽明先生集要四種　(明)王守仁撰　(明)施邦曜編　清乾隆五十二年(1787)朱培行濟美堂刻後印本　十冊

330000－1718－0000120　乙 113　集部/別集類/明別集

陽明先生集要四種　(明)王守仁撰　(明)施邦曜編　清乾隆五十二年(1787)朱培行濟美堂刻本　十冊

330000－1718－0000124　乙 116　史部/史評類/詠史之屬

楊鐵崖先生詠史古樂府四卷　(元)楊維楨撰　(清)王榮紘編　清乾隆三十七年(1772)刻本　二冊

330000－1718－0000125　乙 117　類叢部/叢書類/自著之屬

甌北全集八種　(清)趙翼撰　清乾隆至嘉慶湛貽堂刻本　七冊　存一種

330000－1718－0000127　乙119　集部/别集類/清别集
湖海樓全集五十一卷　(清)陳維崧撰　清乾隆六十年(1795)浩然堂刻本　十六册

330000－1718－0000128　乙120　集部/别集類/清别集
山木居士外集四卷　(清)魯仕驥撰　清乾隆四十七年(1782)刻嘉慶二年(1797)補修本　四册

330000－1718－0000129　乙121、集81－82、集118、集124、集153　類叢部/叢書類/彙編之屬
寶墨齋叢書十一種　(清)余廷誥編　清光緒二十三年至二十四年(1897－1898)豐城余氏寶墨齋刻本　二十二册　存十種

330000－1718－0000133　乙124　集部/别集類/清别集
養拙窩詩鈔七卷　(清)趙寶晉撰　清光緒三十二年(1906)木活字印本　二册

330000－1718－0000136　集353　集部/總集類/課藝之屬
山西考卷不分卷續編不分卷　(清)吕景昭等撰　清刻本　五册

330000－1718－0000137　乙127　集部/别集類/明别集
青邱高季迪先生詩集十八卷遺詩一卷扣舷集一卷鳧藻集五卷首一卷附録一卷　(明)高啟撰　(清)金檀輯注　清雍正六年至七年(1728－1729)桐鄉金氏文瑞樓刻清平湖寶芸堂重修印本　十二册

330000－1718－0000138　乙128－130　集部/總集類/氏族之屬
寧都三魏全集八十三卷　(清)林時益編　清康熙刻本　二十七册　存三十三卷(魏叔子文集外篇一至二十二、詩集一至八、日録一至三)

330000－1718－0000139　乙131　集部/别集類/清别集
陳檢討集二十卷　(清)陳維崧撰　(清)程師恭注　清康熙刻本　六册

330000－1718－0000140　乙132　集部/别集類/清别集
蘀石齋詩集四十九卷　(清)錢載撰　清刻本　清許榮勳題簽並記　六册

330000－1718－0000141　乙134　集部/詞類/别集之屬
山中白雲詞八卷附録一卷樂府指迷一卷　(宋)張炎撰　清康熙六十一年(1722)曹炳曾刻雍正後印本　四册　缺一卷(樂府指迷)

330000－1718－0000143　乙136－138　集部/戲劇類/總集之屬/雜劇
清容外集九種　(清)蔣士銓撰　清乾隆蔣氏紅雪樓刻本　五册　存四種

330000－1718－0000144　乙139　集部/别集類/唐五代别集
韓文起十二卷　(唐)韓愈撰　(清)林雲銘評注　**韓文公[愈]年譜一卷**　(清)林雲銘撰　清康熙三十二年(1693)林氏建陽刻本　六册

330000－1718－0000145　乙141　集部/總集類/選集之屬/通代
古文析義十六卷　(清)林雲銘輯並注　清文選樓刻本　八册

330000－1718－0000146　乙142　集部/詩文評類/文評之屬
四六叢話三十三卷選詩叢話一卷　(清)孫梅撰　清嘉慶三年(1798)吴興舊言堂刻本　十二册

330000－1718－0000147　乙143　集部/總集類/選集之屬/通代
漢魏名文乘　(明)張運泰　(明)余元熹輯　清刻本(韓詩外傳十卷、白虎通德論四卷爲補配)　二十九册　存五十二種

330000－1718－0000149　集1　集部/楚辭類
楚辭章句十七卷　(漢)王逸撰　清刻本　二册

330000－1718－0000152　集4　集部/楚辭類
楚辭燈四卷　(清)林雲銘撰　清刻本　二册

330000－1718－0000153　集5　集部/楚辭類
楚辭章句十七卷　(漢)王逸撰　(宋)洪興祖補注　清光緒二十一年(1895)昭陵經畲堂刻本　六册

330000－1718－0000154　集6　集部/楚辭類
離騷彙訂不分卷　(清)王邦采撰　清光緒二十六年(1900)廣雅書局刻本　余重耀批並跋　二册

330000－1718－0000155　集354　集部/詩文評類/詩評之屬
飲冰室詩話五卷　梁啓超撰　清刻本　一册　存二卷(一至二)

330000－1718－0000156　集7　類叢部/叢書類/彙編之屬
隨盦徐氏叢書十種續編十種　徐乃昌編　清光緒至民國南陵徐氏刻本　三册　存五種

330000－1718－0000157　集8、集47、集61、集70　集部/總集類/選集之屬/通代
四忠遺集　(清)羅文謙編　清光緒二十三年(1897)湘南書局刻本　二十四册

330000－1718－0000160　集11　類叢部/叢書類/彙編之屬
小萬卷樓叢書十七種　(清)錢培名輯　清咸豐四年(1854)刻本　一册　存一種

330000－1718－0000162　集13　集部/別集類/漢魏六朝別集
庾子山集十六卷總釋一卷　(北周)庾信撰　(清)倪璠注　**附年譜一卷**　(清)倪璠撰　清光緒二十年(1894)粵東儒雅堂刻本　十二册

330000－1718－0000164　集15　集部/別集類/唐五代別集
王無功集三卷補遺二卷　(唐)王績撰　**東皋子集校勘記一卷**　羅振玉撰　清光緒三十二年(1906)上虞羅氏唐風樓刻本　一册

330000－1718－0000165　集16　集部/別集類/漢魏六朝別集
陶淵明文集十卷　(晉)陶潛撰　清同治二年(1863)何氏篤慶堂刻本　一册　存四卷(一至四)

330000－1718－0000167　集19　集部/總集類/選集之屬/斷代
初唐四傑集三十七卷　(清)項家達編　清同治十二年(1873)鄒氏叢雅居刻本　二册　存一種

330000－1718－0000168　集20－23　集部/總集類/選集之屬/斷代
唐四家詩集二十八卷　清光緒十年(1884)上海同文書局石印本　四册

330000－1718－0000169　集24　集部/總集類/選集之屬/斷代
唐四家詩集二十卷附二種　(清)胡鳳丹輯　清同治九年(1870)永康胡氏退補齋刻本　三册　存二種

330000－1718－0000177　集34　集部/別集類/唐五代別集
樊南文集詳註八卷　(唐)李商隱撰　(清)馮浩編訂　清乾隆四十五年(1780)德聚堂刻同治七年(1868)馮寶圻補修本　四册

330000－1718－0000178　集35　集部/別集類/唐五代別集
杜詩鏡銓二十卷附錄一卷年譜一卷　(清)楊倫撰　**讀書堂杜工部文集註解二卷**　(清)張溍撰　清光緒十八年(1892)上海著易堂鉛印本　六册

330000－1718－0000180　集37　集部/別集類/唐五代別集
昌黎先生詩集注十一卷年譜一卷　(唐)韓愈撰　(清)顧嗣立刪補　清光緒九年(1883)廣州翰墨園刻三色套印本　四册

330000－1718－0000182　集356　集部/楚辭類
楚辭燈四卷　(清)林雲銘撰　清刻本　一册　存二卷(一至二)

330000－1718－0000183　集39　集部/總集類/選集之屬/通代
古文約選不分卷　(清)允禮輯　(清)方苞訂　清雍正十一年(1733)果親王府刻本　八冊

330000－1718－0000184　集40　集部/别集類/宋别集
司馬溫公文集八十卷目錄二卷　(宋)司馬光撰　明崇禎元年(1628)吳時亮等刻清康熙、同治、民國遞修本　二十二冊　缺七卷(四十五至四十七、六十至六十三)

330000－1718－0000185　集41　集部/别集類/宋别集
新刻臨川王介甫先生詩文集一百卷目錄二卷　(宋)王安石撰　明萬曆四十年(1612)王鳳翔、王承宗金陵光啓堂刻本　二冊　存三十一卷(十九至三十七、六十五至七十六)

330000－1718－0000186　集42　集部/别集類/宋别集
王臨川全集一百卷目錄二卷　(宋)王安石撰　清刻本　八冊　存五十卷(五十一至一百)

330000－1718－0000189　集45　集部/别集類/宋别集
山谷内集詩注二十卷外集詩注十七卷别集詩注二卷　(宋)黄庭堅撰　(宋)任淵　(宋)史容　(宋)史季溫注　清光緒二十一年至二十六年(1895－1900)義寧陳三立刻宣統二年(1910)印本　二十冊

330000－1718－0000191　集48　集部/别集類/宋别集
重刊文信國公全集十七卷首一卷　(宋)文天祥撰　清道光二十五年(1845)刻本　九冊　缺六卷(一至二、六至八、十五)

330000－1718－0000192　集47　集部/總集類/選集之屬/通代
四忠遺集　(清)羅文謙編　清光緒二十三年(1897)湘南書局刻本　十四冊　存一種

330000－1718－0000193　集49　類叢部/叢書類/郡邑之屬
永嘉叢書十三種　(清)孫衣言編　清同治至光緒瑞安孫氏詒善祠塾刻本　十二冊　存二種

330000－1718－0000194　集349　集部/總集類/彙編之屬
宋詩鈔初集八十四種　(清)呂留良　(清)吳之振　(清)吳爾堯編　清康熙十年(1671)吳氏鑑古堂刻本　四冊　存十二種

330000－1718－0000195　集50　集部/别集類/宋别集
劍南詩鈔六卷　(宋)陸游撰　(清)楊大鶴選　清光緒八年(1882)文苑山房刻本　二冊　存二卷(一、四)

330000－1718－0000197　集52、集146　類叢部/叢書類/彙編之屬
正誼堂全書六十三種續刻五種　(清)張伯行編　(清)楊浚重編　清同治五年(1866)福州正誼書院刻同治八年至光緒十三年(1869－1887)續刻本　一百十九冊　存六十三種

330000－1718－0000198　集53　集部/别集類/宋别集
宋大家蘇文忠公文集二十八卷　(宋)蘇軾撰　(明)茅坤批評　清宣統三年(1911)上海彪蒙書室石印本　一冊　存六卷(十三至十八)

330000－1718－0000200　集55　集部/别集類/金别集
元遺山詩集箋注十四卷附錄一卷補載一卷　(金)元好問撰　(元)張德輝類次　(清)施國祁箋注　清道光二年(1822)南潯蔣氏瑞松堂刻本　四冊

330000－1718－0000201　乙84　集部/總集類/選集之屬/通代
文選六十卷　(南朝梁)蕭統輯　(唐)李善注　(清)何焯評　清乾隆三十七年(1772)長洲葉樹藩海錄軒刻朱墨套印本　十二冊

330000－1718－0000202　乙85　集部/總集類/選集之屬/通代
古文眉詮七十九卷首一卷　(清)浦起龍輯

清乾隆九年(1744)蘇州三吳書院刻本　十六冊

330000－1718－0000203　乙87　集部/總集類/選集之屬/通代
本事詩十二卷　(清)徐釚輯　清乾隆二十二年(1757)桐鄉汪肯堂半松書屋刻本　三冊

330000－1718－0000204　乙88　集部/總集類/選集之屬/通代
古詩箋三十二卷　(清)王士禛輯　(清)聞人倓箋　清乾隆三十一年(1766)芷蘭堂刻本　十二冊

330000－1718－0000205　乙89　集部/總集類/選集之屬/通代
古文辭類纂七十四卷　(清)姚鼐輯　清道光元年(1821)合河康氏家塾刻本　十二冊

330000－1718－0000206　乙90　集部/總集類/選集之屬/通代
回文類聚四卷首一卷　(宋)桑世昌輯　**織錦回文圖一卷回文類聚續編十卷首一卷**　(清)朱象賢輯並繪　清刻麟玉堂印本　一冊　缺十一卷(織錦回文圖、回文類聚續編一至十)

330000－1718－0000207　集57　類叢部/叢書類/自著之屬
薛文清公集九種　(明)薛瑄撰　清雍正至乾隆刻本　十冊　存二種

330000－1718－0000208　集58　集部/別集類/明別集
疑雨集四卷　(明)王彥泓撰　清宣統元年(1909)上海掃葉山房石印本　一冊

330000－1718－0000210　集60　集部/別集類/明別集
滄溟先生集三十一卷附錄一卷　(明)李攀龍撰　清道光二十七年(1847)濟南李氏刻景福堂印本　八冊

330000－1718－0000211　集62　集部/別集類/明別集
高子遺書十二卷附錄一卷　(明)高攀龍撰　(明)陳龍正輯　**高忠憲公[攀龍]年譜一卷**　(明)華允誠編　清光緒二年(1876)周士錦無錫東林書院刻本　十二冊

330000－1718－0000214　集64　集部/別集類/明別集
黃漳浦集五十卷首一卷目錄二卷　(明)黃道周撰　(清)陳壽祺重編　**漳浦黃先生[道周]年譜二卷**　(明)莊起儔編　清道光八年至十年(1828－1830)刻本　二十四冊

330000－1718－0000221　集71　集部/別集類/明別集
王文成公全書三十八卷　(明)王守仁撰　清光緒浙江書局刻民國八年(1919)浙江圖書館補刻本　二十四冊

330000－1718－0000222　集72　集部/別集類/明別集
王文成公全書三十八卷　(明)王守仁撰　清光緒浙江書局刻本　二十四冊

330000－1718－0000226　集76　類叢部/叢書類/彙編之屬
誦芬室叢刊二十二種　董康編　清光緒三十四年至民國十四年(1908－1925)武進董氏刻本　八冊　存二種

330000－1718－0000227　集77　類叢部/叢書類/自著之屬
東谷全集四種　(清)白胤謙撰　清順治至康熙刻本　十冊　存二種

330000－1718－0000228　集78　類叢部/叢書類/自著之屬
西河合集一百十九種　(清)毛奇齡撰　清康熙李塨等刻本　十六冊　存十八種

330000－1718－0000229　集79　集部/別集類/清別集
湖海樓全集五十一卷　(清)陳維崧撰　清光緒十七年至十九年(1891－1893)弇山鐸署刻本　二十冊

330000－1718－0000230　集80　集部/別集類/清別集
南州草堂集三十卷首一卷續集四卷　(清)徐

釚撰　清康熙三十四年至四十四年(1695－1705)菊莊刻本　五册　缺十二卷(十四至二十五)

330000－1718－0000231　集83　類叢部/叢書類/彙編之屬
彙刻錢牧齋五種　鄧實輯　清宣統二年(1910)順德鄧氏風雨樓鉛印本　三册　存一種

330000－1718－0000232　集84　集部/别集類/清别集
錢牧齋文鈔不分卷　(清)錢謙益撰　清宣統元年(1909)國學扶輪社鉛印本　二册

330000－1718－0000233　集85　史部/傳記類/雜傳之屬
牧齋晚年家乘文一卷　(清)錢謙益撰　**錢牧翁先生[謙益]年譜一卷**　(清)彭城退士撰　清宣統三年(1911)上海國學扶輪社鉛印本　一册

330000－1718－0000234　集86　集部/别集類/清别集
曝書亭集八十卷附錄一卷　(清)朱彝尊撰　**笛漁小稾十卷**　(清)朱昆田撰　清光緒十五年(1889)會稽陶氏寒梅館刻朱印本　十四册　存八十四卷(一至六十八、七十六至八十,附錄,笛漁小稾一至十)

330000－1718－0000235　集88　集部/别集類/清别集
掃紅亭吟稿十四卷　(清)馮雲鵬撰　清道光八年至十年(1828－1830)馮雲鵬刻本　十册

330000－1718－0000236　集89　集部/别集類/清别集
曝書亭集八十卷附錄一卷　(清)朱彝尊撰　**笛漁小稾十卷**　(清)朱昆田撰　清光緒十五年(1889)會稽陶氏寒梅館刻朱印本　十五册

330000－1718－0000238　集91　集部/别集類/清别集
帶經堂集九十二卷　(清)王士禛撰　(清)程哲校編　清康熙四十九年至五十年(1710－1711)程氏七略書堂刻乾隆十二年(1747)黄晟重修本　八册　存三十八卷(一至三十八)

330000－1718－0000239　集92　集部/别集類/清别集
漁洋山人精華錄訓纂十卷補十卷年譜二卷　(清)王士禛撰　(清)惠棟注　清乾隆刻本　八册　缺六卷(一至二、八至十,補一)

330000－1718－0000244　集96　集部/别集類/清别集
石笥山房文集六卷詩集十二卷　(清)胡天游撰　清道光二十六年至二十八年(1846－1848)刻本　八册

330000－1718－0000245　集97　集部/别集類/清别集
河濱遺集二十六卷　(清)李楷撰　(清)李元春輯選　清嘉慶十六年(1811)刻本　八册　存十卷(文選一至十)

330000－1718－0000246　集98　子部/雜著類/雜考之屬
十駕齋養新錄二十卷餘錄三卷　(清)錢大昕撰　**錢辛楣先生[大昕]年譜一卷**　(清)錢大昕編　(清)錢慶曾校注　**竹汀居士[錢大昕]年譜續編一卷**　(清)錢慶曾撰　清光緒二年(1876)浙江書局刻本　八册

330000－1718－0000247　集99　集部/别集類/清别集
夢陔堂詩集三十五卷　(清)黄承吉撰　清道光十二年(1832)江都黄承吉刻本　六册

330000－1718－0000248　集100　類叢部/叢書類/彙編之屬
半厂叢書初編十種　(清)譚獻編　清同治至光緒仁和譚氏刻本　二册　存一種

330000－1718－0000249　集101　集部/别集

類/清別集

小謨觴館詩集八卷詩續集二卷詩餘附録一卷文集四卷文續集二卷 （清）彭兆蓀撰 清江左書林刻本 六册

330000－1718－0000250 集102 集部/別集類/清別集

板橋集五種 （清）鄭燮撰 清同治七年(1868)刻本 八册

330000－1718－0000251 集103 集部/別集類/清別集

煙霞萬古樓文集六卷詩選二卷 （清）王曇撰 清光緒二十一年(1895)鴻文書局影印本 四册

330000－1718－0000252 集105 集部/別集類/清別集

煙霞萬古樓文一卷 （清）王曇撰 清光緒二十五年(1899)寒松閣刻本 一册

330000－1718－0000253 集104 集部/別集類/清別集

煙霞萬古樓文集六卷詩選二卷 （清）王曇撰 清光緒二十一年(1895)鴻文書局影印本 四册

330000－1718－0000254 集106 類叢部/叢書類/自著之屬

曾文正公全集十六種 （清）曾國藩撰 清同治至光緒傳忠書局刻本 五册 存一種

330000－1718－0000257 集110 集部/總集類/選集之屬/通代

文選課虚四卷 （清）杭世駿撰 清光緒十年(1884)上海同文書局石印本 一册

330000－1718－0000258 集111 集部/別集類/清別集

知稼軒詩稿三卷 （清）張元奇撰 清光緒鉛印本 一册 存一卷(遼東集)

330000－1718－0000259 集112－115 類叢部/叢書類/自著之屬

隨園三十種 （清）袁枚撰 清刻本 十四册 存八種

330000－1718－0000260 集116 集部/別集類/清別集

雙藤書屋詩集十二卷試帖十二卷 （清）何道生撰 清道光元年(1821)刻本 二册 存八卷(一至四、九至十二)

330000－1718－0000263 集119 集部/別集類/清別集

聽月樓遺稿二卷 （清）嚴恒撰 清光緒二十八年(1902)上海小長蘆館石印本 一册

330000－1718－0000264 集120 集部/別集類/清別集

越縵堂駢體文四卷散體文一卷 （清）李慈銘撰 清光緒二十三年(1897)常熟曾氏虚霩居刻本 四册

330000－1718－0000266 集122 集部/別集類/清別集

樫華館全集 （清）路德撰 （清）閻敬明輯 清光緒七年(1881)解梁刻本 二册 存一種

330000－1718－0000267 集123 類叢部/叢書類/自著之屬

庸庵全集七種 （清）薛福成撰 清光緒二十三年(1897)上海醉六堂石印本 八册 存三種

330000－1718－0000270 集127 類叢部/叢書類/彙編之屬

張氏適園叢書初集七種 張鈞衡編 清宣統三年(1911)上海國學扶輪社鉛印本 一册 存一種

330000－1718－0000271 集128 類叢部/叢書類/彙編之屬

粵雅堂叢書一百八十四種 （清）伍崇曜編 清道光二十九年至光緒十一年(1849－1885)南海伍氏刻彙印本 四册 存一種

330000－1718－0000273 集130 類叢部/叢書類/彙編之屬

慎始基齋叢書十一種 盧靖輯 清光緒沔陽盧氏刻民國十二年(1923)印本 二册 存二種

330000－1718－0000276　集133　集部/別集類
敦厚堂清芬集一卷　陳瀚撰　清光緒三十年(1904)刻本　一冊

330000－1718－0000277　集134　集部/別集類
敦厚堂清芬集一卷　陳瀚撰　清光緒三十年(1904)刻本　一冊

330000－1718－0000278　集135　集部/別集類
敦厚堂清芬集一卷　陳瀚撰　清光緒三十年(1904)刻本　一冊

330000－1718－0000279　集136　集部/別集類
敦厚堂清芬集一卷　陳瀚撰　清光緒三十年(1904)刻本　一冊

330000－1718－0000282　集139　集部/別集類/清別集
雪門詩草十四卷　(清)許瑤光撰　清同治十三年(1874)刻本　六冊

330000－1718－0000283　集140　集部/別集類/清別集
雪門詩草十四卷　(清)許瑤光撰　清同治十三年(1874)刻本　六冊

330000－1718－0000284　集141　類叢部/叢書類/自著之屬
耐安類稿五種　(清)陳偉撰　清光緒二十二年(1896)梅叔瀚等刻本　六冊

330000－1718－0000285　集142　類叢部/叢書類/自著之屬
顧亭林先生遺書十種補遺十種　(清)顧炎武撰　清蓬瀛閣刻吴縣朱記榮槐廬家塾增刻光緒十一年(1885)彙印本　十六冊

330000－1718－0000287　集144　集部/總集類/選集之屬/斷代
皇朝經世文統編一百七卷　(清)□潤甫輯　清光緒二十七年(1901)上海寶善齋石印本　五十一冊　缺二卷(一至二)

330000－1718－0000288　集145　集部/總集類/選集之屬/通代
古文淵鑒六十四卷　(清)徐乾學等輯注　清淵鑑齋刻本　二十四冊　缺二十一卷(三十六至四十五、五十四至六十四)

330000－1718－0000289　集147　集部/總集類/選集之屬/斷代
皇朝經世文編一百二十卷姓名總目二卷　(清)賀長齡輯　清光緒二十二年(1896)上海掃葉山房鉛印本　二十冊　缺十六卷(一、三十六至四十、八十四至八十八、一百十一至一百十五)

330000－1718－0000292　集151　集部/別集類/清別集
吴學士文集四卷詩集五卷　(清)吴鼒撰　(清)薛春藜輯　(清)薛時雨　(清)譚廷獻編訂　清光緒八年(1882)番禺梁肇煌江寧藩署刻本　六冊

330000－1718－0000294　集154　類叢部/叢書類/自著之屬
王船山先生四種　(清)王夫之撰　清光緒二十四年(1898)刻本　一冊　存一種

330000－1718－0000295　集155　集部/別集類/明別集
楊忠愍公全集四卷首一卷　(明)楊繼盛撰　清光緒十九年(1893)味菜廬刻本　四冊

330000－1718－0000296　集156　集部/別集類/明別集
楊忠愍公全集三卷附靈驗記一卷　(明)楊繼盛撰　清道光八年(1828)刻本　四冊

330000－1718－0000297　集157　集部/別集類/明別集
太師誠意伯劉文成公集二十卷首一卷　(明)劉基撰　清光緒二十六年(1900)浙江書局刻民國五年(1916)印本　十冊

330000－1718－0000299　集158　集部/總集類/選集之屬/通代
憑山閣增輯留青新集三十卷　(清)陳枚選

（清）陳德裕增輯　清聚文堂刻本　十五册　存十九卷（一、四至五、七至二十二）

330000－1718－0000301　集161　集部/别集類/清别集

曾文正公四種　（清）曾國藩撰　清光緒十九年（1893）上海圖書集成印書局鉛印本　七册　缺二卷（曾文正公家書一至二）

330000－1718－0000302　集162、集182、集217　類叢部/叢書類/自著之屬

曾文正公全集十六種　（清）曾國藩撰　清同治至光緒傳忠書局刻本　一百十三册　存十三種

330000－1718－0000303　集163　集部/總集類/彙編之屬

漢魏六朝一百三家集（漢魏六朝百三名家集）（明）張溥編　清光緒十八年（1892）善化章經濟堂刻本　六十三册　存八十五種

330000－1718－0000304　集164　集部/總集類/選集之屬/斷代

兩漢策要十二卷　（宋）陶叔獻輯　清光緒十三年（1887）上海同文書局石印本（卷三原缺）八册

330000－1718－0000305　集165　類叢部/叢書類/輯佚之屬

漢魏遺書鈔一百四種　（清）王謨輯　清嘉慶三年（1798）金谿王氏刻本　二十册

330000－1718－0000307　集168　集部/總集類/選集之屬/斷代

全唐詩九百卷目錄十二卷　（清）曹寅等輯　清光緒十三年（1887）上海同文書局石印本　三十二册

330000－1718－0000308　集169　集部/總集類/選集之屬/通代

文選六十卷　（南朝梁）蕭統輯　（唐）李善注　清乾隆二十四年（1759）雲林周氏懷德堂刻本　一册　存六卷（一至六）

330000－1718－0000309　集170　集部/總集類/選集之屬/通代

文選六十卷　（南朝梁）蕭統輯　（唐）李善注　清乾隆二十四年（1759）雲林周氏懷德堂刻本　九册　缺五卷（六至十）

330000－1718－0000310　集171　集部/總集類/選集之屬/通代

文選六十卷　（南朝梁）蕭統輯　（唐）李善注　**文選考異十卷**　（清）胡克家撰　清同治八年（1869）湖北崇文書局刻本　二十二册　缺六卷（三十至三十五）

330000－1718－0000311　集172　集部/總集類/選集之屬/通代

文選六十卷　（南朝梁）蕭統輯　（唐）李善注　**文選考異十卷**　（清）胡克家撰　清光緒六年（1880）四明林植梅刻本　十九册　存五十七卷（一至四十一、四十五至六十）

330000－1718－0000312　集173　集部/總集類/選集之屬/斷代

文粹一百卷　（宋）姚鉉輯　**補遺二十六卷**（清）郭麐輯　清光緒十六年（1890）杭州許增榆園刻本　十册　存六十三卷（一至五、十三至十六、二十八至三十三、四十六至五十三、六十一至一百）

330000－1718－0000313　集174　集部/總集類/氏族之屬

三蘇策論十二卷　（宋）蘇洵　（宋）蘇軾（宋）蘇轍撰　（清）張紹齡編　清光緒二十七年（1901）上洋石印書局石印本　一册

330000－1718－0000314　集175　集部/總集類/氏族之屬

三蘇策論十二卷　（宋）蘇洵　（宋）蘇軾（宋）蘇轍撰　（清）張紹齡編　清光緒二十四年（1898）越郡會文堂石印本　七册　存十卷（一至三、六至十二）

330000－1718－0000318　集180　集部/詞類/總集之屬

宋七家詞選七卷　（清）戈載輯　**玉田先生樂府指迷一卷**　（宋）張炎撰　清宣統三年（1911）上海掃葉山房石印本　三册

330000－1718－0000322　集186　類叢部/叢書類/彙編之屬
國粹叢書四十九種　(清)國學保存會編　清光緒至宣統鉛印本　二册　存一種

330000－1718－0000323　集187　集部/詩文評類/詩評之屬
甌北詩話十卷續詩話二卷　(清)趙翼撰　清宣統元年(1909)上海掃葉山房石印本　四册

330000－1718－0000324　集188　類叢部/類書類/通類之屬
子史輯要詩賦題解四卷續編四卷　(清)胡本淵編　清嘉慶十五年(1810)書業堂刻本　三册　缺二卷(續編三至四)

330000－1718－0000325　乙85.0　集部/總集類/選集之屬/通代
古文眉詮七十九卷首一卷　(清)浦起龍輯　清乾隆九年(1744)蘇州三吳書院刻本　十八册　缺三十五卷(二十一至二十三、二十六至二十七、三十四至三十六、四十二至六十一、六十七至七十、七十七至七十九)

330000－1718－0000337　集199　集部/總集類/選集之屬/通代
七十家賦鈔六卷　(清)張惠言輯　**賦鈔札記六卷**　(清)朱錦綬等撰　清光緒二十三年(1897)江蘇書局刻本　五册

330000－1718－0000338　集200　集部/總集類/選集之屬/斷代
國朝十家四六文鈔十一卷　王先謙輯　清光緒二十一年(1895)上海書局石印本　余鐵珊題記　一册

330000－1718－0000340　集202　集部/别集類/清别集
御製詩初集二十四卷目録四卷　(清)宣宗旻寧撰　清道光九年(1829)内府刻本　九册　缺十四卷(十一至二十四)

330000－1718－0000343　集205　集部/總集類/選集之屬/通代
古文辭類纂七十四卷　(清)姚鼐輯　**續古文辭類纂三十四卷**　王先謙輯　清光緒三十三年(1907)上海商務印書館鉛印本　十二册

330000－1718－0000344　集206　集部/總集類/選集之屬/通代
古文辭類纂七十四卷　(清)姚鼐輯　**續古文辭類纂三十四卷**　王先謙輯　清光緒三十三年(1907)上海商務印書館鉛印本　九册　缺二十六卷(二十五至三十四、續古文辭類纂一至十六)

330000－1718－0000345　集207　集部/總集類/選集之屬/通代
古文辭類纂七十四卷　(清)姚鼐輯　**續古文辭類纂三十四卷**　王先謙輯　清光緒三十三年(1907)上海商務印書館鉛印本　十一册　缺一卷(續古文辭類纂三十四)

330000－1718－0000346　集208　集部/總集類/選集之屬/通代
六朝文絜箋注十二卷　(清)許槤評選　(清)黎經誥箋注　清光緒十五年(1889)枕溢書屋刻本　四册

330000－1718－0000347　集209　集部/總集類/選集之屬/通代
六朝文絜四卷　(清)許槤評選　清光緒三年(1877)刻朱墨套印本　四册

330000－1718－0000348　集210　集部/總集類/選集之屬/通代
六朝文絜四卷　(清)許槤評選　清光緒三年(1877)刻朱墨套印本　四册

330000－1718－0000350　集212　類叢部/叢書類/自著之屬
隨園三十六種　(清)袁枚撰　清光緒十八年(1892)上海圖書集成印書局鉛印本　三十八册　存三十一種

330000－1718－0000352　集214　類叢部/叢書類/自著之屬
王船山先生經史論八種七十四卷　(清)王夫之撰　清光緒二十七年(1901)簡青書局石印本　三册　存二種

330000－1718－0000353　集215　集部/總集類/選集之屬/斷代

四家賦鈔四卷　(清)景其濬輯　清同治刻本　四册

330000－1718－0000356　集219　集部/總集類/選集之屬/通代

經史百家雜鈔二十六卷　(清)曾國藩輯　清光緒三十二年(1906)上海商務印書館鉛印本　十二册

330000－1718－0000357　集220　集部/總集類/選集之屬/通代

歷朝二十五家詩錄三十七卷首一卷　(清)鄒湘倜輯　清光緒元年(1875)新化鄒氏得頤堂刻本　二十二册

330000－1718－0000358　集221　集部/總集類/選集之屬/斷代

七家試帖輯注彙鈔九卷　(清)張熙宇輯評　(清)王植桂輯注　清同治九年(1870)京師琉璃廠刻本　八册

330000－1718－0000359　集222　類叢部/叢書類/彙編之屬

正覺樓叢刻(正覺樓叢書)二十九種　(清)崇文書局編　清光緒崇文書局刻本　二册　存二種

330000－1718－0000363　集226　集部/總集類/選集之屬/通代

涵芬樓古今文鈔一百卷　吳曾祺輯　清宣統二年(1910)上海商務印書館鉛印本　九十九册　缺二卷(十六、三十九)

330000－1718－0000364　集227　集部/總集類/選集之屬/斷代

國朝文匯甲前集二十卷甲集六十卷乙集七十卷丙集三十卷丁集二十卷　(清)上海國學扶輪社輯　清宣統元年(1909)上海國學扶輪社石印本　八十五册　缺三十四卷(甲集五至六、四十一至四十二,乙集三至四、十五至二十、三十七至三十八、四十五至四十六、五十九至六十,丙集十三至十四、十九至二十、二十三至二十四、二十九至三十,丁集一至二、十一至十六)

330000－1718－0000366　集229　類叢部/叢書類/彙編之屬

精校大字漢魏叢書九十六種　(清)王謨輯　清宣統三年(1911)上海大通書局石印本　二十四册　存六十八種

330000－1718－0000371　集234　集部/別集類/清別集

風希堂詩集六卷文集四卷　(清)戴殿泗撰　清道光八年(1828)戴聰九靈山房刻本　四册

330000－1718－0000374　集237　類叢部/叢書類/自著之屬

倭文端公遺書八種　(清)倭仁撰　清同治刻本　二册　存四種

330000－1718－0000375　集238　集部/總集類/選集之屬/斷代

湖海文傳七十五卷　(清)王昶輯　清道光十七年(1837)經訓堂刻同治五年(1866)印本　十六册

330000－1718－0000376　集239　集部/別集類/漢魏六朝別集

武侯全書二十卷首一卷　(三國蜀)諸葛亮撰　(清)趙承恩輯　清光緒十年(1884)刻本　十二册

330000－1718－0000377　集240　集部/總集類/選集之屬/斷代

湖海文傳七十五卷　(清)王昶輯　清道光十七年(1837)經訓堂刻同治五年(1866)印本　十六册

330000－1718－0000379　集242　集部/總集類/選集之屬/通代

文選十卷　(南朝梁)蕭統輯　(唐)李善注

文選考異十卷　(清)胡克家撰　清刻本　四册　存十卷(考異一至十)

330000－1718－0000381　集244　類叢部/叢書類/彙編之屬

祕書二十八種　(清)汪士漢編　清刻本　一册　存二種

330000－1718－0000383　集246　集部/總集類/選集之屬/斷代

重訂唐詩別裁集二十卷　(清)沈德潛輯　清刻本　二冊　存五卷(一至二、七至九)

330000－1718－0000386　集249　類叢部/叢書類/郡邑之屬

武林掌故叢編一百九十種　(清)丁丙編　清光緒三年至二十六年(1877－1900)錢塘丁氏嘉惠堂刻本([乾道]臨安志卷四至十五、南宋館閣錄卷一原缺)　一冊　存一種

330000－1718－0000389　集252　集部/總集類/選集之屬/通代

古文辭類纂七十四卷　(清)姚鼐輯　**續古文辭類纂三十四卷**　王先謙輯　清光緒三十三年(1907)上海商務印書館鉛印本　十二冊

330000－1718－0000390　集253　集部/總集類/選集之屬/通代

古唐詩合解古詩四卷唐詩十二卷　(清)王堯衢注　清光緒七年(1881)書業德記刻本　二冊　存四卷(唐詩一至四)

330000－1718－0000391　集254　集部/總集類/選集之屬/通代

古唐詩合解古詩四卷唐詩十二卷　(清)王堯衢注　清刻本　五冊　存十二卷(古詩一至四,唐詩一至四、八至九、十一至十二)

330000－1718－0000396　集259　集部/別集類/清別集

白華入蜀詩鈔十三卷　(清)吳省欽撰　清刻本　一冊　存六卷(一至六)

330000－1718－0000400　集263　新學/議論

新撰論說入門四卷　張廷華編輯　清光緒三十四年(1908)上海南洋官書局石印本　一冊　存一卷(四)

330000－1718－0000402　集265　集部/別集類/清別集

增訂寄嶽雲齋試體詩選四卷　(清)聶銑敏撰　(清)朱兆鳳評　清蘇州掃葉山房刻本　四冊

330000－1718－0000403　集266　集部/別集類/清別集

增訂寄嶽雲齋試體詩選四卷　(清)聶銑敏撰　(清)朱兆鳳評　清刻本　三冊　存三卷(一至三)

330000－1718－0000405　集268　新學/學校

三界改良尺牘教科書二卷　馮華臣撰　清光緒三十四年(1908)上海明達書莊石印本　一冊

330000－1718－0000406　集269　集部/總集類/選集之屬/斷代

唐詩三百首注疏六卷　(清)孫洙編　(清)章燮注　清刻本　六冊

330000－1718－0000408　集271　集部/總集類/選集之屬/斷代

東嵒草堂評訂唐詩鼓吹十卷　(金)元好問輯　(元)郝天挺注　(明)廖文炳解　(清)朱三錫評　清康熙刻本　四冊　缺二卷(九至十)

330000－1718－0000410　集273　集部/總集類/選集之屬/斷代

國朝十家四六文鈔十一卷　王先謙輯　清光緒十五年(1889)長沙王先謙刻本　四冊

330000－1718－0000411　集274　集部/別集類/宋別集

龍川文集三十卷首一卷　(宋)陳亮撰　**辨譌考異二卷附錄二卷**　(清)胡鳳丹撰　清宣統三年(1911)掃葉山房石印本　八冊

330000－1718－0000415　集278　類叢部/類書類/專類之屬

佩文韻府一百六卷　(清)張玉書　(清)蔡升元等輯　**韻府拾遺一百六卷**　(清)汪灝　(清)何焯等輯　清雍正刻本　九十二冊　存一百五卷(一至二十二、二十四至一百六)

330000－1718－0000416　集279　集部/別集類/宋別集

蘇文忠公詩集五十卷目錄二卷　(宋)蘇軾撰　(清)紀昀評點　清同治八年(1869)韞玉山

房粤東省城刻翰墨園朱墨套印本　十二册

330000－1718－0000420　集283　集部/詩文評類/文評之屬

文心雕龍十卷　（南朝梁）劉勰撰　（清）黄叔琳注　（清）紀昀評　清道光十三年（1833）盧坤兩廣節署刻朱墨套印本　四册

330000－1718－0000421　集284　子部/叢編

子書百家（崇文書局彙刻百子、彙刻百子、百子全書）　（清）崇文書局編　清光緒元年（1875）湖北崇文書局刻民國元年（1912）鄂官書處重印本　二册　存一種

330000－1718－0000423　集286　集部/别集類/漢魏六朝别集

曹集銓評十卷　（三國魏）曹植撰　（清）丁晏詮評　**曹集逸文一卷**　（清）丁晏輯　**魏陳思王［曹植］年譜一卷附録一卷**　（清）丁晏撰　清同治十一年（1872）金陵書局刻本　二册

330000－1718－0000424　集287　集部/别集類/漢魏六朝别集

曹集銓評十卷　（三國魏）曹植撰　（清）丁晏詮評　**曹集逸文一卷**　（清）丁晏輯　**魏陳思王［曹植］年譜一卷附録一卷**　（清）丁晏撰　清同治十一年（1872）金陵書局刻本　二册

330000－1718－0000428　集291　集部/别集類/宋别集

角山樓蘇詩評註彙鈔二十卷附録三卷目録二卷　（宋）蘇軾撰　（清）趙克宜輯訂　清咸豐二年（1852）丹徒趙氏刻本　八册

330000－1718－0000432　集295　集部/别集類/宋别集

蘇文忠公詩編注集成四十六卷集成總案四十五卷諸家雜綴酌存一卷蘇海識餘四卷牋詩圖一卷　（宋）蘇軾撰　（清）王文誥輯注　清光緒十四年（1888）浙江書局刻本　二十四册

330000－1718－0000440　集303　集部/詞類/總集之屬

花間集十卷　（五代）趙崇祚輯　清光緒十四年（1888）邵武徐榦刻本　二册

330000－1718－0000441　集304　集部/别集類/清别集

大雲山房文稿初集四卷二集四卷　（清）惲敬撰　清光緒十四年（1888）刻本　八册

330000－1718－0000442　集305　新學/雜著/叢編

西政叢書三十二種　梁啓超編　清光緒二十三年（1897）上海慎記書莊石印本　十五册　存十六種

330000－1718－0000447　集310　集部/總集類/氏族之屬

重鐫清河五先生詩選八卷　（清）朱為弼選録　**續補清河一先生詩選二卷**　（清）徐申錫選録　清同治八年（1869）平湖張顯周刻光緒二十八年（1902）南園印本　一册　缺四卷（一至四）

330000－1718－0000452　集315　集部/詞類/詞譜之屬

詞律二十卷　（清）萬樹撰　**詞律拾遺八卷**　（清）徐本立撰　**詞律補遺一卷**　（清）杜文瀾撰　清同治十二年（1873）、光緒二年（1876）吴下刻本　十六册

330000－1718－0000454　集317　集部/總集類/選集之屬/通代

文選六十卷　（南朝梁）蕭統輯　（唐）李善注　（清）何焯評　清刻本　十六册　缺一卷（六十）

330000－1718－0000455　集318　集部/總集類/選集之屬/通代

文選六十卷　（南朝梁）蕭統輯　（唐）李善注　（清）何焯評　清雙桂堂刻朱墨套印本　十六册

330000－1718－0000456　集319　集部/總集類/選集之屬/通代

文選六十卷　（南朝梁）蕭統輯　（唐）李善注　（清）何焯評　清大文堂刻朱墨套印本　七册　存三十五卷（二十一至二十五、三十一至六十）

330000－1718－0000457　集 320　集部/詞類/詞譜之屬

詞律二十卷　(清)萬樹撰　**詞律拾遺八卷**　(清)徐本立撰　**詞律補遺一卷**　(清)杜文瀾撰　清同治十二年(1873)、光緒二年(1876)吳下刻本　十六冊

330000－1718－0000460　集 323　集部/詞類/總集之屬

花間集十卷　(五代)趙崇祚輯　清光緒十九年(1893)刻本　一冊

330000－1718－0000464　集 327　集部/別集類/清別集

曾文正公四種　(清)曾國藩撰　清宣統元年(1909)章福記書局石印本　一冊　存一種

330000－1718－0000468　集 331　集部/總集類/選集之屬/通代

全上古三代秦漢三國六朝文七百四十一卷　(清)嚴可均輯　清光緒十三年至十九年(1887－1893)廣雅書局刻本　九十九冊　缺九卷(全宋文四十一至四十九)

330000－1718－0000469　集 332　集部/別集類/清別集

有正味齋駢文箋注十六卷補注一卷　(清)吳錫麒撰　(清)葉聯芬注　清道光二十年(1840)慈谿葉氏刻本　四冊　存十五卷(一至十五)

330000－1718－0000474　集 337　類叢部/叢書類/彙編之屬

國粹叢書四十九種　(清)國學保存會編　清光緒至宣統鉛印本　一冊　存四種

330000－1718－0000476　集 339　集部/詩文評類/制藝之屬

應試詩法淺說六卷　(清)葉葆撰　清嘉慶二年(1797)金閶函三堂刻本　二冊

330000－1718－0000478　集 341　集部/詞類/別集之屬

曝書亭集詞注七卷　(清)朱彝尊撰　(清)李富孫注　清刻本　二冊

330000－1718－0000481　集 343　集部/總集類/選集之屬/通代

古文辭類纂十五卷　(清)姚鼐輯　**續古文辭類纂十卷**　王先謙輯　清光緒二十年(1894)上海圖書集成印書局鉛印本　十冊

330000－1718－0000482　集 344　集部/總集類/選集之屬/通代

賦海大觀三十二卷　(清)沈祖燕編輯　清光緒十九年(1893)鴻寶齋石印本　十一冊　存九卷(一、三、八、十、十五、二十一、三十至三十二)

330000－1718－0000483　集 345　集部/總集類/選集之屬/斷代

國朝詩別裁集三十六卷　(清)沈德潛輯並評　清光緒九年(1883)上海點石齋石印本　十二冊

330000－1718－0000485　集 347　集部/別集類/清別集

宋白樓小題二卷　(清)宋棠撰　**薦青小題一卷**　(清)宋光簡撰　清光緒五年(1879)湖東第一山房刻本　一冊　存一卷(一)

330000－1718－0000486　集 348　集部/詩文評類/文評之屬

幼童舉業啟悟集四卷　(清)汪孝移編　清黎照樓刻本　一冊

330000－1718－0000487　集 350　集部/別集類/清別集

河濱遺集二十六卷　(清)李楷撰　(清)李元春輯選　清嘉慶十六年(1811)刻本　四冊　存五卷(遺書抄一至五)

330000－1718－0000488　集 351　集部/總集類/選集之屬/通代

得月樓賦甲編不分卷乙編不分卷丙編不分卷丁編不分卷　(清)張元灝選評　清同治十年(1871)漱芳書屋刻本　八冊

330000－1718－0000489　集 352　集部/總集類/課藝之屬

試帖詩課選注七卷　(清)毛履謙　(清)吳涵

一注　清嘉慶十二年(1807)金陵刻本　四冊

330000－1718－0000490　集361　集部/別集類/清別集

吴詩集覽二十卷補注二十卷吴詩談藪二卷拾遺一卷　(清)吳偉業撰　(清)靳榮藩注並輯　清乾隆四十年(1775)凌雲亭刻本　二冊　存二卷(一、吳詩談藪一)

330000－1718－0000492　集363　集部/別集類/唐五代別集

御選妙覺普度和聖寒山大士詩不分卷　(唐)釋寒山子撰　**御選圓覺慈度合聖拾得大士詩一卷**　**栯堂山居詩一卷**　(元)釋益撰　**悟真篇外集一卷**　(宋)張伯端撰　清光緒十一年(1885)金陵刻經處刻本　一冊

330000－1718－0000498　乙136.0　集部/戲劇類/總集之屬/雜劇

清容外集九種　(清)蔣士銓撰　清乾隆蔣氏紅雪樓刻本　一冊　存一種

330000－1718－0000499　集367　集部/別集類/明別集

文清公薛先生文集二十四卷　(明)薛瑄撰　清刻本　一冊　存三卷(二十二至二十四)

330000－1718－0000500　集368　集部/別集類/清別集

漁洋山人精華錄訓纂十卷補十卷年譜二卷　(清)王士禛撰　(清)惠棟注　清乾隆刻本　一冊　存一卷(六)

330000－1718－0000501　集369　集部/總集類/選集之屬/斷代

本朝文讀本不分卷　(清)袁枚撰　清刻本　四冊

330000－1718－0000502　集370　集部/詩文評類/詩評之屬

隨園詩話十六卷補遺十卷　(清)袁枚撰　清刻本　三冊　存八卷(十五至十六、補遺五至十)

330000－1718－0000503　集371　類叢部/叢書類/自著之屬

隨園三十八種　(清)袁枚撰　清光緒十八年(1892)勤裕堂鉛印本　三十二冊　存三十六種

330000－1718－0000509　集377　集部/總集類/課藝之屬

小題三集行機二卷　清刻本　一冊　存一卷(二)

330000－1718－0000510　乙106.1　集部/別集類/宋別集

晦庵先生朱文公文集一百卷續集五卷別集七卷目錄二卷　(宋)朱熹撰　(清)臧眉錫等訂　清抄本　一冊

330000－1718－0000513　集381　子部/醫家類/綜合之屬/通論

欽定古今圖書集成醫部全錄五百二十卷　(清)蔣廷錫　(清)陳夢雷等輯　清光緒二十年至二十三年(1894－1897)影印本　四十六冊　缺一百二十六卷(六十九至八十八、二百十七至二百三十七、二百四十八至二百五十八、三百八至三百十五、四百七至四百十四、四百四十三至五百)

330000－1718－0000514　集380　類叢部/類書類/通類之屬

欽定古今圖書集成一萬卷目錄三十二卷　(清)蔣廷錫　(清)陳夢雷等輯　清光緒十年(1884)上海圖書集成書局鉛印本　一千三百六十七冊　缺一千五百六十五卷(職方典六百四十四至六百五十、七百二十至七百三十四、七百四十三至七百五十九、一千十二至一千十九、一千一百二十七至一千一百三十一、一千一百三十九至一千二百一、一千二百二十二至一千二百二十六、一千四百七至一千四百十四、一千四百六十六至一千四百七十一,山川典九十四至九十九,皇極典二百三十一至二百三十七,宮闈典十一至十六,官常典三百五十四至三百五十九、四百二十二至五百二十、五百二十七至五百三十九、五百四十六至七百四十六、七百五十二至七百七十二、七百七十八至八百,家範典一至一百十六,交誼典一至一百二十,氏族典一至十四、二十至一百三十七、三百至三百十三、五百六十九至五百七十八,人事典十二至十六、五十二至五十七、一百一至一百五,閨媛典七至十一,藝術典九十二至九十七、一百二十一至一百二十五、二百八十一至二百八十六、二百九十九至三百十、六百九至六百十三、六百三十四至六百四十、六百四十七至六百五十六、六百六十四至六百七十、六百七十八至六百八十二、七百七至七百十一,神異典三百二十,禽蟲典四十七至五十三、五十九至六十、一百四十至一百五十一,草木典七十一至八十八、一百七至一百十八、一百四十六至一百五十二,經籍典一百五十一至一百五十七,學行典八十一至八十六、二百四十二至二百四十七,食貨典十一至十六、六十四至六十九,戎政典一至三百,祥刑典一至一百四十五,考工典三十四至三十六、五十至五十八、一百八十八至一百九十八、二百六至二百十;目錄一至五)

330000－1718－0000515　集382　類叢部/類書類/通類之屬

欽定古今圖書集成一萬卷目錄三十二卷　(清)蔣廷錫　(清)陳夢雷等輯　清光緒十年(1884)上海圖書集成書局鉛印本　四十九册　存三百卷(歲功典六十八至七十九,歷法典一百十至一百十四,庶徵典七至十一、七十四至九十八、一百三十三至一百六十六、一百七十二至一百八十八,坤輿典一至十六、五十至六十三、七十至九十八,職方典一百三十二至一百三十八、一百八十六至一百九十一、一百九十九至二百四、五百三十五至五百八十八、六百九至六百十五、一千二百二十七至一千二百三十二、一千二百三十九至一千二百四十五、一千三百三十五至一千三百四十七、一千三百七十至一千四百六)

330000－1718－0000517　子1　子部/叢編

二十二子(二十二子彙函)　(清)浙江書局編　清光緒元年至三年(1875－1877)浙江書局刻本　三十三册　存八種

330000－1718－0000521　子5　子部/醫家類/傷寒金匱之屬/傷寒論

增輯傷寒類方四卷　(清)潘霨增輯　(清)徐大椿編釋　清同治五年(1866)古吳潘氏刻本　四册

330000－1718－0000522　子6　子部/儒家類/儒學之屬/性理

性理會通七十卷續編四十二卷　(明)鍾人傑輯　明刻本　十八册　缺二十七卷(一、十七至三十四,續編一至八)

330000－1718－0000523　子7　子部/儒家類/儒學之屬/性理

性理大全會通七十卷　(明)鍾人傑輯　清刻本　五册　存十卷(二十一至二十二、二十五、五十四至五十八、六十三至六十四)

330000－1718－0000524　子8　子部/醫家類/本草之屬/歷代綜合本草

本草綱目五十二卷附圖三卷瀕湖脈學一卷奇經八脈攷一卷脈訣攷證一卷　(明)李時珍撰　**本草萬方鍼線八卷**　(清)蔡烈先輯　**本草綱目拾遺十卷**　(清)趙學敏輯　清道光六年(1826)刻本　三十册　存三十六卷(一至四、十五至三十、三十二至三十六、四十八至五十二,圖一至三,瀕湖脈學,奇經八脈攷,脈訣攷證)

330000－1718－0000525　子9　子部/醫家類/本草之屬/歷代綜合本草

本草綱目五十二卷　(明)李時珍撰　清刻本　十一册　存二十卷(九至十、十二、十五、十七至二十三、三十七至三十九、四十二至四十六、五十)

330000－1718－0000526　子10　子部/醫家類/本草之屬/歷代綜合本草

本草綱目五十二卷附圖三卷瀕湖脈學一卷奇經八脈攷一卷脈訣攷證一卷　(明)李時珍撰　**本草萬方鍼線八卷**　(清)蔡烈先輯　**本草綱目拾遺十卷**　(清)趙學敏輯　清光緒十一年至十三年(1885－1887)合肥張紹棠味古齋刻本　十七册　存二十七卷(一至十一、三十一至三十六,圖二至三,拾遺一至八)

330000－1718－0000527　子11　子部/醫家

類/婦科之屬/産科

達生編二卷 (清)亟齋居士撰　**文昌帝君勸孝詩一卷福幼驗方一卷**　清光緒十五年(1889)金谿曹氏刻本　一册

330000－1718－0000528　子 12　子部/醫家類/本草之屬/歷代綜合本草

本草思辨錄四卷首一卷 (清)周巖撰　清光緒三十年(1904)山陰周氏微尚室刻本　四册

330000－1718－0000529　子 13　子部/醫家類/眼科之屬

傅氏眼科審視瑤函六卷首一卷 (明)傅仁宇撰 (明)林長生校補　清醉耕堂刻本　三册　存三卷(三至五)

330000－1718－0000530　子 14　子部/醫家類/方書之屬/單方驗方

本草萬方鍼線八卷 (清)蔡烈先輯　清刻本　四册

330000－1718－0000531　子 15　子部/醫家類/綜合之屬/通論

詳校醫宗必讀十卷 (明)李中梓撰　清光緒二十八年(1902)刻本　六册

330000－1718－0000532　子 16　子部/醫家類/本草之屬/本草藥性

珍珠囊指掌補遺藥性賦四卷 (金)李杲輯　**雷公炮製藥性解六卷** (明)李中梓輯　清光緒三十二年(1906)蘇州掃葉山房刻本　宏農壽題簽並記　四册

330000－1718－0000533　子 17　子部/醫家類/本草之屬/歷代綜合本草

本草從新十八卷 (清)吳儀洛輯　清光緒七年(1881)恒德堂刻本　五册　缺二卷(一至二)

330000－1718－0000534　乙 70　子部/術數類/命書相書之屬

新刊合併官板音義評註淵海子平五卷 (宋)徐升編　清福建余氏刻本　王讀之題簽並記　二册

330000－1718－0000536　子 19　子部/醫家類/方書之屬/成方藥目

理瀹駢文摘要不分卷 (清)吳師機撰　清光緒元年(1875)江蘇書局刻本　一册

330000－1718－0000537　子 20　子部/醫家類/婦科之屬

女科輯要八卷附單養賢胎產全書一卷 (清)周紀常撰　清刻本　一册　存四卷(三至六)

330000－1718－0000540　子 23　子部/醫家類/本草之屬/本草藥性

珍珠囊指掌補遺藥性賦四卷 (金)李杲輯　**雷公炮製藥性解六卷** (明)李中梓輯　清浙紹奎照樓刻本　三册　缺三卷(雷公炮製藥性解四至六)

330000－1718－0000544　子 27　子部/醫家類/外科之屬/通論

瘍醫大全四十卷 (清)顧世澄撰　清刻本　一册　存一卷(十八)

330000－1718－0000545　子 28　子部/醫家類/類編之屬

中西匯通醫書五種　唐宗海撰　清光緒三十四年(1908)上海千頃堂書局石印本　九册　存四種

330000－1718－0000546　子 29　子部/醫家類/類編之屬

中西匯通醫書五種　唐宗海撰　清光緒三十四年(1908)上海千頃堂書局石印本　十一册　缺三卷(血證論六至八)

330000－1718－0000547　子 30　子部/醫家類/類編之屬

中西匯通醫書五種　唐宗海撰　清光緒三十三年(1907)上海文新局石印本　一册　存一種

330000－1718－0000553　子 36　子部/醫家類/綜合之屬/通論

御纂醫宗金鑑九十卷首一卷 (清)吳謙等撰　清光緒二十九年(1903)上海經香閣石印本　二册　存五十三卷(首,一至二十一、四十四至七十四)

330000－1718－0000554　子37　子部/醫家類/綜合之屬/通論
御纂醫宗金鑑九十卷首一卷　(清)吳謙等撰　清刻本　一册　存一卷(六十六)

330000－1718－0000555　子38　子部/醫家類/綜合之屬/通論
御纂醫宗金鑑九十卷首一卷　(清)吳謙等撰　清刻本　五册　存七卷(四、七、十六、二十七至二十八、三十六至三十七)

330000－1718－0000560　子43　類叢部/類書類/專類之屬
錦字箋四卷　(清)黄澐撰　清雍正九年(1731)刻本　三册　存三卷(一、三至四)

330000－1718－0000565　子48　新學/雜著/叢編
時務策府統宗十四卷　(清)顧其義　(清)吳文藻輯　(清)沈維堉　(清)葛其恆校　清光緒二十四年(1898)上海書局石印本　二十册　存十三卷(一至十二、十四)

330000－1718－0000567　子50　子部/醫家類/類編之屬
喻氏醫書三種　(清)喻昌撰　清光緒二十年(1894)上海圖書集成印書局鉛印本　二册　存二種

330000－1718－0000568　子51　子部/醫家類/類編之屬
喻氏醫書三種　(清)喻昌撰　清乾隆黎川陳守誠刻本　五册　存一種

330000－1718－0000571　子54　子部/醫家類/類編之屬
薛氏醫按二十四種　(明)吳琯編　清刻本　二册　存二種

330000－1718－0000572　子55　子部/醫家類/綜合之屬/通論
醫宗必讀十卷　(明)李中梓撰　清光緒二十四年(1898)常郡宛委山莊刻本　葆慶題簽、批注並記　五册

330000－1718－0000573　子56　類叢部/類書類/通類之屬
角山樓增補類腋六十七卷　(清)姚培謙輯　(清)趙克宜增輯　清光緒十二年(1886)上海同文書局石印本　飛卿題簽　六册

330000－1718－0000575　子58　子部/醫家類/方書之屬/單方驗方
重訂驗方新編十八卷　(清)鮑相璈等輯　清宣統元年(1909)上海鍊石齋石印本　六册

330000－1718－0000576　子59　子部/醫家類/本草之屬/本草藥性
珍珠囊指掌補遺藥性賦四卷　(金)李杲輯
雷公炮製藥性解六卷　(明)李中梓輯　清刻本　二册

330000－1718－0000580　子63　子部/醫家類/類編之屬
張氏醫書七種　(清)張璐等撰　清光緒二十年(1894)上海圖書集成印書局鉛印本　六册　存一種

330000－1718－0000581　子64　子部/醫家類/綜合之屬/通論
編註醫學入門七卷首一卷　(明)李梴撰　明刻清遞修本　二册　存三卷(四至五、七)

330000－1718－0000582　子65　子部/醫家類/針灸之屬/通論
鍼灸大成十卷　(明)楊繼洲撰　清刻本　六册　存六卷(五至十)

330000－1718－0000583　子66　子部/醫家類/綜合之屬/合刻、合抄
景岳全書六十四卷　(明)張介賓撰　清刻本　六册　存十一卷(十四至十五、二十六至三十、四十七、五十五至五十六、六十)

330000－1718－0000584　子67　子部/醫家類/方書之屬/歷代方書
唐王燾先生外臺秘要方四十卷　(唐)王燾撰　清光緒二十四年(1898)上海圖書集成印書局鉛印本　七册　缺六卷(二十六至三十一)

330000－1718－0000585　子68　子部/醫家類/方書之屬/歷代方書

唐王燾先生外臺秘要方四十卷　(唐)王燾撰　清光緒二十四年(1898)上海圖書集成印書局鉛印本　四冊　存二十卷(十一至十六、二十二至三十五)

330000－1718－0000586　子69　子部/醫家類/本草之屬/歷代綜合本草
本草綱目五十二卷附圖三卷瀕湖脈學一卷奇經八脈攷一卷脈訣攷證一卷　(明)李時珍撰　**本草萬方鍼線八卷**　(清)蔡烈先輯　**本草綱目拾遺十卷**　(清)趙學敏輯　清光緒十九年(1893)上海鴻寶齋石印本　二十四冊

330000－1718－0000589　子72　子部/醫家類/醫經之屬/内經
内經補瀉一卷　清末抄本　一冊

330000－1718－0000592　子75　子部/醫家類/綜合之屬/通論
醫學心悟六卷　(清)程國彭撰　清刻本　三冊　存五卷(二至六)

330000－1718－0000596　子79　子部/醫家類/兒科之屬/痘疹
麻疹闡註四卷　(清)張廉撰　清道光二十八年(1848)刻本　一冊

330000－1718－0000602　子85　子部/醫家類/診法之屬/其他診法
傷寒舌鑑一卷　(清)張登輯　清抄本　一冊

330000－1718－0000603　子86　子部/醫家類/類編之屬
陳修園醫書五十種　(清)陳念祖等撰　清光緒三十一年(1905)上海商務印書館鉛印本　二十四冊　存四十一種

330000－1718－0000604　子87　子部/醫家類/類編之屬
陳修園醫書五十種　(清)陳念祖等撰　清光緒上海商務印書館鉛印本　十二冊　存二十六種

330000－1718－0000605　子88　子部/醫家類/綜合之屬/通論
醫學從眾八卷　(清)陳念祖撰　清光緒二十七年(1901)新化三味書局刻本　一冊　存三卷(一至三)

330000－1718－0000608　子92　子部/醫家類/類編之屬
六科準繩　(明)王肯堂輯　清光緒十八年(1892)上海圖書集成印書局鉛印本　十八冊　存二種

330000－1718－0000614　子97　子部/醫家類/針灸之屬/通論
鍼灸大成十卷　(明)楊繼洲撰　清道光十三年(1833)崇德書院刻本　十冊

330000－1718－0000615　子98　子部/醫家類/方書之屬/歷代方書
醫方集解三卷　(清)汪昂撰　清道光十二年(1832)山淵堂刻本　六冊

330000－1718－0000618　子101　子部/醫家類/醫經之屬/難經
圖註八十一難經辨真四卷　(明)張世賢撰　清刻本　二冊

330000－1718－0000622　子105　子部/醫家類/綜合之屬/通論
古吳童氏重校醫宗必讀十卷　(明)李中梓著　(清)李廷芳訂　清光緒三十二年(1906)上海書局石印本　二冊

330000－1718－0000623　子106　子部/醫家類/綜合之屬/通論
古吳童氏重校醫宗必讀十卷　(明)李中梓著　(清)李廷芳訂　清光緒三十二年(1906)上海書局石印本　二冊

330000－1718－0000630　子113　子部/醫家類/婦科之屬/通論
葉氏女科證治四卷　(清)葉桂撰　清光緒三十四年(1908)上海文宜書局石印本　一冊

330000－1718－0000635　子118　子部/醫家類/方書之屬/單方驗方
驗方新編十八卷　(清)鮑相璈等輯　清光緒三十年(1904)上海洽記書局石印本　二冊

330000－1718－0000637　子120　子部/醫家類/溫病之屬/痧症

痧脹玉衡書三卷後卷一卷　(清)郭志邃撰　清刻本　二冊　缺一卷(一)

330000－1718－0000638　子121　子部/醫家類/針灸之屬/經絡腧穴

十二經穴圖一卷　清抄本　一冊

330000－1718－0000641　子124　子部/醫家類/方書之屬/單方驗方

經驗選秘六卷　(清)胡增彬輯　清刻本　一冊

330000－1718－0000642　子125　子部/醫家類/方書之屬/單方驗方

醫方湯頭歌訣一卷附經絡歌訣一卷　(清)汪昂撰　清刻本　一冊

330000－1718－0000643　子126　子部/醫家類/推拿按摩外治之屬

幼科秘書推拿廣意三卷　(清)熊應雄纂輯　(清)陳世凱重訂　清刻本　一冊　存二卷(二至三)

330000－1718－0000645　子128　子部/醫家類/推拿按摩外治之屬

推拿秘書五卷　(清)駱如龍選　清刻本　一冊

330000－1718－0000657　子139　子部/醫家類/溫病之屬/其他溫疫病證

溫熱經緯五卷　(清)王士雄撰　清刻本　一冊　存一卷(五)

330000－1718－0000658　子140　子部/醫家類/針灸之屬/針法灸法

太乙神鍼一卷　(清)范毓䭴撰　清光緒七年(1881)刻本　一冊

330000－1718－0000660　子142　子部/醫家類/外科之屬/瘋症、黴瘡

黴瘡秘錄二卷　(明)陳司成撰　清光緒十一年(1885)刻本　一冊

330000－1718－0000661　子143　子部/醫家類/醫理之屬/綜合

中藏經三卷華佗內照法一卷首一卷　(漢)華佗撰　清宣統三年(1911)上海華英書局石印本　三冊

330000－1718－0000662　子144　子部/醫家類/溫病之屬

時病論八卷　(清)雷豐撰　清光緒三十年(1904)石印本　二冊

330000－1718－0000665　子147　子部/醫家類/綜合之屬/合刻、合抄

壽世箴銘一卷　清光緒三年(1877)紹城如寶齋刻本　一冊

330000－1718－0000668　子150　子部/醫家類/兒科之屬/痘疹

救偏瑣言十卷備用良方一卷　(清)費啟泰撰　清惠迪堂刻本　一冊　存五卷(一至五)

330000－1718－0000679　子161　子部/醫家類/類編之屬

婦嬰至寶三種六卷　(清)徐尚慧編　**催生符一卷**　(清)蔡松汀撰　清末刻本　一冊　缺一卷(催生符)

330000－1718－0000682　子164　子部/醫家類/溫病之屬/其他溫疫病證

溫病條辨六卷首一卷　(清)吳瑭撰　清光緒十九年(1893)上海圖書集成印書局鉛印本　四冊

330000－1718－0000686　子168　子部/醫家類/婦科之屬/產科

新編女科指掌五卷　(清)葉其蓁撰　清刻本　一冊

330000－1718－0000689　子171　子部/醫家類/診法之屬/脈經脈訣

刪注脈訣規正二卷　(清)沈鏡刪注　清光緒十七年(1891)金溪三讓堂刻本　一冊

330000－1718－0000700　子182　子部/醫家類/類編之屬

本草醫方合編　(清)汪昂編　清文光堂刻本　六冊

330000－1718－0000703　子185　子部/醫家類/醫經之屬/内經

黃帝内經素問九卷　(清)高世栻注　清光緒十三年(1887)浙江書局刻本　五册　存五卷(一至五)

330000－1718－0000705　子187　子部/叢編

二十二子(二十二子彙函)　(清)浙江書局編　清光緒元年至三年(1875－1877)浙江書局刻本　一册　存一種

330000－1718－0000706　子188　子部/醫家類/醫經之屬/内經

靈樞經九卷　(清)張志聰撰　清刻本　二册　存一卷(一)

330000－1718－0000707　子189　子部/醫家類/類編之屬

重鐫本草醫方合編十二卷　(清)汪昂編　清光緒九年(1883)長沙遐齡精舍刻本　三册　存六卷(本草備要一至二、六,醫方集解一至二、六)

330000－1718－0000708　子190　子部/叢編

二十二子(二十二子彙函)　(清)浙江書局編　清刻本　一册　存一種

330000－1718－0000710　子192　子部/醫家類/本草之屬/歷代綜合本草

本草綱目五十二卷附圖三卷瀕湖脈學一卷奇經八脈攷一卷脈訣攷證一卷　(明)李時珍撰　**本草萬方鍼線八卷**　(清)蔡烈先輯　**本草綱目拾遺十卷**　(清)趙學敏輯　清芥子園刻本　十四册　存十九卷(四、八、十五、十八、二十二至二十三、三十四、三十七至四十一、四十四,瀕湖脈學,奇經八脈攷,脈訣攷證,本草萬方鍼線四至五、八)

330000－1718－0000711　子193　子部/醫家類/類編之屬

中西匯通醫書五種　唐宗海撰　清光緒三十二年(1906)上海千頃堂石印本　四册　存一種

330000－1718－0000713　子195　子部/醫家類/兒科之屬/痘疹

引痘略一卷　(清)邱熺撰　**增補引痘圖說一卷**　(清)黃安敏撰　清道光十六年(1836)包祥麟刻本　一册

330000－1718－0000717　子199　子部/醫家類

咽喉脈證通論一卷　(宋)□□撰　(清)許槤訂正　**雜症極效良方一卷**　清光緒刻本　一册

330000－1718－0000722　子204　子部/醫家類/綜合之屬

古今醫統大全一百卷　(明)徐春甫輯　明刻本　一册　存一卷(三)

330000－1718－0000734　子216　類叢部/類書類/通類之屬

子史精華一百六十卷　(清)吳士玉　(清)吳襄等輯　清光緒十二年(1886)上海同文書局石印本　八册

330000－1718－0000738　子220　類叢部/類書類/通類之屬

子史精華一百六十卷　(清)吳士玉　(清)吳襄等輯　清光緒十二年(1886)上海同文書局石印本　八册

330000－1718－0000744　子226　類叢部/叢書類/彙編之屬

咫進齋叢書三十五種　(清)姚覲元編　清光緒九年(1883)歸安姚氏刻本　二十一册　存三十四種

330000－1718－0000746　子228　子部/叢編

二十二子(二十二子彙函)　(清)浙江書局編　清光緒元年至三年(1875－1877)浙江書局刻本　四十八册　存十三種

330000－1718－0000747　子229　子部/小說家類/異聞之屬

山海經十八卷　(晉)郭璞傳　(清)畢沅校正　清光緒二十三年(1897)文瑞樓鉛印本　一册

330000－1718－0000748　子230　子部/叢編

二十二子(二十二子彙函)　(清)浙江書局編　清光緒元年至三年(1875－1877)浙江書局刻二十七年(1901)重修本　三十八冊　存十一種

330000－1718－0000749　子231　子部/小說家類/異聞之屬
山海經廣注十八卷讀山海經語一卷雜述一卷圖五卷　(清)吳任臣撰　清刻本　四冊　存十六卷(三至四、六至十四,圖一至五)

330000－1718－0000751　子233　子部/小說家類/異聞之屬
閱微草堂筆記二十四卷　(清)紀昀撰　清道光十三年(1833)羊城刻本　九冊　缺三卷(十九至二十一)

330000－1718－0000752　子234　子部/小說家類/雜事之屬
右台仙館筆記十六卷　(清)俞樾撰　清宣統二年(1910)上海朝記書莊石印本　八冊

330000－1718－0000753　子235　類叢部/叢書類/彙編之屬
知不足齋叢書一百九十六種　(清)鮑廷博編　(清)鮑士恭續編　清乾隆三十七年至道光三年(1772－1823)長塘鮑氏刻彙印本　一冊　存一種

330000－1718－0000754　子236　類叢部/類書類/專類之屬
類類聯珠初編三十二卷二編十二卷　(清)李堃編　(清)李椿林增補　清同治九年(1870)刻本　二冊　存十卷(一至六、十九至二十二)

330000－1718－0000756　子238　子部/小說家類/異聞之屬
瓊林霏屑八卷　(清)望海樓主人編輯　清末石印本　一冊　存二卷(五至六)

330000－1718－0000763　子244　子部/宗教類/佛教之屬
佛爾雅八卷　(清)周春撰　清嘉慶二十一年(1816)刻本　一冊

330000－1718－0000765　子246　子部/宗教類/佛教之屬/論
金剛般若波羅蜜經破空論一卷　(後秦)釋鳩摩羅什譯　(明)釋智旭造　**般若波羅蜜多心經釋要一卷金剛般若波羅蜜經觀心釋一卷**　(明)釋智旭述　清同治十年(1871)如皋刻經處刻本　一冊

330000－1718－0000766　子247　子部/宗教類/佛教之屬/經
金光明經四卷　(晉)釋曇無讖譯　清同治十年(1871)金陵刻經處刻本　一冊

330000－1718－0000767　子248　子部/宗教類/佛教之屬/經
金光明最勝王經十卷　(唐)釋義淨譯　清同治十年(1871)常熟刻經處刻本　二冊

330000－1718－0000769　子250　子部/宗教類/佛教之屬/經疏
佛說四十二章經解一卷佛遺教經解一卷八大人覺經略解一卷　(明)釋智旭撰　清光緒十一年(1885)金陵刻經處刻本　一冊

330000－1718－0000770　子251　子部/宗教類/佛教之屬/經疏
佛說四十二章經解一卷佛遺教經解一卷八大人覺經略解一卷　(明)釋智旭撰　清光緒十一年(1885)金陵刻經處刻本　一冊

330000－1718－0000771　子252　子部/宗教類/佛教之屬/經疏
佛說四十二章經注一卷佛遺教經注一卷　(宋)釋守遂注　(明)釋了童補注　清光緒十六年(1890)金陵刻經處刻本　一冊

330000－1718－0000772　子253　子部/宗教類/佛教之屬/諸宗
靈峰蕅益大師選定淨土十要十卷　(明)釋智旭輯　(清)釋成時評點節略　清光緒二十年(1894)廣陵藏經禪院刻本　四冊

330000－1718－0000775　子255　子部/宗教類/佛教之屬/諸宗
淨土警語一卷起一心精進念佛七期規式一卷

（清）釋行策撰　清光緒六年（1880）常熟刻經處刻本　一册

330000－1718－0000777　子257　子部/宗教類/佛教之屬/諸宗

淨土警語一卷起一心精進念佛七期規式一卷　（清）釋行策撰　清光緒六年（1880）常熟刻經處刻本　一册

330000－1718－0000779　子259　子部/宗教類/佛教之屬/經疏

大方廣圓覺修多羅了義經略疏二卷　（唐）釋宗密撰　清光緒十二年（1886）慧空經房刻本　二册

330000－1718－0000780　子260　子部/宗教類/佛教之屬/論疏

大乘起信論疏二卷　（南朝陳）釋真諦譯　（唐）釋法藏疏　（唐）釋宗密注　清光緒三年（1877）長沙刻經處刻本　二册

330000－1718－0000781　子261　子部/宗教類/佛教之屬/諸宗

淨土隨學前集二卷後集四卷　（清）釋古崑輯　清光緒十三年（1887）杭州瑪瑙經房刻本　二册

330000－1718－0000782　子262　子部/宗教類/佛教之屬/經疏

金剛般若經疏一卷　（後秦）釋鳩摩羅什譯　（隋）釋智顗注　**般若波羅蜜多心經釋要一卷**　（明）釋智旭述　清刻本　一册

330000－1718－0000783　子263　子部/宗教類/佛教之屬/經疏

金剛般若經疏一卷　（後秦）釋鳩摩羅什譯　（隋）釋智顗注　**般若波羅蜜多心經釋要一卷**　（明）釋智旭述　清刻本　一册

330000－1718－0000786　子266　子部/宗教類/佛教之屬/論疏

大乘起信論直解二卷　（明）釋德清撰　清光緒十六年（1890）金陵刻經處刻本　一册

330000－1718－0000787　子267　子部/宗教類/佛教之屬/經

摩訶般若波羅蜜大明咒一卷　（後秦）釋鳩摩羅什譯　**般若波羅蜜多心經一卷**　（唐）釋玄奘譯　**實相般若波羅蜜經一卷**　（唐）釋菩提流志等譯　**文殊師利所說摩訶般若波羅蜜經一卷**　（南朝梁）釋曼陀羅僊譯　清同治至光緒刻民國上海功德林佛經流通處彙印本　一册

330000－1718－0000788　子268　子部/宗教類/佛教之屬/經疏

維摩詰所說經折衷疏六卷　（明）釋大賢撰　清刻本　二册　缺二卷（五至六）

330000－1718－0000789　子269　子部/宗教類/佛教之屬/經

佛說觀無量壽佛經一卷　（南朝宋）釋畺良耶舍譯　**佛說阿彌陀經一卷**　（後秦）釋鳩摩羅什譯　**稱讚淨土佛攝受經一卷**　（唐）釋玄奘譯　**拔一切業障根本得生淨土神咒一卷**　（南朝宋）釋求那跋陀羅重譯　**阿彌陀經不思議神力傳一卷**　**後出阿彌陀佛偈經一卷**　（漢）□□譯　**阿彌陀鼓音聲王陀羅尼經一卷**　（唐）附梁錄　**觀世音菩薩得大勢菩薩受記經一卷**　（南朝宋）釋曇無竭譯　**無量壽經優波提舍一卷**　（北魏）釋菩提留支譯　**佛說阿彌陀經疏一卷**　（唐）釋元曉述　**佛說阿彌陀經疏一卷**　清同治至光緒刻本　一册

330000－1718－0000792　子272　子部/宗教類/佛教之屬/經疏

大方廣圓覺修多羅了義經近釋六卷　（明）釋通潤撰　清光緒十二年（1886）金陵刻經處刻本　二册

330000－1718－0000793　子273　子部/宗教類/佛教之屬/諸宗

西歸直指四卷首一卷　（清）周夢顏輯　清光緒十二年（1886）金陵刻經處刻本　一册

330000－1718－0000795　子275　子部/宗教類/佛教之屬/經疏

佛說金剛般若波羅密經略疏二卷　（唐）釋智儼撰　**般若波羅密多心經略疏一卷**　（唐）釋法藏述　清同治八年（1869）、光緒二十六年

(1900)金陵刻經處刻本　一冊

330000－1718－0000799　子278　子部/宗教類/佛教之屬/經

金剛般若波羅密經一卷　(後秦)釋鳩摩羅什譯　**般若波羅密多心經一卷**　(唐)釋玄奘譯　清刻本　一冊

330000－1718－0000800　子279　子部/宗教類/佛教之屬/經疏

般若波羅蜜多心經注解一卷　(唐)釋玄奘譯　(明)釋宗泐　(明)釋如玘注　**金剛般若波羅蜜經注解一卷**　(後秦)釋鳩摩羅什譯　(明)釋宗泐　(明)釋如玘注　清光緒二年(1876)長沙刻經處刻本　一冊

330000－1718－0000804　子280　子部/宗教類/佛教之屬/經疏

金剛經集注四卷心經注一卷　(後秦)釋鳩摩羅什譯　(明)成祖朱棣集注　清道光二十六年(1846)寶華堂刻本　四冊

330000－1718－0000805　子281　子部/宗教類/佛教之屬/經

無量壽如來會二卷　(唐)釋菩提流志譯　清光緒二十二年(1896)金陵刻經處刻本　一冊

330000－1718－0000810　子286　子部/宗教類/佛教之屬

顯密圓通成佛心要集二卷　(遼)釋道㲀輯　清同治十一年(1872)金陵刻經處刻本　一冊

330000－1718－0000813　子289　子部/宗教類/佛教之屬/經疏

大方廣圓覺修多羅了義經略疏二卷　(唐)釋宗密撰　清光緒三十年(1904)揚州藏經院刻本　二冊

330000－1718－0000815　子291　子部/宗教類/佛教之屬/諸宗

法華經安樂行義一卷　(南朝陳)釋慧思說　**法華龍女成佛權實義一卷**　(宋)釋源清述　清光緒刻本　一冊

330000－1718－0000817　子293　子部/宗教類/佛教之屬/諸宗

天台四教儀集註十卷　(元)釋蒙潤撰　清同治七年(1868)杭州昭慶寺慧空經房刻本　五冊

330000－1718－0000818　子294　子部/宗教類/佛教之屬/經

因明入正理論疏八卷　(唐)釋窺基撰　清光緒二十二年(1896)金陵刻經處刻本　二冊

330000－1718－0000822　子298　子部/宗教類/佛教之屬/論疏

大乘起信論纂注二卷　(天竺)馬鳴菩薩造　(南朝陳)釋真諦譯　(明)釋真界纂注　清光緒十一年(1885)金陵刻經處刻本　一冊

330000－1718－0000823　子299　子部/宗教類/佛教之屬

大乘起信論一卷　(天竺)馬鳴菩薩造　(南朝陳)釋真諦譯　清光緒二十四年(1898)金陵刻經處刻本　一冊

330000－1718－0000824　子300　子部/宗教類/佛教之屬

大乘起信論一卷　(天竺)馬鳴菩薩造　(唐)釋實叉難陀譯　清光緒二十四年(1898)金陵刻經處刻本　一冊

330000－1718－0000827　子303　子部/宗教類/佛教之屬/諸宗

重訂西方公據二卷　(清)彭紹升輯　清光緒四年(1878)金陵刻經處刻本　一冊

330000－1718－0000828　子304　子部/宗教類/佛教之屬/經

觀佛三昧海經十卷　(南朝宋)釋佛陀跋陀羅譯　清光緒十七年(1891)金陵刻經處刻本　一冊　存五卷(六至十)

330000－1718－0000830　子306　子部/宗教類/佛教之屬/經

大方便佛報恩經七卷　清同治十一年(1872)金陵刻經處刻本　一冊　存三卷(五至七)

330000－1718－0000832　子308　子部/宗教類/佛教之屬/經

佛說觀彌勒菩薩上生兜率陀天經一卷　(南

朝宋)釋沮渠京聲譯 **佛說彌勒下生經一卷** (後秦)釋鳩摩羅什譯 **佛說觀彌勒菩薩下生經一卷** (晉)釋竺法護譯 清同治至光緒金陵刻經處刻本 一冊

330000－1718－0000833 子309 子部/宗教類/佛教之屬
西方要決科註二卷 題(唐)釋窺基撰 清末刻本 一冊

330000－1718－0000834 子310 子部/宗教類/佛教之屬/諸宗
修西定課一卷 (清)鄭澄德 (清)鄭澄源注 清光緒二十四年(1898)金陵刻經處刻本 一冊

330000－1718－0000837 子313 子部/宗教類/佛教之屬
金剛三昧經通宗記十二卷首一卷末一卷 (清)釋誺震述 清光緒十三年(1887)刻本 一冊 存四卷(首、一至三)

330000－1718－0000845 子321 子部/宗教類/佛教之屬/諸宗
六妙門輯一卷 (隋)釋智顗說 **解迷顯智成悲十明論一卷** (唐)李通玄撰 **唯心訣一卷** (宋)釋延壽撰 **護法論一卷** (宋)張商英撰 清同治八年至十年(1869－1871)如皋刻經處、光緒九年(1883)長沙刻經處刻本 一冊

330000－1718－0000849 子325 子部/宗教類/佛教之屬
文殊大士靈應錄一卷 南無大慈地藏王菩薩摩訶薩地藏大士聖蹟一卷 妙法蓮華經觀世音菩薩普門品一卷 (後秦)釋鳩摩羅什譯 (明)釋智旭會義分節 **馬鳴菩薩傳一卷龍樹菩薩傳一卷龍樹菩薩傳別本一卷** (後秦)釋鳩摩羅什譯 **唐大薦福寺故寺主翻經大德法藏和尚傳一卷** (朝鮮)崔致遠纂 清光緒二十三年至民國十二年(1897－1923)刻本暨鉛印本 一冊

330000－1718－0000852 子328 子部/醫家類/類編之屬
馮氏錦囊秘錄三種五十卷 (清)馮兆張編 清康熙四十一年(1702)刻本 七冊 存二種

330000－1718－0000855 子330 子部/醫家類/針灸之屬/通論
鍼灸大成十卷 (明)楊繼洲撰 清光緒十二年(1886)上洋江左書林刻本 九冊 缺一卷(五)

330000－1718－0000859 子335 子部/宗教類/道教之屬/經文
三聖經靈驗圖注一卷 清光緒三十二年(1906)上海宏大善書局石印本 一冊

330000－1718－0000863 子339 子部/道家類
莊子內篇註四卷 (明)釋德清撰 清光緒十四年(1888)金陵刻經處刻本 二冊

330000－1718－0000866 子342 子部/道家類
莊子集解八卷 王先謙撰 清宣統元年(1909)上海埽葉山房石印本 四冊

330000－1718－0000870 子345 子部/道家類
莊子獨見三十三卷 (清)胡文英撰 清乾隆刻本 三冊 存十七卷(一至十七)

330000－1718－0000872 子347 子部/道家類
文子纘義十二卷 (宋)杜道堅撰 清光緒二十三年(1897)文瑞樓鉛印本 一冊

330000－1718－0000874 子349 子部/道家類
老子翼八卷首一卷 (明)焦竑撰 清光緒二十一年(1895)金陵刻經處刻本 四冊

330000－1718－0000878 子353 子部/宗教類/道教之屬/經文
陰符經發隱一卷道德經發隱一卷沖虛經發隱一卷南華經發隱一卷 (清)楊文會注 清光緒金陵刻經處刻本 一冊

330000－1718－0000881 子355 子部/宗教

類/佛教之屬
科儀二卷　清光緒四年(1878)刻本　一册　存一卷(一)

330000－1718－0000886　子359　子部/兵家類
武經七書全解七卷　(清)丁洪章等輯注　**賜書堂增補武經大小標題詳解論法一卷**　(清)賜書堂輯　清賜書堂刻本　一册　存二卷(五、賜書堂增補武經大小標題詳解論法)

330000－1718－0000887　子360　子部/宗教類/佛教之屬/論疏
成唯識論述記六十卷　(唐)釋窺基撰　清光緒二十七年(1901)金陵刻經處刻本　二十册

330000－1718－0000888　子361　子部/儒家類/儒學之屬/性理
朱子語類一百四十卷　(宋)朱熹撰　(宋)黎靖德輯　清同治十一年(1872)應元書院刻本　四十八册

330000－1718－0000889　子362　子部/儒家類/儒學之屬/經濟
賈子次詁十六卷　(清)王耕心撰　清光緒二十九年(1903)正定王氏刻本　二册

330000－1718－0000895　子368　子部/儒家類/儒學之屬/禮教
五種遺規摘鈔　(清)陳弘謀輯並撰　(清)劉肇紳摘抄　清刻本　酈子文題簽　一册　存一種

330000－1718－0000896　子369　子部/儒家類/儒學之屬/蒙學
小學集解六卷小學輯說一卷　(清)張伯行輯注　清光緒十三年(1887)江西奉新縣署刻本　四册　存六卷(小學集解一至六)

330000－1718－0000897　子370　子部/儒家類/儒學之屬/蒙學
小學集解六卷小學輯說一卷　(清)張伯行輯注　清同治四年(1865)刻本　五册　缺一卷(六)

330000－1718－0000898　子371　子部/儒家類/儒學之屬/蒙學
小學六卷　(清)高愈注　**文公朱夫子[熹]年譜一卷**　題(宋)李方子撰　清同治十一年(1872)浙江書局刻本　二册

330000－1718－0000899　子372　子部/儒家類/儒學之屬/蒙學
小學六卷總論一卷　(清)高愈注　**文公朱夫子[熹]年譜一卷**　題(宋)李方子撰　清嘉慶十八年(1813)金閶多文堂刻本　二册　缺三卷(三至五)

330000－1718－0000900　子373　類叢部/叢書類/彙編之屬
嘯園叢書五十七種　(清)葛元煦編　清光緒二年至七年(1876－1881)仁和葛氏刻本　一册　存一種

330000－1718－0000902　子375　子部/儒家類/儒學之屬/勸學
勸學篇二卷　(清)張之洞撰　清光緒二十四年(1898)浙江刻本　一册

330000－1718－0000903　子376　子部/宗教類/佛教之屬/諸宗
性相通說一卷　(明)釋德清撰　清同治十二年(1873)金陵刻經處刻本　一册

330000－1718－0000904　子377　子部/宗教類/佛教之屬/諸宗
性相通說一卷　(明)釋德清撰　清同治十二年(1873)金陵刻經處刻本　一册

330000－1718－0000905　子378　類叢部/叢書類/自著之屬
番禺陳氏東塾叢書初函四種附一種　(清)陳澧撰　清咸豐至光緒刻本　二册　存一種

330000－1718－0000906　子379　子部/儒家類/儒學之屬/蒙學
小學集解六卷小學輯說一卷　(清)張伯行輯注　清同治十一年(1872)江西撫署刻本　二册　存六卷(小學集解一至六)

330000－1718－0000907　子380　子部/儒家類/儒學之屬/禮教/家訓

裕昆要錄一卷　(清)陳延益輯　清光緒十一年(1885)刻本　一冊

330000－1718－0000908　子381　子部/儒家類/儒學之屬/勸學
勸學篇二卷　(清)張之洞撰　清光緒二十四年(1898)浙江刻本　一冊

330000－1718－0000909　子382　子部/儒家類/儒學之屬/禮教
增訂願體集四卷首一卷　(清)李仲麟輯　**經驗良方一卷**　清光緒二年(1876)盛京刻本　四冊

330000－1718－0000910　子383　子部/儒家類/儒學之屬/性理
近思錄集注十四卷　(清)江永撰　清光緒二十五年(1899)浙江官書局刻本　四冊

330000－1718－0000911　子384　子部/儒家類/儒學之屬/性理
近思錄集解十四卷　(宋)葉采撰　清康熙刻本　一冊　存二卷(一至二)

330000－1718－0000913　子385　子部/儒家類/儒學之屬/性理
近思錄集解十四卷　(宋)葉采撰　清刻本　一冊　存五卷(十至十四)

330000－1718－0000915　子387　子部/儒家類/儒學之屬/蒙學
讀書作文譜十二卷父師善誘法二卷　(清)唐彪輯撰　清康熙四十七年(1708)刻本　一冊　存三卷(一、父師善誘法一至二)

330000－1718－0000916　子388　類叢部/叢書類/家集之屬
富陽夏氏叢刻七種　夏震武　夏鼎武撰　清光緒至民國初刻民國九年(1920)彙印本　四冊

330000－1718－0000917　子389　子部/儒家類/儒學之屬/蒙學
寄傲山房塾課新增幼學故事瓊林四卷首一卷　(清)程登吉撰　(清)鄒聖脈增補　清光緒八年(1882)寧波羣玉山房刻本　三冊　缺一卷(四)

330000－1718－0000918　子390　子部/儒家類/儒學之屬/性理
性理體注訓解標題八卷　(清)張道升　(清)仇廷桂輯　(清)呂從律增訂　**新刊性理大全八卷**　(宋)周敦頤等撰　(宋)朱熹注　清文盛堂刻本　二冊　存四卷(五、七,新刊性理大全五、七)

330000－1718－0000919　子391　類叢部/類書類/通類之屬
玉海二百四卷附刻十三種　(宋)王應麟撰　**校補玉海瑣記二卷王深寧先生[應麟]年譜一卷**　(清)張大昌撰　清光緒九年至十六年(1883－1890)浙江書局刻本　四冊　存十卷(小學紺珠一至十)

330000－1718－0000920　子392　子部/墨家類
墨子閒詁十五卷目錄一卷附錄一卷後語二卷　(清)孫詒讓撰　清光緒三十三年(1907)瑞安孫氏刻本　八冊

330000－1718－0000923　子395　子部/叢編
子書二十三種　(清)浙江書局編　清光緒二十三年(1897)上海圖書集成局鉛印本　十六冊　存九種

330000－1718－0000925　子397　類叢部/類書類/通類之屬
通俗編三十八卷　(清)翟灝撰　清乾隆十六年(1751)仁和翟灝無不宜齋刻本　七冊　缺六卷(二十七至三十二)

330000－1718－0000926　子398　類叢部/類書類/通類之屬
事類賦三十卷　(宋)吳淑撰並注　清乾隆五十四年(1789)刻本　四冊　存十九卷(六至十九、二十六至三十)

330000－1718－0000931　子403　子部/宗教類/佛教之屬
佛學書目表一卷　(清)楊文會編　**釋教三字經一卷**　(明)釋廣真撰　(清)釋敏修注　清

光緒二十八年(1902)新安汪氏鉛印本　一冊

330000－1718－0000932　子404　類叢部/類書類/通類之屬

古事比五十二卷　(清)方中德輯　清光緒二十一年(1895)上海寶善局石印本　余鐵珊跋　六冊

330000－1718－0000933　子405　子部/雜著類/雜說之屬

風俗通義十卷　(漢)應劭撰　清刻本　一冊　存四卷(一至四)

330000－1718－0000934　子406　子部/雜著類/雜考之屬

困學紀聞注二十卷　(清)翁元圻撰　清道光五年(1825)餘姚翁氏守福堂刻本　十四冊

330000－1718－0000935　子407　子部/雜著類/雜考之屬

困學紀聞注二十卷　(清)翁元圻撰　清道光五年(1825)餘姚翁氏守福堂刻本　十二冊

330000－1718－0000936　子408　子部/雜著類/雜考之屬

校訂困學紀聞集證二十卷　(清)閻若璩等箋　(清)萬希槐集證　清嘉慶二十四年(1819)胡氏山壽齋刻本　八冊　存八卷(一至八)

330000－1718－0000938　子410　子部/雜著類/雜考之屬

困學紀聞注二十卷　(清)翁元圻撰　清咸豐元年(1851)小娜嬛山館刻本　十二冊

330000－1718－0000940　子411　子部/雜著類/雜考之屬

困學紀聞注二十卷　(宋)王應麟撰　(清)翁元圻輯　清光緒十三年(1887)上海同文書局石印本　四冊　存十一卷(一至十一)

330000－1718－0000943　子414　子部/宗教類/佛教之屬/諸宗

圓頓觀心十法界圖一卷　(宋)釋慈雲撰　**戒殺放生文一卷**　(明)釋祩宏撰並注　**心相百善說一卷**　縹緲仙撰　清宣統元年至二年(1909－1910)海鹽徐善存堂刻本　一冊

330000－1718－0000944　子415　子部/雜著類/雜考之屬

日知錄集釋三十二卷刊誤二卷續刊誤二卷　(清)黃汝成撰　清道光十四年至十八年(1834－1838)嘉定黃氏西谿草廬刻本　清李枝青題記　十六冊

330000－1718－0000946　子417　子部/雜著類/雜纂之屬

經餘必讀八卷二編八卷三編二卷　(清)雷琳等輯　清石印本　一冊　存四卷(二編一至二、三集一至二)

330000－1718－0000947　子418　子部/雜著類/雜考之屬

十駕齋養新錄二十卷餘錄三卷　(清)錢大昕撰　**錢辛楣先生[大昕]年譜一卷**　(清)錢大昕編　(清)錢慶曾校注　**竹汀居士[錢大昕]年譜續編一卷**　(清)錢慶曾撰　清光緒二年(1876)浙江書局刻本　八冊

330000－1718－0000948　子419　子部/雜著類/雜說之屬

瀛舟筆談十二卷首一卷　(清)阮亨記　清嘉慶二十五年(1820)刻本　六冊

330000－1718－0000949　子420　類叢部/叢書類/自著之屬

徐位山先生(徐位山先生叢書)七種　(清)徐文靖撰　清雍正至乾隆刻志寧堂彙印本　二冊　存一種

330000－1718－0000953　子424　子部/術數類/占卜之屬

卜筮正宗十四卷　(清)王維德撰　清同治四年(1865)東昌三益堂刻本　三冊

330000－1718－0000954　子425　新學/算學/數學

筆算數學三卷　(美國)狄考文輯　(清)鄒立文述　清光緒三十年(1904)上海美華書館鉛印本　三冊

330000－1718－0000955　子426　新學/算學

最新註解筆算數學詳草三卷　(清)孔憲昌

(清)樓惠祥編纂　清光緒三十二年(1906)武林圖書社石印本　三冊

330000－1718－0000958　子 429　子部/雜著類/雜考之屬
羣書疑辨十二卷　(清)萬斯同撰　清嘉慶二十一年(1816)供石亭刻本　六冊

330000－1718－0000959　子 430　新學/議論/通論
羣學肄言不分卷　(英國)斯賓塞爾撰　嚴復譯　清末鉛印本　四冊

330000－1718－0000961　子 432　子部/天文曆算類/算書之屬
御製數理精蘊上編五卷下編四十卷表八卷　清光緒八年(1882)廣東藩司刻本　十八冊　缺二十卷(下編一至二、五至八、十五至十八、二十三至二十四,表一至八)

330000－1718－0000962　子 433　新學/算學/形學
形學備旨十卷開端一卷　(美國)狄考文選譯　(清)鄒立文筆述　清宣統二年(1910)鉛印本　二冊

330000－1718－0000963　子 434　新學/算學/形學
形學備旨十卷開端一卷　(美國)狄考文選譯　(清)鄒立文筆述　清光緒三十二年(1906)鉛印本　二冊

330000－1718－0000965　子 436　新學/理學/理學
經術公理學四卷　宋育仁撰　清光緒三十年(1904)上海同文社鉛印本　二冊

330000－1718－0000966　子 437　新學/算學/三角八綫
八線備旨四卷八線學總習問一卷　(美國)羅密士撰　(美國)潘慎文選譯　清光緒三十二年(1906)上海美華書館鉛印本　二冊

330000－1718－0000967　子 438　子部/天文曆算類/算書之屬
八線詳草八卷　(清)劉鵬振撰　清光緒三十二年(1906)浙紹墨潤堂石印本　四冊

330000－1718－0000968　子 439　子部/天文曆算類/算書之屬
算學十書　(清)賈步緯輯　清同治至光緒江南機器製造總局刻本暨鉛印本　一冊　存一種

330000－1718－0000969　子 440　子部/天文曆算類/算書之屬
原本直指算法統宗十二卷首一卷　(明)程大位撰　清光緒九年(1883)埽葉山房刻本　程之銘題簽並跋　三冊　缺六卷(七至十二)

330000－1718－0000970　子 441　子部/天文曆算類/算書之屬
算法大成上編十卷首一卷　(清)陳杰撰　清光緒二十四年(1898)浙江官書局刻本　九冊　缺二卷(首、一)

330000－1718－0000971　子 442　子部/術數類/占卜之屬
河洛理數七卷　(宋)陳摶撰　清刻本　二冊　存二卷(一、三)

330000－1718－0000973　子 444　類叢部/叢書類/自著之屬
船山遺書五十八種　(清)王夫之撰　清刻本　二冊　存四種

330000－1718－0000975　子 446　子部/天文曆算類/曆法之屬
御定萬年書不分卷　(清)欽天監編　清末刻本　一冊

330000－1718－0000982　子 452　子部/雜著類/雜考之屬
札迻十二卷　(清)孫詒讓撰　清光緒二十年(1894)籀膏刻二十一年(1895)重修本　四冊

330000－1718－0000984　子 454　子部/術數類/陰陽五行之屬
陽宅見易正宗二卷　(清)馮家楷撰　清嘉慶二十年(1815)刻本　二冊

330000－1718－0000985　子 455　類叢部/叢

書類/彙編之屬

津逮祕書十五集一百三十九種 （明）毛晉編 明崇禎毛氏汲古閣刻清初彙印本 三冊 存一種

330000－1718－0000986 子456 子部/術數類/數學之屬

濬元六卷 （清）張必剛撰 清乾隆刻本 二冊 存二卷（五至六）

330000－1718－0000998 子468 子部/術數類/相宅相墓之屬

地理正義鉛彈子砂水要訣七卷 （清）張鳳藻撰 清刻本 二冊 存二卷（一至二）

330000－1718－0000999 子469 子部/術數類/相宅相墓之屬

八宅明鏡二卷 （清）箬冠道人撰 清文奎堂刻本 一冊 存一卷（二）

330000－1718－0001002 子472 子部/術數類/相宅相墓之屬

入地眼全書十卷 （宋）釋靜道撰 清刻本 三冊 存八卷（三至十）

330000－1718－0001005 子475 子部/雜著類/雜纂之屬

格言聯璧一卷附一卷 （清）金纓輯 清咸豐元年（1851）山陰金瑞五堂刻本 二冊

330000－1718－0001006 子476 子部/醫家類/綜合之屬/通論

御纂醫宗金鑑九十卷首一卷 （清）吳謙等撰 清文會堂刻本 十五冊 存二十二卷（六十七至七十一、七十四至九十）

330000－1718－0001014 子484 子部/術數類

陰宅井明二卷 （清）鄧穎出撰 清刻本 一冊

330000－1718－0001016 子486 子部/天文曆算類/算書之屬

九數通考十一卷首一卷末一卷 （清）屈曾發撰 清光緒十三年（1887）上海石倉石印書局石印本 二冊 存五卷（首，一、五至七）

330000－1718－0001018 子488 類叢部/類書類/通類之屬

子史精華一百六十卷 （清）吳士玉 （清）吳襄等輯 清光緒十三年（1887）上海積山書局石印本 八冊

330000－1718－0001022 子492 類叢部/叢書類/彙編之屬

武英殿聚珍版書一百三十八種 清乾隆武英殿木活字印本 一冊 存一種

330000－1718－0001023 子493 子部/叢編

石成金語錄□□種 （清）石成金撰集 清刻本 六冊 存三十種

330000－1718－0001033 子503 子部/藝術類/遊藝之屬/聯語

楹聯叢話十二卷續話四卷 （清）梁章鉅輯 清道光二十年（1840）、二十三年（1843）福州梁氏刻本 槐庭題簽並記 八冊

330000－1718－0001034 子504 集部/別集類/清別集

楹聯錄存三卷附錄一卷 （清）俞樾撰 清末刻本 三冊 存三卷（楹聯錄存一至三）

330000－1718－0001047 子517 類叢部/叢書類/彙編之屬

崇文書局彙刻書三十一種 （清）崇文書局編 清光緒元年至三年（1875－1877）湖北崇文書局刻本 二冊 存一種

330000－1718－0001053 子523 子部/藝術類/總論之屬

美術叢書□□種 鄧實輯 清宣統三年（1911）上海神州國光社鉛印本 八冊 存二十六種

330000－1718－0001055 子525 集部/總集類/尺牘之屬

昭代名人尺牘二十四卷小傳二十四卷 （清）吳修輯 清光緒三十四年（1908）西泠印社影印本 余重耀注 二十四冊 存二十四卷（昭代名人尺牘一至二十四）

330000－1718－0001056 子526 集部/總集

類/尺牘之屬

昭代名人尺牘二十四卷小傳二十四卷 （清）吴修輯　清光緒三十四年（1908）西泠印社影印本　四册　存四卷（二、四、十三、二十三）

330000－1718－0001057　子527　子部/藝術類/書畫之屬/題跋

習苦齋畫絮十卷 （清）戴熙撰　清光緒十九年（1893）刻本　四册

330000－1718－0001063　子533　子部/藝術類/篆刻之屬

西泠印社印學叢書□□種 清宣統至民國刻本暨木活字印本　一册　存一種

330000－1718－0001078　子548　類叢部/叢書類/自著之屬

春在堂全書三十六種 （清）俞樾撰　清同治至光緒刻光緒末彙印本　四册　存一種

330000－1718－0001079　集57.1　類叢部/叢書類/自著之屬

薛文清公集九種 （明）薛瑄撰　清雍正至乾隆刻本　四册　存二種

330000－1718－0001080　子549　子部/藝術類/遊藝之屬/聯語

西湖楹聯四卷 清刻本　三册　存三卷（一、三至四）

330000－1718－0001099　子566　子部/藝術類/書畫之屬/畫譜

芥子園畫傳四集四卷 （清）丁臯等撰輯　**芥子園圖章彙纂一卷** （清）李漁撰　清芥子園刻本　一册　存一卷（三）

330000－1718－0001100　子567　子部/藝術類/書畫之屬/畫譜

芥子園畫傳初集六卷二集九卷三集六卷 （清）王槩　（清）王蓍　（清）王臬輯　清末石印本　二册　存六卷（三集一至六）

330000－1718－0001101　子568　子部/藝術類/篆刻之屬/印譜

漱石軒印存四卷印集四卷 （清）鍾權篆刻　清鈐印本　一册　存一卷（印集一）

330000－1718－0001102　子569　子部/藝術類/篆刻之屬/印譜

漱石軒印集不分卷 （清）鍾權篆刻　清光緒鈐印本　四册

330000－1718－0001103　子570　子部/藝術類/篆刻之屬/印譜

雙清閣印存不分卷 （清）趙穆篆　清光緒十八年（1892）鈐印本　一册

330000－1718－0001108　子575　子部/藝術類/篆刻之屬/印譜

古高士傳印譜不分卷 （清）趙穆篆刻　清光緒十八年（1892）鈐印本　一册

330000－1718－0001113　子580　子部/藝術類/篆刻之屬/印譜

榴蔭山房印譜二卷 （清）葉鴻翰篆刻　清光緒鈐印本　二册

330000－1718－0001129　子596　子部/藝術類/書畫之屬/書法書品

清任元凱書文昌帝君陰騭文一卷 （清）任元凱書　清嘉慶任元凱抄本　一册

330000－1718－0001141　子608　子部/藝術類/書畫之屬/書法書品

清任元凱臨趙孟頫七觀帖一卷 （清）任元凱臨　清嘉慶十三年（1808）任元凱抄本　一册

330000－1718－0001145　子612　子部/藝術類/書畫之屬/書法書品

楷書行書篆書三體字帖不分卷 清抄本　一册

330000－1718－0001146　子613　子部/農家農學類/園藝之屬/總志

二如亭群芳譜三十卷首一卷 （明）王象晉撰　清刻本　二册　存三卷（歲譜二至四）

330000－1718－0001147　子614　子部/農家農學類/園藝之屬/總志

二如亭群芳譜三十卷首一卷 （明）王象晉撰　清初書業古講堂刻本　十九册　缺五卷（穀譜、蔬譜一至二、果譜一、花譜四）

330000－1718－0001148　子615　子部/醫家類/類編之屬
陳修園醫書二十一種　(清)陳念祖等撰　清光緒十八年(1892)上海圖書集成印書局鉛印本　二册　存三種

330000－1718－0001159　子626　新學/算學/代數
代數備旨詳草一卷新代數一卷　(清)梁溪漁隱編譯　清光緒三十一年(1905)上海科學書局石印本　二册

330000－1718－0001167　子634　子部/術數類/相宅相墓之屬
增補地理原真□□卷　(清)釋如玉撰　清刻本　一册　存二卷(三至四)

330000－1718－0001171　子638　子部/術數類/占卜之屬
華佗乩諭果報續刻一卷張仲景先生乩諭果報一卷　清光緒二十四年(1898)刻本　一册

330000－1718－0001175　子640　子部/儒家類/儒學之屬/勸學
勸學篇二卷　(清)張之洞撰　清光緒二十四年(1898)浙江刻本　一册

330000－1718－0001176　子641　子部/術數類/相宅相墓之屬
地理四彈子四卷　(清)張鳳藻輯　清刻本　一册　存一卷(金彈子)

330000－1718－0001177　子642　子部/術數類/相宅相墓之屬
地理正義鉛彈子砂水要訣七卷　(清)張鳳藻撰　清刻本　四册　存五卷(二至六)

330000－1718－0001186　史11　史部/紀傳類/正史之屬
二十四史附考證　清光緒十四年(1888)上海圖書集成印書局鉛印本　五十九册　存四種

330000－1718－0001187　史12　史部/紀傳類/正史之屬
二十四史附考證　清光緒二十九年(1903)五洲同文書局據乾隆四年(1739)武英殿刻本影印本　二十六册　存一種

330000－1718－0001188　史13　史部/紀傳類/正史之屬
二十四史附考證　清光緒十年(1884)上海同文書局據乾隆四年(1739)武英殿刻本影印本　五百八十八册　缺七十五卷(史記四十九至五十七,魏志二十八至三十、蜀志一至十五,宋史四百二十三至四百二十八、四百三十四至四百四十九、四百五十五至四百七十二,明史一百四十九至一百五十六)

330000－1718－0001189　史14　史部/紀傳類/正史之屬
二十四史附考證　清光緒二十九年(1903)五洲同文書局據乾隆四年(1739)武英殿刻本影印本　二十二册　存一種

330000－1718－0001190　史15　史部/紀傳類/正史之屬
十七史　(明)毛晉編　明崇禎元年至十七年(1628－1644)琴川毛氏汲古閣刻清順治五年至十三年(1648－1656)補刻本　二百五十二册　存十五種

330000－1718－0001191　史16　史部/紀傳類/正史之屬
史記一百三十卷　(漢)司馬遷撰　(南朝宋)裴駰集解　(唐)司馬貞索隱　(唐)張守節正義　清同治五年至九年(1866－1870)金陵書局刻本　二十册

330000－1718－0001192　史17　史部/紀傳類/正史之屬
二十四史附考證　清光緒十八年(1892)武林竹簡齋據乾隆四年(1739)武英殿刻本影印本　二百册

330000－1718－0001193　史18　史部/紀傳類/正史之屬
二十四史　清末韓江書局刻本　三十八册　存二種

330000－1718－0001194　史19　史部/紀傳類/正史之屬

四史　清光緒金陵書局、江南書局刻本　五十六冊

330000－1718－0001195　史20　史部/紀傳類/正史之屬
二十四史　清同治至光緒五省官書局據汲古閣本等合刻光緒五年(1879)湖北書局彙印本　三十四冊　存二種

330000－1718－0001196　史21　史部/紀傳類/正史之屬
二十四史　清末韓江書局刻本　二十一冊　存二種

330000－1718－0001197　史22　類叢部/類書類/專類之屬
佩文韻府一百六卷　(清)張玉書　(清)蔡升元等輯　**韻府拾遺一百六卷**　(清)汪灝　(清)何焯等輯　清光緒十二年(1886)上海同文書局石印本　五十九冊　存二百十一卷(一至二十、二十二至一百六,韻府拾遺一至一百六)

330000－1718－0001198　史23　史部/編年類/通代之屬
資治通鑑二百九十四卷　(宋)司馬光撰　(元)胡三省音注　**通鑑釋文辯誤十二卷**　(元)胡三省撰　清嘉慶二十一年(1816)胡克家刻本　余重耀注　一百冊

330000－1718－0001199　史24　史部/編年類/通代之屬
資治通鑑彙刻八種　清同治至光緒江蘇書局刻本　九十八冊　存二種

330000－1718－0001200　史25　史部/編年類/通代之屬
御批歷代通鑑輯覽一百二十卷　(清)傅恒等撰　清同治十年(1871)浙江書局刻朱墨套印本　四十八冊

330000－1718－0001201　史26　史部/編年類/通代之屬
御批歷代通鑑輯覽一百二十卷　(清)傅恒等撰　清光緒二十七年(1901)慎記書莊石印本　三冊　存三十八卷(一至二十七、六十三至七十三)

330000－1718－0001202　史27　史部/編年類/通代之屬
御批歷代通鑑輯覽一百二十卷　(清)傅恒等撰　清光緒二十八年(1902)上海點石齋石印本　二十一冊

330000－1718－0001203　史28　史部/編年類/通代之屬
御批歷代通鑑輯覽一百二十卷　(清)傅恒等撰　清光緒三十年(1904)上海經藝書局石印本　六冊　存二十七卷(一至五、二十九至三十三、六十三至七十九)

330000－1718－0001204　史29　史部/編年類/通代之屬
兩朝御批通鑑輯覽一百二十卷　(清)傅恒等撰　清宣統元年(1909)上海公記書局石印本　十八冊　缺二十九卷(十四至十九、三十五至四十、六十八至七十一、七十六至七十九、八十五至八十九、九十九至一百二)

330000－1718－0001205　史30　史部/編年類/通代之屬
御批歷代通鑑輯覽一百二十卷　(清)傅恒等撰　清末上海商務印書館鉛印本　十五冊　缺七十五卷(一至三十二、五十一至五十七、八十五至一百二十)

330000－1718－0001206　史31　史部/編年類/通代之屬
御批歷代通鑑輯覽一百二十卷　(清)傅恒等撰　清末上海商務印書館鉛印本　四十冊

330000－1718－0001208　史33　史部/編年類/通代之屬
綱鑑易知錄九十二卷明鑑易知錄十五卷　(清)吳乘權　(清)周之炯　(清)周之燦輯　清咸豐八年(1858)、同治二年(1863)經綸堂刻本　四十六冊　缺四卷(二十九至三十、五十二至五十三)

330000－1718－0001209　史34　史部/編年

類/通代之屬

綱鑑易知錄九十二卷明鑑易知錄十五卷 (清)吳乘權 (清)周之炯 (清)周之燦輯 清寶慶經國堂刻本 四十冊 缺二十卷(一至七、十六至十七、五十五至五十七、六十二至六十四、七十至七十二、八十一至八十二)

330000－1718－0001210 史35 史部/編年類/通代之屬

尺木堂綱鑑易知錄九十二卷明鑑易知錄十五卷 (清)吳乘權 (清)周之炯 (清)周之燦輯 清光緒三十年(1904)上海校經山房鉛印本 十六冊

330000－1718－0001211 史36 史部/編年類/通代之屬

尺木堂綱鑑易知錄九十二卷明鑑易知錄十五卷 (清)吳乘權 (清)周之炯 (清)周之燦輯 清光緒二十四年(1898)上海宏文閣鉛印本 十六冊

330000－1718－0001212 史37 史部/編年類/通代之屬

尺木堂綱鑑易知錄九十二卷明鑑易知錄十五卷 (清)吳乘權 (清)周之炯 (清)周之燦輯 清末鉛印本 七冊 存四十七卷(五十五至八十一、八十八至九十二,明鑑易知錄一至十五)

330000－1718－0001213 史38 史部/編年類/通代之屬

尺木堂綱鑑易知錄九十二卷明鑑易知錄十五卷 (清)吳乘權 (清)周之炯 (清)周之燦輯 清末鉛印本 二冊 存十三卷(七十五至八十七)

330000－1718－0001214 史39 史部/編年類/通代之屬

尺木堂綱鑑易知錄九十二卷明鑑易知錄十五卷 (清)吳乘權 (清)周之炯 (清)周之燦輯 清光緒二十七年(1901)上海文瑞樓鉛印本 三冊 存十八卷(一至四、二十六至三十二、四十至四十六)

330000－1718－0001215 史40 史部/編年類/通代之屬

新刻歷史綱鑑三十九卷首一卷 (明)李純卿撰 (明)謝遷補遺 清同文館刻本 十六冊

330000－1718－0001216 史41 史部/編年類/通代之屬

綱鑑會纂三十九卷首一卷 (明)王世貞編 **甲子紀元一卷** (清)陳弘謀輯 清光緒二十五年(1899)上海埽葉山房鉛印本 十八冊

330000－1718－0001217 史42 史部/編年類/通代之屬

綱鑑總論二卷 (清)周茂才撰 清光緒三十年(1904)上海書局石印本 一冊

330000－1718－0001218 史43 史部/編年類/通代之屬

御撰資治通鑑綱目三編二十卷 (清)張廷玉等撰 **鼎鍥趙田了凡袁先生編纂古本歷史大方綱鑑補三十九卷首一卷** (宋)劉恕外紀 (宋)金履祥前編 (明)袁黄編纂 清光緒二十五年(1899)益記書局石印本 六冊 存八卷(一至二、四;首,鼎鍥趙田了凡袁先生編纂古本歷史大方綱鑑補一至三、六)

330000－1718－0001219 史44 史部/編年類/通代之屬

袁王綱鑑合編三十九卷 (明)袁黄 (明)王世貞編 **明紀綱目二十卷** (清)張廷玉等輯 清光緒三十年(1904)上海商務印書館鉛印本 二冊 存六卷(五至七、三十四至三十六)

330000－1718－0001220 史45 史部/編年類/通代之屬

御撰資治通鑑綱目三編二十卷 (清)張廷玉等撰 清刻本 一冊 存二卷(八至九)

330000－1718－0001221 史46 史部/編年類/通代之屬

資治通鑑綱目五十九卷 (宋)朱熹撰 (明)陳仁錫評 **續編一卷** (明)陳桱撰 **前編二十五卷** (明)南軒撰 (明)陳仁錫評 **續資治通鑑綱目二十七卷** (明)商輅等撰 (明)

陳仁錫評　清康熙四十年(1701)王公行刻本　二册　存七卷(前編四至十)

330000－1718－0001223　史48　史部/史抄類
史記菁華錄六卷　(清)姚祖恩輯　清光緒二十二年(1896)上海書局石印本　六册

330000－1718－0001224　史49　史部/史抄類
史記菁華錄六卷　(清)姚祖恩輯　清光緒二十二年(1896)上海書局石印本　一册　缺二卷(四至五)

330000－1718－0001225　史50　史部/史抄類
史記菁華錄六卷　(清)姚祖恩輯　清末石印本　四册　缺二卷(一、三)

330000－1718－0001227　史52　史部/史評類/考訂之屬
十七史商榷一百卷　(清)王鳴盛撰　清刻本　二十册

330000－1718－0001228　史53　史部/史評類/考訂之屬
廿二史劄記三十六卷補遺一卷　(清)趙翼撰　清光緒二十八年(1902)文淵山房石印本　三册

330000－1718－0001229　史54　史部/史評類/考訂之屬
廿二史劄記三十六卷補遺一卷　(清)趙翼撰　清光緒二十五年(1899)上海千頃堂石印本　六册

330000－1718－0001232　史57　史部/史評類/史論之屬
讀通鑑論三十卷末一卷附宋論十五卷　(清)王夫之撰　清光緒二十五年(1899)武昌黄慶曾、董昌達刻本　二十册

330000－1718－0001234　史59　史部/史評類/史論之屬
船山史論八種　(清)王夫之撰　清光緒二十七年(1901)湖南書局刻本　九册　存一種

330000－1718－0001235　史60　史部/史評類/史論之屬
二十四史論贊七十八卷　(清)陳闉輯　清光緒二十年(1894)長生書室刻本　二十册

330000－1718－0001236　史61　史部/史抄類
廿一史約編八卷首一卷　(清)鄭元慶撰　清光緒六年(1880)得月樓刻本　八册

330000－1718－0001237　史62　史部/史抄類
廿一史約編八卷首一卷　(清)鄭元慶撰　清聚瀛堂刻本　趙□田題簽　八册　存八卷(金、石、絲、竹、匏、土、革、木)

330000－1718－0001238　史63　類叢部/叢書類/自著之屬
章氏遺書二種　(清)章學誠撰　清光緒三年(1877)貴陽章氏刻十九年(1893)補刻本　四册　存一種

330000－1718－0001239　史64　史部/地理類
李氏五種　(清)李兆洛撰　清同治九年至十一年(1870－1872)合肥李鴻章刻本　一册　存一種

330000－1718－0001241　史66　類叢部/叢書類/自著之屬
船山遺書五十八種　(清)王夫之撰　清刻本　三册　存一種

330000－1718－0001242　史67　史部/史評類/史論之屬
史記論文一百三十卷　(清)吳見思撰　清刻本　十六册　缺九卷(一至七、二十一至二十二)

330000－1718－0001243　史68　史部/紀傳類/正史之屬
元史譯文證補三十卷　(清)洪鈞撰　清光緒二十九年(1903)史學齋編譯石印書局鉛印本　四册　缺三卷(十九至二十一)

330000－1718－0001244　史69　史部/政書

類/通制之屬

文獻通考鈔二十四卷 (元)馬端臨撰 (清)史以遇輯 **續文獻通考鈔三十卷** (明)王圻撰 (清)史以甲輯 清康熙二年(1663)史以遇、史以甲刻本 □楣題記 十一册 缺六卷(續文獻通考鈔二十五至三十)

330000－1718－0001245 史 70 史部/雜史類/斷代之屬

拳匪紀略八卷前編二卷後編二卷圖一卷 (清)楊鳳藻等輯 清光緒二十九年(1903)上洋書局石印本 六册

330000－1718－0001252 史 77 史部/政書類/軍政之屬/兵制

欽定中樞政考八旗三十二卷緑營四十卷續中樞政考四卷 (清)明達等纂修 清嘉慶十三年(1808)刻本 二十六册 存二十六卷(緑營一、三至二十七)

330000－1718－0001254 史 79 史部/地理類/方志之屬/通志

[乾隆]山西志輯要十卷首一卷 (清)雅德修 (清)汪本直纂 **清涼山志輯要二卷** (清)汪本直輯 清乾隆四十五年(1780)刻本 十一册 缺一卷(八)

330000－1718－0001257 史 82 史部/地理類/山川之屬/山志

重修南海普陀山志二十卷首一卷 (清)秦耀曾輯 清道光十二年(1832)刻民國四年(1915)趙希伊補刻南海普陀山佛經流通處印本 四册

330000－1718－0001258 史 83 史部/政書類/通制之屬

三通序不分卷 (清)吳巖輯 (清)康綸筠校 清道光十三年(1833)江夏周恭壽刻本 四册

330000－1718－0001260 史 85 史部/地理類/方志之屬/郡縣志

[康熙]保定府志二十九卷 (清)紀弘謨等修 (清)郭棻纂 清康熙十九年(1680)刻本 三册 存四卷(九至十二)

330000－1718－0001261 史 86 史部/地理類/方志之屬/郡縣志

[雍正]平陽府志三十六卷 (清)章廷珪修 (清)范安治等纂 清乾隆元年(1736)刻本 二册 存一卷(三十六)

330000－1718－0001262 史 87 史部/地理類/方志之屬/郡縣志

[道光]太平縣志十六卷首一卷 (清)李炳彦修 (清)梁棲鸞纂 清道光五年(1825)刻本 一册 存四卷(首、一至三)

330000－1718－0001263 史 88 史部/地理類/方志之屬/郡縣志

[光緒]太平縣志十四卷首一卷 (清)勞文慶 (清)朱光綬修 (清)婁道南纂 清光緒八年(1882)刻本 六册 缺六卷(六至十、十四)

330000－1718－0001264 史 89 史部/地理類/山川之屬/水志

西湖志四十八卷 (清)李衛 (清)程元章修 (清)傅王露撰 清光緒四年(1878)浙江書局刻本 二十册

330000－1718－0001265 史 90 史部/地理類/方志之屬/郡縣志

[同治]浮山縣志三十七卷 (清)慶鍾纂修 清同治十三年(1874)刻本 二册 存十一卷(二十七至三十七)

330000－1718－0001268 史 93 史部/地理類/外紀之屬

日本國志四十卷首一卷 (清)黄遵憲輯 清末石印本 一册 存四卷(十三至十六)

330000－1718－0001269 史 94 類叢部/叢書類/彙編之屬

益雅堂叢書二十六種 (清)傅世珣編 清光緒九年(1883)山西書局刻本 四册 存三種

330000－1718－0001270 史 95 史部/地理類/方志之屬/郡縣志

[光緒]諸暨縣志六十一卷 陳遹聲修 (清)蔣鴻藻纂 清宣統二年(1910)刻本 十八册

330000－1718－0001271　史96　史部/地理類/方志之屬/郡縣志
[光緒]諸暨縣志六十一卷　陳遹聲修　(清)蔣鴻藻纂　清宣統二年(1910)刻本　十三冊　缺十七卷(五至十二、二十七至二十九、三十三至三十五、四十三至四十五)

330000－1718－0001272　史97　史部/地理類/方志之屬/郡縣志
[光緒]諸暨縣志六十一卷　陳遹聲修　(清)蔣鴻藻纂　清宣統二年(1910)刻本　十三冊　缺十七卷(十三至二十、三十至三十二、三十六至四十、六十一)

330000－1718－0001273　史98　史部/地理類/方志之屬/郡縣志
[光緒]諸暨縣志六十一卷　陳遹聲修　(清)蔣鴻藻纂　清宣統二年(1910)刻本　八冊　存三十卷(十三至二十三、三十至四十、四十六至五十三)

330000－1718－0001274　史99　史部/地理類/方志之屬/郡縣志
[光緒]諸暨縣志六十一卷　陳遹聲修　(清)蔣鴻藻纂　清宣統二年(1910)刻本　十四冊　缺十五卷(九至十六、二十一至二十三、五十七至六十)

330000－1718－0001275　史100　史部/地理類/方志之屬/郡縣志
[光緒]諸暨縣志六十一卷　陳遹聲修　(清)蔣鴻藻纂　清宣統二年(1910)刻本　六冊　存十七卷(十七至二十、四十一至四十五、五十四至六十一)

330000－1718－0001276　史101　史部/地理類/方志之屬/郡縣志
[光緒]諸暨縣志六十一卷　陳遹聲修　(清)蔣鴻藻纂　清宣統二年(1910)刻本　四冊　存十二卷(四十一至四十二、四十六至五十、五十七至六十一)

330000－1718－0001277　史102　史部/地理類/方志之屬/郡縣志
[光緒]諸暨縣志六十一卷　陳遹聲修　(清)蔣鴻藻纂　清宣統二年(1910)刻本　五冊　存十九卷(十三至二十、三十六至三十九、四十一至四十二、四十六至五十)

330000－1718－0001279　史104　史部/地理類/山川之屬/水志
西湖志四十八卷　(清)李衛　(清)程元章修　(清)傅王露撰　清光緒四年(1878)浙江書局刻本　二十冊

330000－1718－0001280　史105　史部/地理類/山川之屬/水志
水經注釋四十卷首一卷附錄二卷水經注箋刊誤十二卷　(清)趙一清撰　**水經釋地八卷**　(清)孔繼涵撰　**水經注圖說殘稾四卷**　(清)董祐誠撰　**今水經一卷**　(清)黄宗羲撰　清光緒六年(1880)會稽章氏刻本　二十八冊

330000－1718－0001281　史106　史部/地理類/山川之屬/水志
水經注四十卷補遺一卷附錄二卷　(北魏)酈道元注　(清)全祖望校　清光緒十四年(1888)薛福成寧波崇實書院刻本　十二冊

330000－1718－0001283　史108　史部/地理類/總志之屬/通代
讀史方輿紀要一百三十卷方輿全圖總說四卷　(清)顧祖禹撰　清光緒二十九年(1903)上海益吾齋石印本　二十三冊　缺六卷(八十九至九十四)

330000－1718－0001284　史109　史部/雜史類
路史四十五卷　(宋)羅泌撰　(宋)羅苹注　清光緒二年(1876)聚善堂刻本　十五冊　存四十卷(前紀一至九、後紀一至十三、餘論一至五、發揮一至六、國名紀一至七)

330000－1718－0001285　史110　史部/紀事本末類/通代之屬
繹史一百六十卷世系圖一卷年表一卷　(清)馬驌撰　清光緒三十年(1904)浙江書局刻本　四十四冊　缺二十三卷(九十六、一百十二至一百三十三)

330000－1718－0001289　史114　新學/史志/别國史
日本維新三十年史不分卷附錄一卷　（日本）博文館輯　（清）上海廣智書局譯　清光緒二十八年（1902）上海廣智書局鉛印本　一冊

330000－1718－0001290　史115　新學/史志
普通新歷史十章附歷代帝王總紀一卷　（清）普通學書室編　清末鉛印本　一冊

330000－1718－0001291　史116　史部/雜史類/斷代之屬
戰國策三十三卷　（漢）高誘注　**札記三卷**　（清）黃丕烈撰　清同治八年（1869）湖北崇文書局刻本　四冊　缺九卷（二十五至三十三）

330000－1718－0001292　史117　史部/雜史類/斷代之屬
元朝祕史十五卷　（元）李文田注　清光緒二十九年（1903）史學齋編譯石印書局石印本　六冊

330000－1718－0001293　史118　史部/傳記類/總傳之屬/姓名
史姓韻編六十四卷　（清）汪輝祖撰　清光緒十年（1884）慈溪馮氏耕餘樓鉛印本　十六冊

330000－1718－0001294　史119　史部/傳記類/總傳之屬/通代
增廣尚友錄統編二十二卷　應祖錫輯　清光緒二十八年（1902）鴻寶齋石印本　十二冊

330000－1718－0001295　史120　史部/編年類/斷代之屬
東華錄三十二卷（乾隆朝）　（清）蔣良騏撰　清同治十一年（1872）聚錦堂刻本　清壽松題簽　八冊

330000－1718－0001296　史121　史部/編年類/斷代之屬
八朝東華錄一百二十卷（天命朝至道光朝）　王先謙編　清末鉛印本　一冊　存二卷（順治朝五至六）

330000－1718－0001297　史122　史部/傳記類/總傳之屬/通代
尚友錄二十二卷補遺一卷　（明）廖用賢輯　（清）張伯琮補輯　清光緒九年（1883）福瀛書局鉛印本　十一冊　缺一卷（一）

330000－1718－0001298　史123　史部/地理類
李氏五種　（清）李兆洛撰　清光緒二十四年（1898）上海掃葉山房石印本　八冊

330000－1718－0001299　史124　史部/地理類/山川之屬/水志
湖山便覽十二卷　（清）翟灝等撰　清光緒元年（1875）杭州王維翰槐蔭堂刻本　六冊

330000－1718－0001301　史126　史部/政書類/律令之屬/法驗
重刊補註洗冤錄集證六卷　（清）王又槐輯　（清）李觀瀾補輯　（清）阮其新補註　（清）張錫蕃重訂　（清）文晟續輯　清光緒三十三年（1907）上海書局石印本　六冊

330000－1718－0001302　史127　史部/地理類/遊記之屬/紀行
出使英法義比四國日記六卷（清光緒十六年正月十一日至十七年二月三十日）　（清）薛福成撰　清光緒二十年（1894）孫谿校經堂刻本　六冊

330000－1718－0001306　史131　史部/地理類/雜志之屬
蒙古游牧記十六卷　（清）張穆撰　清同治六年（1867）壽陽祁氏刻本　三冊　存十二卷（一至四、九至十六）

330000－1718－0001307　史132　史部/時令類
月令粹編二十四卷圖說一卷　（清）秦嘉謨撰　清嘉慶十七年（1812）江都秦嘉謨琳琅仙館刻本　八冊

330000－1718－0001308　史133　史部/時令類
月令粹編二十四卷圖說一卷　（清）秦嘉謨撰　清嘉慶十七年（1812）江都秦嘉謨琳琅仙館刻本　六冊

330000－1718－0001309　史134　史部/時令類
月令粹編二十四卷圖說一卷　（清）秦嘉謨撰　清刻本　余鐵珊題簽　一冊　存一卷（圖說）

330000－1718－0001310　史135　史部/地理類/總志之屬/通代
天下郡國利病書一百二十卷　（清）顧炎武撰　清光緒二十九年（1903）上海益吾齋石印本　二十四冊

330000－1718－0001314　史139　史部/紀事本末類
歷朝紀事本末七種　（清）陳如升　（清）朱記榮輯　清光緒十四年（1888）上洋書業公所鉛印本　三十六冊　存五種

330000－1718－0001315　史140　史部/傳記類/總傳之屬/仕宦
滿洲名臣傳四十八卷漢名臣傳三十二卷　（清）國史館撰　清京都琉璃廠榮錦書坊刻本　四十八冊　缺三十二卷（漢名臣傳一至三十二）

330000－1718－0001316　史141　史部/史評類/史論之屬
新輯分類史論大成十九卷首一卷　（清）孫廷翰鑒定　題（清）海濱行素生輯　清光緒二十八年（1902）上海醉六堂書林石印本　十七冊　缺三卷（六、九至十）

330000－1718－0001317　史142　史部/史評類/史論之屬
新輯分類史論續編大成十六卷　（清）孫廷翰鑒定　題（清）海濱行素生輯　清光緒二十九年（1903）上海醉六堂石印本　十二冊　缺五卷（二、六、八、十四至十五）

330000－1718－0001318　史143　史部/傳記類/總傳之屬/技藝
疇人傳四十六卷　（清）阮元撰　**疇人傳續六卷**　（清）羅士琳撰　清光緒八年（1882）海鹽張氏常惺齋刻本　十二冊

330000－1718－0001319　史144　史部/雜史類/外紀之屬
皇朝藩部要略十八卷世系表四卷　（清）祁韻士撰　清光緒十年（1884）浙江書局刻本　八冊

330000－1718－0001320　史145　史部/傳記類/總傳之屬
孔孟編年三種　（清）狄子奇輯　清光緒十三年（1887）浙江書局刻本　二冊　存二種

330000－1718－0001323　史148　史部/地理類/方志之屬/郡縣志
［光緒］蔚州志二十卷首一卷　（清）慶之金修　（清）楊篤纂　清光緒三年（1877）刻本　七冊　缺二卷（十六至十七）

330000－1718－0001324　史149　史部/地理類/方志之屬/郡縣志
［光緒］五臺新志四卷首一卷　（清）徐繼畬纂修　（清）孫汝明　（清）王步墀續修　（清）楊篤續纂　清同治四年（1865）修光緒九年至十年（1883－1884）續修刻本　四冊

330000－1718－0001326　史151　史部/史評類/史論之屬
史通削繁四卷　（清）紀昀撰　清道光十三年（1833）涿州盧坤兩廣節署刻朱墨套印本　四冊

330000－1718－0001327　史152　史部/史評類/史論之屬
史通削繁四卷　（清）紀昀撰　清光緒二十一年（1895）寶慶澹雅書局刻本　趙世盛題簽並校注　四冊

330000－1718－0001328　史153　史部/地理類/山川之屬/水志
水經注匯校四十卷首一卷　（清）楊希閔撰　**附錄二卷**　（清）趙一清輯　清光緒七年（1881）福州刻本　十二冊

330000－1718－0001329　史154　史部/叢編
痛史二十一種附九種　樂天居士輯　清宣統至民國上海商務印書館鉛印本　三十一冊

330000－1718－0001332　史157　史部/傳記類/總傳之屬/斷代
國朝先正事略六十卷　(清)李元度撰　清光緒十三年(1887)上海點石齋石印本　八冊

330000－1718－0001334　史159　史部/政書類/律令之屬/律例
大清律例集要新編四十卷督捕則例二卷　(清)姚潤輯　(清)胡璋增輯　清光緒九年(1883)刻本　二十三冊　存三十八卷(一至三十八)

330000－1718－0001335　史160　史部/政書類/通制之屬
欽定大清會典一百卷　(清)張廷玉等纂修　清乾隆二十九年(1764)武英殿刻本　十八冊　缺二十一卷(三十二至三十五、四十一至五十三、七十四至七十七)

330000－1718－0001336　史161　史部/政書類/通制之屬
欽定大清會典則例一百八十卷　(清)張廷玉等撰　清乾隆二十九年(1764)武英殿刻本　二十七冊　存四十三卷(十四至十七、五十三、七十五至八十七、一百十八至一百二十六、一百三十七至一百五十、一百七十三至一百七十四)

330000－1718－0001337　史162　史部/政書類/律令之屬/律例
大清律纂修條例不分卷大清律例總類□□卷　清嘉慶十五年(1810)刻本　四冊　存大清律纂修條例、大清律例總類四十一至四十五

330000－1718－0001338　史163　史部/政書類/律令之屬/律例
大清律例□□卷　清刻本　一冊　存二卷(二十四至二十五)

330000－1718－0001339　史164　史部/紀事本末類/通代之屬
繹史一百六十卷世系圖一卷年表一卷　(清)馬驌撰　清光緒二十三年(1897)武林尚友齋石印本　二十四冊

330000－1718－0001342　史167　史部/目録類/總録之屬/官修
欽定四庫全書簡明目錄二十卷首一卷　(清)紀昀等撰　清光緒五年(1879)會稽徐友蘭墨潤堂鉛印本　十一冊　缺二卷(三至四)

330000－1718－0001343　史168　史部/目録類/總録之屬/官修
欽定四庫全書總目二百卷首一卷　(清)紀昀等撰　清同治七年(1868)廣東書局刻本　一百二十冊

330000－1718－0001347　史172　史部/雜史類
帝王世紀纂要四卷　(清)高沖霄校輯　清嘉慶十七年(1812)高沖霄刻本　四冊

330000－1718－0001348　史173　史部/雜史類
十六國春秋一百卷　(北魏)崔鴻撰　清光緒十二年(1886)湖北官書處刻本　陳夔跋　十冊　缺十六卷(十四至二十二、三十二至三十八)

330000－1718－0001349　史174　史部/傳記類/總傳之屬/仕宦
歷代名臣言行錄二十四卷　(清)朱桓輯　清光緒十七年(1891)上海廣百宋齋鉛印本　十二冊

330000－1718－0001350　史175　史部/傳記類/總傳之屬/仕宦
歷代名臣言行錄二十四卷　(清)朱桓輯　清光緒二十八年(1902)上海書局石印本　六冊　缺六卷(十六至二十一)

330000－1718－0001351　史176　史部/史抄類
南史識小錄十四卷北史識小錄十四卷　(清)沈名蓀　(清)朱昆田輯　(清)張應昌補正　清同治十年(1871)武林吳氏清來堂刻本　十二冊

330000－1718－0001352　史177　史部/傳記類/總傳之屬

歷代名人年譜十卷附存疑及生卒年月無攷一卷　(清)吳榮光撰　清光緒二年(1876)京都寶經書坊刻本　五册

330000－1718－0001355　史180　史部/政書類/律令之屬/律例
新增成案所見集三十七卷二集十九卷三集二十一卷　(清)馬世璘編　**四集十八卷**　(清)謝奎　(清)王又槐編　清乾隆五十八年(1793)再思堂、嘉慶十年(1805)三餘堂刻本　三十八册　存三十三卷(二十四至三十、三十二至三十七,二集三至十一,四集七、九至十八)

330000－1718－0001356　史181　史部/傳記類/總傳之屬/列女
中國女史二十一卷正誤一卷　(清)金炳麟　(清)王以銓輯　清宣統元年(1909)杭州中合公司鉛印本　五册　缺二卷(一至二)

330000－1718－0001357　史182　史部/編年類/通代之屬
尺木堂綱鑑易知録九十二卷明鑑易知録十五卷　(清)吳乘權　(清)周之炯　(清)周之燦輯　清刻本　一册　存三卷(十至十二)

330000－1718－0001361　史186　史部/地理類/雜志之屬
江西要覽二十卷　(清)陳炳星纂　清光緒二十六年(1900)文義堂刻本　四册

330000－1718－0001362　史187　史部/政書類/軍政之屬/邊政
朔方備乘六十八卷首十二卷　(清)何秋濤撰　清光緒寶善局石印本　八册

330000－1718－0001364　史189　新學/史志/諸國史
萬國史記二十卷　(日本)岡本監輔撰　清光緒二十七年(1901)上海書局石印本　三册

330000－1718－0001365　史190　史部/政書類/通制之屬
皇朝文獻通考二十六卷首一卷　(清)嵇璜　(清)曹仁虎等纂修　清光緒二十八年(1902)上海點石齋石印本　三十二册　缺二卷(七、十三)

330000－1718－0001366　史191　史部/政書類/通制之屬
文獻通考二十四卷首一卷　(元)馬端臨撰　清光緒十一年(1885)上海點石齋石印本　二十册

330000－1718－0001367　史192　史部/紀傳類/別史之屬
晉記六十八卷首一卷　(清)郭倫撰　清光緒二十二年(1896)山陰王氏刻本　二十三册　缺四卷(三十四至三十七)

330000－1718－0001371　史196　史部/傳記類/總傳之屬/釋道
繪圖歷代神仙傳二十四卷　(清)□□撰　清宣統元年(1909)上海掃葉山房石印本　五册　缺九卷(一至三、十六至二十一)

330000－1718－0001373　史198　史部/編年類/通代之屬
御批歷代通鑑輯覽一百二十卷　(清)傅恒等撰　清光緒二十八年(1902)上海寶善局石印本　十册　存六十卷(一至六、十三至二十四、三十一至三十六、六十七至七十二、七十九至八十四、九十一至九十六、一百三至一百二十)

330000－1718－0001376　史201　史部/政書類/公牘檔册之屬
樊山公牘四卷　樊增祥撰　清宣統三年(1911)廣益書局石印本　四册

330000－1718－0001380　史205　史部/金石類/金之屬
西清古鑑四十卷錢録十六卷　(清)梁詩正　(清)蔣溥等纂修　清光緒十四年(1888)上海鴻文書局石印本　二十三册　缺二卷(十七至十八)

330000－1718－0001381　史206　史部/金石類
金石全例□□種　(清)朱記榮輯　清光緒刻

十八年(1892)吳縣朱氏彙印本　十二冊　存三種

330000－1718－0001382　史207　史部/金石類/總志之屬
金石萃編一百六十卷　(清)王昶撰　**金石續編二十一卷首一卷**　(清)陸耀遹撰　清光緒十九年(1893)上海醉六堂石印本　二十四冊

330000－1718－0001383　史208　史部/金石類/總志之屬
金石萃編一百六十卷　(清)王昶撰　清嘉慶十年(1805)青浦王氏經訓堂刻同治十年(1871)嘉善錢寶傳補刻本　十六冊　存三十九卷(一至三十三、三十七至四十二)

330000－1718－0001385　史210　史部/傳記類/總傳之屬/斷代
文獻徵存錄十卷　(清)錢林撰　清咸豐八年(1858)有嘉樹軒刻本　六冊　存八卷(一至八)

330000－1718－0001387　史212　史部/傳記類/總傳之屬/通代
增廣古今人物論三十六卷續編十二卷　(明)鄭賢　(清)願學齋同人輯　清光緒二十八年(1902)富文書局石印本　十二冊

330000－1718－0001390　史215　史部/傳記類/總傳之屬/斷代
國朝先正事略六十卷　(清)李元度撰　**中興名臣事略八卷**　朱孔彰撰　清光緒二十五年(1899)上海圖書集成印書局鉛印本　四冊　存八卷(中興名臣事略一至八)

330000－1718－0001391　史216　史部/金石類/總志之屬
學古齋金石叢書四集十二種　(清)葛元煦輯　清光緒會稽董氏取斯堂刻本　十六冊

330000－1718－0001392　史217　史部/金石類/總志之屬
學古齋金石叢書四集十二種　(清)葛元煦輯　清光緒會稽董氏取斯堂刻本　九冊　存六種

330000－1718－0001393　史218　史部/金石類
行素草堂金石叢書(孫溪朱氏金石叢書)十九種　(清)朱記榮輯　清光緒吳縣朱氏刻十四年(1888)彙印本　十五冊　存七種

330000－1718－0001394　史219　集部/總集類/尺牘之屬
昭代名人尺牘二十四卷小傳二十四卷　(清)吳修輯　清光緒三十四年(1908)上海集古齋石印本　二冊　存二十四卷(小傳一至二十四)

330000－1718－0001395　史220　類叢部/叢書類/彙編之屬
清風室叢刊二十種　(清)錢保塘編　清同治十年至民國二十五年(1871－1936)海寧錢氏清風室刻本　一冊　存一種

330000－1718－0001396　史221　類叢部/叢書類/彙編之屬
蟫隱廬叢書十八種　羅振常編　清宣統二年至民國二十五年(1910－1936)上虞羅氏謄寫及鉛印三十三年(1944)吳興周延年彙印本　二冊　存二種

330000－1718－0001398　史223　史部/雜史類/斷代之屬
明季續聞一卷　(清)汪光復撰　清宣統三年(1911)上海商務印書館鉛印本　一冊

330000－1718－0001400　史225　史部/紀傳類/正史之屬
二十四史附考證　清光緒二十八年(1902)武林竹簡齋據乾隆四年(1739)武英殿刻本影印本　十三冊　存三種

330000－1718－0001401　史226　史部/紀傳類/正史之屬
四史　清光緒二十八年(1902)竢實齋石印本　十九冊　存二種

330000－1718－0001404　史229　史部/紀傳類/正史之屬
二十四史附考證　清光緒十四年(1888)上海

圖書集成印書局鉛印本　二冊　存一種

330000－1718－0001405　史230　史部/紀傳類/正史之屬

二十四史附考證　清光緒十年(1884)上海同文書局據乾隆四年(1739)武英殿刻本影印本　二冊　存一種

330000－1718－0001406　史231　史部/紀傳類/正史之屬

二十四史附考證　清末石印本　一冊　存一種

330000－1718－0001407　史232　類叢部/叢書類/彙編之屬

古香齋袖珍十種　清同治至光緒南海孔氏刻本　一冊　存一種

330000－1718－0001408　史233　史部/紀傳類/正史之屬

二十一史　明刻明清遞修本　二十一冊　存一種

330000－1718－0001409　史234　史部/紀傳類/正史之屬

十七史　(明)毛晉編　明崇禎元年至十七年(1628－1644)毛氏汲古閣刻本(卷八十一至八十八配明萬曆十九年至二十一年南京國子監刻清順治重修本)　二十二冊　存一種

330000－1718－0001410　史235　史部/紀傳類/正史之屬

唐書二百二十五卷　(宋)歐陽修　(宋)宋祁等撰　明崇禎毛氏汲古閣刻本　八冊　存四十二卷(十至四十三、五十八至六十二、七十五至七十七)

330000－1718－0001411　史236　史部/紀傳類/正史之屬

二十四史　清同治至光緒五省官書局據汲古閣本等合刻光緒五年(1879)湖北書局彙印本　六冊　存一種

330000－1718－0001412　史237　史部/紀傳類/正史之屬

十七史　(明)毛晉編　明崇禎元年至十七年(1628－1644)毛氏汲古閣刻本　二冊　存一種

330000－1718－0001413　集384　集部/總集類/選集之屬/斷代

皇朝經世文新編三十二卷　麥仲華輯　清光緒二十七年(1901)上海書局石印本　十四冊　缺五卷(四至五、十至十二)

330000－1718－0001414　集385　集部/總集類/選集之屬/通代

全上古三代秦漢三國六朝文七百四十一卷　(清)嚴可均輯　清光緒十三年至十九年(1887－1893)黃岡王氏廣州刻二十年(1894)印本(韻編全文姓氏卷一至五原缺)　一百冊

330000－1718－0001415　史238　史部/傳記類/總傳之屬/列女

列女傳八卷　(漢)劉向撰　(清)梁端校注　清道光十七年(1837)錢塘汪氏振綺堂刻同治十三年(1874)汪曾學補刻光緒元年(1875)印本　二冊

330000－1718－0001420　子647　類叢部/類書類/通類之屬

新鍥簪纓必用增補秘笈新書十三卷別集三卷　(宋)謝枋得輯　(明)吳道南增補　明萬曆三十六年(1608)刻本　七冊　缺五卷(三至四、別集一至三)

330000－1718－0001421　子648　子部/儒家類/儒學之屬/蒙學

正蒙必讀初二三編　(清)陳蔚文編　清光緒二十七年至二十八年(1901－1902)杞廬刻本　五冊　存二種

330000－1718－0001422　子649　子部/天文曆算類/曆法之屬

[道光十七年至光緒三十五年]欽定七政四餘萬年書不分卷　清末刻本　五冊

330000－1718－0001424　子651　子部/叢編

子書百家(崇文書局彙刻百子、彙刻百子、百子全書)　(清)崇文書局編　清光緒元年(1875)湖北崇文書局刻民國元年(1912)鄂官

書處重印本　六冊　存一種

330000－1718－0001425　子652　子部/儒家類/儒學之屬/禮教
增訂傳家格言二卷圖說一卷　（清）陳研樓輯　（清）馮芳緝編　清光緒三十年（1904）上海商務印書館鉛印本　一冊

330000－1718－0001430　史239　史部/金石類/石之屬/通考
語石十卷　葉昌熾撰　清宣統元年（1909）刻蘇州振新書社印本　四冊

330000－1718－0001432　經1　經部/小學類/文字之屬/說文
說文解字注十五卷附六書音韻表五卷　（清）段玉裁撰　**說文部目分韻一卷**　（清）陳煥編　清嘉慶二十年（1815）刻本　十六冊

330000－1718－0001436　經3　經部/小學類/文字之屬/說文/傳說
繫傳四十卷　（五代）徐鍇撰　（五代）朱翺反切　清光緒九年（1883）江蘇書局刻本　八冊

330000－1718－0001437　經4　經部/小學類/文字之屬/說文
王氏說文三種　（清）王筠撰　清道光至咸豐刻同治四年（1865）彙印本　二十七冊

330000－1718－0001440　史251　史部/史評類/史論之屬
讀史論畧二卷　（清）杜詔撰　清末刻本　一冊　存一卷（二）

330000－1718－0001441　經6　經部/小學類/文字之屬/說文
說文解字十五卷　（漢）許慎撰　**附說文通檢十四卷首一卷末一卷**　（清）黎永椿編　**說文校字記一卷**　（清）陳昌治撰　清光緒九年（1883）山西書局刻民國五年（1916）山西官書局印本　十二冊

330000－1718－0001444　史254　類叢部/叢書類/彙編之屬
通學齋叢書五十三種　（清）鄒淩沅編　清光緒二十五年（1899）通學齋鉛印本　一冊　存三種

330000－1718－0001445　史253　史部/地理類/總志之屬
天下郡國利病書詳節十八卷　（清）顧炎武撰　（清）蔣錫礽節錄　清光緒二十八年（1902）紹文石印書局石印本　四冊

330000－1718－0001449　經9　經部/小學類/文字之屬/說文
說文解字注十五卷附六書音韻表五卷　（清）段玉裁撰　**說文部目分韻一卷**　（清）陳煥編　清光緒七年（1881）查燕緒木漸齋刻本　二十四冊　缺一卷（十四）

330000－1718－0001450　經10　經部/小學類/文字之屬/說文
說文通訓定聲十八卷分部柬韻一卷說雅一卷古今韻準一卷　（清）朱駿聲撰　（清）朱鏡蓉參訂　**行述一卷**　朱孔彰撰　清光緒十三年（1887）上海積山書局石印本　八冊

330000－1718－0001452　經11　經部/小學類/文字之屬/說文
說文通訓定聲十八卷分部柬韻一卷說雅一卷古今韻準一卷　（清）朱駿聲撰　（清）朱鏡蓉參訂　**行述一卷**　朱孔彰撰　清道光二十九年（1849）刻咸豐元年（1851）朱孔彰臨嘯閣補刻本　二十八冊

330000－1718－0001454　集394　集部/別集類/元別集
梅道人遺墨不分卷　（元）吳鎮撰　清光緒二年（1876）刻本　一冊

330000－1718－0001455　經12　經部/小學類/文字之屬/字書/訓蒙
文字蒙求四卷　（清）王筠撰　清光緒十三年（1887）梁谿浦氏刻本　一冊

330000－1718－0001456　史255　史部/地理類/遊記之屬/紀行
凝香室鴻雪因緣圖記三集六卷　（清）麟慶（完顏麟慶）撰　清光緒二十二年（1896）上海點石齋石印本　五冊　存五卷（一集一至二、

二集一、三集一至二)

330000－1718－0001458　史252　史部/地理類/方志之屬/郡縣志
[康熙]臨海縣志十五卷　(清)洪若皋纂　清康熙二十二年(1683)刻同治至光緒印本　一冊　存三卷(三至五)

330000－1718－0001459　集395　集部/總集類/選集之屬/通代
高等小學國文讀本四卷　顧倬撰　清光緒三十三年(1907)上海文明編譯書局鉛印本　二冊　存二卷(一至二)

330000－1718－0001463　史256　史部/傳記類/總傳之屬/家乘
[浙江諸暨]暨陽次峯俞氏宗譜一百七十卷　(清)俞瑞祝等纂修　清光緒九年(1883)古邗堂木活字印本　一冊　存一卷(六十四)

330000－1718－0001464　經17　經部/小學類/文字之屬/字書/字典
六書系韻二十四卷首一卷檢字二卷　(清)李貞輯　清光緒十六年(1890)刻本　十三冊　存十四卷(首,一至三、六、九至十、十二、十四至十五、十八至十九、二十三至二十四)

330000－1718－0001466　經19　經部/小學類/文字之屬/字書/字體
隸辨八卷　(清)顧藹吉撰　清同治十二年(1873)聚賢齋刻本　詹之亮題簽並記　八冊

330000－1718－0001467　經19.1　類叢部/叢書類/彙編之屬
擇是居叢書初集十九種　張鈞衡編　清光緒至民國刻民國十五年(1926)吳興張氏彙印本　一冊

330000－1718－0001469　集399　集部/總集類/選集之屬/通代
高等小學國文讀本四卷　顧倬撰　清光緒三十三年(1907)上海文明編譯書局鉛印本　二冊　存二卷(一至二)

330000－1718－0001470　子656　子部/儒家類
教女圖說一卷　(清)慎齋居士輯　清光緒二十二年(1896)刻本　一冊

330000－1718－0001472　經21　經部/小學類/音韻之屬/韻書
初學檢韻袖珍十二卷附檢字一卷佩文詩韻一卷　(清)姚文登輯　清嘉慶七年(1802)遜齋刻本　四冊

330000－1718－0001474　經23　經部/小學類/音韻之屬/韻書
佩文詩韻五卷　清文錦堂刻本　二冊

330000－1718－0001475　經24　經部/小學類/音韻之屬/韻書
初學檢韻袖珍十二卷附檢字一卷佩文詩韻一卷　(清)姚文登輯　清刻本　三冊　缺四卷(四至七)

330000－1718－0001478　集398　新學/醫學/衛生學
生理學一卷天演論駁義附一卷　(清)李杕譯　清光緒三十三年(1907)上海土山灣印書館鉛印本　一冊

330000－1718－0001479　經29　經部/小學類/文字之屬/字書/字典
六一山房重校石印攷正字彙二卷　(清)陳淏子撰　清光緒二十六年(1900)石印本　一冊

330000－1718－0001481　經27　經部/小學類/音韻之屬/韻書
詩韻合璧五卷　(清)湯祥瑟輯　**三場程式一卷**　**虛字韻藪五卷**　(清)潘維城輯　清同治九年(1870)刻本　五冊

330000－1718－0001484　經30　經部/小學類/音韻之屬/韻書
詩韻合璧五卷　(清)湯祥瑟輯　清刻本　五冊

330000－1718－0001487　集400　類叢部/叢書類/彙編之屬
正覺樓叢刻(正覺樓叢書)二十九種　(清)崇文書局編　清光緒崇文書局刻本　四冊　存二種

330000－1718－0001488　子657　經部/詩類/傳說之屬
葩經集韻五卷　(清)程之濬輯　清光緒五年(1879)西湖松園刻本　二冊

330000－1718－0001490　經32　經部/叢編
皇清經解一千四百八卷　(清)阮元輯　清道光九年(1829)廣東學海堂刻咸豐十一年(1861)補刻本　十六冊　存二十卷(六百四十一至六百六十)

330000－1718－0001491　經33　經部/叢編
皇清經解一千四百卷　(清)阮元輯　清道光九年(1829)廣東學海堂刻本　十七冊　存四十三卷(二百一至二百二、二百十八至二百二十五、二百七十一至二百七十五、八百二、一千一百二十至一千一百四十六)

330000－1718－0001492　集401　集部/總集類/彙編之屬
陳太僕批選八家文鈔　(清)陳兆崙編　清光緒二十六年(1900)天津文美齋石印本　六冊

330000－1718－0001493　經34　類叢部/叢書類/彙編之屬
天壤閣叢書二十種　(清)王祖源　(清)王懿榮編　清同治至光緒福山王氏刻彙印本　二冊　存一種

330000－1718－0001494　經35　經部/叢編
皇清經解一百九十卷　(清)阮元輯　清光緒石印本　十八冊　存一百四十三卷(一至二、四至十一、十三至十五、十七至二十、二十二至二十五、二十九至三十、三十二、三十四、三十七、四十一至四十二、四十四至四十五、四十九至五十一、五十五至五十六、六十至六十五、六十七至八十九、九十一至一百十一、一百十三至一百十四、一百十六至一百二十、一百二十三至一百三十八、一百四十至一百五十九、一百六十一至一百六十三、一百六十五至一百七十二、一百七十六至一百七十七、一百八十、一百九十)

330000－1718－0001496　史260　史部/政書類/公牘檔冊之屬
奏定府廳州縣地方自治並選舉章程不分卷　清宣統元年(1909)中國圖書公司鉛印本　一冊

330000－1718－0001498　經39　類叢部/叢書類/彙編之屬
經策通纂二種　(清)吳頴炎　陳通聲等纂　清光緒二十年(1894)上海點石齋石印本　三十二冊　存一種

330000－1718－0001502　經40　經部/叢編
重刊宋本十三經注疏四百十六卷　附十三經注疏校勘記四百十六卷　(清)阮元撰　(清)盧宣旬摘錄　**校勘記識語四卷**　(清)汪文臺撰　清光緒十三年(1887)上海脈望仙館石印本　三十冊　缺一百八卷(附釋音毛詩注疏一至六、十五至七十,校勘記二十五至七十)

330000－1718－0001503　經41　經部/小學類/文字之屬/字書
和文漢譯讀本八卷　(日本)坪内雄藏編輯　(日本)長尾槙太郎譯校　清光緒三十二年(1906)上海商務印書館石印本　六冊　存六卷(一至五、八)

330000－1718－0001509　經43　經部/叢編
御纂七經二百九十四卷　(清)李光地等撰　清同治六年至九年(1867－1870)浙江書局刻本　一百二十二冊　存四種

330000－1718－0001511　經44　經部/叢編
御纂七經二百九十四卷　(清)李光地等撰　清同治六年至九年(1867－1870)浙江書局刻本　二十八冊　存二種

330000－1718－0001514　經45　類叢部/叢書類/彙編之屬
後知不足齋叢書四十七種　(清)鮑廷爵編　清同治至光緒常熟鮑氏刻本　二冊　存一種

330000－1718－0001515　史263　史部/金石類/金之屬/文字
歷代鐘鼎彝器款識法帖二十卷　(宋)薛尚功撰　清嘉慶二年(1797)儀徵阮元小琅環仙館刻本　古衲題簽　四冊

330000－1718－0001516　經46　經部/小學類/文字之屬/字書/字典

康熙字典十二集三十六卷總目一卷檢字一卷辨似一卷等韻一卷補遺一卷備考一卷　（清）張玉書等纂修　清康熙刻本　二十三冊　缺十七卷（寅集上中下、卯集上中下、辰集上下、巳集上中下、申集上中下、酉集上中下）

330000－1718－0001517　經47　類叢部/類書類/專類之屬

新增說文韻府羣玉二十卷　（元）陰時夫輯　（元）陰中夫注　清刻本　二十冊

330000－1718－0001518　經50　經部/小學類/文字之屬/字書/字典

康熙字典十二集三十六卷總目一卷檢字一卷辨似一卷等韻一卷補遺一卷備考一卷　（清）張玉書等纂修　清康熙刻本　十二冊　存十二卷（寅集上中下、卯集上中下、午集上中下、未集上中下）

330000－1718－0001521　經53　類叢部/類書類/通類之屬

典匯十二卷　（清）藜青閣主人輯　清光緒十七年（1891）上海鴻寶齋石印本　六冊

330000－1718－0001522　經49　經部/群經總義類/文字音義之屬

經籍籑詁一百六卷首一卷　（清）阮元撰　清光緒二十年（1894）上海鴻寶齋石印本　十二冊

330000－1718－0001523　經51　集部/總集類/課藝之屬

小題文府不分卷　清光緒十二年（1886）上海同文書局石印本　十六冊

330000－1718－0001524　經54　經部/小學類/文字之屬/字書/字典

康熙字典十二集三十六卷總目一卷檢字一卷辨似一卷等韻一卷補遺一卷備考一卷　（清）張玉書等纂修　清光緒十一年（1885）上海同文書局石印本　六冊

330000－1718－0001525　經55　經部/群經總義類/文字音義之屬

經籍籑詁一百六卷首一卷　（清）阮元撰　**新輯經籍籑詁檢韻一卷**　清光緒上海漱六山莊石印本　六冊　存五十卷（一至十四、四十一至五十三、六十七至八十九）

330000－1718－0001526　經56　經部/小學類/文字之屬/字書/字典

康熙字典十二集三十六卷總目一卷檢字一卷辨似一卷等韻一卷補遺一卷備考一卷　（清）張玉書等纂修　清石印本　六冊　缺五卷（亥集上中下、補遺、備考）

330000－1718－0001527　經57　經部/四書類/總義之屬

校正四書古註群義十種　清光緒三十年（1904）上海書局石印本　十八冊

330000－1718－0001528　經59　經部/叢編

四書五經類典集成三十四卷　（清）戴兆春輯　清光緒二十二年（1896）慎記書莊石印本　八冊　存十二卷（一至二、十三至十四、十八、二十二至二十三、二十五至二十七、三十二至三十三）

330000－1718－0001529　經58　經部/小學類/訓詁之屬/群雅

駢雅訓纂十六卷首一卷　（明）朱謀㙔撰　（清）魏茂林訓纂　清光緒二十年（1894）上海積山書局石印本　八冊

330000－1718－0001530　經60　經部/小學類/文字之屬/字書/字典

康熙字典十二集三十六卷總目一卷檢字一卷辨似一卷等韻一卷補遺一卷備考一卷　（清）張玉書等纂修　清光緒二十年（1894）上海文寶局石印本　六冊

330000－1718－0001531　經62　經部/小學類/文字之屬/字書/字典

康熙字典十二集三十六卷總目一卷檢字一卷辨似一卷等韻一卷補遺一卷備考一卷　（清）張玉書等纂修　清宣統元年（1909）上海久敬齋石印本　二冊　缺十六卷（子集上中下、丑集上中下、未集上中下、申集上中下，總目，檢

字,辨似,等韻)

330000－1718－0001532　經 61　經部/四書類/總義之屬/傳說

四書集注十九卷　(宋)朱熹撰　清乾隆十五年(1750)黄氏槐蔭草堂刻本　二册　存十卷(論語一至十)

330000－1718－0001535　經 66　經部/小學類/文字之屬/字書/字典

字彙十二集首一卷末一卷韻法直圖一卷　(明)梅膺祚撰　**韻法横圖一卷**　(明)李世澤撰　清刻本　二册　存二集(九、十一)

330000－1718－0001536　經 67　經部/小學類/文字之屬/字書/字典

康熙字典十二集三十六卷總目一卷檢字一卷辨似一卷等韻一卷補遺一卷備考一卷　(清)張玉書等纂修　清末上海商務印書館石印本　四册　缺十五卷(寅集上中下、卯集上中下、辰集上中下、未集上中下、申集上中下)

330000－1718－0001537　經 63　經部/小學類/文字之屬/説文

説文續字彙二種二十三卷　(清)静觀齋主人輯　清光緒十二年(1886)上海積山書局石印本　二册

330000－1718－0001538　經 77　經部/春秋左傳類/傳說之屬

寄傲山房塾課纂輯春秋十二卷　(清)鄒聖脉纂輯　(清)鄒可庭編次　清光緒九年(1883)四明珍經閣鉛印本　三册

330000－1718－0001539　經 68　經部/小學類/文字之屬/字書/字典

康熙字典十二集三十六卷總目一卷檢字一卷辨似一卷等韻一卷補遺一卷備考一卷　(清)張玉書等纂修　清末上海商務印書館石印本　四册　缺十四卷(寅集上中下、卯集上中下、辰集上中下、亥集上中下,補遺,備考)

330000－1718－0001542　經 71　經部/小學類/文字之屬/字書/字典

康熙字典十二集三十六卷總目一卷檢字一卷辨似一卷等韻一卷補遺一卷備考一卷　(清)張玉書等纂修　清光緒二十四年(1898)上海文盛堂書莊石印本　一册　存十卷(子集上中下、丑集上中下,總目,檢字,辨似,等韻)

330000－1718－0001543　經 72　經部/小學類/文字之屬/字書/字典

康熙字典十二集三十六卷總目一卷檢字一卷辨似一卷等韻一卷補遺一卷備考一卷　(清)張玉書等纂修　清道光七年(1827)刻本　二册　存二卷(酉集中、戌集上)

330000－1718－0001544　經 73　經部/春秋左傳類/傳說之屬

左繡三十卷首一卷　(清)馮李驊　(清)陸浩評輯　清光緒六年(1880)掃葉山房刻本　十六册

330000－1718－0001546　經 75　經部/小學類/文字之屬/字書/字典

康熙字典十二集三十六卷總目一卷檢字一卷辨似一卷等韻一卷補遺一卷備考一卷　(清)張玉書等纂修　清康熙刻本(辰集上配清抄本)　十七册　存十七卷(卯集上下、辰集上中下、巳集上中下、申集上中下、酉集下、戌集上中下、亥集下,補遺)

330000－1718－0001547　經 76　經部/小學類/文字之屬/字書/字典

康熙字典十二集三十六卷總目一卷檢字一卷辨似一卷等韻一卷補遺一卷備考一卷　(清)張玉書等纂修　清康熙刻本　七册　存七卷(寅集下、巳集中、午集下、未集上、申集中、戌集上、亥集下)

330000－1718－0001549　經 79　經部/春秋左傳類/傳說之屬

讀左補義五十卷首一卷　(清)姜炳璋輯　清光緒三十年(1904)浙寧汲綆齋刻本　十六册

330000－1718－0001550　經 304　經部/叢編

十三經注疏附考證　(清)□□輯　清同治十年(1871)廣東書局刻本　一册　存一種

330000－1718－0001551　經 81　經部/春秋

左傳類/傳說之屬

春秋左傳五十卷 (晉)杜預 (宋)林堯叟注釋 (唐)陸德明音義 (明)鍾惺 (明)孫鑛 (明)韓范評點 清學源堂刻本 十一冊 缺四卷(九至十二)

330000－1718－0001552 經 82 經部/小學類/文字之屬/字書/字典

字彙四集 (清)陳淏子撰 清道光十年(1830)維揚汪氏德成堂刻本 二冊 存二集(一、三)

330000－1718－0001553 經 83 經部/叢編

御纂七經二百九十四卷 (清)李光地等撰 清刻本 二十四冊 存一種

330000－1718－0001554 經 85 經部/春秋左傳類/傳說之屬

春秋左傳杜林合注五十卷 (晉)杜預 (宋)林堯叟注釋 (唐)陸德明音義 (明)鍾惺 (明)孫鑛 (明)韓范評點 清同治十二年(1873)浙紹奎照樓刻本 十二冊

330000－1718－0001555 經 84 經部/叢編

御纂七經二百九十四卷 (清)李光地等撰 清同治六年至九年(1867－1870)浙江書局刻本 二十冊 存一種

330000－1718－0001556 經 86 經部/春秋左傳類/傳說之屬

讀左補義五十卷首一卷 (清)姜炳璋輯 清乾隆三十八年(1773)毛昇刻本 六冊 存十七卷(首,十二至十四、二十五至三十七)

330000－1718－0001558 經 88 經部/春秋左傳類/傳說之屬

春秋左傳杜林合注五十卷 (晉)杜預 (宋)林堯叟注釋 (唐)陸德明音義 (明)鍾惺 (明)孫鑛 (明)韓范評點 **春秋列國圖說一卷** (宋)蘇軾撰 清刻本 十二冊

330000－1718－0001559 經 89 經部/春秋左傳類/傳說之屬

左傳選十四卷 (清)儲欣評選 清刻本 一冊 存二卷(十一至十二)

330000－1718－0001560 經 90 經部/春秋左傳類/傳說之屬

評點春秋綱目左傳句解彙雋六卷 (清)韓菼重訂 清宣統元年(1909)上海廣益書局等石印本 一冊 存一卷(一)

330000－1718－0001562 經 92 經部/春秋左傳類/傳說之屬

評點春秋綱目左傳句解彙雋六卷 (清)韓菼重訂 清刻本 二冊 存五卷(一至二、四至六)

330000－1718－0001563 經 93 經部/春秋左傳類/傳說之屬

太史張天如詳節春秋綱目句解左傳彙雋六卷 (明)張溥重訂 (清)韓菼重編 清如酉所刻本 二冊 存二卷(三至四)

330000－1718－0001565 經 95 經部/叢編

重刊宋本十三經注疏四百十六卷 附十三經注疏校勘記四百十六卷 (清)阮元撰 (清)盧宣旬摘錄 **校勘記識語四卷** (清)汪文臺撰 清光緒十三年(1887)上海脈望仙館石印本 二冊 存一種

330000－1718－0001566 經 96 經部/春秋左傳類/傳說之屬

曲江書屋新訂批註左傳快讀十八卷首一卷 (清)李紹崧輯 清刻本 二冊 存二卷(十、十三)

330000－1718－0001568 經 97 經部/春秋左傳類/傳說之屬

評點春秋綱目左傳句解彙雋六卷 (清)韓菼重訂 清令德堂刻本 四冊 存五卷(一、三至六)

330000－1718－0001570 經 100 經部/四書類/總義之屬/傳說

四書朱子本義匯參四十三卷首四卷 (清)王步青輯 清光緒十七年(1891)上海廣百宋齋鉛印本 十一冊

330000－1718－0001571 經 101 經部/四書類/總義之屬/傳說

四書體註合講十九卷　(清)翁復編　清光緒四年(1878)刻本　四冊　缺八卷(論語六至十、孟子一至三)

330000－1718－0001574　經105　經部/四書類/論語之屬/傳說
增訂二論詳解四卷　(清)劉忠輯　清湖州王文光齋刻本　四冊

330000－1718－0001576　經305　經部/小學類/文字之屬/字書/字典
康熙字典十二集三十六卷總目一卷檢字一卷辨似一卷等韻一卷補遺一卷備考一卷　(清)張玉書等纂修　清刻本　一冊　存一卷(申集中)

330000－1718－0001581　經111　經部/四書類/總義之屬/傳說
四書大全說約合參正解十七卷　(清)吳荃撰　清康熙十八年(1679)深柳堂刻本　十冊　存九卷(大學一至二;中庸一至三;上論一、三,下論一至二)

330000－1718－0001582　經112　類叢部/叢書類/自著之屬
鄭子尹遺書五種　(清)鄭珍撰　清咸豐至同治刻本　二冊　存一種

330000－1718－0001583　經113　經部/孝經類/傳說之屬
孝經養正一卷　(清)呂鳴謙撰　清光緒呂氏刻本　一冊

330000－1718－0001584　經114　經部/四書類/論語之屬
鄉黨便蒙二卷　(清)劉傳一撰　清道光五年(1825)刻本　四冊

330000－1718－0001585　經115　經部/四書類/總義之屬/傳說
絳山髯夫四書答問六十卷　(清)衛蒿論次　清康熙五十四年(1715)金陵顧麟趾刻本　四冊　存九卷(六至十四)

330000－1718－0001587　經118　經部/四書類/總義之屬/傳說
四書集注十九卷　(宋)朱熹撰　清刻本　二冊　存五卷(孟子一至三、六至七)

330000－1718－0001588　經117　經部/小學類/文字之屬/字書/訓蒙
澄衷蒙學堂字課圖說四卷檢字一卷類字一卷　(清)劉樹屏撰　(清)吳子城繪圖　清末石印本　四冊　存三卷(二至四)

330000－1718－0001589　經119　經部/小學類/文字之屬/字書/字典
正字通十二集三十六卷　(明)張自烈撰　(清)廖文英輯　**字彙舊本首一卷**　(明)梅膺祚音釋　清刻本　二冊　存三卷(辰集上、中,巳集上)

330000－1718－0001590　經122　類叢部/類書類/通類之屬
子史輯要詩賦題解四卷續編四卷　(清)胡本淵編　清刻本　一冊　存二卷(續編三至四)

330000－1718－0001592　經91、經107、經121、經188、經215　經部/叢編
十三經讀本　(清)丁寶楨等校並撰　清光緒山西濬文書局刻本　三十五冊　存十六種

330000－1718－0001593　經120　經部/三禮總義類/通禮雜禮之屬
四禮初稿四卷　(明)宋纁撰　**四禮約言四卷**　(明)呂維祺撰　清刻本　一冊

330000－1718－0001594　經124　經部/四書類/總義之屬/傳說
三魚堂四書大全三十九卷附論語考異一卷孟子考異一卷　(清)陸隴其輯　清康熙三十七年(1698)席永恂、王前席刻本　十冊　存十卷(大學大全,中庸大全二,論語大全一、十一至十二,孟子大全一至五)

330000－1718－0001595　經125　經部/小學類/訓詁之屬/方言
越言釋二卷　(清)茹敦和撰　清光緒四年(1878)仁和葛元煦嘯園刻本　一冊

330000－1718－0001598　經128、經257　類叢部/叢書類/彙編之屬

西京清麓叢書正編三十二種續編二十七種外編二十四種　（清）賀瑞麟編　清同治至民國刻本　四册　存一種

330000－1718－0001599　子 665　子部/儒家類/儒學之屬/蒙學
發蒙針度初集四卷補集一卷　（清）王惟梅編　清刻本　一册　缺一卷（論語）

330000－1718－0001600　經 129　經部/書類/傳説之屬
書經集傳六卷　（宋）蔡沈撰　清光緒六年（1880）湖州醉六堂刻本　四册

330000－1718－0001601　經 130　經部/群經總義類/傳説之屬
四書五經義策論續編不分卷　（清）崇實齋輯　清光緒二十八年（1902）崇實齋鉛印本　何子文題簽　三册

330000－1718－0001602　經 131　經部/群經總義類/傳説之屬
四書五經義策論續編不分卷　（清）崇實齋輯　清光緒二十八年（1902）崇實齋鉛印本　三册

330000－1718－0001604　經 134　經部/書類/傳説之屬
書經集傳六卷　（宋）蔡沈撰　清亦西齋刻本　三册　存四卷（一至四）

330000－1718－0001606　經 135　經部/春秋左傳類/傳説之屬
左繡三十卷首一卷　（清）馮李驊　（清）陸浩評輯　清光緒六年（1880）掃葉山房刻本　三册　存六卷（八至十三）

330000－1718－0001607　經 136　類叢部/叢書類/自著之屬
鄭子尹遺書五種　（清）鄭珍撰　清咸豐至同治刻本　一册　存一種

330000－1718－0001610　經 139　經部/春秋左傳類/傳説之屬
春秋左傳杜林合注五十卷　（晉）杜預　（宋）林堯叟注釋　（唐）陸德明音義　（明）鍾惺（明）孫鑛　（明）韓范評點　清晉祁書業堂刻本　五册　存十六卷（一至六、十一至二十）

330000－1718－0001611　經 140　經部/四書類/總義之屬/傳説
朱子四書或問小注三十六卷　（清）徐方廣增注　清康熙四十七年（1708）陳彝則觀乎堂刻本　九册　缺四卷（論語十一至十四）

330000－1718－0001612　經 141　經部/春秋左傳類/傳説之屬
春秋左傳杜林合注五十卷　（晉）杜預　（宋）林堯叟注釋　（唐）陸德明音義　（明）鍾惺（明）孫鑛　（明）韓范評點　清刻本　三册　存十一卷（七至十、二十至二十六）

330000－1718－0001613　經 142　經部/春秋左傳類/傳説之屬
春秋左傳杜林合注五十卷　（晉）杜預　（宋）林堯叟注釋　（唐）陸德明音義　（明）鍾惺（明）孫鑛　（明）韓范評點　清刻本　二册　存十二卷（三十九至五十）

330000－1718－0001614　經 143　經部/四書類/總義之屬/傳説
芸生堂四書體註合講十九卷　（清）翁復編　清道光十六年（1836）芸生堂刻本　一册　存五卷（論語六至十）

330000－1718－0001615　經 145　子部/儒家類/儒學之屬
中庸直指不分卷　（明）釋德清撰　清光緒十年（1884）金陵刻經處刻本　一册

330000－1718－0001616　經 144　經部/春秋公羊傳類/傳説之屬
春秋公羊傳十一卷　（漢）何休注　（唐）陸德明音義　清光緒三年（1877）永康胡氏退補齋刻本　四册

330000－1718－0001617　經 146　經部/四書類/總義之屬/傳説
四書大全摘要二十卷　（清）李武輯　清雍正九年（1731）焕文堂刻本　七册　存十六卷（大學一，中庸一至二，論語一至三、六至十，

孟子一至二、四至六）

330000－1718－0001618　經 147　經部/四書類/總義之屬/傳説

酌雅齋四書遵註合講十九卷附圖考一卷　（清）翁復編　清刻本　二册　存五卷（孟子一至五）

330000－1718－0001619　經 148　類叢部/叢書類/彙編之屬

望三益齋叢書十種　（清）吴棠編　清咸豐至光緒吴氏望三益齋刻本　六册　存一種

330000－1718－0001620　經 149　經部/四書類/總義之屬/傳説

四書大全摘要二十卷　（清）李武輯　清刻本　二册　存二卷（孟子一、三）

330000－1718－0001622　經 151　經部/春秋穀梁傳類/傳説之屬

春秋穀梁傳十二卷　（晉）范甯集解　（唐）陸德明音義　清光緒三年（1877）永康胡氏退補齋刻本　四册

330000－1718－0001623　經 152　經部/四書類/總義之屬/傳説

四書集注十九卷　（宋）朱熹撰　清刻本　三册　存七卷（孟子一至七）

330000－1718－0001624　經 153　經部/四書類/總義之屬/傳説

漱芳軒合纂四書體註四卷　（清）范翔叅訂　清道光十二年（1832）金閶桐石山房刻本　五册

330000－1718－0001625　經 154　經部/四書類/總義之屬/傳説

璜川吴氏四書學四種　（宋）朱熹撰　清光緒七年（1881）淮南書局刻本　二册　存二種

330000－1718－0001626　經 156　經部/四書類/總義之屬/傳説

漱芳軒合纂四書體註四卷　（清）范翔叅訂　清味芸廬刻本　五册　存二卷（三至四）

330000－1718－0001627　經 155　經部/叢編

五經味根錄　闕蔚煌輯　清光緒二十六年（1900）上海中西書局石印本　十二册　缺十三卷（周易二至四；首，詩經一至二、四至八；禮記三至四）

330000－1718－0001628　經 157　經部/四書類/總義之屬/傳説

朱子四書或問小注三十六卷　（清）徐方廣增注　清康熙刻本　八册　存二十五卷（論語一至十九，孟子一至三、九至十一）

330000－1718－0001630　經 159　經部/四書類/總義之屬/傳説

四書味根錄三十七卷　（清）金澂撰　清光緒十四年（1888）上海積山書局石印本　四册　存二十三卷（大學、中庸一至二、論語十一至二十、孟子一至十）

330000－1718－0001632　經 161　經部/易類/圖説之屬

易象圖説一卷　清刻本　余重耀批　一册

330000－1718－0001633　經 162　經部/四書類/總義之屬/傳説

酌雅齋四書遵註合講十九卷附圖考一卷　（清）翁復編　清光緒二十六年（1900）浙蘭慎言堂刻本　五册　缺五卷（論語一至五）

330000－1718－0001635　經 164　經部/書類/傳説之屬

書經精華六卷　（清）薛嘉穎撰　清同治十年（1871）光韙堂刻本　三册

330000－1718－0001636　經 165　經部/詩類/三家詩之屬

詩古微上編三卷中編十卷下編二卷首一卷　（清）魏源撰　清光緒十一年（1885）飛清閣楊守敬黄岡學署刻十三年（1887）梁溪浦氏印本　十二册

330000－1718－0001637　經 166　子部/儒家類/儒學之屬

二程全書□□種　（宋）程顥　（宋）程頤撰　清刻本　四册　存一種

330000－1718－0001638　經 167　類叢部/叢

書類/自著之屬
王船山先生經史論八種七十四卷 （清）王夫之撰　清光緒二十七年（1901）簡青書局石印本　一冊　存一種

330000－1718－0001639　經 168　經部/四書類/總義之屬/傳說
呂晚邨先生四書講義四十三卷 （清）呂留良撰　（清）陳鏦編次　清康熙呂氏天蓋樓刻本　二冊　存七卷（一至七）

330000－1718－0001640　史 264　史部/傳記類/別傳之屬/年譜
重刻朱子［熹］年譜五卷 （清）程逢儀編校　清康熙四十七年（1708）吳郡寶翰樓刻本　六冊

330000－1718－0001641　經 170　經部/四書類/總義之屬/傳說
銅板四書遵註合講十九卷圖考一卷 （清）翁復編　清刻本　二冊　存八卷（大學、中庸、論語六至十，圖考）

330000－1718－0001642　經 171　類叢部/叢書類/彙編之屬
望三益齋叢書十種 （清）吳棠編　清咸豐至光緒吳氏望三益齋刻本　四冊　存一種

330000－1718－0001643　經 172　經部/春秋左傳類/傳說之屬
評點春秋綱目左傳句解彙雋六卷 （清）韓菼重訂　清末石印本　一冊　存三卷（四至六）

330000－1718－0001644　經 173　經部/四書類/總義之屬/傳說
四書集註大全四十三卷 （明）胡廣等輯　**四書備考三十七卷** （明）陳仁錫等輯　清初刻本　十五冊　缺四卷（孟子十三至十四、四書備考三十六至三十七）

330000－1718－0001646　經 175　類叢部/叢書類/郡邑之屬
金華叢書（退補齋金華叢書）七十種 （清）胡鳳丹編　清同治七年至光緒八年（1868－1882）永康胡氏退補齋刻本　四冊　存一種

330000－1718－0001647　經 176　經部/四書類/總義之屬/傳說
繪圖四書速成新體讀本 （清）王有宗　（清）施崇恩校訂　清光緒三十一年（1905）上海彪蒙書室石印本　三冊　存二種

330000－1718－0001648　經 174　經部/叢編
十三經古注 （明）葛鼒　（明）金蟠校　明崇禎十二年（1639）金蟠刻清同治八年（1869）浙江書局重修印本　二冊　存一種

330000－1718－0001649　經 178　經部/易類/傳說之屬
易經精華六卷首一卷末一卷 （清）薛嘉穎輯　清道光元年（1821）光韙堂刻本（卷首原缺）　三冊

330000－1718－0001650　經 179　經部/易類/傳說之屬
周易傳義音訓八卷首一卷 （宋）呂祖謙撰　**易學啓蒙一卷** （宋）朱熹撰　清咸豐六年（1856）浦城與古齋祝鳳喈金陵刻本　八冊

330000－1718－0001651　經 180　經部/叢編
御纂七經二百九十四卷 （清）李光地等撰　清刻本　二十二冊　存一種

330000－1718－0001654　經 183　經部/易類/傳說之屬
周易會歸不分卷 （清）鄧霽彙纂　（清）鄧嗣禹輯注　（清）鄧雲參補　清乾隆刻本　十三冊

330000－1718－0001655　經 182　經部/小學類/文字之屬/說文
說文部首歌括不分卷 徐道政編　清光緒三十四年（1908）上海會文學社石印本　一冊

330000－1718－0001656　經 184　經部/四書類/總義之屬/傳說
銅板四書體註合講十九卷圖考一卷 （清）翁復編　清咸豐十年（1860）刻本　五冊　缺三卷（孟子一至三）

330000－1718－0001657　經 185　經部/詩類/傳說之屬

詩經精華十卷　(清)薛嘉穎輯　清道光五年(1825)光韙堂刻本　五冊

330000－1718－0001658　經186　經部/小學類/訓詁之屬/方言
輶軒使者絕代語釋別國方言箋疏十三卷　(漢)揚雄撰　(清)錢繹箋疏　清光緒十六年(1890)王文韶紅蝠山房刻本　六冊

330000－1718－0001663　經191　經部/叢編
五經旁訓　(清)徐立綱旁訓　清匠門書屋刻羣玉山房印本　六冊　存一種

330000－1718－0001665　經193　經部/易類/傳說之屬
周易本義四卷附圖說一卷新增圖說一卷卦歌一卷筮儀一卷　(宋)朱熹撰　清光緒三年(1877)永康胡氏退補齋刻本　二冊

330000－1718－0001666　經194　經部/詩類/傳說之屬
詩經集傳八卷　(宋)朱熹撰　清浙紹奎照樓刻本　四冊

330000－1718－0001668　經80、經196　經部/叢編
九經五十一卷附四卷　(明)秦鏷訂正　清刻本　三冊　存十九卷(周禮一至六、禮記一至六、春秋一至七)

330000－1718－0001669　子667、子733　子部/儒家類/儒學之屬/性理
御纂性理精義十二卷　(清)李光地等纂修　清康熙五十六年(1717)刻本　八冊

330000－1718－0001670　經199　經部/周禮類/傳說之屬
宋葉文康公禮經會元節本四卷　(宋)葉時撰　(清)陸隴其點定　(清)許元淮刪節並評　清嘉慶五年(1800)瘦竹山房刻本　四冊

330000－1718－0001671　經197　經部/四書類/總義之屬/傳說
四書諸儒輯要四十卷　(清)李沛霖參訂　清三樂齋刻本　八冊　存十三卷(論語五至九,孟子三至五、七、九、十一至十三)

330000－1718－0001673　經198　經部/詩類/傳說之屬
詩經集傳八卷　(宋)朱熹撰　清浙紹奎照樓刻本　三冊　缺一卷(五)

330000－1718－0001677　經203　經部/叢編
御纂七經二百九十四卷　(清)李光地等撰　清刻本　十八冊　存一種

330000－1718－0001678　經202　經部/詩類/傳說之屬
詩經集傳八卷　(宋)朱熹撰　清刻本(卷六至八配版心下題"連雲閣藏書"清刻本)　四冊

330000－1718－0001679　經204　經部/小學類/音韻之屬/韻書
佩文廣韻匯編五卷　(清)李元祺輯　清同治十一年(1872)金陵書局刻本　二冊

330000－1718－0001681　經206　經部/周禮類/傳說之屬
舒恬軒周禮讀本六卷　(清)龐佑清訂　清道光二十八年(1848)刻同治八年(1869)修補刻本　二冊

330000－1718－0001682　經207　子部/儒家類/儒學之屬/蒙學
龍文鞭影二卷二集二卷　(明)蕭良有撰　(清)李暉吉　(清)徐潛輯　清光緒三年(1877)掃葉山房刻本　四冊

330000－1718－0001683　經208　子部/儒家類/儒學之屬/蒙學
龍文鞭影二卷二集二卷　(明)蕭良有撰　(清)李暉吉　(清)徐潛輯　清刻本　二冊　存二卷(二集一至二)

330000－1718－0001684　經209　子部/儒家類/儒學之屬/蒙學
龍文鞭影二卷　(明)蕭良有撰　(清)楊臣諍增訂　(清)來集之音注　清刻本　二冊

330000－1718－0001685　經210　子部/儒家類/儒學之屬/蒙學
龍文鞭影二卷　(明)蕭良有撰　(清)楊臣諍

增訂　（清）來集之音注　清同治十二年(1873)崇儒堂刻本　三冊

330000－1718－0001686　經211　經部/禮記類/傳說之屬
禮記節本十卷　（清）汪基撰　清宣統元年(1909)上海會文學社石印本　五冊　缺一卷(十)

330000－1718－0001687　經212　經部/禮記類/傳說之屬
禮記節本十卷　（清）汪基撰　清末石印本　一冊　存二卷(八至九)

330000－1718－0001688　經213　經部/禮記類/傳說之屬
禮記節本十卷　（清）汪基撰　清宣統元年(1909)上海會文學社石印本　一冊　存五卷(一至五)

330000－1718－0001689　經214　經部/禮記類/傳說之屬
繪圖禮記節本十卷　（清）汪基撰　清末上海彪蒙書室石印本　五冊　缺一卷(一)

330000－1718－0001690　子668　類叢部/叢書類/彙編之屬
津河廣仁堂所刻書八十四種　（清）□□編　清光緒津河廣仁堂刻本　二冊　存一種

330000－1718－0001693　經216　類叢部/叢書類/彙編之屬
望三益齋叢書十種　（清）吳棠編　清咸豐至光緒吳氏望三益齋刻本　五冊　存一種

330000－1718－0001694　集403　集部/別集類/清別集
曹江集十卷　（清）曹恒吉撰　清康熙刻本　四冊

330000－1718－0001696　經219　經部/三禮總義類/通禮雜禮之屬
司馬氏書儀十卷　（宋）司馬光撰　清同治七年(1868)江蘇書局刻本　一冊

330000－1718－0001697　經218　經部/禮記類/傳說之屬
禮記集說十卷　（元）陳澔撰　清文苑堂刻本　五冊

330000－1718－0001698　子670　子部/藝術類/篆刻之屬/印論
篆法探源不分卷　（明）朱之蕃撰　（清）李登重訂　仰嘉祥音注　**習篆要訣不分卷摹印要訣不分卷**　仰嘉祥輯　清宣統三年(1911)中國圖書公司石印本　詹之亮批跋　一冊

330000－1718－0001699　子671　子部/宗教類/佛教之屬/總録
翻譯名義集二十卷　（宋）釋法雲編　清光緒四年(1878)金陵刻經處刻本　六冊

330000－1718－0001700　經220　經部/四書類/總義之屬/傳說
四書典林三十卷四書古人典林十二卷　（清）江永輯　清同治十二年(1873)古董一經室刻本　八冊

330000－1718－0001701　經221　類叢部/叢書類/自著之屬
鄭子尹遺書五種　（清）鄭珍撰　清咸豐至同治刻本　三冊　存一種

330000－1718－0001702　經222　經部/禮記類/傳說之屬
禮記節本十卷　（清）汪基撰　清宣統元年(1909)上海會文學社石印本　一冊　存一卷(一)

330000－1718－0001705　經225　類叢部/叢書類/彙編之屬
榆園叢刻十五種附一種　（清）許增編　清同治至光緒刻本　一冊　存一種

330000－1718－0001706　經226　類叢部/類書類/專類之屬
初學行文語類四卷　（清）孫埏編　清刻本　二冊

330000－1718－0001707　經227　經部/小學類/文字之屬/說文
說文聲母歌括四卷　（清）宣澍甘編輯　湯壽

濬鑑定　清宣統元年(1909)石印本　二冊

330000－1718－0001708　經228　經部/四書類/總義之屬/傳說

朱子四書或問小注三十六卷　(清)徐方廣增注　清刻本　五冊　存二十三卷(論語一至十二、十七至二十,孟子八至十四)

330000－1718－0001710　經229　經部/四書類/總義之屬/傳說

四書古人典林十二卷　(清)江永輯　清刻本　四冊　存十卷(三至十二)

330000－1718－0001711　經230　經部/小學類/文字之屬/字書/字典

影舊鈔卷子原本玉篇零卷殘四卷(卷九、十八至十九、二十七)　(南朝梁)顧野王撰　清光緒刻本　一冊　存二卷(九、十八)

330000－1718－0001715　經234　集部/總集類/課藝之屬

四書義初集不分卷　清光緒二十七年(1901)常郡文興堂刻本　一冊

330000－1718－0001717　史268　經部/三禮總義類/通禮雜禮之屬

朱子家禮八卷　(宋)朱熹撰　(明)丘濬輯　(明)楊廷筠補　**四禮初稿一卷**　(明)宋纁輯　**四禮約言一卷**　(明)呂維祺撰　清刻本　四冊　存六卷(二至三、五、七,四禮初稿,四禮約言)

330000－1718－0001719　經237　經部/書類/傳說之屬

書經集傳六卷　(宋)蔡沈撰　清刻本　二冊　存三卷(三、五至六)

330000－1718－0001720　經238　經部/詩類/傳說之屬

詩經集傳四卷　(宋)朱熹撰　清刻本　一冊　存二卷(三至四)

330000－1718－0001721　經239　經部/小學類/文字之屬/字書

字學舉隅不分卷　(清)黄本驥　(清)龍啓瑞撰　清光緒八年(1882)刻本　一冊

330000－1718－0001722　經240　經部/小學類/音韻之屬

切音捷訣一卷附幼學切音便讀一卷　(清)酈珩輯　清光緒六年(1880)諸暨摭古堂刻本　一冊

330000－1718－0001723　經241　經部/詩類/傳說之屬

詩經集傳八卷　(宋)朱熹撰　清永言堂刻本　三冊　存六卷(一至三、六至八)

330000－1718－0001724　經242　經部/易類/傳說之屬

周易精義四卷首一卷續編一卷　(清)黄淦撰　清刻本　一冊　存三卷(二至四)

330000－1718－0001725　經243　經部/易類/傳說之屬

易經精華六卷首一卷末一卷　(清)薛嘉穎輯　清刻本(卷首原缺)　二冊　存二卷(三至四)

330000－1718－0001726　子673　類叢部/類書類/通類之屬

讀書紀數略五十四卷　(清)宫夢仁輯　清光緒六年(1880)山陰宋澤元懺花盦刻本　八冊　存三十五卷(五至三十九)

330000－1718－0001727　經244　類叢部/叢書類/自著之屬

呂新吾全集二十二種　(明)呂坤撰　明萬曆刻清同治至光緒修補印本　二冊　存二種

330000－1718－0001728　經245　經部/周禮類/傳說之屬

周官心解二十八卷　(清)蔣載康撰　清嘉慶十一年(1806)經篚堂刻本　九冊　存二十六卷(三至二十八)

330000－1718－0001729　經246　類叢部/叢書類/彙編之屬

祕書二十八種　(清)汪士漢編　清同治四年(1865)紫文閣刻本　一冊　存一種

330000－1718－0001730　經247　經部/禮記類/傳說之屬

禮記集說十卷　(元)陳澔撰　清舊學山房刻本　三册　存三卷(一至三)

330000－1718－0001731　子 674　子部/宗教類/佛教之屬
五大部直音二卷附諸般經懺直音一卷　清光緒元年(1875)杭州瑪瑙經房刻本　二册

330000－1718－0001732　經 248　經部/詩類/傳說之屬
詩緝三十六卷　(宋)嚴粲撰　明趙府味經堂刻本　七册　存二十一卷(一至二、六至十八、二十二至二十四、三十一至三十三)

330000－1718－0001733　經 249　經部/三禮總義類/通禮雜禮之屬
五禮通考二百六十二卷首四卷總目二卷　(清)秦蕙田撰　清乾隆二十六年(1761)金匱秦蕙田味經窩刻本　二册　存六卷(一百九十八至二百、二百十七至二百十九)

330000－1718－0001734　經 250　經部/周禮類/傳說之屬
周禮節訓六卷　(清)黄叔琳輯　(清)姚培謙重訂　清光緒十二年(1886)蘇州掃葉山房刻本　二册

330000－1718－0001735　經 251　類叢部/叢書類/自著之屬
二曲先生全集二種　(清)李顒撰　清咸豐江陰蔣氏小嫏嬛山館刻本　四册　存十三卷(二曲全集十九至二十六、四書反身錄四至八)

330000－1718－0001736　經 252　經部/小學類/文字之屬/說文
說文韻譜校五卷　(清)王筠撰　清光緒十六年(1890)濰縣劉氏素心琴室刻本　一册　存三卷(三至五)

330000－1718－0001737　經 254　經部/叢編
五經旁訓　(清)徐立綱旁訓　清匠門書屋刻墨潤堂印本　二册　存一種

330000－1718－0001738　經 253　經部/禮記類/傳說之屬
禮記集說十卷　(元)陳澔撰　清刻本　一册　存二卷(一至二)

330000－1718－0001739　經 255　經部/詩類/傳說之屬
詩經集傳八卷　(宋)朱熹撰　清慎詒堂刻本　三册　存六卷(三至八)

330000－1718－0001741　經 256　經部/春秋左傳類/傳說之屬
左繡三十卷首一卷　(清)馮李驊　(清)陸浩評輯　清刻本　一册　存二卷(首、一)

330000－1718－0001742　經 258　經部/小學類/音韻之屬/韻書
詩韻集成十卷附詞林典腋一卷　(清)余照輯　清刻本　一册　存六卷(五至十)

330000－1718－0001743　經 259　經部/四書類/總義之屬/傳說
四書朱子大全經傳蘊萃二十九卷　(清)朱良玉輯　清三多齋刻本　六册　存十二卷(中庸一至二,論語三至六、十五至二十)

330000－1718－0001744　經 260　經部/四書類/總義之屬/傳說
四書釋地一卷續一卷又續一卷三續一卷附孟子生卒年月考一卷　(清)閻若璩撰　清乾隆五十三年(1788)南城吳照聽雨齋刻本　四册　存四卷(四書釋地、又續、三續、孟子生卒年月考)

330000－1718－0001745　經 261　類叢部/類書類/專類之屬
五經類編二十八卷　(清)周世樟撰　清刻本　三册　存七卷(一至三、六至九)

330000－1718－0001746　經 262　經部/叢編
五經體注大全五種七十二卷　(清)嚴氏家塾主人輯　清光緒三年(1877)掃葉山房刻本　三册　存一種

330000－1718－0001747　經 263　類叢部/類書類/專類之屬
五經類編二十八卷　(清)周世樟撰　清刻本　一册　存四卷(六至九)

330000－1718－0001748　經264　經部/四書類/總義之屬/傳説

四書左國輯要四卷　(清)周龍官輯　清刻本　一冊　存一卷(三)

330000－1718－0001749　經266　經部/四書類/總義之屬/傳説

四書類典賦二十四卷　(清)甘紱撰　清乾隆四十一年(1776)廣益堂刻本　六冊　存十卷(十至十八、二十一)

330000－1718－0001750　經265　經部/四書類/總義之屬/傳説

四書典故辨正二十卷附録一卷　(清)周柄中撰　清刻本　四冊　存十四卷(八至二十、附録)

330000－1718－0001751　經267　經部/四書類/總義之屬/傳説

四書會要録三十卷　(清)黄瑞撰　清乾隆十年(1745)思齋堂刻本　三冊　存六卷(大學一至二、中庸一至四)

330000－1718－0001752　子675　類叢部/類書類/專類之屬

四書典制類聯三十三卷　(清)閻其淵輯　清刻本　二冊　存七卷(二十七至三十三)

330000－1718－0001753　經268　經部/四書類/總義之屬/傳説

繪圖四書速成新體讀本　(清)王有宗　(清)施崇恩校訂　清光緒三十一年(1905)上海彪蒙書室石印本　三冊　存二種

330000－1718－0001754　經269　經部/四書類/總義之屬/傳説

四書經註集證十九卷　(清)吴昌宗撰　清嘉慶三年(1798)江都汪廷機刻本　一冊　存三卷(論語八至十)

330000－1718－0001755　經270　經部/叢編

重刊宋本十三經注疏四百十六卷　附十三經注疏校勘記四百十六卷　(清)阮元撰　(清)盧宣旬摘録　**校勘記識語四卷**　(清)汪文臺撰　清刻本　一冊　存一種

330000－1718－0001756　經271　經部/叢編

御纂七經二百九十四卷　(清)李光地等撰　清刻本　四冊　存一種

330000－1718－0001757　經272　經部/詩類/傳説之屬

詩經集傳八卷　(宋)朱熹撰　清刻本　一冊　存二卷(四至五)

330000－1718－0001758　經273　經部/詩類/傳説之屬

詩經集傳八卷　(宋)朱熹撰　清刻本　一冊　存二卷(四至五)

330000－1718－0001759　子676　類叢部/類書類/專類之屬

四書典制類聯音註三十三卷　(清)閻其淵輯　清刻本　一冊　存四卷(三十至三十三)

330000－1718－0001760　經163、經274　經部/四書類/總義之屬/傳説

增訂四書典故補註備旨□□卷　(明)鄧林撰　清刻本　三冊　存三卷(上孟一至二、下孟三)

330000－1718－0001761　經276　經部/四書類/總義之屬/傳説

四書集注十九卷　(宋)朱熹撰　清刻本　一冊　存五卷(論語一至五)

330000－1718－0001763　經275　經部/詩類/傳説之屬

詩經體註嫏嬛八卷　(清)高朝瓔定　(清)沈世楷輯　清刻本　二冊　存四卷(一至二、四至五)

330000－1718－0001764　經277　經部/叢編

五經旁訓　(清)徐立綱旁訓　清刻本　一冊　存一種

330000－1718－0001766　集404　集部/別集類/元別集

鐵厓樂府註十卷咏史註八卷逸編註八卷　(元)楊維楨撰　(清)樓卜瀍註　清宣統二年(1910)上海掃葉山房石印本　十冊

330000－1718－0001767　經278　經部/小學類/文字之屬/說文

說文聲母歌括四卷　（清）宣澍甘編輯　湯壽潛鑑定　清宣統元年(1909)石印本　美延主人題記　二册

330000－1718－0001768　集405　集部/總集類/選集之屬/通代

增訂古文釋義八卷　（清）余誠評注　清光緒十二年(1886)江左書林刻本　七册　存七卷(一至二、四至八)

330000－1718－0001770　子678　子部/醫家類/類編之屬

本草醫方合編　（清）汪昂編　清刻本　四册　存八卷(本草備要二、四至六,醫方集解二、四至六)

330000－1718－0001771　經280　新學/學校

最新高等小學國文教科書四卷　何琪　杜芝庭編纂　清光緒三十三年(1907)上海會文學社石印本　四册

330000－1718－0001772　經281　新學/學校

高等小學論說文範四卷　邵伯棠撰　清宣統三年(1911)上海會文堂石印本　二册　存二卷(一、三)

330000－1718－0001782　子679　類叢部/叢書類/彙編之屬

嘯園叢書五十七種　（清）葛元煦編　清光緒二年至七年(1876－1881)仁和葛氏刻本　一册　存一種

330000－1718－0001787　史272　類叢部/類書類/專類之屬

新纂氏族箋釋八卷　（清）熊峻運撰　清刻本　四册　存四卷(一、四、六、八)

330000－1718－0001790　史273　史部/傳記類/總傳之屬/家乘

[浙江諸暨]源潭黃氏宗譜十四卷　（清）黃榮標等纂修　清光緒二十五年(1899)永言堂木活字印本　十四册

330000－1718－0001793　經288　類叢部/類書類/專類之屬

重編留青新集二十四卷　（清）馮善長輯　清末鉛印本　六册　存十二卷(十三至二十四)

330000－1718－0001794　集408　集部/總集類/選集之屬/通代

御定歷代賦彙一百四十卷目錄二卷外集二十卷逸句二卷補遺二十二卷　（清）陳元龍輯　清光緒十二年(1886)雙梧書屋石印本　十六册　缺十一卷(補遺十二至二十二)

330000－1718－0001802　史282　類叢部/叢書類/彙編之屬

普通學問答全書□□種　清光緒上海商務印書館鉛印本　一册

330000－1718－0001804　史284　史部/政書類

奏定結社集會律不分卷　奕劻等編　清光緒三十三年(1907)中國圖書公司鉛印本　一册

330000－1718－0001805　史285　史部/政書類/公牘檔册之屬

奏定各省諮議局及議員選舉章程一卷　清光緒三十四年(1908)中國圖書公司鉛印本　一册

330000－1718－0001808　史288　史部/金石類/金之屬/文字

歷代鐘鼎彝器款識法帖二十卷　（宋）薛尚功撰　清嘉慶二年(1797)儀徵阮元小琅環仙館刻本　四册

330000－1718－0001810　經158　經部/叢編

通志堂經解一百四十種　（清）納蘭成德輯　清康熙十九年(1680)納蘭成德刻本　十三册　存八種

330000－1718－0001813　經292　經部/叢編

通志堂經解一百四十種　（清）納蘭成德輯　清康熙十九年(1680)納蘭成德刻本　一册　存一種

330000－1718－0001831　史304　子部/藝術類/書畫之屬/法帖

鐘鼎籀篆大觀不分卷　（清）吳大澂輯　清光

緒十三年(1887)上海碧梧山莊影印本　二冊

330000－1718－0001832　史305　史部/金石類
金石全例□□種　(清)朱記榮輯　清光緒刻十八年(1892)吳縣朱氏彙印本　四冊　存一種

330000－1718－0001837　史307　史部/雜史類
荆駝逸史五十八種附一種　(清)陳湖逸士輯　清宣統三年(1911)中國圖書館石印本　一冊　存五種

330000－1718－0001838　史308　史部/地理類/雜志之屬
日下舊聞四十二卷附補遺　(清)朱彝尊輯　(清)朱昆田補遺　清康熙二十七年(1688)刻本　一冊　存二卷(三十九至四十)

330000－1718－0001839　經291　類叢部/叢書類/自著之屬
黃梨洲遺書十種　(清)黃宗羲撰　清光緒三十一年(1905)杭州羣學社石印本　九冊　存六種

330000－1718－0001840　經293　經部/叢編
通志堂經解一百四十種　(清)納蘭成德輯　清康熙十九年(1680)納蘭成德刻本　五冊　存二種

330000－1718－0001846　集413　集部/小說類/長篇之屬
增訂精忠演義說本全傳二十卷八十回　(清)錢彩編　(清)金豐增訂　清同治十一年(1872)金沙劍光閣刻本　五冊　存五卷(一至四、九)

330000－1718－0001847　集414　集部/小說類/長篇之屬
第一才子書六十卷一百二十回首一卷　(明)羅本撰　(清)毛宗崗評　清刻本　一冊　存一卷(一)

330000－1718－0001849　集416　集部/總集類/課藝之屬
增廣試律大觀彙編□□卷　清末石印本　四冊　存二卷(二至三)

330000－1718－0001850　經294　經部/叢編
通志堂經解一百四十種　(清)納蘭成德輯　清康熙十九年(1680)納蘭成德刻本　二十八冊　存一種

330000－1718－0001851　集417　類叢部/類書類/專類之屬
策學纂要正續編十六卷　(清)萬年茂　(清)戴第元撰　(清)黃卷輯　清同治十一年(1872)海陵軒刻本　四冊

330000－1718－0001852　史309　史部/編年類/通代之屬
綱鑑易知錄九十二卷明鑑易知錄十五卷　(清)吳乘權　(清)周之炯　(清)周之燦輯　清末石印本　一冊　存十四卷(六十八至八十一)

330000－1718－0001853　子690　子部/雜著類/雜說之屬
庸書內篇二卷外篇二卷　(清)陳熾撰　清光緒二十三年(1897)上海書局石印本　八冊

330000－1718－0001854　集418　集部/詩文評類
試策便覽十六卷　(清)王統　(清)王誥纂　清刻本　三冊　存五卷(九至十、十二、十五至十六)

330000－1718－0001856　史310　史部/目録類/總録之屬/官修
欽定四庫全書簡明目錄二十卷首一卷　(清)紀昀等撰　清光緒五年(1879)會稽徐友蘭墨潤堂鉛印本　一冊　存二卷(五至六)

330000－1718－0001857　史311　史部/目録類/總録之屬/官修
欽定四庫全書簡明目錄二十卷　(清)紀昀等撰　清光緒二十年(1894)上海點石齋石印本　三冊　存十四卷(一至四、十一至二十)

330000－1718－0001858　子691　子部/叢編
二十二子(二十二子彙函)　(清)浙江書局編

清光緒元年至三年(1875－1877)浙江書局刻本　四冊　存一種

330000－1718－0001859　乙 143.1　集部/總集類/選集之屬/通代
漢魏名文乘　(明)張運泰　(明)余元熹輯　明末刻本　十一冊　存七種

330000－1718－0001861　子 693　子部/醫家類/本草之屬/本草藥性
珍珠囊指掌補遺藥性賦四卷　(金)李杲輯
雷公炮製藥性解六卷　(明)李中梓輯　清文盛堂刻本　四冊

330000－1718－0001863　子 695　類叢部/叢書類/彙編之屬
祕書二十八種　(清)汪士漢編　清同治四年(1865)紫文閣刻本　八冊　存十二種

330000－1718－0001865　史 312　史部/金石類/金之屬
重修宣和博古圖録三十卷　(宋)王黼等撰　明嘉靖七年(1528)蔣暘刻本　四冊　存十卷(四至六、十六至二十、二十七至二十八)

330000－1718－0001866　子 697　類叢部/類書類/通類之屬
子史精華一百六十卷　(清)吴士玉　(清)吴襄等輯　清刻本　九冊　存四十一卷(十七至二十三、四十五至六十四、七十二至七十六、八十一至八十六、一百一至一百三)

330000－1718－0001867　子 699　類叢部/叢書類/彙編之屬
崇文書局彙刻書三十一種　(清)崇文書局編　清光緒元年至三年(1875－1877)湖北崇文書局刻本　四冊　存一種

330000－1718－0001868　史 313　史部/傳記類/總傳之屬/仕宦
歷代名臣言行録二十四卷　(清)朱桓輯　清末石印本　二冊　存十一卷(十四至二十四)

330000－1718－0001869　經 295　經部/四書類/總義之屬/傳說
三魚堂四書大全三十九卷附論語考異一卷孟子考異一卷　(清)陸隴其輯　清康熙三十七年(1698)席永恂、王前席刻本　二冊　存二卷(論語大全十一至十二)

330000－1718－0001870　經 103　經部/四書類/總義之屬/傳說
三魚堂四書大全三十九卷附論語考異一卷孟子考異一卷　(清)陸隴其輯　清康熙三十七年(1698)席永恂、王前席刻本　二十四冊　缺七卷(論語大全十八至二十、孟子大全九至十二)

330000－1718－0001872　子 701　類叢部/類書類/通類之屬
續廣事類賦三十卷　(清)王鳳喈撰並注　清刻本　六冊　存十三卷(十三至十四、十七至二十一、二十五至三十)

330000－1718－0001873　史 314　史部/傳記類/總傳之屬/仕宦
宋名臣言行録前集十卷後集十四卷續集八卷別集二十六卷外集十七卷　(宋)□□輯　清刻本　四冊　存二十四卷(前集一至十、後集一至十四)

330000－1718－0001878　集 423　集部/總集類/選集之屬/通代
古文觀止十二卷　(清)吴乘權　(清)吴大職輯　清浙寧群玉山房刻本　四冊　存八卷(一至八)

330000－1718－0001879　集 422　集部/戲劇類/總集之屬/傳奇
笠翁傳奇十種　(清)李漁撰　清刻本　十二冊　存三種

330000－1718－0001883　集 427　集部/詩文評類/詩評之屬
隨園詩話十六卷補遺十卷　(清)袁枚撰　清道光四年(1824)富春堂刻本　七冊　缺十二卷(六至七、補遺一至十)

330000－1718－0001885　史 315　史部/傳記類/總傳之屬
孔孟編年三種　(清)狄子奇輯　清道光安雅

堂刻本　二冊　存一種

330000－1718－0001888　史316　史部/史表類/通代之屬

歷代帝王年表一卷紀元同異攷略一卷　黃大華撰　清光緒二十六年(1900)夢紅豆村刻本　一冊

330000－1718－0001889　集431　子部/儒家類/儒學之屬

陽明先生集要十五卷附年譜一卷　(明)王守仁撰　(明)施邦曜編　清乾隆五十二年(1787)濟美堂刻本　一冊　存二卷(理學編二至三)

330000－1718－0001891　集433　集部/別集類/明別集

王文成公全書三十八卷　(明)王守仁撰　清光緒浙江書局刻本　二冊　存六卷(四至六、二十一至二十三)

330000－1718－0001894　集436　集部/別集類/唐五代別集

唐陸宣公集二十二卷　(唐)陸贄撰　清道光刻本　八冊

330000－1718－0001901　集442　集部/總集類/選集之屬/通代

古唐詩合解古詩四卷唐詩十二卷　(清)王堯衢注　清刻本　三冊

330000－1718－0001904　集445　集部/總集類/選集之屬/斷代

唐詩三百首注疏六卷　(清)孫洙編　(清)章燮注　清刻本　二冊　存二卷(五至六)

330000－1718－0001905　集446　集部/總集類/彙編之屬

宋詩鈔初集八十四種　(清)呂留良　(清)吳之振　(清)吳爾堯編　清康熙十年(1671)吳氏鑑古堂刻本　八冊　存三十種

330000－1718－0001906　集447　類叢部/叢書類/彙編之屬

廣雅書局叢書一百五十九種　徐紹棨編　清光緒廣雅書局刻民國九年(1920)番禺徐紹棨彙編重印本　三冊　存二種

330000－1718－0001912　集453　集部/總集類/選集之屬/通代

文翰齋古文觀止十二卷　(清)吳乘權　(清)吳大職輯　清光緒六年(1880)浙紹奎照樓刻本　三冊　存六卷(一至二、七至八、十一至十二)

330000－1718－0001917　集458　集部/總集類/選集之屬/通代

古文觀止十二卷　(清)吳乘權　(清)吳大職輯　清刻本　二冊　存四卷(七至八、十一至十二)

330000－1718－0001919　集460　集部/別集類/清別集

述學三卷　(清)汪中撰　清乾隆江都汪中刻本　二冊

330000－1718－0001921　集462　集部/總集類/選集之屬/通代

文翰齋古文觀止十二卷　(清)吳乘權　(清)吳大職輯　清刻本　六冊

330000－1718－0001924　史319　史部/職官類/官箴之屬

牧令書二十三卷保甲書四卷　(清)徐棟輯　清道光二十八年(1848)李煒刻本　二冊　存二卷(十三至十四)

330000－1718－0001925　集464　類叢部/叢書類/彙編之屬

知不足齋叢書一百九十六種　(清)鮑廷博編　(清)鮑士恭續編　清乾隆三十七年至道光三年(1772－1823)長塘鮑氏刻彙印本　三冊　存六種

330000－1718－0001926　集465　集部/總集類/選集之屬/通代

唐宋八大家類選十四卷　(清)儲欣輯　清刻本　四冊　存七卷(一、九至十四)

330000－1718－0001928　集467　集部/總集類/選集之屬/通代

增批古文觀止十二卷　(清)吳乘權　(清)吳

大職輯　清光緒二十七年(1901)浙紹墨潤堂石印本　三冊　存六卷(五至六、九至十二)

330000－1718－0001933　集472　集部/楚辭類
楚辭燈四卷　(清)林雲銘撰　清刻本　三冊　缺一卷(一)

330000－1718－0001935　集474　集部/總集類/選集之屬
重錄樵川二家詩二卷　清刻本　一冊

330000－1718－0001936　集475　類叢部/叢書類/彙編之屬
花雨樓叢鈔十一種續鈔十一種附一種　(清)張壽榮編　清光緒八年至十四年(1882－1888)蛟川張氏花雨樓刻本　二冊　存二種

330000－1718－0001938　史320　史部/地理類/輿圖之屬/全國
皇朝一統輿地全圖一卷　(清)六承如輯　(清)馮焌光增補　(清)欽乃軒主人續增　清光緒二十六年(1900)上海順成書局石印本　一冊

330000－1718－0001939　集477　集部/小說類/短篇之屬
詳注聊齋志異圖詠十六卷首一卷　(清)蒲松齡撰　(清)呂湛恩注　(清)徐潤編　清光緒三十年(1904)上海錦章書局石印本　四冊　存八卷(一至二、十一至十六)

330000－1718－0001943　集480　集部/別集類/清別集
嚼梅吟二卷　(清)釋敬安撰　清光緒七年(1881)四明刻本　一冊

330000－1718－0001947　集484　集部/別集類/唐五代別集
玉谿生詩詳註三卷首一卷樊南文集詳註八卷首一卷　(唐)李商隱撰　(清)馮浩編訂　清乾隆四十五年(1780)德聚堂刻嘉慶元年(1796)增刻本　一冊　存一卷(三)

330000－1718－0001948　集485　集部/別集類
初學詩稿不分卷　夢樓撰　稿本　一冊

330000－1718－0001949　子705　子部/小說家類/異聞之屬
王子年拾遺記十卷　(晉)王嘉撰　明嘉靖十三年(1534)顧春世德堂刻本　一冊　存五卷(六至十)

330000－1718－0001952　子707　子部/儒家類
周子通書類編講義不分卷　(清)吳曰慎類編　**西銘答問一卷**　(清)張載撰　**復吳鱗潭太史論太極五行書一卷**　(清)施璜撰　清紫陽書院刻本　一冊

330000－1718－0001956　集489　類叢部/叢書類/彙編之屬
當歸草堂叢書八種　(清)丁丙編　清同治二年至五年(1863－1866)錢塘丁氏刻本　一冊　存一種

330000－1718－0001959　集492　集部/別集類/清別集
桐雲閣試帖輯注二卷　(清)楊庚撰　(清)張熙宇輯評　(清)王植輯注　清刻本　一冊　存一卷(一)

330000－1718－0001961　子710　子部/醫家類/兒科之屬/痘疹
麻疹闡註四卷　(清)張廉撰　清咸豐六年(1856)刻本　一冊

330000－1718－0001964　經296　經部/詩類/傳說之屬
詩經集傳八卷　(宋)朱熹撰　清慎詒堂刻本　四冊　存六卷(一至六)

330000－1718－0001967　史324　集部/別集類/清別集
十科策略箋釋十卷　(明)劉定之撰　(清)劉作樑釋　(清)劉廷琨重注　**呆齋公[劉定之]年譜一卷**　(清)劉作樑撰　清刻本　一冊　存四卷(八至十、年譜)

330000－1718－0001972　集496　集部/別集類/清別集

詩文彙選一卷姓氏彙選一卷　清刻本　一册

330000－1718－0001973　集497　類叢部/類書類/專類之屬
新刻重校增補圓機活法詩學全書二十四卷新刊校正增補圓機詩韻活法全書十四卷　（明）王世貞校正　清刻本　一册　存二卷（詩韻活法全書九至十）

330000－1718－0001974　子713　子部/儒家類/儒學之屬/蒙學
讀書作文譜十二卷父師善誘法二卷　（清）唐彪撰　清刻本　一册　存五卷（二至六）

330000－1718－0001975　集498　集部/詩文評類/詩評之屬
詩品詩課鈔一卷　（清）鍾寶撰　**詩品一卷**　（唐）司空圖撰　清嘉慶二十一年（1816）小仙巢刻本　一册

330000－1718－0001977　集500　子部/小説家類/異聞之屬
燕山外史注釋八卷　（清）陳球撰　（清）若騤子輯注　清光緒三十二年（1906）上海海左書局石印本　月蟠校並跋　一册

330000－1718－0001979　子714　子部/宗教類/其他宗教之屬/基督教
使徒行傳官話畧解不分卷　清末漢口聖經會鉛印本　一册

330000－1718－0001983　經297　經部/易類/圖説之屬
讀周子劄記一卷　（清）崔紀撰　清乾隆刻本　一册

330000－1718－0001986　集505　集部/别集類/清别集
周文忠公尺牘二卷雜文附録一卷　（清）周天爵撰　清同治七年（1868）蘇松太道署刻本　一册

330000－1718－0001987　經298　經部/春秋左傳類/傳説之屬
東萊博議四卷首一卷　（宋）吕祖謙撰　**增補虚字註釋一卷**　（清）馮泰松點定　清光緒十五年（1889）善成堂刻本　四册

330000－1718－0001988　史326　史部/目録類
書目隨録一卷　趙世盛輯　稿本　一册

330000－1718－0001990　集507　集部/詞類/總集之屬
唐五代宋詞鈔□□卷　稿本　一册　存一卷（二）

330000－1718－0001991　集508　集部/總集類/選集之屬/通代
唐宋元明清七古詩鈔一卷　稿本　一册

330000－1718－0001993　集509　集部/别集類
佚名詩鈔一卷　稿本　一册

330000－1718－0001995　集511　集部/小説類/長篇之屬
紅樓夢一百二十回　（清）曹霑　（清）高鶚撰　清刻本　五册　存二十五回（五十二至五十五、七十五至七十八、八十四至九十四、一百十一至一百十六）

330000－1718－0001998　集512　集部/别集類/宋别集
歐陽文忠公全集一百五十三卷附録五卷　（宋）歐陽修撰　（宋）周必大編　清末上海錦章圖書局石印本　一册　存十卷（二十一至三十）

330000－1718－0001999　集514　集部/總集類/選集之屬/斷代
夢筆生花初編八卷二編八卷三編八卷四編八卷　（清）繆艮輯　清末石印本　一册　存四卷（四編五至八）

330000－1718－0002000　集513　集部/小説類/長篇之屬
四大奇書第一種六十卷一百二十回首一卷　（明）羅本撰　（清）毛宗崗評　清刻本　一册　存一卷（十六）

330000－1718－0002001　集515　集部/别集

類/清别集

復初齋文集三十五卷　(清)翁方綱撰　清道光十六年(1836)刻光緒三年至四年(1877－1878)補刻本　一册　存五卷(二十六至三十)

330000－1718－0002002　子719　類叢部/叢書類/彙編之屬

高安朱文端公校輯藏書(朱文端公藏書)十三種　(清)朱軾撰輯　清康熙至乾隆刻彙印本　一册　存一種

330000－1718－0002005　經299　經部/儀禮類

昏儀便俗一卷　(清)潘榮陛訂正　清乾隆刻本　一册

330000－1718－0002006　史328　史部/政書類/公牘檔册之屬

欽定學堂章程不分卷　(清)張百熙等編　清光緒三十二年(1906)上海會文社鉛印本　一册

330000－1718－0002009　子722　子部/宗教類/佛教之屬

慈悲梁皇寶懺十卷　(南朝梁)武帝蕭衍撰　清末刻本　一册　存三卷(八至十)

330000－1718－0002010　集517　類叢部/叢書類/彙編之屬

正誼堂全書六十三種續刻五種　(清)張伯行編　(清)楊浚重編　清同治五年(1866)福州正誼書院刻同治八年至光緒十三年(1869－1887)續刻本　一册　存二種

330000－1718－0002012　子723　子部/宗教類/佛教之屬

慈悲金剛般若懺法三卷首一卷　清末刻本　一册

330000－1718－0002013　子724　子部/醫家類/婦科之屬

女科輯要八卷附單養賢胎産全書一卷　(清)周紀常撰　清宣統二年(1910)上海千頃堂書局石印本　二册

330000－1718－0002021　經300　經部/四書類/總義之屬/傳説

絳山髯夫四書答問六十卷　(清)衛蒿論次　清康熙五十四年(1715)金陵顧麟趾刻本　一册　存二卷(五十至五十一)

330000－1718－0002022　集520　集部/總集類/課藝之屬

小題正鵠初集不分卷二集不分卷三集不分卷四集不分卷　(清)李元度輯　清同治十一年(1872)山陰姚氏刻本　一册　存初集

330000－1718－0002023　經301　經部/叢編

五經體注大全五種七十二卷　(清)嚴氏家塾主人輯　清刻本　一册　存一種

330000－1718－0002024　史331　史部/編年類/通代之屬

尺木堂綱鑑易知錄九十二卷明鑑易知錄十五卷　(清)吳乘權　(清)周之炯　(清)周之燦輯　清末鉛印本　一册　存七卷(三十四至四十)

330000－1718－0002025　子730　子部/小説家類/諧謔之屬

新刻笑林廣記四卷　(清)遊戲主人輯　清刻本　一册　存一卷(一)

330000－1718－0002028　子732　新學/議論/通論

社會通詮一卷　(英國)甄克思撰　嚴復譯　清光緒二十九年(1903)鉛印本　一册

330000－1718－0002029　集522　集部/總集類/課藝之屬

八銘堂塾鈔初集不分卷　(清)吳懋政編　清嘉慶二十三年(1818)蕭山裕文堂刻本　一册

330000－1718－0002031　集523　集部/詩文評類/詩評之屬

唐人五言排律詩論三卷　(清)蔣鵬翮編釋　清古越尺木堂刻本　一册

330000－1718－0002034　子735　集部/總集類/彙編之屬

增廣詩句題解彙編四卷姓氏考一卷　(清)同

文書局編　清末石印本　一册　存一卷(四)

330000－1718－0002035　集 524　集部/總集類/選集之屬/斷代
壬寅直省闈墨選瑜三卷　清光緒二十九年(1903)鉛印本　一册

330000－1718－0002037　集 525　集部/總集類/課藝之屬
中國唯一新文選嘉集二卷惠集三卷士集四卷林集一卷　清光緒二十九年(1903)杭州水師前兩浙采辦書報處石印本　二册　存四卷(士集一至四)

330000－1718－0002038　子 736　新學/議論/通論
時務分類興國策八卷　(清)李鳳儀編輯　清末石印本　一册　存一卷(二)

330000－1718－0002040　子 738　子部/宗教類/道教之屬
彙纂功過格註釋錄要□□卷　(清)喬元椿校錄　清刻本　一册　存一卷(二)

330000－1718－0002041　史 333　史部/政書類/通制之屬
文獻通考三百四十八卷　(元)馬端臨撰　清末鉛印本　一册　存七卷(四十至四十六)

330000－1718－0002042　子 739　子部/儒家類/儒學之屬/禮教
新刻處世必用六字格言一卷　清刻本　一册

330000－1718－0002045　史 302　史部/傳記類/别傳之屬/事狀
合肥相國七十賜壽圖一卷附壽言一卷　(清)楊宗濂　盛宣懷輯　清光緒十八年(1892)海軍石印書局石印本　一册　缺一卷(壽言)

330000－1718－0002046　史 334　史部/金石類/總志之屬/文字
隨軒金石文字九種　(清)徐渭仁輯　清道光十七年(1837)、二十四年(1844)春暉堂刻同治七年(1868)補刻本　三册　存七種

330000－1718－0002061　集 528　集部/别集類
趣園詩鈔一卷　夢樓撰　稿本　一册

330000－1718－0002068　集 533　集部/總集類/選集之屬/通代
古唐詩合解古詩四卷唐詩十二卷　(清)王堯衢注　清刻本　一册　存二卷(唐詩八至九)

330000－1718－0002070　集 534　集部/總集類/選集之屬/通代
新鐫五言千家詩箋注二卷　(清)王相選注
增補重訂千家詩注解二卷　(宋)謝枋得選(清)王相注　**諸名家百花詩一卷百壽詩一卷贈賀詩一卷**　(清)王相輯　**百花詩引一卷**　(清)顧宗孔撰　清刻本　二册

330000－1718－0002071　史 337　子部/雜著類/雜説之屬
隨筆不分卷　清抄本　一册

330000－1718－0002077　經 302　經部/叢編
五經旁訓　(清)徐立綱旁訓　清乾隆四十七年(1782)吳郡張氏匠門書屋刻本　二册　存一種

330000－1718－0002078　經 303　經部/小學類/文字之屬/字書/字典
正字通十二集三十六卷　(明)張自烈撰(清)廖文英輯　**字彙舊本首一卷**　(明)梅膺祚音釋　清康熙芥子園刻本　一册　存一卷(首)

330000－1718－0002079　子 759　子部/醫家類/綜合之屬/通論
御纂醫宗金鑑九十卷首一卷　(清)吳謙等撰　清刻本　一册　存一卷(六十一)

330000－1718－0002080　史 339　史部/編年類/通代之屬
大文堂綱鑑易知錄九十二卷　(清)吳乘權(清)周之炯　(清)周之燦輯　清刻本　一册　存二卷(三十二至三十三)

新昌縣圖書館古籍普查登記目録

全國古籍普查登記目録・浙江紹興

國家圖書館出版社
National Library of China Publishing House

《新昌縣圖書館古籍普查登記目録》

編委會

主　編：張君南

副主編：王炎南

編　委：倪蘇珍

#《新昌縣圖書館古籍普查登記目録》

前　言

新昌縣圖書館館藏1912年以前古籍共4部21册,其中包含2013年楊含良老師捐贈的清道光二十五年(1845)木活字印本《彩烟楊氏宗譜》。2015年,在紹興圖書館協助下,由王炎南、倪蘇珍完成目録著録。

在此,向楊含良老師,紹興圖書館的魯先進、唐微等老師,以及爲圖書館古籍收藏獻策出力的王銀燦老師等,致以最誠摯的敬意和謝意,感謝他們爲我館古籍收藏和普查作出的努力。

新昌縣圖書館
2018年11月

330000－4713－0000003　0002　史部/傳記類/總傳之屬/家乘

[浙江新昌]彩烟楊氏宗譜十六卷首一卷　(清)楊萬春等纂修　清道光二十五年(1845)木活字印本　十二册

330000－4713－0000005　0005　經部/小學類/文字之屬/字書/訓蒙

文字發凡四卷　(清)龍志澤編輯　清末鉛印本　一册　存一卷(一)

330000－4713－0000006　0006　集部/戲劇類/傳奇之屬

繪像第七才子琵琶記六卷　(元)高明撰　(清)毛綸評　清末文宜書局石印本　二册

330000－4713－0000007　0007　集部/戲劇類/雜劇之屬

增像第六才子書五卷首一卷　(元)王德信撰　(清)金聖歎評　清末石印本　六册

《紹興市文物管理局古籍普查登記目録》
書名筆畫字頭索引

二畫

三畫

五畫

七畫

八畫

九畫

十畫

十一畫

十二畫

十三畫

十四畫

十五畫

十六畫

十七畫

《紹興市文物管理局古籍普查登記目録》
書名筆畫索引

二畫

三畫

五畫

七畫

八畫

九畫

十畫

十一畫

十二畫

十三畫

十四畫

十五畫

十六畫

十七畫

《紹興魯迅紀念館古籍普查登記目録》
書名筆畫字頭索引

二畫

三畫

四畫

五畫

六畫

七畫

八畫

九畫

十畫

十一畫

十二畫

十三畫

十四畫

十五畫

十六畫

十七畫

十八畫

十九畫

二十畫

二十一畫

二十二畫

二十四畫

《紹興魯迅紀念館古籍普查登記目録》
書名筆畫索引

二畫

三畫

四畫

五畫

六畫

七畫

八畫

九畫

十畫

十一畫

十二畫

十三畫

十四畫

十五畫

十六畫

十七畫

十八畫

十九畫

二十畫

二十一畫

二十二畫

二十四畫

《紹興文理學院圖書館古籍普查登記目録》
書名筆畫字頭索引

二畫

三畫

四畫

五畫

六畫

七畫

八畫

九畫

十畫

十一畫

十二畫

十三畫

十四畫

十五畫

十六畫

十七畫

十九畫

二十二畫

二十八畫

《紹興文理學院圖書館古籍普查登記目録》
書名筆畫索引

二畫

三畫

四畫

五畫

六畫

七畫

八畫

九畫

十畫

十一畫

十二畫

十三畫

十四畫

十五畫

十六畫

十七畫

十九畫

二十二畫

二十八畫

《紹興市第一中學古籍普查登記目録》
書名筆畫字頭索引

二畫

三畫

四畫

五畫

六畫

七畫

八畫

九畫

十畫

十一畫

十二畫

十三畫

十四畫

十五畫

十六畫

十七畫

十八畫

十九畫

二十一畫

二十二畫

二十四畫

《紹興市第一中學古籍普查登記目録》
書名筆畫索引

二畫

三畫

四畫

五畫

六畫

七畫

八畫

九畫

十畫

十一畫

十二畫

十三畫

十四畫

十五畫

《紹興市柯橋區圖書館古籍普查登記目録》
書名筆畫字頭索引

十畫

《紹興市柯橋區圖書館古籍普查登記目録》
書名筆畫索引

十畫

《紹興市上虞區圖書館古籍普查登記目録》
書名筆畫字頭索引

一畫

二畫

三畫

四畫

五畫

六畫

七畫

八畫

九畫

十畫

十一畫

十二畫

十三畫

十四畫

十五畫

十六畫

十七畫

十八畫

十九畫

二十畫

二十一畫

二十二畫

二十三畫

二十四畫

其他

《紹興市上虞區圖書館古籍普查登記目録》
書名筆畫索引

一畫

二畫

三畫

四畫

五畫

六畫

七畫

八畫

九畫

十畫

十一畫

十二畫

十三畫

十四畫

十五畫

十六畫

十七畫

十八畫

十九畫

二十畫

二十一畫

二十二畫

二十三畫

二十四畫

其他

《諸暨市圖書館古籍普查登記目録》
書名筆畫字頭索引

二畫

三畫

四畫

五畫

六畫

七畫

八畫

九畫

十畫

十一畫

十二畫

十三畫

十四畫

十五畫

十六畫

十七畫

十八畫

十九畫

二十畫

二十一畫

二十二畫

二十三畫

二十四畫

《諸暨市圖書館古籍普查登記目録》
書名筆畫索引

二畫

三畫

四畫

五畫

六畫

七畫

八畫

九畫

十畫

十一畫

十二畫

十三畫

十四畫

十五畫

十六畫

十七畫

十八畫

十九畫

二十畫

二十一畫

二十二畫

二十三畫

二十四畫

《新昌縣圖書館古籍普查登記目録》
書名筆畫字頭索引

四畫

十畫

十五畫

十九畫

《新昌縣圖書館古籍普查登記目録》
書名筆畫索引

四畫

十畫

十五畫

十九畫